제 2 판

경제수학

송 병 호

弘 文 社

제2판 머리말

제1판은 10개의 장으로 편성되어 있었으나 제2판에는 1개의 장이 추가되어 총 11개의 장으로 편성되었다. 확률에 대한 수학적 기초를 쌓는 데 도움을 주고자 11장을 추가한 것이다. 그 외 제2판은 수학적 귀납법을 추가하고, 항등식과 방정식의 차이를 설명하였으며, 포락선 정리(envelope theorem)와 베르누이 방정식에 대한 예를 추가하였다. 특히 베르누이 방정식의 예는 학부 거시경제학에서 주요한 토픽으로 등장하는 솔로우 성장 모형이다. 그리고 제1판의 출판 과정 중 교정 단계에서 미처 잡아내지 못했던 여러 종류의 오류를 수정하였다.

다시 한 번 강조하지만 수학은 기호의 조작이 아니다. 수학을 그리 인식하고 기계적으로 답을 내는 것에 익숙한 학생들의 이러한 잘못된 인식을 개선하는 데 이 책이 도움을 주면 저자는 보람을 느낄 것이다.

2021년 1월 1일 아침 서울의 어느 곳에서.

머 리 말

필자는 경제수학을 가르치면서 많은 학생들이 수학을 기호의 조작으로 오인하는 경우를 종종 보아 왔다. 그러나 그렇게 생각하고 수학에 접근하면 제대로 된 수학을 배울 수가 없다는 것이 필자의 생각이다. 개념을 이해하고 기호의 이면에 숨어 있는 아이디어를 제대로 터득하는 것이 수학의 핵심이다. 필자는 이러한 관점에서 경제학에 쓰이는 수학을 학생들에게 제시하고자 이 책을 집필하기로 결심하였다.

기호가 조금 복잡하더라도 그 기호가 의미하는 바를 정확히 이해하고 어떻게 쓰이는지를 파악하는 것이 중요하다. 기호에는 어떠한 절대성이 부여되어 있지 않다. 어떤 수학자들은 이런 기호를 사용하고 다른 수학자들은 다른 기호를 사용하는 경우도 종종 있다. 그러므로 여러분들은 생소한 기호가 나오더라도 겁먹지 말고, 그 기호가 무엇을 의미하는지 꼼꼼하게 따져 보는 습관을 가지도록 훈련하는 것이 좋다. 기호에 어떤 절대성이 없으므로 기호 그 자체에 너무 집착하여 기호가 전달하려는 의미를 놓치지 않도록 해야 한다. 예를 들어 $y=x^2$으로 정의역이 양의 실수인 함수를 생각해 보자. 이의 역함수를 $x=\sqrt{y}$라고 하면 많은 학생들이 혼동을 한다. 왜냐하면 고등학교에서 $y=x^2$의 역함수는 $y=\sqrt{x}$라고 배웠기 때문이다. 그러나 양자는 같은 함수로 둘 다 $y=x^2$의 역함수이다. 독립변수를 꼭 x로 써야 하고 종속변수를 꼭 y로 써야 한다는 절대성은 없다. 내가 지적하는 것은 많은 학생들이 기호에 너무 매몰되어 있어서 기호가 바뀌면 제대로 된 생각을 하지 못하는 경우가 많다는 점이다.

그러나 이 책에는 수학적 사고를 기호의 덫에서 자유롭게 풀어 주려는 것보다 더 중요한 목적이 있다. 그것은 독자들에게 기본적인 수학을 가르쳐서 경제학, 경영학 등 사회과학에 응용할 수 있도록 준비시켜 주는 것이다. 그러므로 나는 이 책을 쓰면서 논리적 엄밀성을 어느 정도 반영하지만, 실제 사용에 필요한 지식을 간결하게 전달하여 독자들이 쉽게 이해하고 자유자재로 사용할 수 있도록 도와주고자 노력했다. 그러다 보니 어느 선에서는 논리적 엄밀성이나 증명을 포기하고 실제 응용에 중점을 두기도 하였다. 좀 더 엄밀한 논의와 설명을 원하는 독자는 미적분학이나 선형대수를 전문적으로 다루는 수학 교과서를 참고하기 바란다. 그러나 무턱대고 이러한 공식이 있으니 사용하라는 식의 수학적 지식을 제공하는 것도 바람직하지 않을 것이다. 아주 엄밀한 증명과 설명은 아니지만 직관적으로 어느 정도 수긍이 가는 설명이 필요하다고 생각되어, 독자들이 이를 이해하는 데 도움을 주고자 많이 노력하였다.

아무쪼록 독자들이 이 책을 통하여 경제 · 경영 등 사회과학에 필요한 수학을 학습하면서 동시에 수학적 사고를 하는 방법을 습득하여, 수학을 즐기면서 공부할 수 있기를 바란다.

2016년 4월

송 병 호

차 례

제 1 장 집합과 함수

제 2 장 행 렬

제 3 장 벡 터

제 4 장 극한과 미분

제 5 장 다변수함수와 미분

제 6 장 미 분

제 7 장 최 적 화

제 8 장 오목함수와 볼록함수

제 9 장 적 분

제10장 미분방정식

제11장 확 률

집합과 함수

1

수학에서 다루는 아주 중요한 대상 중 하나는 함수이다. 함수를 수학적으로 엄밀하게 정의할 수 있으나 그것은 이 책의 목적에서 벗어난다. 그렇다고 아주 느슨하게 설명하면 그것은 또한 수학을 공부하는 목적에서 벗어날 수 있다. 그러므로 어느 정도 엄밀성을 가지면서 독자들이 쉽게 이해할 수 있는 정의를 이 책에서 소개하고자 한다. 그러기 위해서는 집합이라는 개념이 필요하다. 즉, 함수를 수학적으로 정의하는 데는 집합이 사용된다. 따라서 이 책의 순서로 먼저 집합에 관하여 살펴보고 다음에 함수를 정의하기로 한다.

A. 집합Set의 개념

집합은 일정한 객체들(objects)을 모은 것을 의미한다. 물론 이 정의는 수학적으로 엄밀한 정의가 아니지만 집합의 개념을 형성하는 데 족한 정의이다. 집합 속에 들어있는 객체들을 **집합의 원소**(elements of a set)라고 한다.

집합을 표기하는 방법에는 원소들을 일일이 열거하는 방법(열거법)과 원소들의 성질을 서술하는 방법(서술법) 두 가지가 있다.

example 1.1 $\{1, 2, 3, 4, 5\}$와 $\{x \mid x$는 1 이상, 5 이하의 자연수$\}$. 첫 번째 집합은 원소들을 열거하는 방법으로 표현한 것이고, 두 번째 집합은 원소들의 성질을 서술하여 표현한 것이다. 이 두 집합은 같다. 즉 같은 집합을 두 가지 방법으로 표현해 본 것이다.

두 집합이 같다는 것은 집합에 포함된 원소들이 동일하다는 뜻이다. 참고로 집합의 원소는 중복적으로 표현하지 않는다. 즉 $\{1, 1, 2, 3, 4, 4, 5\}$라는 집합은 $\{1, 2, 3, 4, 5\}$라는 집합과 같다. 많은 경우에 집합의 원소를 모두 일일이 나열하는 것이 불가능하므로 서술에 의한 집합 표현을 많이 쓴다.

example 1.2 자연수의 집합$=\{x \mid x$는 자연수$\}$

집합에 이름을 붙여 지칭하는 경우가 많다. 즉 "집합 $\{1, 2, 3, 4, 5\}$를 A라고 하자"라고 하고 논의를 진행하는 경우가 많다. 이와 같이 집합을 지칭하는 기호로 영문자 A, B, C 등, 혹은 기타 다른 문자(예로 그리스 문자 Ω) 등이 쓰인다.

"a가 집합 A의 원소이다", 즉 "a가 집합 A에 속한다"를 기호 $a \in A$로 나타낸다.

B. 집합 간의 관계

집합 A와 집합 B가 있다 하자. 그런데 집합 A의 모든 원소가 집합 B의 원소이기도 하면 우리는 "집합 A는 집합 B의 **부분집합**(subset)이다"라고 말하고 기호 $A \subset B$로 나타낸다.

example 1.3 $A=\{1, 2, 3, 4\}$, $B=\{x \mid x$는 1 이상, 10 이하의 자연수$\}$, 이 경우 $A \subset B$이다.

집합 A의 모든 원소는 집합 A의 원소이므로 집합 A는 자신의 부분집합, 즉 $A \subset A$이다. 그리고 앞에서 말한 바와 같이, 집합 A와 집합 B의 원소가 모두 같으면 우리는 집합 A와 집합 B가 같은 집합이라고 한다. 즉, $A \subset B$이고 $B \subset A$이면 $A = B$이다. 많은 경우 두 집합 A와 B가 같음을 증명하기 위하여, $A \subset B$이고 $B \subset A$임을 증명한다. 그리고 $A \subset B$임을 증명하는 방법은 집합 A의 임의의 원소 a가(즉, 어떤 A의 원소든) 집합 B의 원소임을 보이면 된다. $A \subset B$의 관계가 있으나 집합 A가 집합 B와 다르다면, 집합 B에는 A에 없는 원소가 최소 한 개 있다. 이 경우 우리는 집합 A를 집합 B의 부분집합이라 말하지만, **진부분집합**(proper subset)이라 말하기도 한다.

집합 중 **공집합**(null set, empty set)이란 것이 있다. 이는 원소가 없는 집합이다. 집합을 어떤 객체를 넣은 상자로 생각할 경우 공집합은 아무 것도 없는 빈 상자로 비유할 수 있다. 공집합은 기호로 ϕ로 많이 나타낸다. **공집합은 모든 집합의 부분집합**이 된다. 이 점을 논리학적으로 자세하게 설명 할 수 있으나 독자들은 관례라고 생각해도 무방하다.

example 1.4 다음과 같은 집합을 생각하자. $\{1, \{1\}\}$. 이 집합을 A라고 하면 집합 A의 원소는 2개이다. 즉 1이라는 수와 1이라는 수를 가진 집합이다. 1이라는 수를 가진 집합을 B라고 표기를 하면 집합 A의 원소는 수 1과 집합 B이다. 여기서 여러분이 구별해야 하는 것은 1과 $\{1\}$이다. 앞에서 객체들을 모은 하나의 상자를 집합이라고 비유적으로 말하였는데, 이 비유를 사용하여 설명하면 구슬 하나와 구슬을 넣은 상자(B)가 상자 A 속에 들어있는 것이다.

일반적으로 n개의 원소를 가진 집합의 부분집합은 2^n개가 있다. 예를 들어 $\{a, b\}$의 부분집합은 공집합 ϕ, $\{a\}$, $\{b\}$, $\{a, b\}$로 $2^2=4$개 있다. 다음과 같이 생각하면 그 이유를 이해할 수 있다. n개의 원소를 가지고 부분집합을 만들기 위하여 빈 상자를 하나 놓고 각 원소를 그 상자에 넣을까 말까를 선택한다고 생각하자. 첫 번째 원소를 그 상자에 넣을까 말까 선택을 하므로, 첫 번째 원소에 대하여 두 가지 선택이 있다. 두 번째 원소를 가지고도 넣을까 말까로 두 가지 선택이 있고, 세 번째, 네 번째도 동일하다. 그러므로 각 원소에 두 가지 선택이 있어 총 2^n개의 선택으로 2^n개의 부분집합을 만들 수 있는 것이다.

연습문제

1. 다음 두 집합 사이에 부분집합 관계가 있는지 알아보라.

a. $A=\{x \mid x=2n,\ n$은 자연수$\}$, $B=\{x \mid x=4n,\ n$은 자연수$\}$

b. $A=\{x \mid x=2n,\ n$은 자연수$\}$, $B=\{x \mid x=3n,\ n$은 자연수$\}$

c. $A=\{x \mid x$는 실수, $-5<x\}$, $B=\{x \mid x$는 실수, $-5\leq x\}$

d. $A=\{x \mid x$는 실수, $-5\leq x\}$, $B=\{x \mid x$는 자연수$\}$

2. 집합 $A=\{1, 2, 3\}$의 부분집합 8개(2^3개)를 모두 나열하여 보라.

3. 집합 $\{1, \{1\}\}$의 부분집합을 모두 나열하여 보라.

C. 집합의 연산 operations of sets

하나 혹은 둘 이상의 집합에 어떠한 조작을 하여 새로운 집합을 만드는 것을 **집합의 연산**(operation of sets)이라 한다.

교집합 intersection

집합 A와 B가 있으면 그 두 집합에 공통으로 속하는 원소들을 모아 새로운 집합을 만드는 조작을 intersection이라 하고 그렇게 만들어진 집합도 intersection이라 한다. 우리말로는 **교집합**이라 한다. 기호로 $A\cap B$로 표기한다.

example 1.5 $A=\{x \mid x$는 1 이상, 100 이하의 자연수$\}$

$B=\{z \mid z$는 50 이상의 유리수$\}$

$A\cap B=\{w \mid 50$ 이상, 100 이하의 자연수$\}$

참고로 $A \cap B$를 읽을 때, A intersection B라 읽기도 하지만 간단히 A cap B라 읽기도 한다.

합집합 union

집합 A와 B가 있으면 그 각 집합의 원소들을 모두 모아 새로운 집합을 만드는 조작을 union이라 하고 그렇게 만들어진 집합도 union이라 한다. 우리말로 **합집합**이라 한다. 기호로 $A \cup B$로 표기하는데, A cup B라 읽기도 한다.

example 1.6 $A=\{x \mid x$는 1 이상, 100 이하의 자연수$\}$

$B=\{z \mid z$는 50 이상의 유리수$\}$

$A \cup B=\{w \mid w$는 1 이상, 50 이하의 자연수 혹은 50 이상의 유리수$\}$

집합의 연산을 여러 번 조합하여 반복할 수 있다. 예를 들어 $(A \cup B) \cup C$를 수행할 수 있는데, 이는 집합 A와 B를 사용하여 합집합을 만든 후 이 새로운 집합과 집합 C를 가지고 다시 합집합을 만든다는 뜻이다. 그리고 $(A \cap B) \cap C$는 집합 A와 B를 사용하여 교집합을 만든 후 이 새로운 집합과 집합 C를 가지고 교집합을 만든다는 뜻이다. 여러 집합의 연산을 조합하여 반복할 경우 집합의 연산에 관한 법칙이 성립하는데 정리하면 다음과 같다.

i) **결합법칙** associative law

$(A \cup B) \cup C=A \cup (B \cup C)$ $\qquad$ $(A \cap B) \cap C=A \cap (B \cap C)$

ii) **분배법칙** distributive law

$(A \cup B) \cap C=(A \cap C) \cup (B \cap C)$ $\qquad$ $(A \cap B) \cup C=(A \cup C) \cap (B \cup C)$

이 법칙들은 **벤 다이어그램**(Venn diagram)이라 하는 **그림 1-1**과 같은 그림으로 쉽게 이해할 수 있다. 벤 다이어그램이란 평면에 집합들을 원과 같은 도형을 사용하여 별도의 색으로 칠해 보는 것을 말한다.

그림 1-1

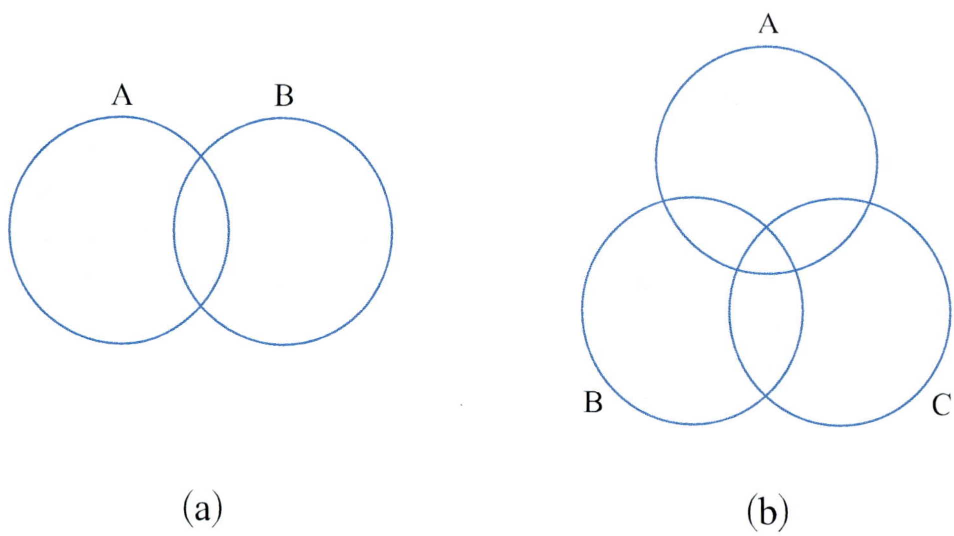

example 1.7 $A \cup B$를 벤 다이어그램으로 표시해 보면 **그림 1-1**의 (a)와 같다. 즉, 집합 A를 하나의 원과 그 내부로 표시하고, 집합 B도 비슷하게 표시하면 $A \cup B$는 파란색으로 칠한 부분으로 표시된다. $(A \cup B) \cup C$를 표시해 보면 **그림 1-1**의 (b)에서 파란색으로 칠한 부분이 된다. $A \cup B$를 먼저 파란색으로 칠을 한 뒤, 이것과 C와의 합집합을 다시 파란색으로 칠하면 **그림 1-1** (b)에 파란색으로 표시된 부분이 됨을 쉽게 알 수 있을 것이다. 마찬가지로 $B \cup C$를 먼저 파란색으로 칠하고 이와 A와의 합집합을 파란색으로 칠하면 역시 **그림 1-1** (b)의 파란색으로 표시된 부분이 됨을 알 수 있다. 따라서 $(A \cup B) \cup C = A \cup (B \cup C)$가 확인이 된다.

위의 예와 같이 확인하면 다른 법칙들도 쉽게 확인할 수 있을 것이다. 물론 더 엄밀히 위 법칙들을 증명하려면 논리적 사고가 필요하다. 예를 들어 분배법칙 $(A \cup B) \cap C = (A \cap C) \cup (B \cap C)$를 증명하려면, $(A \cup B) \cap C$가 $(A \cap C) \cup (B \cap C)$의 부분집합, 즉 $(A \cup B) \cap C \subset (A \cap C) \cup (B \cap C)$임을 증명하고, 그 다음 $(A \cap C) \cup (B \cap C)$이 $(A \cup B) \cap C$의 부분집합, 즉 $(A \cap C) \cup (B \cap C) \subset (A \cup B) \cap C$임을

논리적으로 증명하면 $(A\cup B)\cap C=(A\cap C)\cup(B\cap C)$가 되는데 자세한 설명은 생략하기로 한다.[1]

차집합 difference 혹은 집합의 빼기 subtraction of sets

두 집합 A와 B가 있을 경우 $A-B$라는 집합을 새로이 만들 수 있는데 이는 집합 A에서 집합 B의 원소를 모두 제거하고 남은 집합을 말한다. 즉, $A-B=\{x \mid x\in A,\ x\not\in B\}$인데, 이를 **차집합**이라 하고 그렇게 조작하는 것을 **집합의 빼기**라 한다.

example 1.8 $A=\{1, 2, 3, 4, 5, 6, 7, 8, 9, 10\}$, $B=\{x \mid x$는 실수, $x\geq 7\}$이면 $A-B=\{1, 2, 3, 4, 5, 6\}$이다.

우리가 보통 집합을 논의할 때 하나의 큰 집합, 즉 **전체집합**(Universal Set)을 상정하고 논의를 할 경우가 많다. 이렇게 전체집합이 상정되어 있을 경우(혹은 상정되어 있다고 암묵적으로 가정된 경우)에는 전체집합 빼기 어느 집합을 그 집합의 **여집합**(complement)이라 한다. 전체집합을 U, 어느 집합을 A라 하면 $U-A$를 A의 여집합이라 하고 기호로 A^c로 표기하기도 한다.

example 1.9 자연수 전체의 집합을 전체집합 U라고 하고, $A=\{x \mid x$는 5보다

---

1 관심 있는 독자를 위하여 논리적 증명을 해 보자. 먼저 $(A\cup B)\cap C\subset(A\cap C)\cup(B\cap C)$를 증명해 보자. 어느 원소 a가 $(A\cup B)\cap C$의 원소라 하자. 그러면 a는 $A\cup B$에도 있고 C에도 있다. $A\cup B$에 있다는 것은 A 혹은 B에 있다는 것인데, A에 있다면, C에도 있으니 $A\cap C$에 있다. 그러므로 $(A\cap C)\cup(B\cap C)$에 있다. B에 있다면, C에도 있으니 $B\cap C$에 있고, 그러므로 $(A\cap C)\cup(B\cap C)$에 있다. 결국 A에 있거나 B에 있거나 $(A\cap C)\cup(B\cap C)$에 있으므로 $(A\cup B)\cap C\subset(A\cap C)\cup(B\cap C)$이다.

다음으로 $(A\cap C)\cup(B\cap C)\subset(A\cup B)\cap C$를 증명해 보자. 그러기 위하여 b가 $(A\cap C)\cup(B\cap C)$의 원소라 하자. 그러면 b는 $A\cap C$에 있거나 $B\cap C$에 있다. $A\cap C$에 있으면 $(A\cup B)\cap C$에 있고, $B\cap C$에 있으면 또 $(A\cup B)\cap C$에 있으므로 어느 경우든 $(A\cup B)\cap C$에 있다. 즉, $(A\cap C)\cup(B\cap C)\subset(A\cup B)\cap C$이다.

종합하면 $(A\cap C)\cup(B\cap C)=(A\cup B)\cap C$가 결론으로 얻어진다.

큰 자연수}라고 하면, $A^c=\{1, 2, 3, 4, 5\}$이다.

집합의 데카르트 곱 Cartesian Product

집합 A와 집합 B가 있을 경우 우리는 $A\times B$라는 새로운 집합을 아래에서 설명하는 방법으로 만들 수 있다($A=B$이어도 상관없고, 이 경우는 $A\times A$라고 표기한다). 이 방법으로 집합을 만드는 것을 "집합 A와 B를 데카르트 곱한다"라고 말하고, 이렇게 만들어진 집합을 집합 A와 B의 **데카르트 곱**(Cartesian Product of sets A and B)이라 한다.

그 방법이란 다음과 같다. 먼저 집합 A에서 한 원소를 취하여 앞에 놓고, 집합 B에서 한 원소를 취하여 뒤에 놓고 괄호(주로 소괄호)로 묶는다. 그리고 이를 **순서쌍**(ordered pair)이라 부른다. 예를 들어 집합 A가 $\{1, 2, 3\}$이고 집합 B가 $\{-2, -4, -8, 0, 1, 2\}$이라면 $(1, -2)$가 하나의 순서쌍이고, $(3, -4)$도 또 다른 순서쌍이다. $(1, 2)$와 $(2, 1)$이 다름에 유의하라. 즉, 순서가 중요하다.

집합 A와 집합 B에서 만들 수 있는 순서쌍을 모두 만들어서 모은 것이 집합 A와 B의 데카르트 곱이라 하고 이를 기호로 $A\times B$로 표시한다.

$A\times B$를 서술식으로 표현하면 다음과 같다.

$$A\times B=\{(a, b)\mid a\in A, b\in B\}$$

$\{(a, b)\mid a\in A, b\in B\}$이 나타내는 뜻은 집합 A에서 한 원소 a를 취하여 앞에 놓고, 집합 B에서 한 원소 b를 취하여 뒤에 놓아서 순서쌍(oredered pair)을 하나 만들면 그것이 집합 $A\times B$의 원소이며, 그러한 원소들을 모두 모으면 $A\times B$가 된다는 뜻이다.

example 1.10 $A=\{1, 2, 3\}$, $B=\{-2, 1, 2\}$이면, $A\times B=\{(1, -2), (1, 1), (1, 2), (2, -2), (2, 1), (2, 2), (3, -2), (3, 1), (3, 2)\}$이다. 주의할 점은 $(1, -2)$ 등이 하나의 개체로 $A\times B$의 원소이고 $-2, 1, 2, 3$ 등은 더 이상 $A\times B$의 원소가 아니라는 점이다.

데카르트 곱에서 많은 사람들이 집합 A나 B의 원소와 $A \times B$의 원소를 혼동한다. 이를 다음의 비유로 생각하면 좀 더 명쾌하게 정리할 수 있다. 수소(H_2)를 모은 용기(container)를 A라 하고 산소(O_2)를 모은 용기를 B라 하자. 그런데 둘의 화학 반응을 일으켜 물(H_2O)을 만들어서 새로운 용기 C에 담았다 하자. 그러면 우리는 물을 모은 용기 C를 보고 여기에 물 분자들이 모여 있다고 말하지 수소나 산소가 모여 있다고 하지 않는다. 이 물의 용기 C가 $A \times B$에 해당하는 것이다. 새로운 용기 C에 있는 것은 수소도 아니고 산소도 아닌 물 분자 H_2O의 모음이다. 마찬가지로 $A \times B$에 있는 것(원소)은 A의 원소도 아니고 B의 원소도 아닌 (a, b)라는 순서쌍들이다. 즉 $A \times B$의 원소는 물 분자에 해당하는 (a, b)이다. 이를 더 분해하여 a와 b를 $A \times B$ 원소라고 생각하지 않는다. 이는 물이 담긴 그릇을 보고 수소나 산소가 담겨 있다고 생각하지 않는 것과 같다.

이제 위의 **예 1.10**의 $A \times B$를 우리에게 익숙한 좌표 평면에 표시를 하면 **그림 1-2**와 같다. 즉 **예 1.10**의 $A \times B$의 원소는 **그림 1-2**에 표시된 9개의 점이다.

그림 1-2

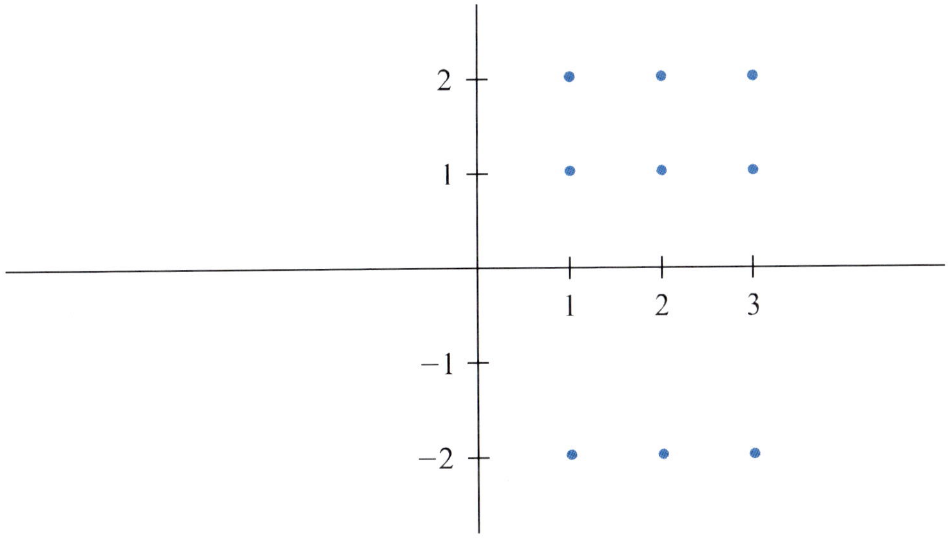

example 1.11 $A=\{1, 2, 3\}$이면 $A\times A=\{(1, 1), (1, 2), (1, 3), (2, 1), (2, 2), \cdots, (3, 2), (3, 3)\}$이다. 이와 같이 하나의 집합을 가지고도 데카르트 곱을 만들 수도 있다.

우리가 앞으로 많이 쓰는 집합은 실수 전체의 집합, 혹은 실수의 부분 집합이다. 앞으로 이 책에서 $\mathbb{R}$이란 기호를 실수 전체의 집합을 나타내는 기호로 사용할 것이며, $\mathbb{R}\times\mathbb{R}$은 $\mathbb{R}^2$로 간단히 표기하기로 한다.

데카르트 곱은 두 집합 간의 곱에 국한할 이유가 없다. $A\times B\times C$도 다음과 같이 정의된다.

$$A\times B\times C=\{(a, b, c)\mid a\in A, b\in B, c\in C\}$$

이는 **순서 세 쌍**(ordered triple)을 모은 집합으로, 집합 $A\times B$와 집합 C를 데카르트 곱한 것으로 해석해도 무방하다. 즉, $(A\times B)\times C$의 원소는 $((a, b), c)$이나 이를 (a, b, c)와 동일시하여 $(A\times B)\times C=A\times B\times C$로 여기는 것이다. 또한 $A\times(B\times C)$도 $A\times B\times C$와 동일시한다. 즉, $(A\times B)\times C=A\times(B\times C)=A\times B\times C$이다. 이 논의를 실수의 집합 $\mathbb{R}$에 적용시키면 $(\mathbb{R}\times\mathbb{R})\times\mathbb{R}=\mathbb{R}^2\times\mathbb{R}$와 $\mathbb{R}\times(\mathbb{R}\times\mathbb{R})=\mathbb{R}\times\mathbb{R}^2$를 모두 $\mathbb{R}\times\mathbb{R}\times\mathbb{R}$과 동일한 것으로 간주한다. 참고로 $\mathbb{R}\times\mathbb{R}\times\mathbb{R}$는 $\mathbb{R}^3$로 간단히 표기된다.[2]

이제 $\mathbb{R}^3$를 이해했으니 유추하여 $\mathbb{R}^4$도 이해할 수 있을 것이고 $\mathbb{R}^5$도 이해할 수 있을 것이며, 일반적으로 $\mathbb{R}^n$도 이해할 수 있을 것이다. 즉, $\mathbb{R}^n$은 다음과 같

---

2 물론 엄밀히 말하면 $(A\times B)\times C$와 $A\times(B\times C)$는 다를 것이다. 왜냐하면 $(A\times B)\times C$의 원소는 $((a, b), c)$이고 $A\times(B\times C)$의 원소는 $(a, (b, c))$이기 때문이다. 우리가 많이 사용하는 실수의 집합을 사용하여 다시 말하면, $(\mathbb{R}\times\mathbb{R})\times\mathbb{R}=\mathbb{R}^2\times\mathbb{R}$과 $\mathbb{R}\times(\mathbb{R}\times\mathbb{R})=\mathbb{R}\times\mathbb{R}^2$은 엄밀히 말하여 다르다.

$(\mathbb{R}\times\mathbb{R})\times\mathbb{R}=\mathbb{R}^2\times\mathbb{R}$의 원소인 순서쌍은 처음에 $\mathbb{R}^2$의 원소가 나오고 뒤에 $\mathbb{R}$의 원소가 나오지만 $\mathbb{R}\times(\mathbb{R}\times\mathbb{R})=\mathbb{R}\times\mathbb{R}^2$의 원소인 순서쌍은 처음에 $\mathbb{R}$의 원소가 나오고 뒤에 $\mathbb{R}^2$의 원소가 나오기 때문이다. 즉, $((a, b), c)$는 $(\mathbb{R}\times\mathbb{R})\times\mathbb{R}=\mathbb{R}^2\times\mathbb{R}$의 원소이고 $(a, (b, c))$는 $\mathbb{R}\times(\mathbb{R}\times\mathbb{R})=\mathbb{R}\times\mathbb{R}^2$의 원소이기 때문이다.

그러나 이 둘은 결국 (a, b, c)로 동일시 될 수 있기 때문에 우리는 $(\mathbb{R}\times\mathbb{R})\times\mathbb{R}=\mathbb{R}^2\times\mathbb{R}$와 $\mathbb{R}\times(\mathbb{R}\times\mathbb{R})=\mathbb{R}\times\mathbb{R}^2$를 모두 $\mathbb{R}\times\mathbb{R}\times\mathbb{R}$과 동일한 것으로 간주하는 것이다.

이 나타낼 수 있다.

$$\mathbb{R}^n = \{(x_1,\ x_2,\ \cdots,\ x_n) \mid x_i\text{는 실수}\}$$

$\mathbb{R}^n$의 기하학적 의미를 알아보기로 하자. 한마디로 $\mathbb{R}^n$은 n차원 공간을 나타낸다. 이를 $n=1$부터 설명하면 우선 $\mathbb{R}$은 기하학적으로 직선을 나타낸다. 즉, 직선의 한 점을 0이라 하고(이 점을 원점이라 한다) 우측의 다른 한 점을 1로 정하면 어느 실수이든 그 직선에 나타낼 수 있다. 그리고 그 직선의 어느 점이든 0에서부터의 길이가 나오므로 그 점에 해당하는 실수가 있다(음수는 0의 좌측에 표기된다). 그러므로 우리는 원점과 1을 정한 직선(수직선)과 실수 전체의 집합을 동일시하기도 한다.

다음으로 $\mathbb{R}^2$는 $\{(x,\ y) \mid x$와 y는 실수$\}$이고, $\mathbb{R}^2$의 원소는 평면상의 한 점 $(x,\ y)$로 나타낼 수 있다. 따라서 $\mathbb{R}^2$는 그 점들을 모은 것, 다시 말하여 평면을 나타낸다. 이를 이해하기 위하여 **그림 1–3**과 같이 평면에 수평으로 한 직선을 긋고 이에 수직으로 교차하는 직선을 그어 보자.

그림 1–3

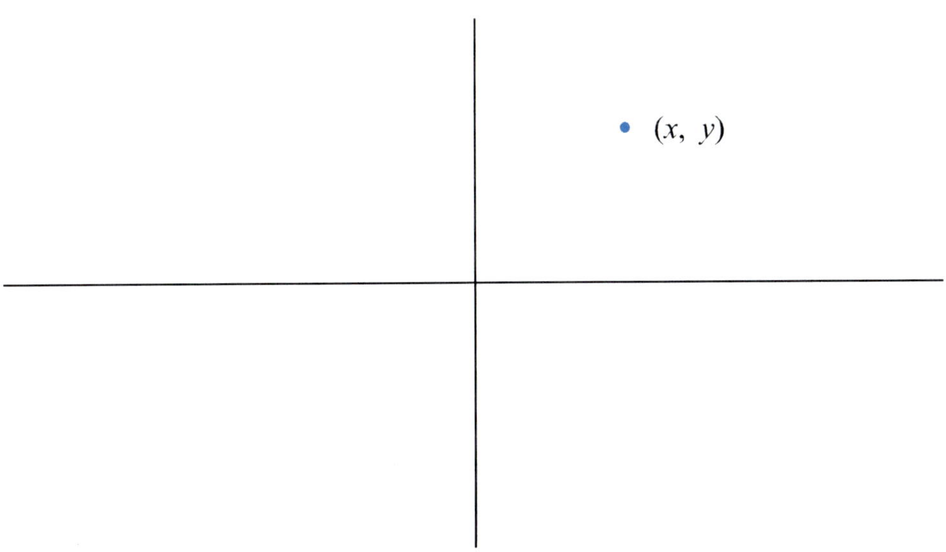

그러면 독자 여러분은 평면상의 한 점은 좌표 (x, y)로 나타나고, (x, y)는 $\mathbb{R}\times\mathbb{R}$의 한 원소이므로 $\mathbb{R}\times\mathbb{R}$은 기하학적으로 평면을 나타낸다는 사실을 금방 알 수 있을 것이다. 즉, $\mathbb{R}^2$와 평면은 동일하게 여겨진다. 그리고 $\mathbb{R}\times\mathbb{R}\times\mathbb{R}=\mathbb{R}^3$는 기하학적으로 3차원 공간을 나타낸다는 사실 또한 쉽게 유추를 할 수 있을 것이다.

일반적으로 $\mathbb{R}^n$의 원소는 $(x_1, x_2, \cdots, x_n)$으로 표기되고 $\mathbb{R}^n$은 n차원 공간을 나타낸다.

연습문제

1. $A=\{1, 2, 3\}$, $B=\{1, 3, 9\}$, $C=\{3, 8, 9\}$일 때 다음을 계산하라.

a. $A\cup B$

b. $A\cap B$

c. $A\times(B\cap C)$ (A와 $B\cap C$의 데카르트 곱)

2. $A=\{1, 2, 3\}$, $B=\{1, 3, 9\}$, $C=\{3, 8, 9\}$ 일 때 $(A\cup B)\cap C$와 $(A\cap C)\cup(B\cap C)$를 계산하여 분배법칙을 확인하라.

3. 전체집합 U가 있고, 그 부분집합으로 A와 B가 있을 시, 다음의 법칙을 벤 다이어그램을 통하여 확인하라.

a. $(A\cup B)^c=A^c\cap B^c$

b. $(A\cap B)^c=A^c\cup B^c$

D. 필요조건과 충분조건

필요조건(necessary condition)과 **충분조건**(sufficient condition)이란 개념은 수학적 논의에서 빠질 수 없는 개념으로, 우리도 이 책 전반에 걸쳐 많이 사용할 것이다. 이는 집합을 사용하여 설명할 수 있다.

우리는 일상생활에서 "B가 A의 조건이다" 이런 말을 많이 한다. 그리고 전제조건, 필수조건, 선결조건 등 조건의 종류도 많다. 그러나 수학에서 사용하는 조건은 필요조건, 충분조건, **필요충분조건**(necessary and sufficient condition) 이 세 가지 개념뿐이다.

어느 하나의 문장이 있다고 하자. 그리고 이 문장을 p라는 기호로 지칭하기로 하자. 예를 들어 "내일 아침에 눈이 10cm 이상 온다"를 p라고 지칭하자. 그리고 또 다른 문장을 q라는 기호로 지칭하자. 예를 들어 "내일 학교를 휴교한다"를 q라고 지칭하자. 그러면 우리는 "p이면 q이다"란 합성문장을 만들 수 있다. 위의 예를 사용하면 "내일 아침에 눈이 10cm 이상 오면 내일 학교를 휴교한다"란 문장이 합성문장이 된다.

이 합성문장에서 p와 q를 그 '관계'에 따라 필요조건, 충분조건, 필요충분조건으로 구분한다. 보통 논리학이나 수학에서 도식적으로 "p이면 q이다"가 성립하면 p는 q의 충분조건이고 q는 p의 필요조건이다라고 설명한다. 그러나 이 설명은 저자의 생각으로 좋은 설명이 아니다. p와 q의 관계를 생각하여 필요조건과 충분조건을 알아보는 것이 좋다. 그 '관계'란 것은 다음과 같다.

문장 p를 만족하는 모든 경우의 집합을 P라 하고, 문장 q를 만족하는 모든 경우의 집합을 Q라 하자. 만약 P가 Q의 부분집합이면 우리는 p가 q의 충분조건이고, q가 p의 필요조건이라 말한다. P라는 집합에 속하기 위해서는 Q라는 집합에 속하는 것이 필요하므로 q가 p의 필요조건이라 말하는 것이다. 그리고 P에 속하면 그것으로 Q에 속하는 데 충분하므로 p는 q의 충분조건이라 말하는 것이다.

이상의 논의를 통하여 독자들은 이해를 했겠지만, '관계'란 것은 결국 집합간의 포함관계이다. 즉, P라는 집합이 Q라는 집합에 포함되면 P는 Q의 부분집합이라는 '관계'가 있다 말하고, 이에 따라 문장 p는 문장 q의 충분조건이고, 문장 q는 문장 p의 필요조건이라고 말하는 것이다. 이제 몇 가지 예를 가지고 더 알아보자.

example 1.12 p: x는 **실수이고** $x^2=1$**이다.**

q: x는 **실수이고** $x^3=1$**이다.**

p를 만족하는 경우의 집합은 $\{1, -1\}$이고 q를 만족하는 경우의 집합은 $\{1\}$

이다. 그러므로 q는 p의 충분조건이고 p는 q의 필요조건이다.

example 1.13 **p: 아버지이다.**

q: 남자이다.

p를 만족하는 집합은 아버지들의 집합이고 q를 만족하는 집합은 남자들의 집합인데, 아버지의 집합이 남자들의 집합의 부분집합이므로 결국 아버지는 남자의 충분조건이고 남자는 아버지의 필요조건이다.

example 1.14 **p: 내가 땀을 많이 흘리고 있다.**

q: 내가 있는 곳의 기온이 섭씨 40도이다.

내가 땀을 많이 흘리는 경우는 기온이 섭씨 40도인 경우도 포함하지만 그 외에 다른 경우도 포함한다. 예를 들어 내가 격한 운동을 한 경우도 땀을 많이 흘리는 경우이다. 그러므로 Q는 P의 부분집합이다. 따라서 q는 p의 충분조건이고, p는 q의 필요조건이다.

결국 A가 B의 필요조건이라 말하는 것은(p와 q 대신에 A와 B라는 기호를 사용했다) A가 만족되는 경우가 B가 만족되는 경우를 포함한다는 뜻이므로, A가 만족되지 않으면 B가 만족되지 않는다는 뜻이다. 즉 A가 달성되지 않으면 B가 달성되지 않는다는 뜻이다. 그러나 A가 달성되어도 B가 달성되지 않을 수 있다. A가 만족되는 경우 중 B가 만족되지 않는 경우가 있기 때문이다.

반면에 A가 B의 충분조건이라는 것은 A가 만족되는 경우가 B가 만족되는 경우 안에 포함된다는 뜻이므로, A가 만족되면 B는 자동적으로 만족된다는 뜻이다. 즉, A가 달성되면 B는 무조건 달성되지만 A가 달성되지 않아도 B가 달성될 수 있다는 뜻이다. A가 만족되지 않지만 B가 만족되는 경우가 있기 때문이다.

example 1.15 다음 둘의 차이가 무엇일까?

a) 인적자본에 대한 투자는 경제성장의 필요조건이다.

b) 인적자본에 대한 투자는 경제성장의 충분조건이다.

a)의 뜻은 인적자본에 대한 투자 없이는 경제성장이 불가능하다는 말이다. 그러나 인적자본에 대한 투자가 있다고 해서 경제성장이 반드시 일어난다는 뜻은 아니다. 경제성장이 일어날 수도 있고 일어나지 않을 수도 있다. 반면에 b)의 뜻은 인적자본에 대한 투자가 일어나면 경제성장은 반드시 일어난다는 말이다. 여기에는 인적자본에 대한 투자가 없어도 경제성장이 일어날 수 있다는 뜻이 같이 포함되어 있다.

필요충분조건

p를 만족하는 경우의 집합 P와 q를 만족하는 경우의 집합 Q가 서로 같은 집합, 즉 P가 Q의 부분집합이고 Q가 P의 부분집합이면 우리는 p가 q의 필요충분조건이고 q가 p의 필요충분조건이라 말한다. 즉 서로가 필요조건인 동시에 충분조건인 것이다. 이 경우는 p가 만족되지 않으면 q가 만족될 수 없고 p가 만족되면 q는 반드시 만족되는 관계이다.

example 1.16 **p: x는 실수이고 $x^2=1$이다.**
q: x는 실수이고 $x^4=1$이다.

p와 q를 만족하는 경우는 둘 다 $\{1, -1\}$이므로 p와 q는 서로 필요충분조건 관계에 있다.

우리가 일상적으로 'p이면 q이다'라고 말할 때 사실은 p와 q가 필요충분조건 관계에 있음을 염두에 두고 말하는 경우가 종종 있다. 예를 들어 '내일 해가 나면 야외수업을 한다'라고 어느 교수가 학생들에게 말하였다 하자. 이 교수의 뜻은 해가나면 야외수업하고 해가 나지 않으면 야외수업하지 않는다는 뜻 즉 내일을 해가 나는 경우와 해가 나지 않는 경우로 나누고, 해가 나는 경우는 야외수업하는 경우, 해가 나지 않으면 야외수업하지 않는 경우로 정하므로 해가 나는 경우와 야외수업하는 경우는 일치한다는 뜻이다. 그러므로 'p: 해가 난다'와 'q: 야외수업한다'는 서로 필요충분조건 관계란 뜻으로 교수가 말한 것이다. 도식적으로 'p이면

q이다'에서 p는 충분조건, q는 필요조건이라고 단순히 해석하면 곤란하다.

아무튼 필요조건, 충분조건, 필요충분조건은 포함관계를 잘 살펴서 결정해야 하고 그 포함관계로 의미를 제대로 파악하는 것이 중요하다.

연습문제

1. 다음 각 항에 주어진 두 문장 사이에 어느 것이 어느 것의 무슨 조건(필요조건, 충분조건, 필요충분조건)인지 밝혀 보아라.

   a. x는 실수이고 $x^2=1$이다. x는 실수이고 $x^3=1$이다.

   b. 내가 벌벌 떨고 있다. 내 주변의 온도가 섭씨 영하 40도이다.

   c. 붕어이다. 물고기이다.

   d. 바닷물이 얼었다. 민물이 얼었다(바닷물이 어는 온도는 민물이 어는 온도보다 낮다고 가정).

   e. 자연수이다. 정수이다.

   f. 두 수를 곱하여 양수값이 나온다. 두 수의 각 값이 양수값이다.

   g. 두 수를 곱하여 양수값이 나온다. 두 수의 부호(양, 음)가 같다.

E. 수학적 귀납법

수학적 귀납법(mathematical induction)은 다음과 같은 구조를 가진다. 자연수 n이 들어간 서술 혹은 주장(혹은 거창하게 명제라 불러도 좋다)을 $p(n)$이라 하자.

example 1.17 1부터 n까지의 자연수를 합하면 $\frac{n(n+1)}{2}$이다.

example 1.18 n이 2이상일 경우 $n\times n$ 행렬의 두 행이 같으면 그 행렬식 값은 0

이다.

example 1.19 n이 2 이상일 경우 $n \times n$ 행렬로 다음과 같은 행렬의 행렬식 값은 $(x-1)^{n-1}$이다:

$$\begin{bmatrix} 1 & 1 & 1 & \cdots & 1 \\ 1 & x & 1 & \cdots & 1 \\ 1 & 1 & x & \cdots & 1 \\ \vdots & \vdots & \vdots & \ddots & \vdots \\ 1 & 1 & 1 & \cdots & x \end{bmatrix}$$

이 경우 위 서술이 일정 자연수 n_0(보통 0 아니면 1, 그러나 어떤 경우는 2 혹은 3도 있다) 이상 모든 n에 대하여 참임을 증명하는 방법이 수학적 귀납법이다. 위 첫 번째 예에서 n_0가 1이고, 두 번째와 세 번째에서는 n_0가 2이다.

즉 $p(n)$이 n_0 이상의 모든 정수에 대하여 참임을 증명하는 것이 수학적 귀납법인데 그 방법은 다음과 같다.

첫째, $p(n_0)$이 참임을 증명한다.

둘째, n이 k일 경우에 $p(n)$이 참임을 가정하고 n이 $k+1$일 때 $p(n)$이 참임을 증명한다. 즉 $p(k)$가 참이라는 가정하에 $p(k+1)$이 참임을 증명한다.

example 1.20 위 **예 1.17**에서, 1부터 1까지의 자연수를 더하면 1이다. 1은 $\frac{1(1+1)}{2}$이므로 $p(1)$은 참이다. 다음, 1부터 k까지의 자연수를 더하면 $\frac{k(k+1)}{2}$라고 가정하고, 1부터 $k+1$까지의 자연수를 더하면 이는 1부터 k까지의 자연수 더하기 $k+1$이므로 $\frac{k(k+1)}{2}+(k+1)$이고 이를 다시 정리하면 $\frac{(k+1)(k+1+1)}{2}$이 되어 $p(k)$가 참이면 $p(k+1)$이 참이 됨을 증명하였다. 이로써 1부터 n까지의 자연수를 합하면 $\frac{n(n+1)}{2}$임이 증명되었다.

아래의 두 예는 행렬에 대한 지식이 조금 있어야 하므로 행렬에 대하여 잘 모를 경우는 나중에 행렬 공부를 하고 다시 읽어보기를 권한다.

example 1.21 행렬에 대하여 **예 1.18**에서 n이 2일 경우 $n \times n$ 행렬의 두 행이 같으면 그 행렬식 값은 0임을 증명하는 것은 매우 쉽다. $\begin{bmatrix} a & b \\ a & b \end{bmatrix}$의 행렬식을 계산해 보라. 다음으로 $k \times k$ 행렬의 두 행이 같으면 행렬식 값이 0이라고 가정하고 $(k+1) \times (k+1)$ 행렬식을 계산하기 위하여 같은 두 행을 제외한 다른 한 행을 잡고 Laplace 전개를 하면 잡은 행의 각 원소의 소행렬은 두 행이 같아져서 소행렬식이 0이므로 $(k+1) \times (k+1)$의 행렬식 0이라는 것이 증명된다.

example 1.22 **예 1.19**에서 n이 2일 경우 행렬은 $\begin{bmatrix} 1 & 1 \\ 1 & x \end{bmatrix}$이고 이의 행렬식 값은 $(x-1) = (x-1)^{2-1}$로 $p(2)$는 참이다. 이제 행렬

$$\begin{bmatrix} 1 & 1 & 1 & \cdots & 1 \\ 1 & x & 1 & \cdots & 1 \\ 1 & 1 & x & \cdots & 1 \\ \vdots & \vdots & \vdots & \ddots & \vdots \\ 1 & 1 & 1 & \cdots & x \end{bmatrix}$$

이 $k \times k$로 이 행렬식 값은 $(x-1)^{k-1}$이라 가정하고 $(k+1) \times (k+1)$의 행렬식 값을 구해 보자. 그러기 위하여 두 번째 행에 -1을 곱하여 첫 번째 행에 더하면 이 행렬은

$$\begin{bmatrix} 0 & 1-x & 0 & \cdots & 0 \\ 1 & x & 1 & \cdots & 1 \\ 1 & 1 & x & \cdots & 1 \\ \vdots & \vdots & \vdots & \ddots & \vdots \\ 1 & 1 & 1 & \cdots & x \end{bmatrix}$$

이 되고 첫 번째 행을 잡아서 행렬식을 계산하면

$$-(1-x)\begin{bmatrix} 1 & 1 & \cdots & 1 \\ 1 & x & \cdots & 1 \\ \vdots & \vdots & \ddots & \vdots \\ 1 & 1 & \cdots & x \end{bmatrix}$$

로 변경되어 이 행렬식 값은 $-(1-x)(x-1)^{k-1} = (x-1)^k$로 $p(k+1)$이 참임이 증명된다.

연습문제

1. 다음을 수학적 귀납법에 의하여 증명하라.

a. $1^2 + 2^2 + \cdots + n^2 = \dfrac{n(n+1)(2n+1)}{6}$

b. $1^3 + 2^3 + \cdots + n^3 = \left\{\dfrac{n(n+1)}{2}\right\}^2$

c. $1^3 + 2^3 + \cdots + (n-1)^3 < \dfrac{n^4}{4} < 1^3 + 2^3 + \cdots + (n-1)^3$

d. $1+3+5+ \cdots + (2n-1) = n^2$

F. 항등식identity과 방정식equation

다음의 식을 보자.

$$\left[\sqrt{x^4 + 8x^2 + 16}\right] - 4x = (x-2)^2$$

이 식은 모든 실수 x에 대하여 성립한다. 이러한 식을 항등식이라고 한다. x가 모든 실수가 아니더라도 주어진 범위 내의 모든 x값에 대하여 성립하면 항등식이다. 예로

$$\left[\sqrt{x^2 - 8x + 16}\right] - x = -4$$

는 $x \geq 4$의 모든 실수에 대하여 성립한다.

반면에 $\left[\sqrt{x^4 + 8x^2 + 16}\right] - 4x = 1$라는 식은 $x = 1$과 $x = 3$이라는 몇몇 개의 x값에서만 성립하고 나머지 x값에서는 성립하지 않는다. 이와 같은 식을 방정식이라 한다.

거시 경제학에서는 같은 식을 놓고 그 식이 방정식을 의미할 때가 있는가 하면 항등식을 의미할 때가 있으니 주의하여야 한다. 예로 $Y = C + I + G + NX$ 라는 식은 항등식일 때가 있고 방정식일 때가 있다. 무슨 말인가 하면 이 식에 사용되는 C, I, G, NX들이 사후에 일어난 값들을 의미한다면 $Y = C + I + G + NX$는 항등식이 되고, 만약 C, I, G, NX들이 사전에 계획된 값들이라면 $Y = C + I + G + NX$는 방정식이 된다. 좀 더 자세히 풀어서 설명하면 어느 한 해의 말(예로 2020년 말)에 그 해 일 년 동안 실지로 지출된 소비 C, 지출된 투자 I, 정부지출 G, 순수출 NX를 계산하여 다 더하면 언제나 국민소득 Y와 일치한다. 그러나 소비 C가 연초에 계획된 소비로서 다음의 소비함수에 의하여 얻어지는 값이고

$$C = \overline{C} + a(Y - T) - cr$$

투자 I가 연초에 계획된 투자로서 다음의 투자 함수에 의하여 얻어지는 값이고

$$I = \overline{I} - dr$$

순수출 NX도 다음의 순수출 함수에 의하여 연초에 계획된 지출이라면

$$NX = \overline{NX} - xr$$

$Y = C + I + G + NX$이 언제나 성립하는 것이 아니라 특정한 r의 값에서만 성립하여 $Y = C + I + G + NX$은 방정식이 되는 것이다.

G. 함수의 개념

우선, 여러분이 어렴풋이 알고 있는 것을 정리하여 개략적으로 함수가 무엇인가 먼저 말하면 '실수에서 실수로 가는 함수'는 한 실수에 다른 실수를 대응시키는

대응관계(correspondence relation), 혹은 **대응규칙**(mapping rule)을 말한다. 여러분은 "y는 x의 함수이다"라 말하고 이를 기호로 $y=f(x)$로 쓰는 데 익숙해져 있을 것이다. 이의 뜻은 "한 실수 x에 다른 실수 y를 대응시키는 규칙이 있고 그 규칙을 f라고 한다"이다. 즉 "x에 규칙 f를 적용하여 대응되는 다른 실수값이 $f(x)$이고 이를 y라고 나타낸다"이다. 그러므로 $y=f(x)$라는 기호가 사용된다. 이를 비유, 도식적으로 설명하면 함수 f는 하나의 기계라 생각할 수 있다. 그리하여 실수 x를 input으로 그 기계에 집어넣으면(대응규칙을 적용하면) 다른 실수가 output으로 나오는데 그 것이 $f(x)$이다. $f(x)$가 실수 x에 대응되는 다른 실수 y인 것이다. 다음의 그림을 참고하라.

그림 1-4

$$x \rightarrow \quad f \quad \rightarrow f(x) = y$$

그러나 일반적으로 함수는 실수만을 input으로 하지 않는다. 정확하고 엄밀한 정의는 아니지만 어느 정도 수학적으로 일반적인 함수의 개념을 설명하면 다음과 같다. 두 집합 A와 B가 있다 하자(A와 B가 동일한 집합이어도 상관없다. 앞에서 언급한 실수에서 실수로 가는 함수는 집합 A와 B가 동일한 경우이다). 그리고 집합 A의 각 원소에 집합 B의 원소 하나씩을 대응시킨다 하자. 이 대응관계(correspondence), 즉 집합 A의 각 원소에 집합 B의 원소 하나를 대응시키는 대응관계, 혹은 대응규칙(correspondence rule)을 집합 A에서 집합 B로 가는 함수, 혹은 집합 A를 집합 B로 보내는 함수라고 정의한다. 집합 A에서 B로 가는 함수를 집합 A에서 집합 B로의 mapping이라고 말하기도 한다. 이를 그림으로 설명하면 **그림 1-5**와 같다.

함수를 지칭하는 기호로는 영문자 f, g, h 그리고 그리스 문자 ϕ(phi: '피' 혹은 '파이'라고 읽는다), ψ(psi: '싸이'라고 읽는다) 등을 주로 사용한다. "함수 f는 집

그림 1-5

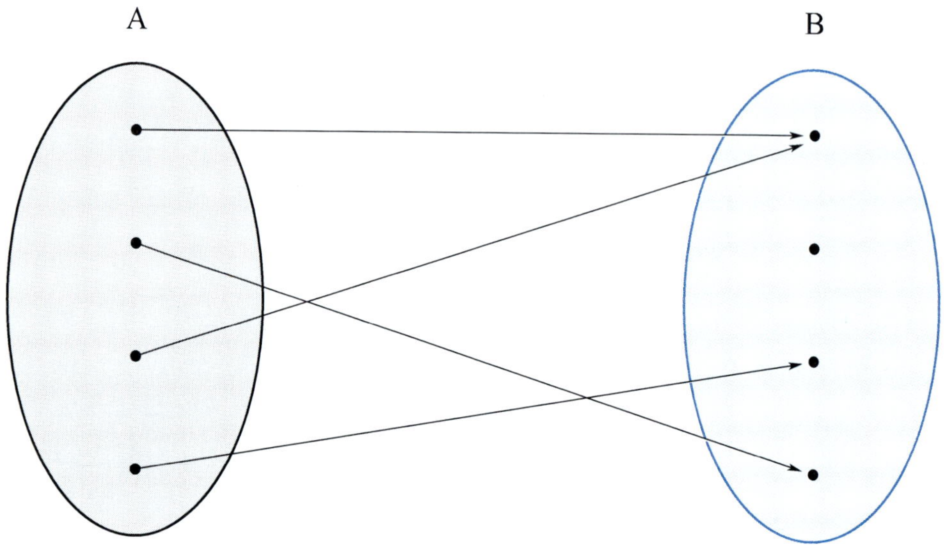

합 A의 원소를 집합 B의 원소에 대응시키는 대응규칙이다" 혹은 "집합 A에서 집합 B로 가는 함수를 f로 명명한다"를 다음과 같은 기호로 표기하기도 한다.

$$f: A \to B$$

집합 A에서 B로 가는 함수가 하나 존재하면, 집합 A를 그 함수의 **정의역**(domain)이라 하고 집합 B를 그 함수의 **공역**(co-domain)이라 말한다. 집합 B의 부분집합으로 A의 원소가 대응되는 원소만 모은 것을 $f(A)$로 표시하고 이를 함수의 **사상**(image)이라 말한다. **치역**(range)이라는 용어는 공역을 가리킬 때도 있고 사상을 가리킬 때도 있다. 도식화하여 설명하면 **그림 1-6**과 같다.

그림 1-6

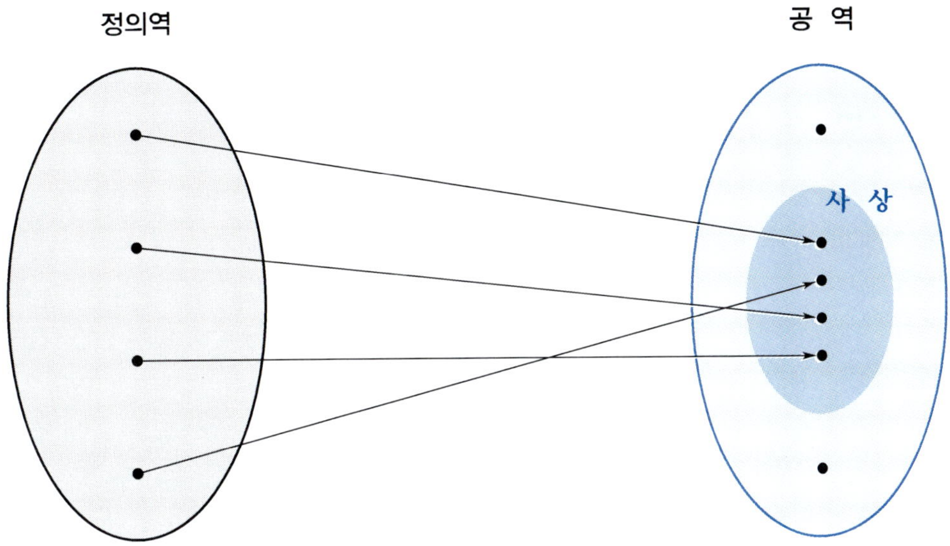

example 1.23 집합 $A=\{1, 2, 3, 4, 5\}$

집합 $B=\{3, 4, 5\}$

집합 A의 원소에 집합 B의 원소를 대응시키는 대응관계가 다음의 표에 주어져 있다고 하자.

집합 A의 원소	1	2	3	4	5
집합 B의 원소	3	3	4	5	5

위 표는 하나의 함수를 나타낸다. 즉, 대응관계 혹은 대응규칙이 나타나 있으므로 위 표는 하나의 함수를 말해 주는 것이다.

example 1.24 집합 A와 집합 B가 같은 집합으로 실수 전체의 집합 $\mathbb{R}$이라 하자.

$$y=f(x)=3x^2-1$$

위 식은 실수 하나를 취하여 그 실수를 제곱하고 3을 곱한 뒤 1을 빼라는 규칙을 말해준다. 즉 위 식은 실수 하나에 어떠한 실수를 대응하는 규칙을 말해준다. 즉, 함수이다.

example 1.25 $y=\begin{cases} -1 & x\text{가 무리수인 경우} \\ 1 & x\text{가 유리수인 경우} \end{cases}$

이것도 하나의 함수이다. 각 실수에 그 실수가 무리수이면 -1을 유리수이면 1을 대응시키라는 규칙이다.

example 1.26 $y=\begin{cases} 3x+4 & x\geq 2 \\ -2x^2+7 & x<2 \end{cases}$

이것도 하나의 함수이다. 실수를 취하여 그 실수가 2보다 크거나 같으면 3을 곱한 뒤 4를 더하여 얻어진 실수를 대응하고, 2보다 작으면 제곱을 한 뒤 -2를 곱하고 7을 더하여 얻어진 수를 대응하라는 규칙이다. 2개의 함수가 아님에 유의하라.

함수 f와 g가 같다는 뜻은 두 함수의 정의역과 공역이 같고 대응규칙이 같다는 뜻이다.

example 1.27 $y=x^2-1$이란 함수와 $z=w^2-1$이란 함수는 같은 함수이다.

H. 함수의 종류

함수에는 그 유형에 따라 이름들이 부여되어 있다. 상수 함수, 단항 함수, 다항 함수, 유리함수, 지수함수, 로그함수 등등. $\mathbb{R}$이나 그 부분집합에서 $\mathbb{R}$로 가는 함수 중 몇 가지 유형을 여기서 보기로 하자.

상수함수 constant function

이는 $y=c$로 표기를 많이 하는데, 정의역의 모든 실수 x에 하나의 상수 c를 대응시키라는 규칙이다. 주의할 점은 $y=c$라고 쓰인 상수함수(constant function)라 하더라도 사실은 수많은 다른 상수함수가 존재한다. 왜냐하면 정의역(domain)이 무엇이냐에 따라 다른 함수가 되기 때문이다. 예로 $\mathbb{R}$에서 $\mathbb{R}$로 가는 함수로서 $y=5$라는 상수함수와, $\mathbb{R}^2$에서 $\mathbb{R}$로 가는 함수로서 $y=5$라는 상수함수는 다르다($\mathbb{R}^2$에서 $\mathbb{R}$로 가는 함수는 후에 다루기로 한다). 아무튼 $y=c$라는 상수함수는 정의역의 모든 원소에 같은 수 c, 즉 상수 c를 대응시키라는 대응규칙이다.

항등함수 identity function

정의역(A)과 치역(B)이 같은 집합이면($A=B$), 우리는 A의 한 원소 x에 B의 같은 원소 x를 대응시킬 수가 있다. 이 함수를 항등함수(identity function)라 하고 $y=x$라 적는다. 특히 $\mathbb{R}$에서 $\mathbb{R}$로 가는 항등함수를 $y=x$라 표기한다. 주의할 점은 "$\mathbb{R}^n(n\geq 2)$에서 $\mathbb{R}$로 가는 함수로서 항등함수는 없다"는 점이다(왜 그럴까?).

단항함수 monomial function

$\mathbb{R}$에서 $\mathbb{R}$로 가는 함수로서 규칙이 다음과 같은 함수를 단항함수(monomial function)라 한다.

$$y=a_nx^n$$

example 1.28 $y=4x^3$ 혹은 $y=-6x^7$

다항함수 polynomial function

$\mathbb{R}$에서 $\mathbb{R}$로 보내는 함수로서 규칙이 다음과 같이 쓰이는 함수를 다항함수

(polynomial function)라 한다.

$$y = a_n x^n + a_{n-1}x^{n-1} + \cdots + a_2 x^2 + a_1 x + a_0$$

상수함수, 항등함수, 단항함수 등은 모두 다항함수의 일종으로 볼 수 있다. 즉 $y = a_n x^n + a_{n-1}x^{n-1} + \cdots + a_2 x^2 + a_1 x + a_0$에서 $a_1 = a_2 = \cdots = 0$인 다항함수가 상수함수, $a_0 = a_2 = a_3 = \cdots = 0$이고 $a_1 = 1$인 함수가 항등함수, $a_{n-1} = a_{n-2} = \cdots = a_1 = a_0 = 0$인 함수가 단항함수이다.

example 1.29 $y = -2x^3 + 7x^2 - 4$

유리함수 rational functions

$\mathbb{R}$에서 $\mathbb{R}$로 보내는 함수로서 규칙이 다음과 같이 쓰이는 함수를 **유리함수**(rational functions)라 한다. 이는 한 다항함수를 다른 다항함수로 나누어서 얻어지는 수를 대응시키는 규칙이다.

$$y = \frac{a_n x^n + a_{n-1}x^{n-1} + \cdots + a_2 x^2 + a_1 x + a_0}{b_m x^m + b_{m-1}x^{m-1} + \cdots + b_2 x^2 + b_1 x + b_0}$$

example 1.30 $y = \dfrac{7x^4 - 5x^3 + 3}{x^2 + 8x - 24}$

유리함수의 정의역은 실수 전체가 아니라 실수에서 분모를 0으로 만드는 실수를 뺀 것임에 유의하라.

$\mathbb{R}$에서 $\mathbb{R}$로 가는 함수를 $y = f(x)$라고 표기할 경우 input으로 들어가는 x, 즉 정의역의 임의의 원소를 **독립변수**(independent variable), output으로 나오는 y, 즉 치역의 원소를 **종속변수**(dependent variable)라고 하기도 한다.

I. 다변수함수 functions of several variables

지금까지 우리는 $\mathbb{R}$에서 $\mathbb{R}$로 가는 함수를 중심으로 논의를 진행하여 왔다. 이제 함수의 정의역이 $\mathbb{R}^n$이어서 $\mathbb{R}^n$에서 $\mathbb{R}$로 가는 함수를 논의하여 보자. 우선 $\mathbb{R}^2$에서 $\mathbb{R}$로 가는 함수를 논의하기로 한다.

$\mathbb{R}^2$의 일반적인 원소는 순서쌍 (x, y)로 나타난다고 앞에서 설명하였다. 이 (x, y)에 $\mathbb{R}$의 어떤 값이 대응되는지 그 대응규칙을 명시하면 하나의 함수가 생기게 되는 것이다. 이 경우 co-domain인 $\mathbb{R}$의 일반적인 원소를 z로 표기하는데, (x, y)에 규칙 f를 적용하여 나오는 수, 즉 $f(x, y)$가 대응되므로 $z=f(x, y)$라는 표기를 얻는다. 이렇게 표기한 경우 x와 y를 함수 f의 독립변수, z를 함수 f의 종속변수라 부른다.

example 1.31 $z=f(x, y)=x^2-xy^2+3y$

이는 $\mathbb{R}^2$에서 (x, y)를 취하면 순서쌍의 앞의 숫자를 제곱한 데서 앞의 숫자 곱하기 뒤 숫자의 제곱을 빼 주고 다시 뒤 숫자에 3을 곱하여 더하여 나오는 수를 (x, y)에 대응하라는 규칙이다.

$\mathbb{R}^2$에서 $\mathbb{R}$로 가는 함수를 확장하면 $\mathbb{R}^n$에서 $\mathbb{R}$로 가는 함수를 생각할 수 있다. $\mathbb{R}^n$의 한 원소는 $(x_1, x_2, \cdots, x_n)$이므로 이에 함수 f를 적용하면 대응되는 수는 $f(x_1, x_2, \cdots, x_n)$이며 이를 간단히 y로 나타내면 결국 $\mathbb{R}^n$에서 $\mathbb{R}$로 가는 함수는 $y=f(x_1, x_2, \cdots, x_n)$라는 기호로 표기할 수 있다.

앞으로 우리는 $\mathbb{R}^2$에서 $\mathbb{R}$로 가는 함수를 $z=f(x, y)$로 나타내기도 하지만, $y=f(x_1, x_2)$로 쓰기도 할 것이다.

example 1.32 $z=f(x, y)=x^2-xy^2+3y$라고 쓰나, $y=f(x_1, x_2)=x_1^2-x_1x_2^2+3x_2$라고 쓰나 같은 함수를 나타낸다.

J. 함수의 그래프

함수 $f: A \to B$가 주어지면 우리는 집합 A의 원소와 이에 대응되는 집합 B의 원소를 취하여 순서쌍을 만들 수 있다. 이러한 순서쌍을 모으면 이 집합은 $A \times B$의 부분 집합이 된다. 이 부분 집합을 함수 $f: A \to B$의 그래프라고 한다.

example 1.33 우리는 **예 1.23**에서 다음과 같은 함수의 예를 보았다. 즉 집합 $A=\{1, 2, 3, 4, 5\}$가 정의역이고, 집합 $B=\{3, 4, 5\}$가 공역으로서 집합 A의 원소에 집합 B의 원소를 대응시키는 함수가 다음의 표에 주어져 있다.

집합 A의 원소	1	2	3	4	5
집합 B의 원소	3	3	4	5	5

그러면 $A \times B=\{(1, 3), (1, 4), (1, 5), (2, 3), (2, 4), (2, 5), (3, 3), (3, 4), (3, 5), (4, 3), (4, 4), (4, 5), (5, 3), (5, 4), (5, 5)\}$인데, 집합 A의 1에 대응되는 원소는 집합 B의 3이므로 (1, 3)을 취하고, 집합 A의 2에 대응되는 원소도 집합 B의 3이므로 (2, 3)을 취하고, 집합 A의 3에 대응되는 원소는 집합 B의 3이므로 (3, 4)를 취하고, 집합 A의 4에 대응되는 원소는 집합 B의 5이므로 (4, 5)를 취하고, 집합 A의 5에 대응되는 원소도 집합 B의 5이므로 (5, 5)를 취한 뒤 모으면 $\{(1, 3), (2, 3), (3, 4), (4, 5), (5, 5)\}$이 되고 이것이 위 함수의 그래프이다. 이를 그림으로 표시하면 **그림 1-7**이 된다.

그림 1-7

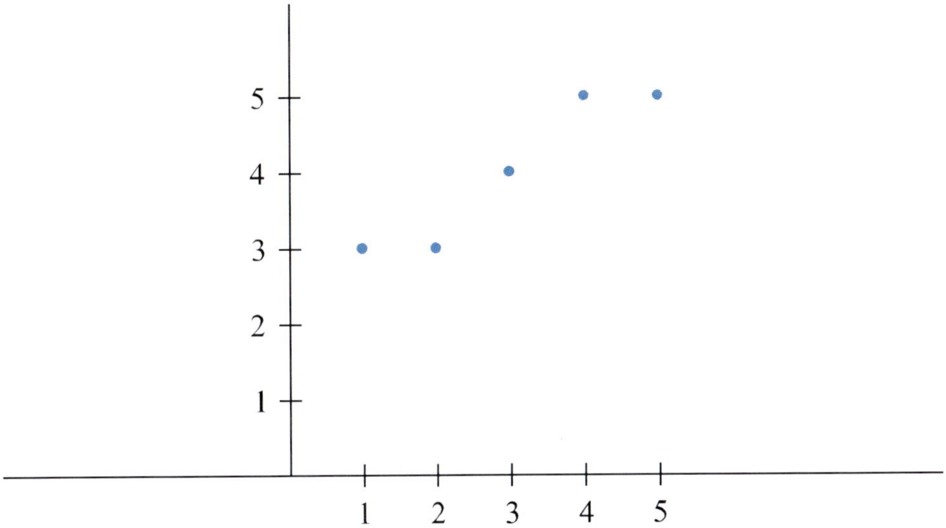

이제 일반적으로 $\mathbb{R}$에서 $\mathbb{R}$로 가는 함수 $y=f(x)$를 생각해 보자. 이 함수의 그래프는 $\mathbb{R}\times\mathbb{R}=\mathbb{R}^2$의 부분집합으로 $\{(x, f(x))\}$이다. 그런데 $\mathbb{R}^2$는 기하학적으로 평면을 나타낸다 하였으므로 평면 중 일부가 함수의 그래프이다. 우리가 보통 함수의 그래프라 하여 평면에 그림을 그린 것은 그 평면의 부분집합을 시각적으로 표시한 것이다. 즉 $y=f(x)$라는 하나의 함수가 있으면 이의 그래프는 $\{(x, f(x))\}=\{(x, y) \mid y=f(x)\}$이고, 이를 x축과 y축이 있는 평면에 시각적으로 표시하면 **그림 1-8**과 같은 그림이 얻어지는 것이다.

다음으로 $\mathbb{R}^2$에서 $\mathbb{R}$로 가는 함수 $z=f(x, y)$의 그래프는 $\mathbb{R}^2\times\mathbb{R}=\mathbb{R}^3$의 부분집합으로 $\{(x, y, z) \mid z=f(x, y)\}$이고 이는 3차원 공간의 일부로 어떤 표면으로 표시된다. 이를 좀 더 이해하기 위하여 (x, y)평면에서 한 점을 취하여 그 점 위에다 $f(x, y)$의 값에 해당하는 길이의 바늘을 세운다고 상상하여 보자. $f(x, y)$의 값이 음의 값이면 평면 아래로 그 절대값에 해당하는 길이의 바늘을 세운다. 그러면 바늘의 끝 점이 $\mathbb{R}^3$에서 $(x, y, f(x, y))$의 좌표를 가지므로 이 점들을 모은

그림 1-8

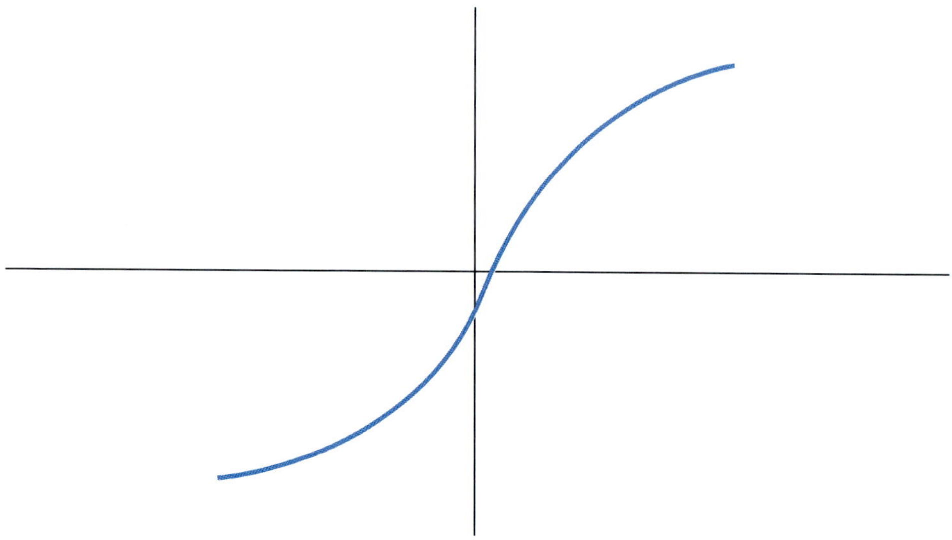

것 즉 바늘의 끝점을 모은 것이 $z=f(x, y)$의 그래프가 된다. 다시 말하면 (x, y) 평면의 각 점에 $f(x, y)$의 길이를 가진 바늘들을 세우고 그 끝점을 연결하면 3차원 공간에서 하나의 표면을 얻게 되는데 이것이 $z=f(x, y)$의 그래프가 된다.

example 1.34 $z=x^2+y^2$

이 함수의 그래프는 $\mathbb{R}^3$의 부분집합이고 이를 그림으로 나타내면 **그림 1-9**와 같다. 즉 z축과 x축으로 만든 (x, z) 평면에 $z=x^2$에 의하여 그려지는 포물선을 360도 회전하여 얻어지는 표면이 $z=x^2+y^2$의 그래프이다.

$\mathbb{R}^2$에서 $\mathbb{R}$로 가는 함수 $z=f(x, y)$의 그래프는 시각적으로 3차원 공간에서 하나의 표면이 된다는 점을 확장하면, 우리는 $\mathbb{R}^3$에서 $\mathbb{R}$로 가는 함수의 그래프는 4차원 공간에서 하나의 표면이 됨을 생각할 수 있다. 물론 그 표면을 우리가 머릿속에서 그리기는 힘들지만 말이다. 일반적으로 $\mathbb{R}^n$에서 $\mathbb{R}$로 가는 함수의 그래프는 $\mathbb{R}^{n+1}$ 차원의 공간에 있는 하나의 표면으로 이해하면 된다.

그림 1-9

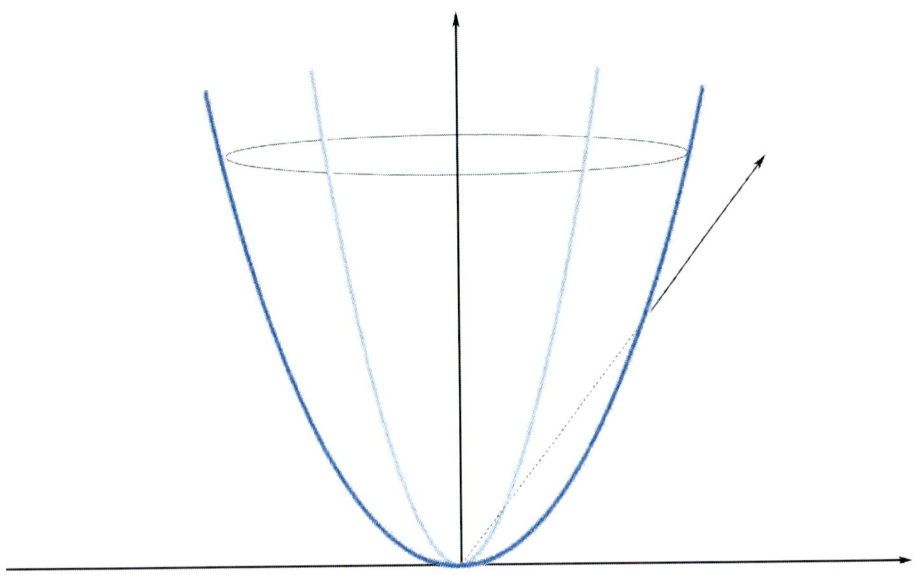

K. 합성함수 composite function

집합 A에서 B로의 함수 f가 있고, B에서 C로의 함수 g가 있다 하자. 우리는 이 두 함수를 이용하여 집합 A에서 C로의 함수를 하나 만들어 낼 수 있다. **그림 1-10**과 **그림 1-11**을 참조하라.

이 함수를 함수 f와 g를 합성한 함수, 즉 **합성함수**(composite function)라 하고 $g \circ f$로 표기한다.

example 1.35 $w = 2x^3 - 3x + 7 = f(x)$

$y = w^{71} = g(w)$

위 두 함수를 합성하면 $y = g(f(x)) = (2x^3 - 3x + 7)^{71}$이 된다. 즉 $g \circ f(x) = g(f(x)) = (2x^3 - 3x + 7)^{71}$이다. 여기서 $g \circ f$는 함수 g와 f를 합성하여 만든 함

수라는 뜻이다. 함수 $g \circ f$를 x에 적용하는 방법은 우선 f를 적용하여 $f(x)$를 얻은 후 여기에 다시 함수 g를 적용하면 되고, 기호로는 $g \circ f(x) = g(f(x))$라고 쓴다. 따라서 우리의 예에서는 $g(f(x)) = (2x^3 - 3x + 7)^{71}$이 되는 것이다.

다시 말하여, $g \circ f(x)$가 의미하는 것은 x에 함수 $g \circ f$를 적용하여 x에 대응되는 값이란 뜻이고, 이 함수값을 얻는 방법은 먼저 $w = f(x)$를 얻고, 여기에 다시 함수 g를 적용하여 $g(w) = g(f(x))$를 얻으면, 이것이 함수값 $g \circ f(x)$를 얻는 방법이란 뜻에서 $g \circ f(x) = g(f(x))$라는 기호를 쓰는 것이다.

$g \circ f$가 또 하나의 함수이므로 이를 간단히 다른 문자로 표시할 수 있다. 즉, $g \circ f$를 간단히 h나 ϕ 등으로 표기할 수 있다. 그러면 $h = g \circ f$ 혹은 $\phi = g \circ f$ 등이 된다. 위 **예 1.34**에서 $g \circ f$를 h라고 하면 $h(x) = g \circ f(x) = (2x^3 - 3x + 7)^{71}$라는 말이다.

그림 1-10

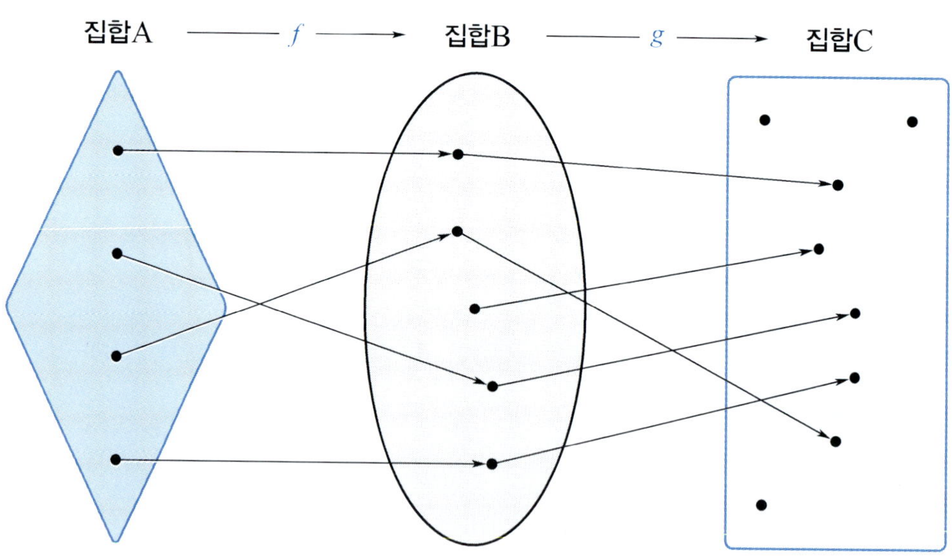

그림 1-11

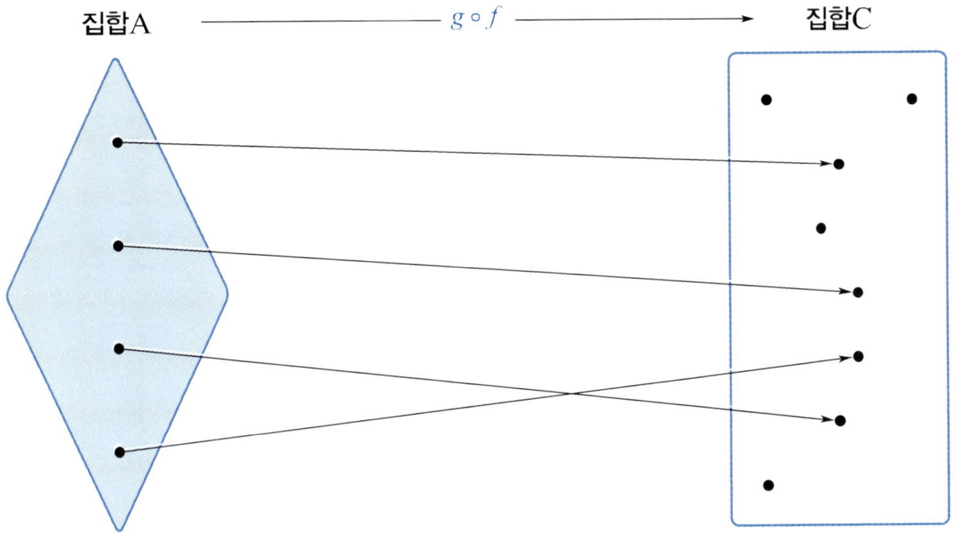

L. 역함수 inverse function

역함수(inverse function)를 말하기 위해서는 먼저 1-1(일 대 일)**함수**(one-to-one function)를 말해야 한다. A에서 B로 가는 함수 f가 다음을 만족하면 우리는 이 함수를 1－1함수라 말한다. 다음이란 "함수 f가 A의 한 원소를 B의 한 원소에 대응시키면 B의 그 원소에 다른 A의 원소를 대응시키지 않는다"이다. 이를 도식으로 나타내면 **그림 1-12**와 같다.

그림 1-13은 1－1함수가 아닌 것을 나타내는 그림이다.

1－1함수를 달리 표현하면, $x_1 \neq x_2$이면 $f(x_1) \neq f(x_2)$인 함수이다. A에서 B로 가는 함수가 1－1함수이면 우리는 B의 부분집합 $f(A)$에서 A로 가는 함수를

그림 1-12

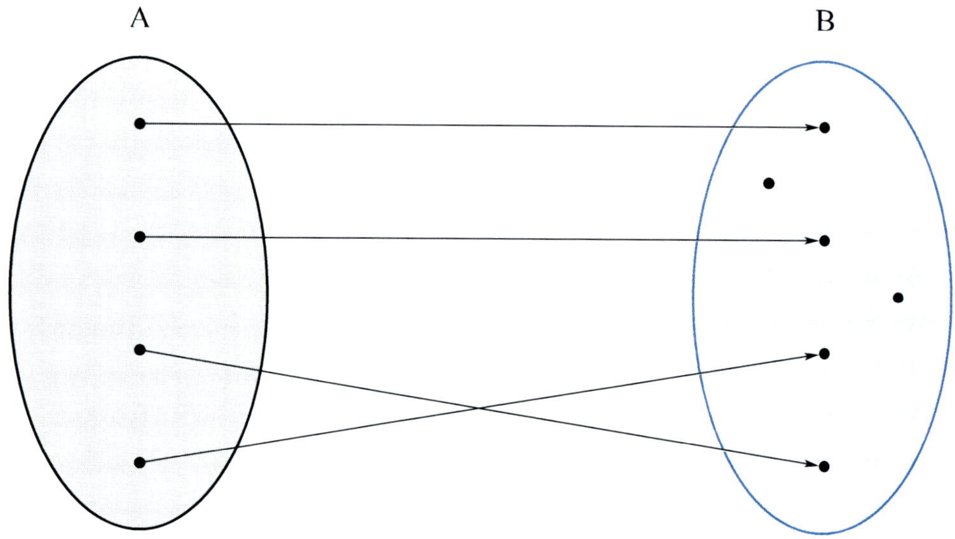

그림 1-13

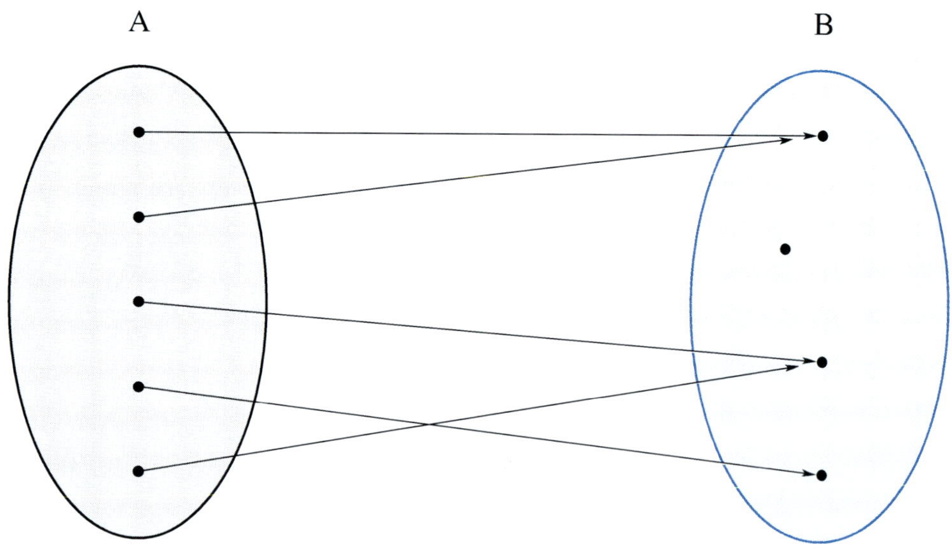

그림 1-14

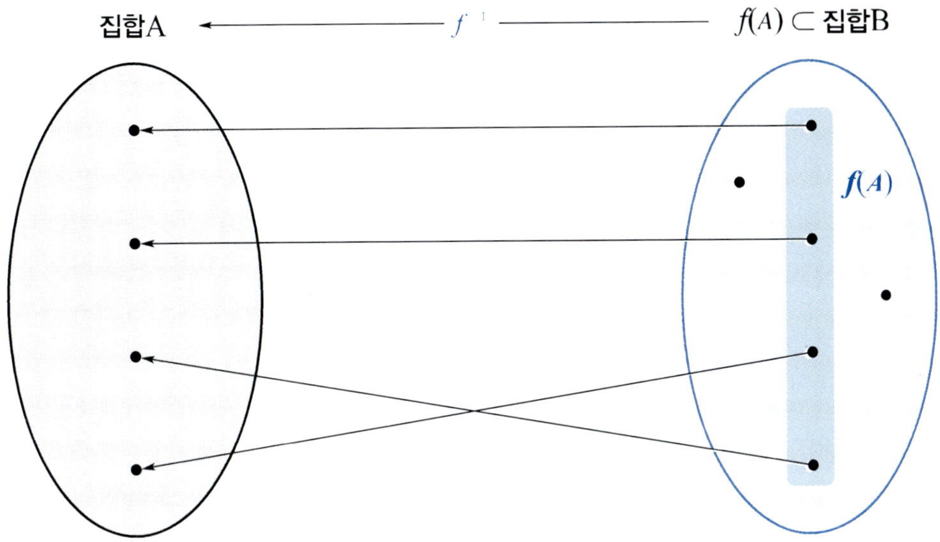

하나 만들 수 있다. 즉 $f(a)=b$일 경우 $f(A)$의 원소 b에 A의 원소 a를 대응시키는 함수를 만들 수 있다.

이를 도식적으로 표현하면 **그림 1-14**와 같다.

이 $f(A)$에서 A로 가는 함수를 f의 역함수라 부르고 f^{-1}이란 기호로 많이 나타낸다(1-1함수가 아니면 역함수를 만들기가 곤란하다. 왜일까?).

example 1.36 $\mathbb{R}$에서 $\mathbb{R}$로 가는 다음의 함수를 생각하자.

$$y=f(x)=3x+2$$

이 함수는 -2를 -4에, -1을 -1에, 0을 2에, 1을 5에 대응시키는 함수이다. 그러면 -4를 -2에, -1을 -1에, 2를 0에, 5를 1에 대응시키는 함수를 만들 수 있다. 이 함수가 함수 f의 역함수이다. 역함수는 y에 대응되는 x를 찾으면 되므로 x에 대하여 풀면 된다. x에 대하여 풀면 $x=\frac{1}{3}y-\frac{2}{3}$이므로 이것이 위 함수의 역함수이다. 함수란 대응규칙임을 명심하라. 즉 이 함수는 정의역의 한 원소 y

에 $\frac{1}{3}$을 곱한 후 $\frac{2}{3}$를 빼라는 규칙이다. 기호로 $x=f^{-1}(y)$가 된다. 즉 $x=f^{-1}(y)=\frac{1}{3}y-\frac{2}{3}$인 것이다.

$\mathbb{R}$에서 $\mathbb{R}$로 가는 함수를 표시할 때 정의역의 한 원소를 x로 표시하고 치역의 한 원소를 y로 표기하는 관행에 따르면 $y=\frac{1}{3}x-\frac{2}{3}$를 $y=3x+2$의 역함수라 말하는 사람도 있다. 즉 $y=3x+2$의 역함수를 구하라 하면 $x=\frac{1}{3}y-\frac{2}{3}$를 역함수라 쓰는 사람도 있고 $y=\frac{1}{3}x-\frac{2}{3}$를 역함수라 쓰는 사람도 있다. 정의역의 변수를 언제나 x, 공역의 변수를 언제나 y로 해야 한다는 법은 없다. 우리가 이 두 가지 중 어느 방법으로 쓸 것인가를 구별하여 말하기 위하여 $x=\frac{1}{3}y-\frac{2}{3}$라 쓰는 것을 제1형태의 역함수, $y=\frac{1}{3}x-\frac{2}{3}$를 제2형태의 역함수라고 말하기로 한다. 그러나 이는 이 책에서 편의상 붙인 말이다. 일반적인 수학적 용어가 아님에 유의하여야 한다. 우리는 이 책에서 제1형태의 역함수를 많이 사용할 것이다.

example 1.37 함수 $y=x^2$를 생각하자. 이 함수를 $\mathbb{R}$에서 $\mathbb{R}$로 가는 함수로 생각하면 이 함수는 1−1함수가 아니다. 그러므로 역함수를 만들 수 없다. 그러나 정의역을 $\mathbb{R}_+$(양의 실수 집합)이라 생각하면, 즉 $\mathbb{R}_+$에서 $\mathbb{R}_+$로 가는 함수로 생각하면 1−1함수이다. 그러므로 역함수가 존재한다. 이 역함수는 $x=\sqrt{y}$이다(제1형태). 만약 $y=x^2$를 $\mathbb{R}_-$(음의 실수 집합)에서 $\mathbb{R}_+$로 가는 함수로 생각하면 그 역함수는 $x=-\sqrt{y}$이다.

example 1.38 $y=\frac{x-1}{x+1}$, $x>1$를 생각하자. 이 함수의 제1형태 역함수는 다음과 같다.

$$x=\frac{1+y}{1-y}$$

연습문제

1. 다음 함수들의 역함수(제1형태)를 구하고, 그 역함수들의 정의역을 밝혀 보라.

a. $y=x^2+4x-10,\qquad (x>-2)$

b. $y=2+\sqrt{x-1},\qquad (x\geq 1)$

c. $y=\dfrac{1}{1+x^2},\qquad (x\leq 0)$

d. $y=x+\dfrac{1}{x},\qquad (x>0)$

역함수의 그래프

$\mathbb{R}$이나 그 부분집합에서 $\mathbb{R}$로 가는 함수의 그래프는 $\mathbb{R}\times\mathbb{R}=\mathbb{R}^2$의 부분집합으로 예로 그림을 하나 그려 보면 **그림 1–15**와 같이 나타난다고 앞에서 설명하였다.

즉, 파란 곡선 상의 한 점의 좌표는 $(x,\ f(x))=(x,\ y)$인 점이다. 그리고 이 점은 $(f^{-1}(y),\ y)$이기도 하다. 그러므로 다음 그래프 자체가 역함수의 그래프인 것이다. 그러나 우리는 함수의 그래프를 그림으로 그릴 때 가로축을 input변수, 세로축을 output변수로 두기 때문에 위 그림을 역함수의 그래프로 보기 위해서는 세로축을 가로축에, 가로축을 세로축에 두어야 한다. 그 방법은 위 전체의 그림을 원점을 지나는 45도선을 대칭으로 뒤집는 것이다(**그림 1–15**가 투명한 유리판에 그려졌다 상상하라). 이 설명을 **그림 1–16**의 (a)와 (b)의 두 그래프를 참조하면서 생각하면 이해가 쉽게 될 것이다.

결론으로 역함수의 그래프는 input변수를 x로 하든 y로 하던 가로축에 놓으면 원함수 그래프와 45도 선에서 대칭이 된다. 그 이유는 앞에서 설명한 것처럼 $(x,\ y)$ 점들이 $y=f(x)$를 만족하는 점들이고 이는 또한 $x=f^{-1}(y)$를 만족하는 점들이기 때문에 한 평면에 같은 그래프가 나온다. 다만 input변수를 가로축에 놓기 위하여 45도 선을 대칭으로 뒤집기 때문에 역함수의 그래프는 45선에 대칭

그림 1-15

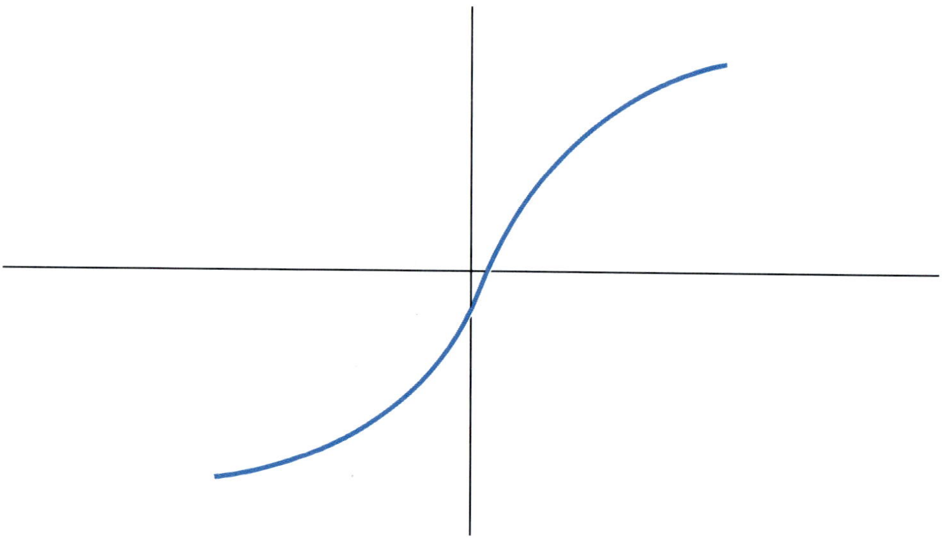

그림 1-16

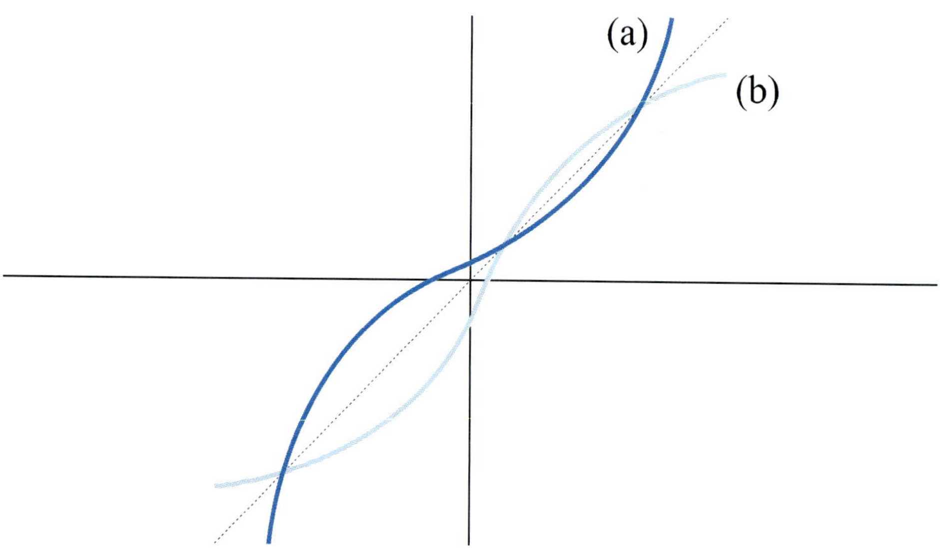

이 되는 것이다.

M. 지수함수와 로그함수

지수함수

지수함수(exponential function)는 어느 한 수를 정하고(이 수를 **밑수**(base)라 한다) 그 수의 지수에 input변수 x를 넣어서 얻어지는 수를 input변수 x에 대응시키는 대응규칙이다. 예를 들어 $y=2^x$는 밑수가 2인 지수함수이다. 일반적으로 지수함수를 $y=b^x$로 표기한다. 물론 b는 밑수이다. $y=2^x$인 지수함수와 $y=3^x$인 지수함수의 그래프를 그림으로 그리면 **그림 1-17**과 같다.

그림 1-17

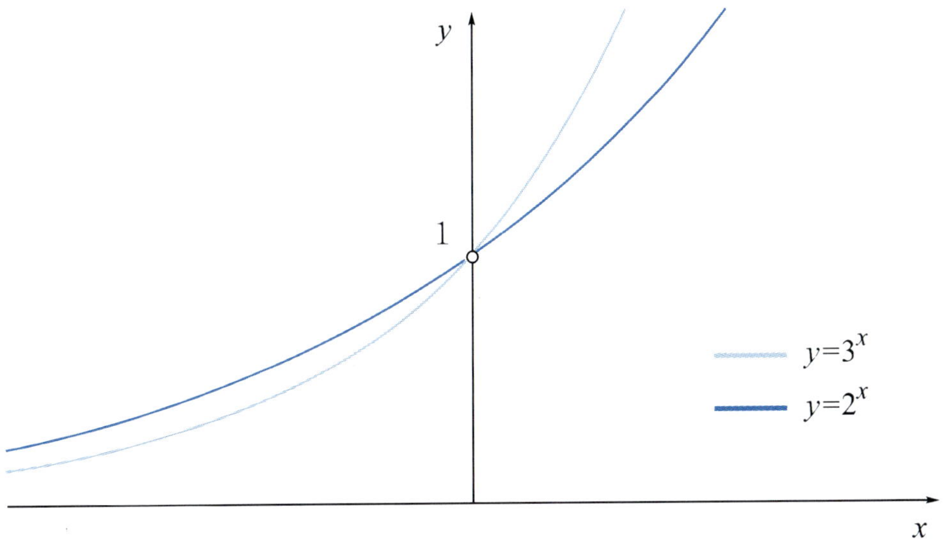

밑수 중 가장 많이 쓰이는 수는 e로 표기되는 무리수인데 이 수는 수학에서 아주 중요하게 다루어지는 수이다. 이에 대하여 알아보고 지수함수에 대한 논의를 이어 가기로 하자.

수 e

수 중에 무리수로 e로 표기되는 수가 있다. 이를 설명하기 위하여 $\left(1+\frac{1}{n}\right)^n$ 라는 수학적 표현을 하나 생각하고 이 표현의 n에 1, 2, 3, 4, 등의 수를 대입하여 숫자들을 나열해 보자. 그러면 다음의 표를 얻는다.

n	**1**	**2**	**3**	**4**	**5**	**6**	…	∞
$\left(1+\frac{1}{n}\right)^n$	2	2.25	$\left(\frac{4}{3}\right)^3$ ≈ 2.37	$\left(\frac{5}{4}\right)^4$ ≈ 2.44	$\left(\frac{6}{5}\right)^5$ ≈ 2.49	$\left(\frac{7}{6}\right)^6$ ≈ 2.52	…	e

$\left(1+\frac{1}{n}\right)^n$에 계속해서 숫자들을 대입시키면 우리는 2, 2.25, $\left(\frac{4}{3}\right)^3$, $\left(\frac{5}{4}\right)^4$, $\left(\frac{6}{5}\right)^5$ … 등으로 무한히 이어지는 하나의 **수열**(sequence of numbers)을 얻는다. 그런데 이 수열이 어느 한 숫자를 향해 접근한다는 것이 수학적으로 증명되어 있다. 일반적으로 수열을 무한히 나열해 놓은 것을 $\{a_n\}$으로 쓰고 이 무한히 나열된 숫자들이 L이라는 어느 숫자를 최종 목적값으로 접근한다면 우리는 수열 $\{a_n\}$의 **극한**(limit)이 L이라 하고 다음과 같이 쓴다.

$$\lim_{n\to\infty} a_n = L$$

example 1.39 $a_n = \frac{n+1}{n} = 1 + \frac{1}{n}$이면 수열들은 2, 1.5, $\frac{4}{3}$, $\frac{5}{4}$, …가 된다. n이 무한히 커지면 $\frac{1}{n}$은 0을 향하여 갈 것이므로 이 수열의 극한은 1이다. 즉, 다음과 같다.

$$\lim_{n\to\infty}\left(\frac{n+1}{n}\right) = 1$$

수학적으로 $\left(1+\frac{1}{n}\right)^n$의 극한이 존재하고 그 수는 2.71과 2.72 사이에 있는 무리수임이 증명되어 있다. 이 극한값을 e라고 표기하는 것이다. 즉, $\lim_{n\to\infty}\left(1+\frac{1}{n}\right)^n = e$이다. 대략적으로 e의 값을 쓰면 $e=2.7182818\cdots$이다.

우리가 원주율 π가 대략 3.14의 값을 가지는 무리수라고 알고 있듯이 e는 대략 2.72의 값을 가지는 무리수라고 알고 있으면 된다. 그리고 이 값 e는 $\left(1+\frac{1}{n}\right)^n$에서 n을 무한히 크게 하면 $\left(1+\frac{1}{n}\right)^n$이 접근하는 수라고 생각하면 된다.

자연지수함수 natural exponential function

이제 수 e를 밑수로 삼아 $y=e^x$라는 지수함수를 만들면 이 함수를 자연지수함수라 한다. 이의 그래프는 **그림 1-18**과 같다.

그림 1-18

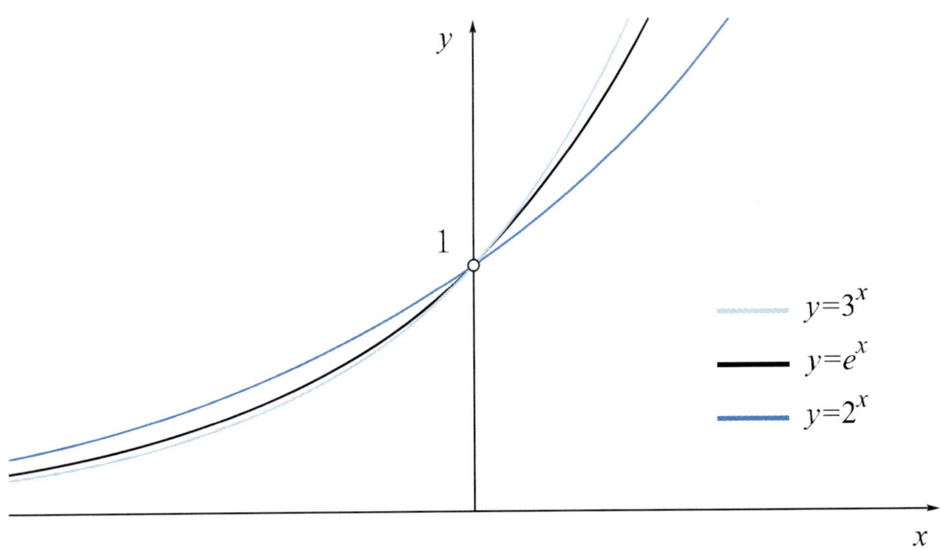

그림 1-19

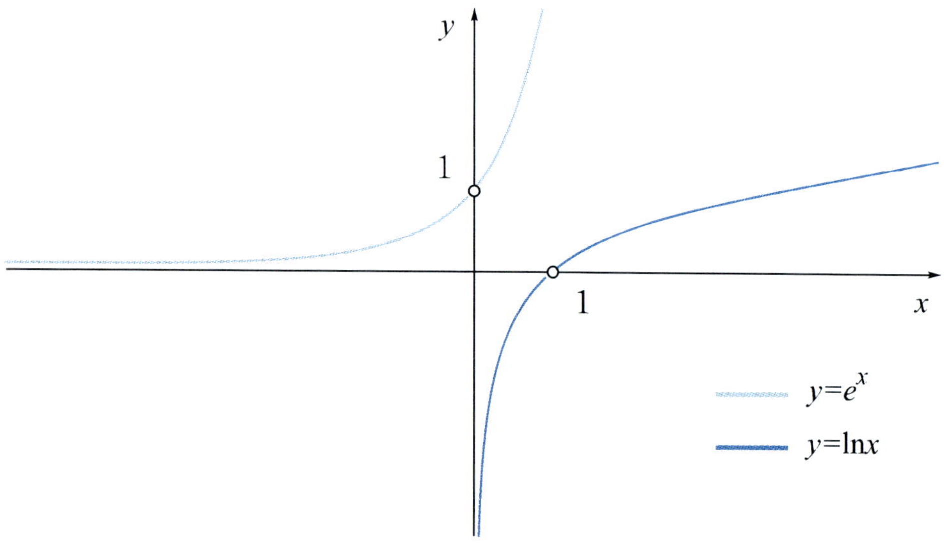

로그함수 logarithmic function

지수함수는 1－1함수이다. 그러므로 역함수가 존재한다. 이 역함수를 **로그함수**(logarithmic function)라 부르고 제1형태 역함수는 $x = \log_b y$로 표기한다. 물론 제2형태는 $y = \log_b x$이다.

자연지수함수(natural exponential function) $y = e^x$의 역함수 $x = \log_e y$는 **자연로그함수**(natural logarithmic function)라 한다. 그리고 $\log_e y$를 간단히 $\ln y$로 쓴다. 제2형태의 역함수로 표기를 하면 $y = \ln x$이고 그래프는 **그림 1-19**와 같다.

앞으로 특별한 언급이 없으면 자연지수함수와 자연로그함수를 그냥 지수함수, 로그함수라 지칭하기로 한다. 지수함수와 로그함수에 관하여는 제3장 미분에서 다시 논의할 것이다.

지수의 성질

지수의 성질에 관하여 살펴보자.

i) $x^a x^b = x^{a+b}$ ii) $\dfrac{x^a}{x^b} = x^{a-b}$ iii) $(x^a)^b = x^{ab}$

이러한 지수의 성질은 여러분이 이미 고등학교 수학시간에 배운 것으로 간주하고 더 이상의 설명은 생략하기로 한다.

로그의 성질

i) $\log_b(xy) = \log_b x + \log_b y$

증 명 $\log_b(xy) = s$, $\log_b x = t$, $\log_b y = w$라 하자. 그러면 $b^s = xy$, $b^t = x$, $b^w = y$이다. 그러므로 $xy = b^s = b^t b^w = b^{t+w}$이다. 따라서 $s = t + w$이고 $s = \log_b(xy)$, $t = \log_b x$, $w = \log_b y$이므로 $\log_b(xy) = \log_b x + \log_b y$가 얻어진다. ■

ii) $\log_b\left(\dfrac{x}{y}\right) = \log_b x - \log_b y$

증 명 i)과 비슷하다. 스스로 해 보기를 권한다. ■

iii) $\log_b(x)^r = r\log_b x$

증 명 $\log_b x = s$, $\log_b(x)^r = w$라 하자. 그러면 $x = b^s$, 그리고 $x^r = b^w$이다. 따라서 $x^r = (b^s)^r = b^{rs} = b^w$가 되고, $rs = w$, 즉 $r\log_b x = \log_b(x)^r$이다. ■

iv) (밑수의 변환) $\log_b x = (\log_b c)(\log_c x)$ **혹은** $\log_c x = \dfrac{\log_b x}{\log_b c}$

증 명 $\log_b x = s$, $\log_c x = t$라 하자. 그러면 $x = b^s = c^t$가 된다. 그러므로 $s = \log_b(c^t) = t\log_b c$이고 따라서 $s = \log_b x = (\log_c x)\log_b c$이다. ■

v) $\log_b c = \dfrac{1}{\log_b c}$

증 명 위 iv)번 밑수의 변환 성질에서 $x = b$를 대입해 보라. ■

로그의 이용

경제학이나 기타 다른 학문에서 자료(data)를 모으면 그 자료에 로그를 취하는 경우가 많다. 즉, 자료의 로그값을 가지고 분석을 많이 한다. 예를 들면 국민소득 Y의 자료를 모으면 Y값을 그냥 사용하지 않고 $\ln Y$ 값들을 얻어서 회귀분석(regression)에 사용한다. 그렇게 하는 이유로 여러 가지가 있지만 그 중 하나는 로그값을 사용하면 그 차이가 바로 성장률이 된다는 것이다. 즉, $\ln Y_t - \ln Y_{t-1}$은 t해와 $t-1$해의 국민소득 로그값의 차이인데 이것을 국민소득의 성장률로 취급해도 무방하다. 그 이유는 로그의 성질에 의하여

$$\ln Y_t - \ln Y_{t-1} = \ln\left(\frac{Y_t}{Y_{t-1}}\right) = \ln\left(1 + \frac{Y_t - Y_{t-1}}{Y_{t-1}}\right)$$

이고, 나중에 미분을 배우면 알겠지만 이 값이 $(Y_t - Y_{t-1})/Y_{t-1}$의 값과 비슷하기 때문이다.

연습문제

1. 다음을 만족하는 x의 값을 구하라.

a. $3^x = 81$

b. $\ln(\sqrt{x} + 1) = 3$

c. $\ln(x^2 - 6x + 10) = 0$

d. $\ln[\ln(x-2)] = 0$

e. $x \ln(x-4) = 0$

행　렬

2

A. 행렬의 기초적 개념

수, 변수, 함수, 수식 등을 **가로줄**(행, row)과 **세로줄**(열, column)에 맞추어 직사각형의 형태로 배열한 것을 **행렬**(matrix)이라 한다. 배열한 후 왼쪽과 오른쪽을 대괄호로 묶어 주는 것이 관례이다.

example 2.1 $\begin{bmatrix} 2 & 1 \\ -3 & 0 \end{bmatrix}$, $\begin{bmatrix} x & -y & 3 \\ x^2+y^3 & -5 & 0 \end{bmatrix}$

영어 대문자 A, B, C, D 등으로 행렬을 지칭하는 것도 관례이다. 즉, 위의 예에서 "행렬 $\begin{bmatrix} 2 & 1 \\ -3 & 0 \end{bmatrix}$을 행렬 A라 하자"는 방식으로 논의를 진행한다. 행렬 속에 배열된 각 개체(object)를 행렬의 원소(element of a matrix)라 한다. **예 2.1**에서 2, 1, 0 등과 x, x^3+y^3 등이 행렬의 원소이다.

행렬의 크기

행렬은 가로줄 수와 세로줄 수로 그 크기를 나타낸다. 가로줄 수가 m개이고 세로줄 수가 n개이면 우리는 이 행렬의 크기가 $m \times n$(m by n이라 읽는다)이라 한다. $m \times n$ 행렬 속의 각 원소는 몇 번째 가로줄과 몇 번째 세로줄에 위치하는가가 정해진다. A라는 행렬이 있는데 이 행렬의 i번째 가로줄, j번째 세로줄에 위치한 원소는 a_{ij}라는 기호로 표기하기도 한다.

$m \times n$ 행렬이 두 개 있을 시, 각 위치의 원소가 같으면 우리는 두 행렬이 같다고 말한다. 즉, 두 행렬 A와 B가 $m \times n$ 행렬이고 모든 ij에 대하여 $a_{ij}=b_{ij}$이면 우리는 행렬 A와 B가 같다고 말한다.

example 2.2 $\begin{bmatrix} 1 & 3 & -1 \\ -2 & 0 & 5 \end{bmatrix}$는 2×3 행렬이다.

B. 행렬의 연산 Operations of Matrices

행렬의 연산(Operations of Matrices)이란 주어진 하나 혹은 여러 개의 행렬에 일정한 조작을 가하여 새로운 행렬을 만드는 작업을 말한다.

더하기 addition

두 행렬 A와 B가 크기가 같으면(즉 가로줄 수와 세로줄 수가 같으면), 우리는 다음과 같은 조작(Operation, 연산이라 번역하기도 한다)을 하여 새로운 행렬을 만든다. 그리고 이 조작을 **행렬의 더하기**라 한다. 예를 가지고 먼저 보고, 일반적 설명을 하기로 하자.

example 2.3 $A=\begin{bmatrix} 2 & 4 & 7 \\ 1 & 0 & 5 \end{bmatrix}$, $B=\begin{bmatrix} 1 & 6 & 0 \\ 3 & 9 & 8 \end{bmatrix}$이라는 두 행렬이 주어지면, 이 두 행렬을 더하여 새로운 행렬을 만들고 이는 $A+B=\begin{bmatrix} 3 & 10 & 7 \\ 4 & 9 & 13 \end{bmatrix}$이다.

예 2.3에서 알 수 있듯이 행렬의 더하기란 두 행렬의 각 원소를 더하여 새로운 행렬을 만드는 것이다. A라는 행렬의 일반적 원소가 a_{ij}이고, B라는 행렬의 일반적 원소가 b_{ij}이면 $A+B$의 일반적 원소는 $a_{ij}+b_{ij}$이다.

빼기 subtraction

행렬의 빼기(subtraction of matrices)는 위 더하기에서 유추하면 금방 어떻게 하는 것인지 독자들은 알아차릴 것이다. $A-B$의 일반적 원소는 $a_{ij}-b_{ij}$이다.

스칼라 곱 scalar multiplication

행렬의 원소로 사용되는 것(예로 수)을 **스칼라**(scalar)로 부르기도 한다. 어느 하나의 스칼라와 어느 한 행렬을 다음과 같은 방법으로 조작(Operation)하여 새로운 행렬을 만들어 내는 것을 **스칼라 곱**(scalar multiplication)이라 말한다. 이것도 예를 통하여 먼저 보고 일반적인 방법을 설명하기로 하자.

example 2.4 스칼라로 수 3을 취하자. 그리고 행렬 A가 다음과 같다 하자.

$$A=\begin{bmatrix} -2 & 4 & 7 \\ 2 & 0 & -5 \end{bmatrix}$$

이 경우 $3A$라는 행렬을 만들 수 있는데, 이는 $3A=\begin{bmatrix} -6 & 12 & 21 \\ 3 & 0 & -15 \end{bmatrix}$이다. •••

이제 일반적으로 설명하면 c라는 스칼라와 A라는 행렬이 주어지면 우리는 다음과 같은 조작(Operation)을 하여 새로운 행렬을 만들고 이 조작을 스칼라 c와 행렬 A의 스칼라 곱이라 칭한다. 그 조작은 A의 각 원소에 c를 곱하여 주는 것이다. 즉, cA의 일반적 원소는 ca_{ij}이다. 참고로 $A-B=A+(-1)B$가 된다. 그러므로 행렬의 빼기는 -1이라는 스칼라로 곱한 것과 더하기로 정의할 수 있으므로 빼기를 행렬의 연산에서 제외해도 무방하다.

행렬의 곱 multiplication of matrices

행렬의 곱(multiplication of matrices)은 행렬과 행렬을 곱하여 새로운 행렬을 만들어 내는 것으로 더하기나 빼기와 달리 좀 복잡하다. 우선 A라는 행렬과 B라는 행렬을 곱하여 $AB=C$라는 새로운 행렬을 만들기 위해서는 행렬 A의 세로줄 수와 B의 가로줄 수가 같아야 된다. 즉 A가 $m\times n$ 행렬이면 B는 $n\times p$ 행렬이어야 한다. 그러므로 AB는 가능하더라도 BA는 가능하지 않은 경우도 많다.

A가 $m\times n$ 행렬이고 B가 $n\times p$ 행렬일 때 AB를 정의하기 위하여 각 행렬을 일부의 원소를 명시하여 다음과 같이 써 보자.

$$A=\begin{bmatrix} a_{11} & a_{12} & \cdots & a_{1n} \\ \vdots & \vdots & \vdots & \vdots \\ a_{i1} & a_{i2} & \cdots & a_{in} \\ \vdots & \vdots & \vdots & \vdots \\ a_{m1} & a_{m2} & \cdots & a_{mn} \end{bmatrix},\quad B=\begin{bmatrix} b_{11} & \cdots & b_{1j} & \cdots & b_{1p} \\ b_{21} & \cdots & b_{2j} & \cdots & b_{2p} \\ \vdots & \vdots & \vdots & \vdots & \vdots \\ b_{n1} & \cdots & b_{nj} & \cdots & b_{np} \end{bmatrix}$$

이제 AB의 (ij)원소는 행렬 A의 i행을 전부 취하고 행렬 B의 j열을 전부 취한 뒤 서로 같은 위치의 원소끼리 곱하여 더해준다. 즉, AB를 C라고 할 때 행렬 C의 (ij)원소 c_{ij}는 다음과 같이 얻어진다.

$$c_{ij}=a_{i1}b_{1j}+a_{i2}b_{2j}+\ \cdots\ +a_{in}b_{nj}=\sum_{k=1}^{n}a_{ik}b_{kj}$$

example 2.5 $A=\begin{bmatrix} 1 & 2 & 3 \\ -1 & -2 & -3 \\ 0 & 5 & 7 \\ 3 & -1 & -5 \end{bmatrix},\ B=\begin{bmatrix} 1 & 2 \\ 4 & 0 \\ 9 & -5 \end{bmatrix}$

AB의 첫 번째 행, 첫 번째 열, 즉 (1, 1)원소는 $1\times1+2\times4+3\times9=36$이 된다. 이와 같은 방법으로 계산하면

$$AB=\begin{bmatrix} 36 & -13 \\ -36 & 13 \\ 83 & -35 \\ -46 & 31 \end{bmatrix}$$

이 얻어진다. BA는 할 수 없음에 주목하라.

주목할 점은 행렬 A의 가로줄 수만큼 AB의 가로줄이 생기고 행렬 B의 세로줄 수만큼 AB의 세로줄이 생기므로 A가 $m\times n$ 행렬이고 B가 $n\times p$ 행렬이면 AB의 크기는 $m\times p$가 된다는 사실이다.

행렬 A와 B를 곱할 때 순서가 중요하다. 즉 AB는 가능하더라도 BA가 가능하지 않은 경우가 있고 설령 AB와 BA가 모두 가능하더라도 두 행렬이 다른 경우도 많다.

example 2.6 $A=\begin{bmatrix}1 & 2\\ 0 & -2\end{bmatrix}$, $B=\begin{bmatrix}1 & 2\\ 4 & 0\end{bmatrix}$이면 $AB=\begin{bmatrix}9 & 2\\ -8 & 0\end{bmatrix}$이고 $BA=\begin{bmatrix}1 & -2\\ 4 & 8\end{bmatrix}$이다.

행렬끼리의 곱하기는 다음과 같이 생각해 볼 수도 있다.

$m\times n$ 행렬 A의 i행을 a^i로 쓰고 $n\times p$ 행렬 B의 j열을 b_j로 쓴 뒤

$$a_{i1}b_{1j}+a_{i2}b_{2j}+\ \cdots\ +a_{in}b_{nj}=\sum_{k=1}^{n}a_{ik}b_{kj}$$

를 a^ib_j로 쓰기로 정의하면(사실 이것은 뒤에 나오는 **벡터의 내적**(inner product)이다. 지금 현 단계에서는 그냥 기호로 그렇게 쓴다고 알고 있자)

$$AB=\begin{bmatrix}a^1b_1 & a^1b_2 & \cdots & a^1b_p\\ a^2b_1 & a^2b_2 & \cdots & a^2b_p\\ \vdots & \vdots & \vdots & \vdots\\ a^mb_1 & a^mb_2 & \cdots & a^mb_p\end{bmatrix}$$

로 쓸 수 있다.

행렬 연산에 관한 법칙

행렬의 연산을 위와 같이 정의하면 여러 연산 사이에 다음과 같은 법칙이 성립한다.

i) 덧셈의 교환법칙 | $A+B=B+A$

증 명 $A+B$의 (ij)원소는 $a_{ij}+b_{ij}$이고 $B+A$의 (ij)원소는 $b_{ij}+a_{ij}$인데, 행렬의 원소는 수나 함수 등이고 이들 사이에는 $a_{ij}+b_{ij}=b_{ij}+a_{ij}$이 성립하므로 $A+B=B+A$이다. ■

참고로 앞에서 언급하였듯이 행렬의 곱셈에는 교환법칙이 성립하지 않는다.

ii) 덧셈의 결합법칙 | $(A+B)+C=A+(B+C)$

이 결합법칙이 말해 주는 것은 다음과 같다. 위 식의 좌변 행렬은 행렬 A와 B를 더하여 새로운 행렬을 만들고 이와 C를 최종적으로 더하여 만든 행렬이고, 우변 행렬은 행렬 B와 C를 더하여 새로운 행렬을 만든 후 이를 A에 더하여 만든 행렬이다. 결합법칙이 말해 주는 것은 더하기의 순서가 상관없다는 뜻이다.

증 명 $(A+B)+C$의 (ij)원소는 $(a_{ij}+b_{ij})+c_{ij}$이고 $A+(B+C)$의 (ij)원소는 $a_{ij}+(b_{ij}+c_{ij})$이다. 행렬의 원소는 $(a_{ij}+b_{ij})+c_{ij}=a_{ij}+(b_{ij}+c_{ij})$이므로 $(A+B)+C=A+(B+C)$이다. ■

iii) 곱셈의 결합법칙 | $(AB)C=A(BC)$

A가 $m\times n$ 행렬, B가 $n\times p$ 행렬, C가 $p\times q$ 행렬이라 가정된다.

증 명 위 식의 좌변은 먼저 AB를 곱한 뒤 이를 C와 곱한다는 뜻으로 $(AB)C$의 (ij)원소는 AB의 i행과 C의 j열의 원소들끼리 서로 곱하여 더하여야 한다. AB의 i행은 $[\mathbf{a}^i\mathbf{b}_1\ \mathbf{a}^i\mathbf{b}_2\ \cdots\ \mathbf{a}^i\mathbf{b}_p]$이고 이를 세로로 써 보면

$$\begin{bmatrix} a^ib_1 \\ a^ib_2 \\ \vdots \\ a^ib_p \end{bmatrix} = \begin{bmatrix} a_{i1}b_{11}+a_{i2}b_{21}+\ \cdots\ +a_{in}b_{n1} \\ a_{i1}b_{12}+a_{i2}b_{22}+\ \cdots\ +a_{in}b_{n2} \\ \vdots \\ a_{i1}b_{1p}+a_{i2}b_{2p}+\ \cdots\ +a_{in}b_{np} \end{bmatrix}$$

이다. 이것과 행렬 C의 j열의 원소와 짝을 맞추어 곱한 뒤 더하면 $(AB)C$의 (ij)원소가 얻어진다. 그것은

$$\begin{aligned} &(a_{i1}b_{11}+a_{i2}b_{21}+\ \cdots\ +a_{in}b_{n1})c_{1j} \\ &+(a_{i1}b_{12}+a_{i2}b_{22}+\ \cdots\ +a_{\in}b_{n2})c_{2j} \\ &+\cdots \\ &+(a_{i1}b_{1p}+a_{i2}b_{2p}+\ \cdots\ +a_{in}b_{np})c_{pj} \end{aligned} \qquad \cdots (1)$$

가 된다.

다음으로 $A(BC)$의 (ij)원소는 행렬 A의 i행과 행렬 BC의 j열의 원소들을

짝을 맞춰 곱한 뒤 더해야 하는데 그러기 위하여 행렬 BC의 j열은

$$\begin{bmatrix} b^1c_j \\ b^2c_j \\ \vdots \\ b^nc_j \end{bmatrix} = \begin{bmatrix} b_{11}c_{1j} + b_{12}c_{2j} + \cdots + b_{1p}c_{pj} \\ b_{21}c_{1j} + b_{22}c_{2j} + \cdots + b_{2p}c_{pj} \\ \vdots \\ b_{n1}c_{1j} + b_{n2}c_{2j} + \cdots + b_{np}c_{pj} \end{bmatrix}$$

이 된다.

여기에 A의 i행과 짝을 맞춰 곱하면 $A(BC)$의 (ij)원소는

$$\begin{aligned} & a_{i1}(b_{11}c_{1j} + b_{12}c_{2j} + \cdots + b_{1p}c_{pj}) \\ & + a_{i2}(b_{21}c_{1j} + b_{22}c_{2j} + \cdots + b_{2p}c_{pj}) \\ & + \cdots \\ & + a_{in}(b_{n1}c_{1j} + b_{n2}c_{2j} + \cdots + b_{np}c_{pj}) \end{aligned} \quad \cdots (2)$$

가 된다.

(1)과 (2)를 비교하면 (1)을 다 전개하여 a들로 다시 묶으면 (2)가 됨을 알 수가 있다. 즉, (1)과 (2)는 같다. 따라서 $(AB)C$의 (ij)원소와 $A(BC)$의 (ij)원소는 같다. ■

iv) 여러 분배법칙 (k_1과 k_2는 스칼라이다)

- $(A+B)C = AB + BC$
- $A(D+E) = AD + AE$
- $k_1(A+B) = k_1A + k_1B$
- $(k_1+k_2)A = k_1A + k_2A$

증 명 각 식의 좌변 (ij)원소와 우변 (ij)원소를 구하여 비교해 보라. 자세한 증명은 생략한다. ■

v) 스칼라 곱과 관련된 결합법칙 (k_1과 k_2는 스칼라이다)

- $(k_1k_2)A = k_1(k_2A)$
- $k_1(AB) = (k_1A)B = A(k_1B)$

증 명 이 증명도 생략한다. ■

마지막으로 $A-B = A + ((-1)B)$이므로 빼기에 관한 법칙은 별도로 쓰지 않아도 좋다.

분할행렬partition의 연산

일반적으로 $m \times n$ 행렬이 주어진 경우 이 행렬을 **부분행렬**(submatrix)로 **분할**(partition)할 수도 있다. 부분행렬이란 주어진 행렬에서 k개의 행과 l개의 열을 지우고 남은 행렬을 말한다. 예를 통하여 보기로 하자.

example 2.7 6×8행렬이 다음과 같이 주어지고 이를 행렬 A라 하자.

$$A = \begin{bmatrix} 1 & 2 & 3 & 4 & 5 & 6 & 7 & 8 \\ 9 & 10 & 11 & 12 & 13 & 14 & 15 & 16 \\ 17 & 18 & 19 & 20 & 21 & 22 & 23 & 24 \\ 25 & 26 & 27 & 28 & 29 & 30 & 31 & 32 \\ 33 & 34 & 35 & 36 & 37 & 38 & 39 & 40 \\ 41 & 42 & 43 & 44 & 45 & 46 & 47 & 48 \end{bmatrix}$$

그러면 행렬 A는 다음과 같은 6개의 부분행렬로 분할된 것으로 생각할 수 있다.

$$A = \begin{bmatrix} A_{11} & A_{12} & A_{13} \\ A_{21} & A_{22} & A_{23} \end{bmatrix},$$

$$A_{11} = \begin{bmatrix} 1 & 2 & 3 \\ 9 & 10 & 11 \\ 17 & 18 & 19 \\ 25 & 26 & 27 \end{bmatrix}, \quad A_{12} = \begin{bmatrix} 4 & 5 & 6 & 7 \\ 12 & 13 & 14 & 15 \\ 20 & 21 & 22 & 23 \\ 28 & 29 & 30 & 31 \end{bmatrix}, \quad A_{13} = \begin{bmatrix} 8 \\ 16 \\ 24 \\ 32 \end{bmatrix}$$

$$A_{21} = \begin{bmatrix} 33 & 34 & 35 \\ 41 & 42 & 43 \end{bmatrix}, \quad A_{22} = \begin{bmatrix} 36 & 37 & 38 & 39 \\ 44 & 45 & 46 & 47 \end{bmatrix}, \quad A_{23} = \begin{bmatrix} 40 \\ 48 \end{bmatrix}$$

물론 행렬 A를 분할하는 방법은 이외에도 여러 가지 방법이 있다. •••

하나의 용어를 더 소개하면 분할된 부분행렬을 **분할행렬**(partition)이라 한다. 주어진 행렬을 부분행렬로 이루어진 것으로 보고 분할행렬로 표기를 하는 이유는 다음과 같은 이점이 있기 때문이다:

i) 주어진 행렬을 쓰거나 인쇄할 때 간단하다.

ii) 주어진 행렬의 특별한 구조를 명확히 나타낸다.

iii) 계산이 간단해지고 계산의 표기도 간단해진다.

위의 이점 중 iii)에 대하여 더 자세히 설명하기로 하자. $m\times n$ 행렬 A와 $m\times n$ 행렬 B가 주어진 경우 각 행렬을 똑 같이 분할하면 더하기는 각 분할행렬을 더하기하여 부분행렬로 나열하면 된다. 그리고 $m\times n$ 행렬 A와 $n\times p$ 행렬 B를 부분행렬끼리의 곱하기가 가능하게 분할하여 부분행렬끼리의 곱을 수행하여 나열하면 된다. 더하기와 곱하기를 주어진 행렬 A와 B를 4개의 부분행렬로 분할하여 설명하도록 하자. 사실 이 설명을 연장하면 더 많은 부분행렬로 분할한 경우도 언급할 수 있는데 이는 독자 여러분이 해 보기를 권한다.

$$A=\begin{bmatrix} A_{11} & A_{12} \\ A_{21} & A_{22} \end{bmatrix} \text{이고 } B=\begin{bmatrix} B_{11} & B_{12} \\ B_{21} & B_{22} \end{bmatrix}$$

로 분할할 경우 분할행렬들의 크기(size)가 맞으면

$$A+B=\begin{bmatrix} A_{11}+B_{11} & A_{12}+B_{12} \\ A_{21}+B_{21} & A_{22}+B_{22} \end{bmatrix},\ AB=\begin{bmatrix} A_{11}B_{11}+A_{12}B_{21} & A_{11}B_{12}+A_{12}B_{22} \\ A_{21}B_{11}+A_{22}B_{21} & A_{21}B_{12}+A_{22}B_{22} \end{bmatrix}$$

가 된다.

example 2.8 3×3 행렬 A, B가 주어지고 이들을 다음과 같이 분할하였다 하자.

$$A=\begin{bmatrix} 1 & 2 & 3 \\ 4 & 5 & 6 \\ 7 & 8 & 9 \end{bmatrix}=\begin{bmatrix} \begin{bmatrix} 1 & 2 \\ 4 & 5 \end{bmatrix} & \begin{bmatrix} 3 \\ 6 \end{bmatrix} \\ [7 \quad 8] & [9] \end{bmatrix},\ B=\begin{bmatrix} 10 & 11 & 12 \\ 13 & 14 & 15 \\ 16 & 17 & 18 \end{bmatrix}=\begin{bmatrix} \begin{bmatrix} 10 & 11 \\ 13 & 14 \end{bmatrix} & \begin{bmatrix} 12 \\ 15 \end{bmatrix} \\ [16 \quad 17] & [18] \end{bmatrix}$$

$$\text{그러면 } A+B=\begin{bmatrix} \begin{bmatrix} 1 & 2 \\ 4 & 5 \end{bmatrix}+\begin{bmatrix} 10 & 11 \\ 13 & 14 \end{bmatrix} & \begin{bmatrix} 3 \\ 6 \end{bmatrix}+\begin{bmatrix} 12 \\ 15 \end{bmatrix} \\ [7 \quad 8]+[16 \quad 17] & [9]+[18] \end{bmatrix}$$

$$AB=\begin{bmatrix} \begin{bmatrix} 1 & 2 \\ 4 & 5 \end{bmatrix}\begin{bmatrix} 10 & 11 \\ 13 & 14 \end{bmatrix}+\begin{bmatrix} 3 \\ 6 \end{bmatrix}[16 \quad 17] & \begin{bmatrix} 1 & 2 \\ 4 & 5 \end{bmatrix}\begin{bmatrix} 12 \\ 15 \end{bmatrix}+\begin{bmatrix} 3 \\ 6 \end{bmatrix}[18] \\ [7 \quad 8]\begin{bmatrix} 10 & 11 \\ 13 & 14 \end{bmatrix}+[9][16 \quad 17] & [7 \quad 8]\begin{bmatrix} 12 \\ 15 \end{bmatrix}+[9][18] \end{bmatrix}$$

이다.

참고로 행렬의 분할에 대하여 언급한 것은 독자 여러분이 다른 곳에서 이를 이용할 경우를 위한 것이다. 이 책에서 행렬의 분할을 논의하는 일은 없다.

연습문제

1. 행렬들이 다음과 같이 주어져 있을 경우 아래의 각 연산을 해 보라.

$$A=\begin{bmatrix}-2 & 0 & 5\\ 3 & 7 & -1\\ 4 & 9 & 3\end{bmatrix},\ B=\begin{bmatrix}8 & -7 & 1\\ 5 & 0 & 4\end{bmatrix},\ C=\begin{bmatrix}3 & 1 & 2\\ 8 & 1 & 4\\ -2 & -1 & -2\end{bmatrix}$$

a. $A+B$ *b.* $(-4)A$ *c.* AB

d. AC *e.* CA

2. 행렬의 분배법칙들을 증명하라.

C. 특수한 행렬

영행렬

모든 원소가 수 0인 행렬로 보통 영문 대문자 O로 표기를 한다. 영행렬(null matrix or zero matrix)은 숫자의 0과 비슷한 역할을 한다. 구체적으로 영행렬의 성질은 다음과 같다(주의할 점은 크기가 다른 무수한 영행렬들이 존재한다는 점이다).

i) $A+O=A$

ii) $AO=O,\ OA=O$

example 2.9 $\begin{bmatrix}1 & 2 & 3\\ 4 & 5 & 6\end{bmatrix}\begin{bmatrix}0 & 0\\ 0 & 0\\ 0 & 0\end{bmatrix}=\begin{bmatrix}0 & 0\\ 0 & 0\end{bmatrix}$

삼각행렬 triangular matrices

가로줄 수와 세로줄 수가 같고(이런 행렬을 정방행렬(square matrix)이라 한다) 대각원소(대각선에 위치한 원소)의 위 혹은 아래가 모두 0인 행렬을 삼각행렬(triangular matrix)이라 말한다. 대각원소의 위가 0인 삼각행렬을 하삼각행렬(lower triangular matrix)이라 하고, 대각원소의 아래가 0인 삼각행렬을 **상삼각행렬**(upper triangular matrix)이라 한다.

example 2.10 $\begin{bmatrix} 1 & 0 & 0 \\ 2 & 8 & 0 \\ -1 & 0 & 1 \end{bmatrix}$은 하삼각행렬이고, $\begin{bmatrix} 4 & -2 & 9 \\ 0 & 1 & -3 \\ 0 & 0 & 1 \end{bmatrix}$은 상삼각행렬이다.

삼각행렬은 행렬에 관한 여러 개념(예를 들어 아래에서 설명하는 행렬식)이 쉽게 적용되고 모든 정방행렬은 **기본행연산**(elementary row operations)[1]이라는 행렬의 조작에 의하여 상삼각행렬로 변형될 수 있어서 특별한 주목을 받는다. 특히 상삼각행렬끼리 곱하면 상삼각행렬이 나오고 하삼각행렬끼리 곱하면 하삼각행렬이 나오는데 이는 유용하게 쓰일 때가 많다. 증명은 여러분이 직접 해 보기를 권하며, 연습문제에 힌트를 제공하였다.

대각행렬 diagonal matrix

정방행렬의 대각원소를 제외하고 다른 원소는 다 0인 행렬이다. 즉, 대각행렬(diagonal matrix)은 상삼각행렬인 동시에 하삼각행렬인 행렬이다.

example 2.11 $\begin{bmatrix} 4 & 0 & 0 \\ 0 & -3 & 0 \\ 0 & 0 & -7 \end{bmatrix}$

항등행렬 identity matrix

대각행렬 중 대각원소가 1인 행렬을 **항등행렬**(identity matrix)이라 한다.

example 2.12 $[1]$, $\begin{bmatrix} 1 & 0 \\ 0 & 1 \end{bmatrix}$, $\begin{bmatrix} 1 & 0 & 0 \\ 0 & 1 & 0 \\ 0 & 0 & 1 \end{bmatrix}$

1 기본행연산에 관하여는 나중에 위수 부분에서 설명을 한다.

항등행렬은 보통 영문 대문자 I로 표기를 하고 크기를 나타낼 필요가 있을 시는 I_n으로 써서 $n\times n$ 항등행렬임을 나타낸다.

항등행렬의 성질 | $AI=A$, $IB=B$

증 명 AI의 (ij)원소는 A의 i행과 I의 j열을 같은 순서의 원소끼리 곱하여 더하는데, I의 j열에서 모든 원소는 0이고 j번째 원소만 1이다. 그러므로 AI의 (ij)원소는 $a_{ij}\times 1=a_{ij}$이다. $IB=B$도 비슷하게 증명된다. ■

전치행렬 transpose

example 2.13 만약 행렬 A가 다음과 같다고 하면

$$A=\begin{bmatrix}2 & -5 & 9\\ 3 & 1 & -4\end{bmatrix}$$

이 행렬의 행을 열로 바꾸면(그러면 열이 행으로 바뀐다)

$$\begin{bmatrix}2 & 3\\ -5 & 1\\ 9 & -4\end{bmatrix}$$

라는 행렬을 얻는다. 이 행렬을 행렬 A의 전치행렬(transpose)이라 하고 A' 혹은 A^T란 기호로 표기한다.

일반적으로 $m\times n$ 행렬 A가 있을 경우 이 행렬의 행을 열로 바꾸는 작업을 **전치**(transpose)라 하고 그렇게 만들어진 행렬을 **전치행렬**(transpose, 영어로 같다)이라 한다. 행을 열로 바꾸면 열은 행으로 바뀌므로 전치행렬은 열을 행으로 바꾼행렬이라 해도 된다.[2]

2 i번째 행을 i번째 열로 세우면 원소 a_{ij}의 위치는 j번째 가로줄 i번째 세로줄에 있게 된다. 즉 A의 일반적 원소 a_{ij}는 A'의 j번째 가로줄 i번째 세로줄 원소가 된다. 따라서 행을 열로 바꾼 것은 열을 행으로 바꾼 것과 같게 된다.

전치행렬의 성질

- $(A')'=A$
- $(A+B)'=A'+B'$
- $(AB)'=B'A'$

증 명 나머지는 생략하고 $(AB)'=B'A'$를 증명해 보자. $(AB)'$의 (ij)원소는 AB의 (ji)원소이고 이는 A의 j행과 B의 i열을 곱한 것이다. 그리고 $B'A'$의 (ij)원소는 B'의 i행과 A'의 j열을 곱한 것인데 이는 B의 i열과 A의 j행을 곱한 것이다. 그러므로 $(AB)'$의 (ij)원소와 $B'A'$의 (ij)원소는 같다. ■

역행렬 inverse, or inverse matrix

행렬 A가 있다하자. 그런데 다른 행렬 B가 있어서 $AB=BA=I$라는 관계가 성립하면 우리는 행렬 B를 행렬 A의 **역행렬**(inverse matrix)이라 한다. 모든 행렬이 역행렬을 가지는 것은 아니다.

우선 행렬 A가 역행렬을 가지기 위한 조건을 살펴보기로 하자.

A가 $m\times n$이고 B가 $n\times p$일 때 AB가 가능한데 이것이 정방행렬 I이어야 하므로 $m=p$이어야 한다. 그러면 BA가 가능한데 BA는 $n\times n$ 행렬이 된다. $AB=BA$이어야 하므로 결국 $m=n=p$, 즉 A와 그 역행렬은 정방행렬로 모두 $n\times n$ 행렬이어야 한다. 결론으로 **어느 행렬이 역행렬을 가지기 위한 필요조건은 정방행렬**이다.

B가 A의 역행렬이면 기호로 A^{-1}로 표기를 한다. 즉, $B=A^{-1}$이다.

역행렬의 성질

역행렬을 어떻게 구하는가 하는 문제는 다음에 자세히 설명하기로 하고 우선 역행렬의 성질에 관하여 알아보기로 하자.

i) 모든 정방행렬이 역행렬을 가지는 것은 아니다. 나중에 행렬의 행렬식(determinant)이란 것을 공부하고 나면 정방행렬의 행렬식값이 영이 아닌 것이 역행렬을 가지기 위한 필요충분조건임을 이해할 것이다. 가장 쉬운 예로 정방행렬인 영행렬은 역행렬을 가질 수 없다(왜 그런가를 생각해 보라).

ii) $(A^{-1})^{-1}=A$

증 명 A^{-1}를 B로 놓으면 $AB=BA=I$의 관계가 성립한다. 이를 B의 관점에서 보면 B의 역행렬은 A이란 얘기이다. 즉 A^{-1}의 역행렬은 A이다. ■

iii) 행렬 A의 전치의 역행렬은 역행렬의 전치이다. 즉, $(A')^{-1}=(A^{-1})'$이다.

증 명 A의 전치 A'에다 $(A^{-1})'$을 곱해서 I가 얻어지면 된다. 그런데 전치의 성질에 의하여 $A'(A^{-1})'=(A^{-1}A)'=I'=I$가 얻어진다. $(A^{-1})'A'$도 같은 방법으로 I를 얻는다. ■

iv) A의 역행렬은 유일하다. 즉, A가 역행렬을 가지면 그 역행렬이 여러 개 존재하지 않는다.

증 명 행렬 B와 C가 둘 다 A의 역행렬이라 해 보자. 즉 $AB=BA=I$이고, $AC=CA=I$라고 하자. 그러면 $B=BI=B(AC)=(BA)C=IC=C$이다. 즉, $B=C$이어야 한다. ■

v) 행렬 A와 B가 각각 역행렬을 가지면 AB도 역행렬을 가지고 그 역행렬은 $B^{-1}A^{-1}$이다. 즉, $(AB)^{-1}=B^{-1}A^{-1}$이다.

주의사항 행렬 A와 B가 역행렬을 가지지 않지만 AB가 역행렬을 가지는 경우가 있다. 예로

$$A=\begin{bmatrix}1 & 0 & 1\\ 0 & 2 & 1\end{bmatrix},\ B=\begin{bmatrix}1 & 2\\ 1 & 0\\ 1 & 2\end{bmatrix} \text{ 이면 } AB=\begin{bmatrix}2 & 4\\ 3 & 2\end{bmatrix}$$

로 이 AB는 역행렬을 가진다. 이 경우 $(AB)^{-1}=B^{-1}A^{-1}$라 할 수 없다. ■

증 명 (AB)에 앞뒤로 $(B^{-1}A^{-1})$를 곱하여 결합법칙을 이용하면 I가 나옴을 확인할 수 있다. ■

vi) 행렬 A가 역행렬을 가질 경우 A^n(n은 자연수)도 역행렬을 가지며 그것은 $(A^{-1})^n$이다. 즉, $(A^n)^{-1}=(A^{-1})^n$이다.

증 명 $A^n(A^{-1})^n=A^{n-1}(AA^{-1})(A^{-1})^{n-1}=A^{n-1}(I)(A^{-1})^{n-1}=A^{n-1}(A^{-1})^{n-1}$ $=\cdots=(AA^{-1})=I$가 얻어진다. $(A^{-1})^nA^n$도 마찬가지로 I가 된다. 수학적 귀납

법을 사용하여 증명할 수도 있다. ■

vii) 행렬 A가 역행렬을 가짐을 아는 경우 (사실 이를 아는 방법은 간단하다. 나중에 설명하겠지만 행렬식이란 것이 있는데, 이 값이 0이 아님은 역행렬을 가지기 위한 필요충분조건이므로 행렬식값을 계산하면 된다) 행렬 B가 A의 역행렬인지 확인해 보는 방법은 B를 앞이나 뒤에서 곱하여 항등행렬이 얻어지나 확인해 보면 된다. 즉, $AB=BA=I$를 만족해야 하므로 앞과 뒤에서 모두 곱하여 I가 얻어짐을 확인해야 할 것 같으나, 앞이나 뒤 어느 하나만 확인하면 된다.

증 명 A가 역행렬을 가짐을 알고 $AB=I$가 확인되었다고 가정하자. 그러면 $B=IB=(A^{-1}A)B=A^{-1}(AB)=A^{-1}I=A^{-1}$로 B가 A의 역행렬임을 알 수 있다. $BA=I$가 확인된 경우의 증명은 여러분이 해 보길 권한다. ■

연습문제

1. 다음을 계산하라.

a. $\begin{bmatrix} 4 & -2 & 9 \\ 0 & 1 & -3 \\ 0 & 0 & 1 \end{bmatrix}\begin{bmatrix} 3 & 5 & -2 \\ 0 & 6 & 7 \\ 0 & 0 & 3 \end{bmatrix}$

b. $A=\begin{bmatrix} 2 & -4 & 7 \\ 3 & 1 & 9 \\ 8 & 6 & 9 \end{bmatrix}$일 때 $\frac{1}{2}(A+A')$

2. 두 $n\times n$ 행렬 A와 B가 상삼각행렬일 때 AB도 상삼각행렬이 됨을 증명하라(**Hint** A와 B가 상삼각행렬이면 $i>j$일 때 $a_{ij}=0$이고, $b_{ij}=0$이다. AB의 (ij)원소를 c_{ij}라 할 경우 $i>j$일 때 $c_{ij}=0$을 증명하면 된다).

3. 행렬 A와 B가 역행렬을 가질 경우 $A+B$가 반드시 역행렬을 가지는가? 그렇다면 증명을 하고 그렇지 않다면 예를 들어 보여라.

4. 행렬 A가 역행렬을 가질 경우 $A+A$가 반드시 역행렬을 가짐을 증명하여 보라. 그 역행렬은 A^{-1}과 어떤 관계가 있는가?

D. 행렬식 determinant

행렬식의 정의

행렬에 있어서 **행렬식**(determinant)은 중요한 개념이고 널리 사용된다. 행렬 A가 정방행렬일 때 이 행렬의 행렬식은 여러 가지로 정의되는데 이 책에서는 이해하기 쉬운 귀납적 정의를 사용한 **라플라스 전개법**(Laplace expansion)으로 설명하기로 한다. 그리고 행렬 A의 행렬식은 보통 $|A|$로 표기된다. 주의할 점은 절대값 기호가 아니므로 $|A|$는 음수값도 가질 수 있다.

i) 행렬 A가 1×1 행렬, 즉 $[a]$이면 이 행렬식값은 a로 정의한다.

example 2.14 $|[-5]|=-5$

ii) 행렬 A가 2×2 행렬, 즉 $\begin{bmatrix} a_{11} & a_{12} \\ a_{21} & a_{22} \end{bmatrix}$이면 A의 행렬식값은 $a_{11}a_{22}-a_{12}a_{21}$으로 정의한다. 즉, $|A|=\begin{vmatrix} a_{11} & a_{12} \\ a_{21} & a_{22} \end{vmatrix}=a_{11}a_{22}-a_{12}a_{21}$이다(사실 이것도 라플라스 전개법에 따라 정의할 수 있지만 간단하게 위와 같이 정의하기로 한다).

iii) 행렬 A가 3×3 행렬 즉,

$$A=\begin{bmatrix} a_{11} & a_{12} & a_{13} \\ a_{21} & a_{22} & a_{23} \\ a_{31} & a_{32} & a_{33} \end{bmatrix}$$

이면 이제 라플라스 전개법에 따라 정의하기로 하자.

라플라스 전개법을 설명하기 위해서는 먼저 주어진 행렬의 각 원소의 **소행렬식**(minor)과 **여인수**(cofactor, 여인자라 번역되기도 한다)를 설명하여야 한다. 행렬 A의 원소 a_{ij}의 소행렬식은 a_{ij}가 속한 i행과 j열을 삭제한 행렬의 행렬식을 의미한다.

위 행렬 A에서 첫 번째 행과 첫 번째 열을 삭제하고 나면 다음과 같고,

$$\begin{bmatrix} a_{22} & a_{23} \\ a_{32} & a_{33} \end{bmatrix}$$

이 행렬의 행렬식값은 $a_{22}a_{33}-a_{23}a_{32}$이다. 따라서 a_{11}의 소행렬식은 $a_{22}a_{33}-a_{23}a_{32}$이다. 다른 예를 하나 더 들면 행렬 A에서 a_{23}의 소행렬식은 $a_{11}a_{32}-a_{12}a_{31}$이다.

일반적으로 행렬 A의 원소 a_{ij}의 소행렬식을 M_{ij}로 표기를 한다. 즉, 위 예에서 $M_{23}=a_{11}a_{32}-a_{12}a_{31}$이다.

다음으로 행렬 A의 원소 a_{ij}의 여인수를 설명하자. 여인수는 $i+j$가 짝수이면 소행렬식값 그 자체이고, $i+j$가 홀수이면 소행렬식값에 (-1)을 곱한 값이다. 여인수는 보통 C_{ij}로 표기를 하는데 그러면 $C_{ij}=(-1)^{i+j}M_{ij}$의 관계가 성립한다. 즉, 여인수는 원소 a_{ij}의 위치에 따라 $C_{ij}=M_{ij}$가 되기도 하고, $C_{ij}=(-1)M_{ij}$이 되기도 한다.

이제 3×3 행렬의 행렬식값은 어느 행 혹은 어느 열을 취한 뒤 그 행이나 열의 각 원소에 그 원소의 여인수를 곱하여 더한 값으로 정의한다. 3×3 행렬의 여인수나 소행렬식은 행과 열이 하나씩 지워진 행렬이므로 2×2 행렬이고 따라서 우리는 여인수 혹은 소행렬식을 계산할 수 있어서 3×3 행렬의 행렬식을 계산할 수 있다.

기호로는 다음과 같다.

$$\begin{vmatrix} a_{11} & a_{12} & a_{13} \\ a_{21} & a_{22} & a_{23} \\ a_{31} & a_{32} & a_{33} \end{vmatrix} = a_{i1}C_{i1}+a_{i2}C_{i2}+a_{i3}C_{i3}$$

$$= a_{i1}(-1)^{i+1}M_{i1}+a_{i2}(-1)^{i+2}M_{i2}+a_{i3}(-1)^{i+3}M_{i3}$$

이는 i행을 취하였을 시의 행렬식 계산법이고 j열을 취하면 다음과 같다.

$$\begin{vmatrix} a_{11} & a_{12} & a_{13} \\ a_{21} & a_{22} & a_{23} \\ a_{31} & a_{32} & a_{33} \end{vmatrix} = a_{1j}C_{1j}+a_{2j}C_{2j}+a_{3j}C_{3j}$$

$$= a_{1j}(-1)^{1+j}M_{j1}+a_{2j}(-1)^{2+j}M_{2j}+a_{3j}(-1)^{3+j}M_{3j}$$

이 된다.

여기서 독자는 어느 행 혹은 열을 취하느냐에 따라 위의 계산값이 달리 나오면 어떡하는가라는 의문을 가질 것이다. 그러나 어떤 행이나 열을 취하여 계산하더라도 그 값이 같음을 증명할 수 있다. 다만 여기서 생략하기로 한다.[3]

iv) $k\times k$ 행렬의 행렬식 값이 정의되었을 경우 $(k+1)\times(k+1)$ 행렬의 행렬식값은 여인수 전개법(cofactor expansion)으로 얻는다. 즉 어느 행이나 어느 열의 각 원소와 그 원소의 여인수(cofactor)를 곱하여 다 더하면 행렬식값을 얻는데, 여인수(cofactor)와 소행렬식(minor)의 정의는 앞에서 설명한 것과 비슷하다.

$(k+1)\times(k+1)$ 행렬 $[a_{ij}]$가 주어진 경우 소행렬식 M_{ij}는 i번째 행과 j번째 열을 지운 $k\times k$ 행렬의 행렬식 값이고 여인수는 $C_{ij}=(-1)^{i+j}M_{ij}$이다. 즉, 원소 a_{ij}의 여인수는 $C_{ij}=(-1)^{i+j}M_{ij}$이다. 그러면 $(k+1)\times(k+1)$ 행렬의 행렬식 값은

$$
\begin{aligned}
&a_{i1}C_{i1}+a_{i2}C_{i2}+\cdots+a_{i(k+1)}C_{i(k+1)}\\
&=a_{i1}(-1)^{i+1}M_{i1}+a_{i2}(-1)^{i+2}M_{i2}+\cdots+a_{i(k+1)}(-1)^{i+(k+1)}M_{i(k+1)}
\end{aligned}
$$

혹은

$$
\begin{aligned}
&a_{1j}C_{1j}+a_{2j}C_{2j}+\cdots+a_{(k+1)j}C_{(k+1)j}\\
&a_{1j}(-1)^{1+j}M_{j1}+a_{2j}(-1)^{2+j}M_{2j}+\cdots+a_{(k+1)j}(-1)^{(k+1)+j}M_{(k+1)j}
\end{aligned}
$$

이다.

3×3 행렬과 마찬가지로, 어느 가로줄을 취하거나 어느 세로줄을 취하더라도 위와 같이 라플라스 전개법에 의하여 계산한 값은 동일한 값이 나오는데 이의 증명은 생략하기로 한다.

참고로 3×3 행렬의 행렬식 값도 라플라스 전개법에 의하지 않고 쉽게 구할 수 있는 방법이 있긴 하다. 이는 다음의 **그림 2-1**의 패널 (a)에 나와 있는 화살표 방향으로 각 원소를 곱하여 더하고 패널 (b)에 나와 있는 화살표 방향으로 각 원소를 곱하여 빼 주면 된다. 즉,

---

3 첫 번째 행을 취하여 라플라스 전개한 것을 행렬식의 정의로 하고, 다른 행이나 열을 취하여 라플라스 전개해도 행렬식과 같은 값이 나옴을 증명하는 방법이 있기는 하다. 그러나 이렇게 하면 여러 가지 좀 더 복잡한 얘기를 해야 하므로 본문과 같이 행렬식을 정의하기로 한다.

그림 2-1

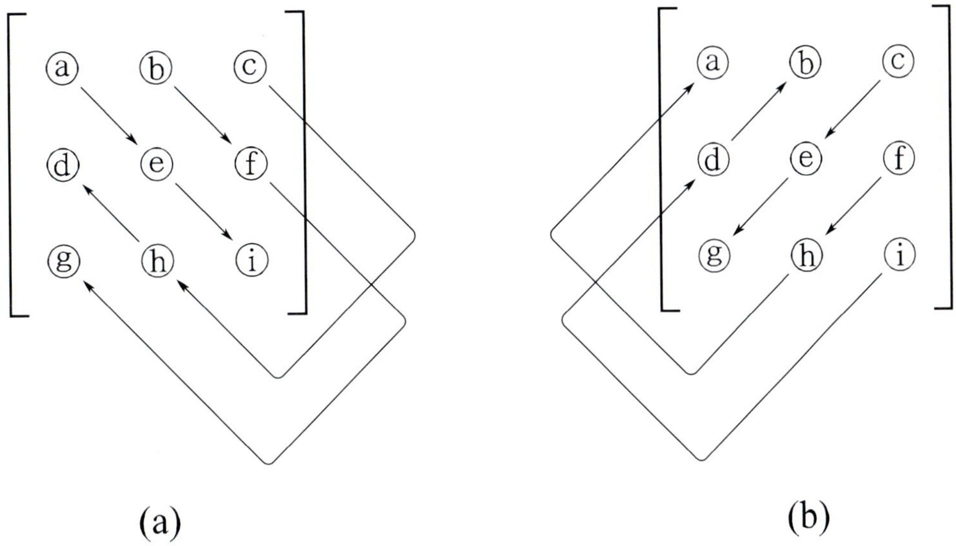

$$\begin{vmatrix} a & b & c \\ d & e & f \\ g & h & i \end{vmatrix} = (aei + bfg + cdh) - (ceg + afh + bdi)$$

이다.

주의할 것은 4×4 이상의 행렬은 이러한 대각선 방법으로 구할 수가 없다는 점이다.

행렬식의 성질

i) 행렬 A가 $n \times n$ 행렬이면 $|A| = |A'|$이다. 즉 전치행렬의 행렬식값은 원 행렬의 행렬식 값과 같다.

증 명 1×1, 2×2, 혹은 3×3 행렬은 쉽게 증명할 수 있다. 더 큰 행렬은 수학적 귀납법으로 증명할 수 있으나 자세한 설명은 생략하기로 한다. ■

ii) 정방행렬 A의 어느 한 행이나 열을 실수 k로 곱한 행렬을 B라 하면

$$|B| = k|A|$$

이다.

증 명 A의 i행에 k를 곱한 행렬을 B라 하자. 그러면 B의 i행을 잡아 B의 행렬식값을 구하면

$$ka_{i1}C_{i1} + ka_{i2}C_{i2} + \cdots + ka_{in}C_{in} = k\{a_{i1}C_{i1} + a_{i2}C_{i2} + \cdots + a_{in}C_{in}\} = k|A|$$

이다. ■

example 2.15 $A = \begin{bmatrix} 1 & -2 & 4 \\ 0 & 4 & 1 \\ -1 & 3 & -6 \end{bmatrix}$, $B = \begin{bmatrix} -2 & 4 & -8 \\ 0 & 4 & 1 \\ -1 & 3 & -6 \end{bmatrix}$

행렬 B는 행렬 A의 첫 번째 행에 -2를 곱한 행렬이다.

$$|A| = -9, \ |B| = (-2) \times (-9) = 18$$

ii-1) 따름 성질 | $|kA| = k^n|A|$

증 명 성질 **ii)**를 n번 연속적으로 사용하면 증명할 수 있다. ■

example 2.16 $A = \begin{bmatrix} 1 & -2 & 4 \\ 0 & 4 & 1 \\ -1 & 3 & -6 \end{bmatrix}$, $(-2)A = \begin{bmatrix} -2 & 4 & -8 \\ 0 & -8 & -2 \\ 2 & -6 & 12 \end{bmatrix}$

$$|A| = -9$$
$$|(-2)A| = (-2)^3 \times (-9) = 72$$

iii) 정방행렬 A의 임의의 두 행이나 두 열을 교환한 행렬을 B라 하면

$$|B| = -|A|$$

이다.

증 명 우선 인접한 두 행을 교환한 행렬을 B라 하고 이 경우 $|B| = -|A|$ 를 증명해 보도록 하자. 행렬 A는 통상대로 $[a_{ij}]$라고 쓰고 B는

$$B=\begin{bmatrix} a_{11} & a_{12} & \cdots & a_{1n} \\ \vdots & \vdots & \vdots & \vdots \\ a_{i+1,\ 1} & a_{i+1,\ 2} & \cdots & a_{i+1,\ n} \\ a_{i1} & a_{i2} & \cdots & a_{i,\ n} \\ \vdots & \vdots & \vdots & \vdots \\ a_{n1} & a_{n2} & \cdots & a_{nn} \end{bmatrix}$$

라고 써 보자. 이는 A의 i번째와 $(i+1)$번째 가로줄을 교환한 것이다. 이제 이 행렬의 $(i+1)$번째 가로줄을 취하여 행렬식을 계산해 보자. 그러면 이는

$$|B|=a_{i1}(-1)^{i+2}M_{i1}+a_{i2}(-1)^{i+3}M_{i2}+\cdots+a_{in}(-1)^{i+1+n}M_{in} \quad \cdots (3)$$

이 된다.

여기서 M_{ij}는 행렬 A의 i번째 가로줄과 j번째 세로줄 원소를 지운 소행렬의 행렬식이다. 이를 이해하는 관건은 행렬 B에서 $i+1$번째 가로줄을 지워서 만든 소행렬과 행렬 A에서 i번째 가로줄을 지워서 만든 소행렬이 같다는 점이다. 다만 행렬 B에서 a_{ij}의 위치가 $i+1$번째 가로줄 j번째 세로줄이기 때문에 여인수를 구할 때 (-1)의 지수는 $i+1+j$가 된다. 위 식 **(3)**에서 (-1)을 인수로 빼면 결국 $|B|=(-1)|A|$가 됨을 알 수 있다.

일반적으로 i번째 가로줄과 k번째 가로줄을 교환한 경우는 인접한 두 가로줄을 연속적으로 교환하여 얻은 것으로 생각할 수 있고 이 연속적 교환의 횟수가 언제나 홀수가 되므로 일반적으로 $|B|=(-1)|A|$가 된다. ■

iii-1) 따름성질: 정방 행렬 A의 두 가로줄이나 세로줄이 같으면 그 행렬식 값은 0이다.

증 명 같은 두 가로줄을 교환한 행렬을 B라 하면 $B=A$이다. 그런데 B는 A의 두 가로줄이나 세로줄을 교환한 행렬로 생각할 수 있으므로 $|B|=(-1)|A|$이다. 그런데 $B=A$이므로 $|B|=|A|$이다. 즉 $(-1)|A|=|A|$가 나오고 이를 만족하는 수는 0밖에 없다. 즉, $|A|=0$이다. ■

example 2.17 $A=\begin{bmatrix} 1 & -2 & -2 \\ 0 & 4 & 4 \\ -1 & 3 & 3 \end{bmatrix}=0$ •••

iv) 정방행렬 A의 어느 한 행(열)의 각 원소와 다른 행(열) 각 원소의 여인수를 위치에 따라 곱하여 더하면 0이 된다. 즉,

$$a_{i1}C_{l1}+a_{i2}C_{l2}+\cdots+a_{in}C_{ln}=0 \quad (i\neq l)$$
$$a_{1j}C_{1d}+a_{2j}C_{2d}+\cdots+a_{nj}C_{nd}=0 \quad (j\neq d)$$

증 명 $a_{i1}C_{l1}+a_{i2}C_{l2}+\cdots+a_{in}C_{ln}=0$임을 증명해 보자($a_{1j}C_{1d}+a_{2j}C_{2d}+\cdots+a_{nj}C_{nd}=0$임은 비슷한 방법으로 증명할 수 있다).

행렬 A에서 l행을 지우고 i행을 복사해서 l행에 붙인 행렬을 B라 하면 이는 다음과 같다. 즉,

$$A=[a_{ij}]=\begin{bmatrix} a_{11} & a_{12} & \cdots & a_{1n} \\ \vdots & \vdots & \vdots & \vdots \\ a_{i1} & a_{i2} & \cdots & a_{in} \\ \vdots & \vdots & \vdots & \vdots \\ a_{l1} & a_{l2} & \cdots & a_{ln} \\ \vdots & \vdots & \vdots & \vdots \\ a_{n1} & a_{n2} & \cdots & a_{nn} \end{bmatrix} \qquad B=\begin{bmatrix} a_{11} & a_{12} & \cdots & a_{1n} \\ \vdots & \vdots & \vdots & \vdots \\ a_{i1} & a_{i2} & \cdots & a_{in} \\ \vdots & \vdots & \vdots & \vdots \\ a_{i1} & a_{i2} & \cdots & a_{in} \\ \vdots & \vdots & \vdots & \vdots \\ a_{n1} & a_{n2} & \cdots & a_{nn} \end{bmatrix}$$

이다. 그러면 우리는 이 행렬의 행렬식 값이 0인 것을 위 성질 **iii)**의 따름 성질 **iii-1)**에 의하여 안다. 왜냐하면 i행과 l행이 같기 때문이다. 그러나 행렬 B의 행렬식값을 l행을 취하여 행렬식 계산법에 의하여 계산해 보기로 하자. 그러면

$$a_{i1}C_{l1}+a_{i2}C_{l2}+\cdots+a_{in}C_{ln}$$

이 된다. 왜냐하면 행렬 B의 l행 원소들의 여인수는 행렬 A의 l행 원소들의 여인수와 같기 때문이다. 그러므로 $a_{i1}C_{l1}+a_{i2}C_{l2}+\cdots+a_{in}C_{ln}=0$이다. ■

v) 정방행렬 A의 어느 한 행(열)에 실수 k를 곱하여 다른 행(열)에 더한 행렬을 B라 하면 $|B|=|A|$이다.

example 2.18 $A=\begin{bmatrix} 1 & -2 & 4 \\ 0 & 4 & 1 \\ -2 & 3 & -6 \end{bmatrix},\ B=\begin{bmatrix} 1 & -2 & -1 \\ 0 & 4 & 1 \\ -2 & 3 & 4 \end{bmatrix}$

행렬 B는 행렬 A의 첫 번째 열에 -5를 곱하여 세 번째 열에 더한 행렬이다. 두 행렬식의 값은 모두 9이다.

증 명 행렬 A의 i번째 행을 k배하여 l번째 행에다 더한 행렬을 B라 하자. 그러면 행렬 B는

$$\begin{bmatrix} a_{11} & a_{12} & \cdots & a_{1n} \\ \vdots & \vdots & \vdots & \vdots \\ a_{i1} & a_{i2} & \cdots & a_{in} \\ \vdots & \vdots & \vdots & \vdots \\ a_{l1}+ka_{i1} & a_{l2}+ka_{i2} & \cdots & a_{ln}+ka_{in} \\ \vdots & \vdots & \vdots & \vdots \\ a_{n1} & a_{n2} & \cdots & a_{nn} \end{bmatrix}$$

이다. 이 행렬의 행렬식을 l번째 가로줄을 취하여 계산해 보자. 그러면 그 값은

$$\begin{aligned} |B| &= (a_{l1}+ka_{i1})C_{l1}+(a_{l2}+ka_{i2})C_{l2}+\cdots+(a_{ln}+ka_{in})C_{ln} \\ &= \{a_{l1}C_{l1}+a_{l2}C_{l2}+\cdots+a_{ln}C_{ln}\}+k\{a_{i1}C_{l1}+a_{i2}C_{l2}+\cdots+a_{in}C_{ln}\} \end{aligned}$$

이다. 그런데 여기서 첫 번째 항은 행렬 A의 행렬식 값이고 두 번째 항은 위의 성질 4에 의하여 그 값이 0이다. 따라서 $|B|=|A|$이다. ■

vi) 두 정방행렬 곱의 행렬식 값은 각 행렬의 행렬식 값의 곱이다. 즉 A와 B가 정방행렬이면 $|AB|=|A||B|$이다.

example 2.19 $A=\begin{bmatrix} 2 & -2 & 2 \\ 0 & 0 & 1 \\ -1 & 3 & -2 \end{bmatrix}$, $B=\begin{bmatrix} 1 & 0 & -1 \\ -2 & 0 & 1 \\ 1 & 3 & 0 \end{bmatrix}$이 주어진 경우,

$$AB=\begin{bmatrix} 8 & 6 & -4 \\ 1 & 3 & 0 \\ -9 & -6 & 4 \end{bmatrix},\ |A|=-4,\ |B|=3,\ |AB|=|A||B|=-12$$

이다.

증 명 이의 일반 증명은 여러 가지를 살펴보아야 하므로 생략한다. 다만 행렬 A와 B가 둘 다 상삼각행렬이거나 하삼각행렬이면 그 증명은 쉽게 할 수 있다. 왜냐하면 상삼각행렬이나 하삼각행렬의 행렬식은 대각선의 원소를 모두 곱한 것이기 때문이고, 상삼각행렬을 곱한 것은 다시 상삼각행렬이 되는데 그 대각 원소는 행렬 A의 대각원소 곱하기 행렬 B의 대각원소이기 때문이다. 독자 여러분이 직접 해 보기를 권하며 자세한 증명은 생략하기로 한다. ■

연습문제

1. 행렬 A가 $n \times n$ 정방행렬이라 하자. 이 경우 $A+A$의 행렬식 값은 A의 행렬식값과 어떤 관계에 있는가?

2. 다음의 행렬식을 구하여라.

a. $\begin{bmatrix} 1 & 3 \\ 5 & 9 \end{bmatrix}$ *b.* $\begin{bmatrix} 3 & 5 & 6 \\ 7 & 9 & 4 \\ 7 & 9 & 8 \end{bmatrix}$ *c.* $\begin{bmatrix} 3 & -3 & 5 & 6 \\ 7 & 8 & 0 & -3 \\ 9 & -1 & 8 & 0 \\ -7 & 9 & 0 & 4 \end{bmatrix}$

3. 행렬식의 성질을 이용하여 다음 행렬의 행렬식 값을 구하여라.

a. $\begin{bmatrix} 1 & 2 & 3 & 1 & 2 & 3 \\ 2 & 3 & 4 & 2 & 3 & 4 \\ 3 & 4 & 5 & 3 & 4 & 6 \\ 4 & 5 & 6 & 4 & 5 & 6 \\ 5 & 6 & 8 & 6 & 7 & 7 \\ 6 & 7 & 9 & 7 & 7 & 8 \end{bmatrix}$ *b.* $\begin{bmatrix} \vert & 1 & \cdots & \vert \\ \vert & x & \cdots & \vert \\ \vdots & & & \\ \vert & 1 & \cdots & x \end{bmatrix}$ ($n \times n$ 행렬임)

c. $\begin{bmatrix} x & 1 & \cdots & 1 \\ 1 & x & \cdots & 1 \\ \vdots & \vdots & \ddots & \vdots \\ 1 & 1 & \cdots & x \end{bmatrix}$ ($n \times n$ 행렬임)

E. 역행렬 구하기

이제 정방행렬 A가 있다고 하자. 이 행렬의 행렬식 값이 0이 아니면 역행렬을 가진다. 그리고 그 값이 0이면 역행렬을 가지지 않는다. 즉, 행렬식 값이 0이 아님은 정방행렬이 역행렬을 가지기 위한 필요충분조건이다. 이 점은 나중에 다시 설명하기로 한다. 역행렬을 구하기 위하여는 먼저 여인수행렬과 수반행렬을 구하여야 한다.

여인수행렬cofactor matrix과 수반행렬adjugate matrix

$n \times n$ 정방행렬 A가 주어져 있을 경우 이 행렬의 여인수행렬도 $n \times n$이며 이는 행렬 A의 각 원소의 여인수(cofactor)를 배열한 행렬이다. 행렬 A의 (ij)원소(i번째 가로줄 j번째 세로줄에 있는 원소) a_{ij}의 여인수(cofactor)를 C_{ij}로 표기를 하면 행렬 A의 여인수행렬은 다음과 같이 쓸 수 있다.

$$\begin{bmatrix} C_{11} & \cdots & C_{1j} & \cdots & C_{1n} \\ \vdots & \vdots & \vdots & \vdots & \vdots \\ C_{i1} & \cdots & C_{ij} & \cdots & C_{in} \\ \vdots & \vdots & \vdots & \vdots & \vdots \\ C_{n1} & \cdots & C_{nj} & \cdots & C_{nn} \end{bmatrix}$$

example 2.20 $A = \begin{bmatrix} 1 & 2 & 3 \\ 0 & 4 & 5 \\ 1 & 0 & 6 \end{bmatrix}$의 여인수행렬을 구하기 위하여 여인수를 구하면

$$C_{11} = \begin{vmatrix} 4 & 5 \\ 0 & 6 \end{vmatrix} = 24, \quad C_{21} = -\begin{vmatrix} 2 & 3 \\ 0 & 6 \end{vmatrix} = -12$$

등이다. 따라서 (나머지는 여러분이 직접 계산해 보라) 여인수행렬은 다음과 같다.

$$\begin{bmatrix} 24 & 5 & -4 \\ -12 & 3 & 2 \\ -2 & -5 & 4 \end{bmatrix}$$

이 여인수행렬을 전치한 것이 **수반행렬**(adjugate, 과거에는 adjoint라 불렀으나 이제는 adjugate matrix라 부른다)이다. 이를 기호로 $adj\,A$라 쓴다. 즉 행렬 A의 adjugate이란 뜻이다.

example 2.21 앞의 **예** 2.20의 행렬 A의 수반행렬 $adj\,A$는 다음과 같다.

$$adj\,A=\begin{bmatrix} 24 & -12 & -2 \\ 5 & 3 & -5 \\ -4 & 2 & 4 \end{bmatrix}$$

역행렬

이제 정방행렬 A가 있고 이 행렬의 행렬식 값이 0이 아니라 하자. 그러면 이 행렬은 역행렬을 가지고, 그것은 바로 $\frac{1}{|A|}(adj\,A)$이다.

example 2.22 앞의 **예** 2.20의 행렬 A의 역행렬은

$$\frac{1}{|22|}\begin{bmatrix} 24 & -12 & -2 \\ 5 & 3 & -5 \\ -4 & 2 & 4 \end{bmatrix}=\begin{bmatrix} \frac{24}{22} & -\frac{12}{22} & -\frac{2}{22} \\ \frac{5}{22} & \frac{3}{22} & -\frac{5}{22} \\ -\frac{4}{22} & \frac{2}{22} & \frac{4}{22} \end{bmatrix}$$

이다. 여러분이 직접 두 행렬을 곱하여 항등행렬이 얻어짐을 확인해 보라.

이제 왜 $\frac{1}{|A|}(adj\,A)$이 A의 역행렬이 되는지, 즉 A의 역행렬이 $\frac{1}{|A|}(adj\,A)$임을 증명해 보자. 증명은 사실 어렵지 않다. A와 $\frac{1}{|A|}(adj\,A)$를 곱하여 항등행렬이 얻어짐을 확인하면 된다. 우선 행렬의 연산법칙에 의하여

$$A\left\{\frac{1}{|A|}(adj\,A)\right\}=\frac{1}{|A|}\{A(adj\,A)\}$$

이므로 $\{A(adj\,A)\}$이

$$\begin{bmatrix} |A| & \cdots & 0 & \cdots & 0 \\ \vdots & \vdots & \vdots & \vdots & \vdots \\ 0 & \cdots & |A| & \cdots & 0 \\ \vdots & \vdots & \vdots & \vdots & \vdots \\ 0 & \cdots & 0 & \cdots & |A| \end{bmatrix}$$

임을 확인하면 될 것이다.

$\{A(adj\,A)\}$의 (ij)원소는 행렬 A의 i번째 가로줄과 $adj\,A$의 j번째 세로줄의 원소들을 순서에 따라 짝 맞춰 곱한 뒤 더한 것인데, $adj\,A$는 다름 아닌 A의 여인수행렬의 전치행렬이고 따라서 행렬 A의 j번째 가로줄의 여인수들이 $adj\,A$의 j번째 세로줄에 배열되어 있다. 즉, $\{A(adj\,A)\}$의 (ij)원소는 행렬 A의 i번째 가로줄 원소들과 j번째 가로줄 원소들의 여인수들을 곱한 것이므로 행렬식의 성질에 의하여 $i=j$이면 $|A|$이고 $i\neq j$이면 0이다. 그러므로

$$\{A(adj\,A)\}=\begin{bmatrix} |A| & \cdots & 0 & \cdots & 0 \\ \vdots & \vdots & \vdots & \vdots & \vdots \\ 0 & \cdots & |A| & \cdots & 0 \\ \vdots & \vdots & \vdots & \vdots & \vdots \\ 0 & \cdots & 0 & \cdots & |A| \end{bmatrix}$$

을 얻게 된다.

example 2.23 앞의 **예 2.20**의 행렬 A의 역행렬을 다시 구해 보자. 우선 행렬식을 구하여야 한다. 이는 22임을 앞의 예에서 알았다. 다음으로 여인수행렬을 구하여야 하는데 이를 다음과 같이 쓰고 구하면 된다.

$$\begin{bmatrix} \begin{vmatrix} 4 & 5 \\ 0 & 6 \end{vmatrix} & -\begin{vmatrix} 0 & 5 \\ 1 & 6 \end{vmatrix} & \begin{vmatrix} 0 & 4 \\ 1 & 0 \end{vmatrix} \\ -\begin{vmatrix} 2 & 3 \\ 0 & 6 \end{vmatrix} & \begin{vmatrix} 1 & 3 \\ 1 & 6 \end{vmatrix} & -\begin{vmatrix} 1 & 2 \\ 1 & 0 \end{vmatrix} \\ \begin{vmatrix} 2 & 3 \\ 4 & 5 \end{vmatrix} & -\begin{vmatrix} 1 & 3 \\ 0 & 5 \end{vmatrix} & \begin{vmatrix} 1 & 2 \\ 0 & 4 \end{vmatrix} \end{bmatrix}' = \begin{bmatrix} 24 & -12 & -2 \\ 5 & 3 & -5 \\ -4 & 2 & 4 \end{bmatrix}$$

이제 A의 행렬식의 역수 즉 $\frac{1}{22}$를 이 여인수행렬의 전치행렬에 곱하면 A의 역행렬이 얻어진다. 그 답은 앞의 예에 있다.

일반적으로 행렬 A의 행렬식값이 0이 아니면 역행렬은 $\frac{1}{|A|}(adj\,A)$으로 얻을 수 있음을 보았다. 만약 그 행렬식 값이 0이라면 역행렬을 가질 수 없다. 그 이유는 역행렬을 가진다고 가정해 보면 쉽게 알 수 있다. $AB=I$인 행렬 B가 있다고

가정해 보자. 그러면 $|AB|=|A||B|=|I|=1$인데, $|A|=0$이므로 모순에 봉착하게 된다. 그러므로 결론은 정방행렬이 있을 때 그 행렬식 값이 0이 아님은 역행렬을 가지기 위한 필요충분조건이 된다.

연습문제

1. 다음 행렬들의 역행렬을 구하여라.

a. $[3]$ *b.* $\begin{bmatrix} 2 & 1 \\ -3 & -2 \end{bmatrix}$ *c.* $\begin{bmatrix} 2 & 1 & 7 \\ -3 & -2 & 1 \\ 0 & 5 & 0 \end{bmatrix}$

d. $\begin{bmatrix} 1 & -2 & 0 & 0 \\ -1 & 0 & -3 & 3 \\ 0 & 1 & 1 & 0 \\ 1 & 0 & 0 & -4 \end{bmatrix}$

F. 연립방정식과 크레머의 법칙 Cramer's Rule

먼저 예를 하나 보기로 하자.

example 2.24 다음과 같은 연립방정식이 있다고 하자.

$$x+2y+3z=9$$
$$4y+5z=14$$
$$x+6z=7$$

이 연립방정식은 행렬로 다음과 같이 표현할 수 있다.

$$\begin{bmatrix} 1 & 2 & 3 \\ 0 & 4 & 5 \\ 1 & 0 & 6 \end{bmatrix} \begin{bmatrix} x \\ y \\ z \end{bmatrix} = \begin{bmatrix} 9 \\ 14 \\ 13 \end{bmatrix}$$

좌변을 계산하면 3×1의 행렬로 바로 위 연립방정식의 좌변 세 식이 나오므로 다음과 같이 쓸 수 있다.

$$A=\begin{bmatrix}1&2&3\\0&4&5\\1&0&6\end{bmatrix},\qquad X=\begin{bmatrix}x\\y\\z\end{bmatrix},\qquad v=\begin{bmatrix}9\\14\\13\end{bmatrix}$$

$$AX=v$$

이 경우 X는 A의 역행렬을 곱하여 $AX=v$의 왼쪽에 곱하면 (물론 역행렬이 존재하는 경우에 한한다) 얻을 수 있다. 즉,

$$X=A^{-1}v$$

로 얻는다. 여기의 행렬 A는 앞의 절에서 사용한 예이므로 행렬 A의 역행렬은 **예 2.22**와 같다.

$$\begin{bmatrix}\frac{24}{22}&-\frac{12}{22}&-\frac{2}{22}\\\frac{5}{22}&\frac{3}{22}&-\frac{5}{22}\\-\frac{4}{22}&\frac{2}{22}&\frac{4}{22}\end{bmatrix}$$

그러므로 이를 v 앞에 곱하면 X는

$$\begin{bmatrix}x\\y\\z\end{bmatrix}=\begin{bmatrix}\frac{24}{22}&-\frac{12}{22}&-\frac{2}{22}\\\frac{5}{22}&\frac{3}{22}&-\frac{5}{22}\\-\frac{4}{22}&\frac{2}{22}&\frac{4}{22}\end{bmatrix}\begin{bmatrix}9\\14\\13\end{bmatrix}=\begin{bmatrix}1\\1\\2\end{bmatrix}$$

가 얻어진다. 즉, $x=1$, $y=1$, $z=2$를 얻는다. •••

일반적으로 다음과 같은 n개의 변수에 관한 n개의 연립방정식이 있다 하자.

$$a_{11}x_1+a_{12}x_2+\cdots+a_{1n}x_n=v_1$$

$$a_{21}x_1+a_{22}x_2+\cdots+a_{2n}x_n=v_2$$

$$\vdots$$
$$a_{n1}x_1 + a_{n2}x_2 + \cdots + a_{nn}x_n = v_n$$

이를 간단히 $Ax=v$로 표현할 수 있는 것은 앞의 예와 같다. 여기서 A, x, v는 각각 다음과 같다.

$$A = \begin{bmatrix} a_{11} & a_{12} & \cdots & a_{1n} \\ a_{21} & a_{22} & \cdots & a_{2n} \\ \vdots & \vdots & \vdots & \vdots \\ a_{n1} & a_{n2} & \cdots & a_{nn} \end{bmatrix}, \qquad x = \begin{bmatrix} x_1 \\ x_2 \\ \vdots \\ x_n \end{bmatrix}, \qquad v = \begin{bmatrix} v_1 \\ v_2 \\ \vdots \\ v_n \end{bmatrix}$$

그러면 $x = A^{-1}v$를 얻고 각각의 x_i를 얻을 수 있다.

그런데 우리가 만약 위 연립방정식 체계에서 모든 변수의 값에 관심이 없고 특정 변수, 예를 들어 x_2의 값에 관심이 있을 경우는 A의 역행렬을 구하지 않고도 쉽게 그 값을 얻을 수 있는 방법이 있는데, 이 방법을 **크레머의 법칙**(Cramer's ruel)이라 한다. 그 방법이란 다름 아니라 $x_2 = |A_2|/|A|$인 것이다. 여기서 A_2는 행렬 A의 두 번째 세로줄을 v로 교체한 행렬을 의미한다. 일반적으로 $x_j = \dfrac{|A_j|}{|A|}$으로 얻어지고, 여기서 A_j는 행렬 A의 j번째 세로줄을 v로 교체한 행렬이다. 예를 본 뒤 설명과 증명을 하기로 하자.

example 2.25 $\begin{bmatrix} 1 & 2 & 3 \\ 0 & 4 & 5 \\ 1 & 0 & 6 \end{bmatrix} \begin{bmatrix} x \\ y \\ z \end{bmatrix} = \begin{bmatrix} 9 \\ 14 \\ 13 \end{bmatrix}$

앞의 **예 2.24**와 같은 행렬식에서 x_2, 즉 y의 값에 관심이 있다면 이는 다음과 같이 계산된다.

$$y = \frac{\begin{vmatrix} 1 & 9 & 3 \\ 0 & 14 & 5 \\ 1 & 13 & 6 \end{vmatrix}}{22} = \frac{22}{22} = 1$$

분자의 행렬식은 행렬 A의 두 번째 세로줄을 v로 교체한 것이다.

이제 크레머 법칙을 증명하도록 하자. 즉, $x_j = \frac{|A_j|}{|A|}$를 증명하자.

증 명 먼저 $x = A^{-1}v$를 구하면

$$x = \begin{bmatrix} x_1 \\ x_2 \\ \vdots \\ x_n \end{bmatrix} = A^{-1}v = \left\{ \frac{1}{|A|}(adj\,A) \right\} v = \frac{1}{|A|} \begin{bmatrix} C_{11} & \cdots & C_{i1} & \cdots & C_{n1} \\ \vdots & \vdots & \vdots & \vdots & \vdots \\ C_{1j} & \cdots & C_{ij} & \cdots & C_{nj} \\ \vdots & \vdots & \vdots & \vdots & \vdots \\ C_{1n} & \cdots & C_{in} & \cdots & C_{nn} \end{bmatrix} \begin{bmatrix} v_1 \\ v_2 \\ \vdots \\ v_n \end{bmatrix}$$

이다. 그러므로

$$x_j = \frac{1}{|A|}\{C_{1j}v_1 + C_{2j}v_2 + \cdots + C_{nj}v_n\}$$

인데, 분자 $\{C_{1j}v_1 + C_{2j}v_2 + \cdots + C_{nj}v_n\}$는 바로

$$A_j = \begin{bmatrix} a_{11} & \cdots & v_1 & \cdots & a_{1n} \\ a_{21} & \cdots & v_2 & \cdots & a_{2n} \\ \vdots & \vdots & \vdots & \vdots & \vdots \\ a_{n1} & \cdots & v_n & \cdots & a_{nn} \end{bmatrix}$$

의 행렬식 값을 j번째 세로줄을 잡아 계산한 값이다. 그러므로 크레머 법칙이 성립한다. ■

연습문제

1. 다음의 연립방정식을 크래머 법칙을 사용하여 풀어라.

a. $2x - 3y = 8$
$-x + 7y = 9$

b. $7x_1 - x_2 - x_3 = 0$
$10x_1 - 2x_2 + x_3 = 8$
$6x_1 + 3x_2 - 2x_3 = 7$

c. $8x_1 - x_2 = 16$
$2x_2 + 5x_3 = 5$
$2x_1 + 3x_3 = 7$

벡 터

3

A. 벡터와 벡터공간 vectors and vector spaces

벡터의 의미

가로줄이 하나이거나 세로줄이 하나인 행렬을 **벡터**(vector)라고 부른다. 벡터도 행렬이므로 A, B, C 등으로 지칭을 할 수도 있겠으나 통상 벡터들은 d, v, u 등의 영문 소문자로 많이 나타낸다. 보통 **칼럼벡터**(column vector, **세로줄 벡터**)를 그렇게 나타내고, **로우벡터**(row vector, **가로줄 벡터**)는 칼럼벡터를 전치한 것이 로우벡터라는 의미에서 d', v', u'로 표기한다. 우리도 프라임 표시가 없으면 칼럼벡터를 지칭하고, 프라임 표시가 있으면 로우벡터를 지칭하는 것으로 정하기로 한다.

특수한 행렬(가로줄이나 세로줄이 하나인 행렬)을 벡터라고 별도로 지칭하고 표기도 조금 다르게 하는 이유는 벡터에는 별도의 의미가 부여되어 있기 때문이다. 이제 이를 설명하기로 하자. 사실 벡터를 사용하는 학문 분야는 다양하여 벡터에 부여한 의미가 학문 분야만큼 다양하다. 물리학에서는 힘과 같이 방향과 크기가 있는 물리량을 벡터로 나타내고, 통계학에서는 자료를 모은 것을 벡터로 나타내기도 한다. 여기서는 우선 기하학적 의미를 설명하기로 한다. 먼저 예를 보기로 하자.

example 3.1 $v=\begin{bmatrix}1\\2\end{bmatrix}$라는 벡터를 생각해 보자. 이는 2차원 벡터이다. 원소가 n개 있는 벡터를 n차원 벡터라 부른다. 이 2차원 벡터는 2차원 평면에서, 즉 (x, y) 평면에서 x방향으로 1 가고 y방향으로 2 간 화살을 의미한다. **그림 3-1**을 보면 이해가 갈 것이다. 화살이란 시점과 종점이 정해진 선분을 말한다. 이 화살이 어디에 있는지는 상관하지 않는다. 즉, (0, 0)에서 (1, 2)까지 가는 화살과 (4, 5)에서 (5, 7)까지 가는 화살은 같은 것으로 간주한다.

그림 3-1

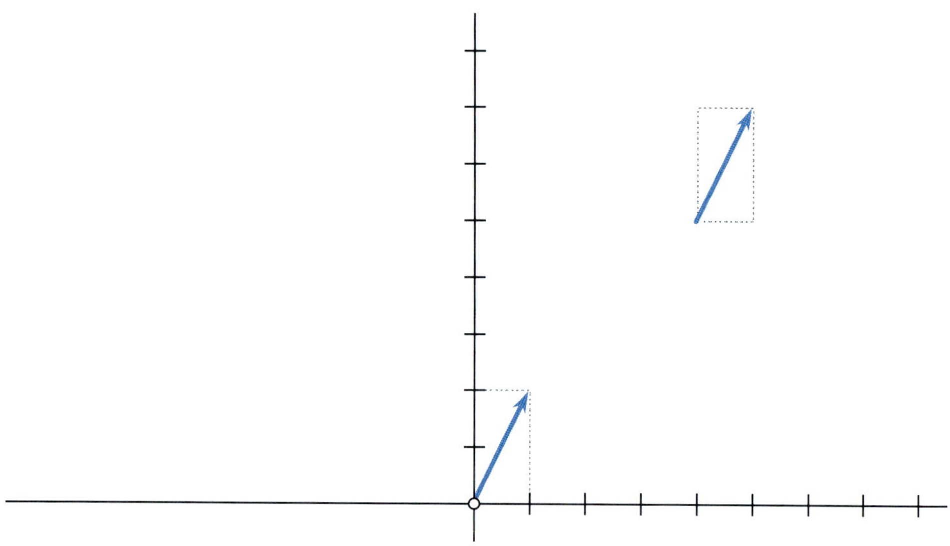

example 3.2 $v=\begin{bmatrix}1\\4\\-2\end{bmatrix}$

위와 같은 3차원 벡터 하나를 보기로 하자. 이는 3차원 공간의 한 화살로 그 공간을 (x, y, z) 공간이라 하면, x방향으로 1 가고, y방향으로 2 가고, z방향으로 -2 간 화살을 나타낸다. 만약 화살의 시점이 원점 (0, 0, 0)이라면 **그림 3-2**의 화살이다.

그림 3-2

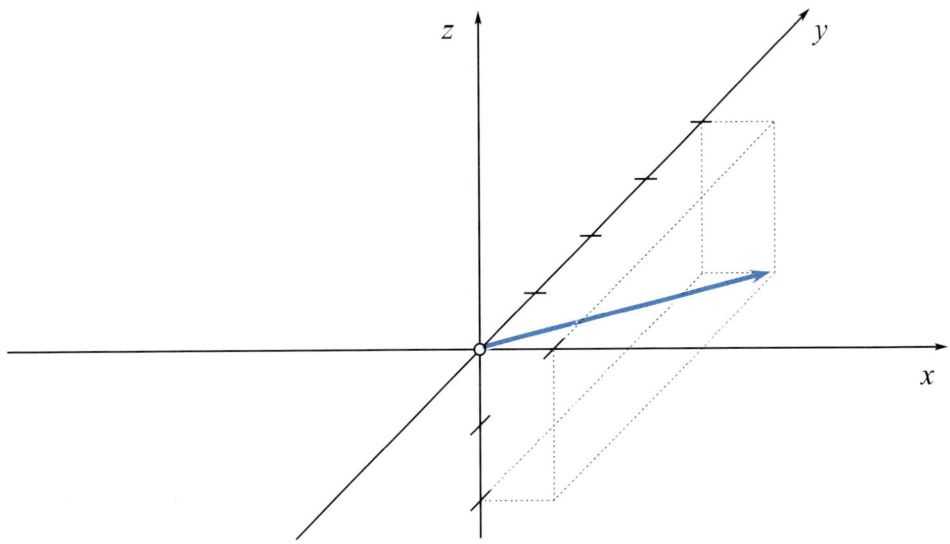

벡터 연산의 기하학적 의미

벡터도 행렬의 일종이므로 행렬의 연산이 벡터에도 적용된다. 즉, 벡터 사이에도 더하기, 빼기, 스칼라 곱 등의 연산을 하여 새로운 벡터를 만들어 낼 수 있다. 벡터끼리의 곱도 행렬의 곱처럼 할 수 있으나 이는 아래에서 설명하는 특수한 경우를 제외하고는 잘 쓰이지 않는다. 그리고 빼기는 -1이라는 스칼라를 곱하여 더한 것과 마찬가지이다. 따라서 벡터의 연산이라 하면 주로 스칼라 곱과 더하기를 의미한다. 이제 자세히 보기로 하자.

스칼라 곱

example 3.3 $u=\begin{bmatrix}1\\4\end{bmatrix}$에 스칼라 2를 곱하면 $2u=\begin{bmatrix}2\\8\end{bmatrix}$로 이는 $\begin{bmatrix}1\\4\end{bmatrix}$를 두 배 늘인 화살이 됨은 **그림 3-3**을 통하여 쉽게 알 수 있다. 스칼라 0.5를 곱하면 $0.5u=\begin{bmatrix}0.5\\2\end{bmatrix}$로 반으로 줄인 화살이 얻어진다.

그림 3-3

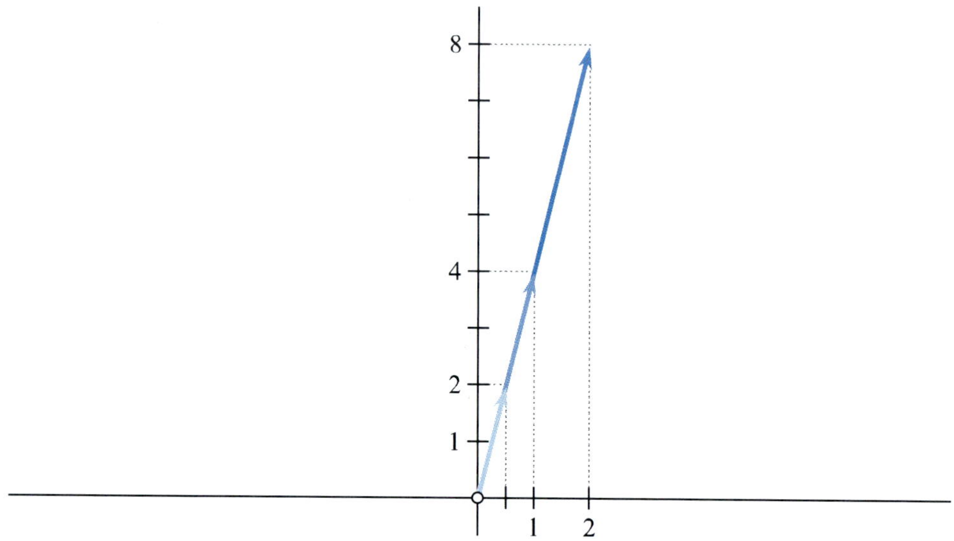

일반적으로 1보다 큰 수 스칼라 k를 n차원 벡터 u에 곱하면 이는 u가 나타내는 화살을 k배로 늘인 화살이 되고, 만약 k가 0과 1 사이라면 이는 그 k값만큼 줄인 것이 된다. 독자 여러분은 3차원의 벡터를 하나 상정하고 스칼라 곱을 해 보기를 권한다.

example 3.4 $u=\begin{bmatrix}1\\4\end{bmatrix}$에 스칼라 -1을 곱하면 $(-1)u=\begin{bmatrix}-1\\-4\end{bmatrix}$가 되어 u가 나타내는 화살을 180도 방향 바꾼 화살이 됨을 알 수 있다. **그림 3-4**를 참조하라.

example 3.5 $u=\begin{bmatrix}1\\4\end{bmatrix}$에 스칼라 -2를 곱하면 $(-2)u=\begin{bmatrix}-2\\-8\end{bmatrix}$이 되어 u가 나타내는 화살을 180도 방향 바꾸고 2배한 화살이 됨을 알 수 있다.

일반적으로 음수의 스칼라 k를 n차원 벡터 u에 곱하면 이는 u가 나타내는 화살을 $|k|$배로 늘여 180도 방향을 바꾼 화살이 된다. 3차원의 벡터를 하나 상정하고 음수 스칼라 곱을 해 이를 확인해 보기를 권한다.

그림 3-4

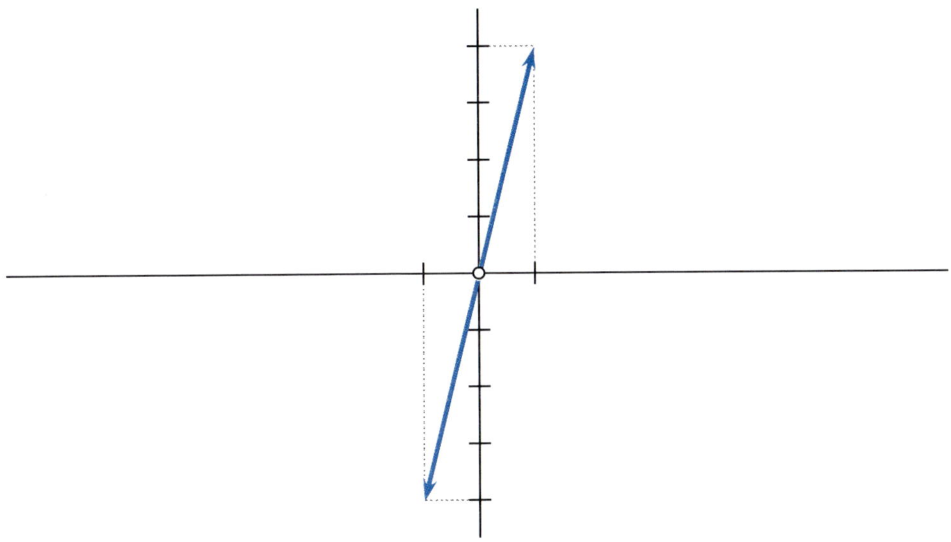

더하기

example 3.6 2차원 벡터 $u=\begin{bmatrix}1\\4\end{bmatrix}$와 $v=\begin{bmatrix}2\\3\end{bmatrix}$을 더하면 $u+v=\begin{bmatrix}3\\7\end{bmatrix}$을 얻는다. 이를 화살표로 표시하여 보자. u는 (0, 0)에서 (1, 4)까지의 화살로 생각할 수 있고, v는 (0, 0)에서 (2, 3)까지의 화살로 생각할 수 있으나 이를 이동하여 (1, 4)에서 가로로 2 가고 세로로 3 간 화살로 생각할 수 있다. 그러면 최종적으로 (0, 0)에서 (3, 7)까지의 화살이 바로 $u+v$를 기하학적으로 나타내는 화살이다. 이를 간단히 평행사변형 법칙이라 부른다. 즉, 두 벡터가 있으면 이들이 의미하는 화살로 평행사변형을 그려서 시점에서 평행사변형의 대각선 끝점에 이르는 화살을 얻고 이 화살이 두 벡터를 더한 기하학적 의미가 된다. **그림 3-5**를 보라.

example 3.7 $v=\begin{bmatrix}1\\4\\-2\end{bmatrix}$, $u=\begin{bmatrix}2\\1\\5\end{bmatrix}$, $v+u=\begin{bmatrix}3\\5\\3\end{bmatrix}$

3차원 벡터도 마찬가지이다.

그림 3-5

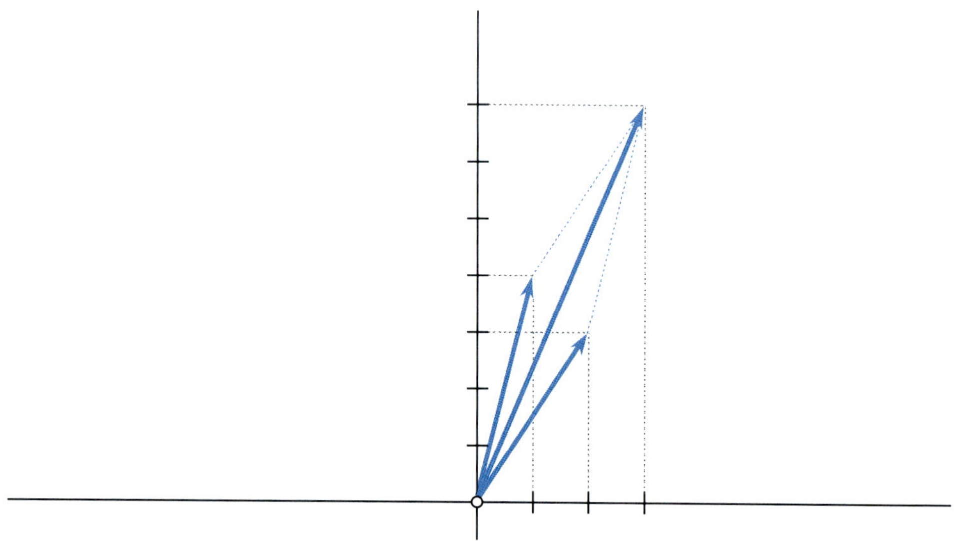

v라는 벡터와 u라는 두 벡터의 합 $v+u$은 3차원 공간에서 v라는 벡터와 u로 평행사변형을 그려서 얻어낸 화살이다. 즉, 두 화살이 있으면 이 두 화살에 의하여 하나의 평면이 결정되고 이 평면 속에서 평행사변형을 그려 얻어지는 화살이 두 3차원 벡터의 합이 된다.

일반적으로 n차원 벡터 두 개를 더한 것은 n차원 공간에서 화살 두 개를 평행사변형 법칙에 의하여 얻어진 화살이 된다. 즉, v와 u를 더한 것은

$$v=\begin{bmatrix} v_1 \\ v_2 \\ \vdots \\ v_n \end{bmatrix}, \qquad u=\begin{bmatrix} u_1 \\ u_2 \\ \vdots \\ u_n \end{bmatrix}, \qquad v+u=\begin{bmatrix} u_1+v_1 \\ u_2+v_2 \\ \vdots \\ u_n+v_n \end{bmatrix}$$

으로 이것은 n차원 공간에서 v와 u가 나타내는 두 화살을 가지고 평행사변형 법칙에 의하여 얻은 화살이 되는 것이다.

빼 기

example 3.8 2차원 벡터 $v=\begin{bmatrix}2\\3\end{bmatrix}$를 $u=\begin{bmatrix}1\\4\end{bmatrix}$에서 빼면 $u-v=\begin{bmatrix}-1\\1\end{bmatrix}$를 얻는다. 이는 $u+[(-1)v]$로 생각할 수 있고 따라서 벡터 v를 180도 방향 바꾸어서 벡터 u와 평행사변형을 만들어 나온 화살이 된다. **그림 3-6**을 보라. 그러므로 빼기는 별도로 취급하지 않아도 된다.

그림 3-6

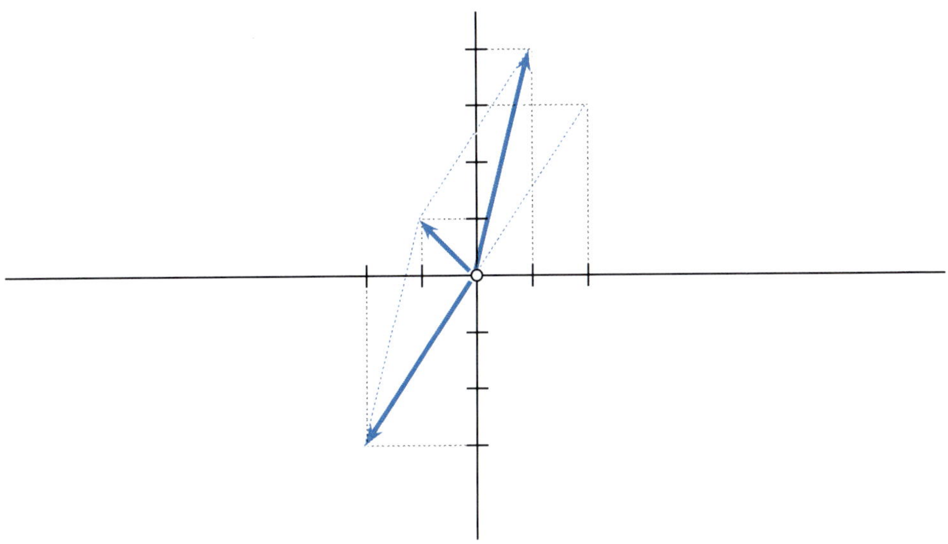

벡터끼리의 곱

일반적인 곱은 논의하지 않기로 한다. 다만 같은 화살을 나타내는 행벡터 u' 곱하기 열벡터 u에 대하여 논의하기로 하자. $u'u$는 1×1 행렬이 얻어지나 이를 그냥 그 원소와 같이 취급하면 화살의 길이 제곱이 얻어진다. 화살의 길이를 벡터의 길이(length of a vector)라 말한다.

example 3.9 $u' = [2\ \ 3]$, $u = \begin{bmatrix} 2 \\ 3 \end{bmatrix}$인 경우 $u'u = 2^2 + 3^2$이다. 그리고 이는 (0, 0)에서 (2, 3)까지 가는 화살 길이의 제곱임을 피타고라스 정리를 통하여 알 수 있다.

3차원 벡터도 마찬가지이다.

$$u' = [2\ \ 1\ \ 3], \qquad u = \begin{bmatrix} 2 \\ 1 \\ 3 \end{bmatrix}$$

위 예를 가지고 그림을 그려서 확인해 보기 바란다.

벡터의 길이를 $\|u\|$로 표시하는데, 그러면 결국 $u'u = \|u\|^2$이 얻어진다. 어느 벡터 u가 주어진 경우 이것이 영벡터가 아니라면, 스칼라 $\frac{1}{\|u\|}$를 벡터 u에 곱하면 길이가 1인 벡터를 얻는다. 즉, $\frac{1}{\|u\|}u$는 길이가 1인 벡터이다.

example 3.10 $u = \begin{bmatrix} 2 \\ 3 \end{bmatrix}$이 주어진 경우 $\|u\| = \sqrt{13}$인데 그러면 $\frac{1}{\|u\|} = \frac{1}{\sqrt{13}}$이고 이를 u에 곱하면,

$$\frac{1}{\|u\|}u = \frac{1}{\sqrt{13}}\begin{bmatrix} 2 \\ 3 \end{bmatrix} = \begin{bmatrix} \frac{2}{\sqrt{13}} \\ \frac{3}{\sqrt{13}} \end{bmatrix}$$

을 얻고 이 벡터는 u를 줄여 길이를 1로 만든 벡터이다.

벡터공간 vector space

하나 혹은 여러 개의 벡터들로 만들어진 수많은 벡터들의 집합을 **벡터공간**(vector space)이라 한다. 즉, 벡터들을 모은 것이 벡터공간이다. 그런데 수많은 벡터들을 하나 혹은 여러 개의 벡터들로 만든다는 것은 무엇을 의미하는가?

그것은 다음과 같다. 우선 l개의 n차원 벡터가 주어져 있다 하자. 이를 u_1, u_2, …, u_l이라고 표기를 하자. 그러면 l개의 스칼라 k_1, k_2, …, k_l을 적당히 정하면 다음과 같은 벡터 하나를 만들 수 있다: $k_1u_1 + k_2u_2 + \cdots + k_lu_l$.

example 3.11 다음과 같은 세 개의 벡터가 주어졌다 하자.

$$u_1=\begin{bmatrix}1\\4\\-2\\1\end{bmatrix}, \quad u_2=\begin{bmatrix}3\\2\\2\\1\end{bmatrix}, \quad u_3=\begin{bmatrix}-3\\-6\\-5\\0\end{bmatrix}$$

그러면 $k_1=2$, $k_2=-1$, $k_3=3$으로 세 스칼라를 정하면

$$k_1u_1+k_2u_2+k_3u_3=\begin{bmatrix}-10\\-12\\-21\\1\end{bmatrix}$$

을 얻는다. 그리고 $k_1=0$, $k_2=2$, $k_3=2$로 정하면

$$k_1u_1+k_2u_2+k_3u_3=\begin{bmatrix}0\\-8\\-6\\2\end{bmatrix}$$

를 얻는다.

위 예처럼 u_1, u_2, $\cdots$, u_l이 주어진 경우 스칼라 k들을 정하면 $k_1u_1+k_2u_2+\cdots+k_lu_l$라는 벡터가 하나 만들어지고(이를 영어로 span이라 하고 생성이라 번역한다), 또 달리 스칼라 k들을 정하면 (이들을 k_1', k_2', $\cdots$, k_l'이라 하자) 거기에 따라 $k_1'u_1+k_2'u_2+\cdots+k_l'u_l$라는 벡터가 또 달리 하나 만들어지게 된다. 이렇게 다양한 스칼라들을 취하여 만들 수 있는 모든 벡터들을 다 만들어서 모은 것, 즉 집합이 벡터공간이다.

example 3.12 다음과 같은 두 개의 3차원 벡터가 주어졌다고 하자.

$$u_1=\begin{bmatrix}3\\2\\1\end{bmatrix}, \quad u_2=\begin{bmatrix}-3\\2\\1\end{bmatrix}$$

그러면 스칼라 k_1과 k_2를 어떻게 정하느냐에 따라 거기에 상응하는 벡터 k_1u_1

$+k_2u_2$들을 만들 수 있다. 스칼라 k_1과 k_2를 이리 저리 바꿔가며(즉 k_1에 한 실수값을 주고, 또 k_2에 한 실수값을 주어 가며) 만든 벡터 $k_1u_1+k_2u_2$들을 모은 것이 u_1과 u_2에 의하여 생성된(spanned) 벡터공간이다. 이를 기하학적으로 보면 $k_1u_1+k_2u_2$라는 것이 결국 u_1을 k_1만큼 길이를 바꾸고(음수이면 방향도 바꾸고) 또한 u_2를 k_2만큼 길이를 바꾼 뒤(음수이면 방향도 바꾼 뒤) 평행사변형 법칙에 의하여 새로이 만든 화살이므로 이렇게 만든 여러 화살을 모은 것이 u_1과 u_2에 의하여 생성된(spanned) 벡터공간이다. 그러므로 결국 3차원 공간에서 u_1이 나타내는 화살과 u_2가 나타내는 화살에 의하여 결정되는 평면(**그림 3–7**에서 회색으로 칠한 면을 포함하는 평면)이 u_1과 u_2에 의하여 생성된(spanned) 벡터공간이다.

그림 3–7

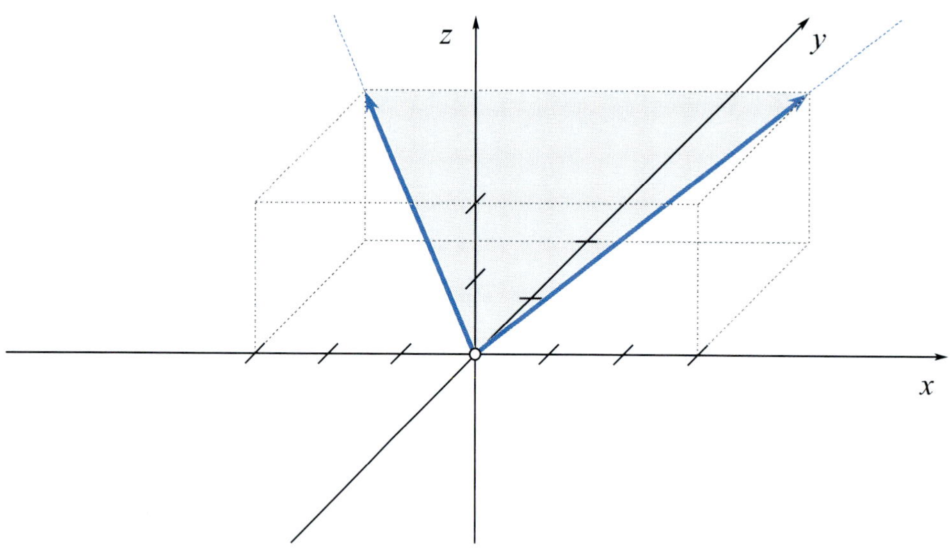

일반적으로 l개의 n차원 벡터 u_1, u_2, $\cdots$, u_l이 주어져 있을 경우, 이 벡터들 사이에 선형독립적 관계(곧 아래에서 설명한다)가 있으면 이 벡터들에 의하여 생성되는 벡터공간은 n차원 속의 l차원 공간(앞의 예에서 3차원 공간 속의 2차원 공간, 즉 하나의 평면)이 된다.

그러면 벡터들 사이에 선형독립적 관계가 있다는 말은 무슨 말인가? 이것도 예를 통해 먼저 설명하기로 하자.

example 3.13 다음과 같은 세 개의 벡터가 주어졌다고 하자.

$$u_1=\begin{bmatrix}1\\1\\-2\\1\end{bmatrix},\qquad u_2=\begin{bmatrix}3\\2\\2\\-1\end{bmatrix},\qquad u_3=\begin{bmatrix}0\\1\\-8\\4\end{bmatrix}$$

이 벡터들 사이에는 다음과 같은 관계가 있다: $3u_1+(-1)u_2=u_3$

이는 세 벡터 중 하나의 벡터는 벡터공간을 생성하는 데 필요가 없다는 말이다. 왜냐하면 이 세 벡터로 벡터공간을 생성하기 위하여 $k_1u_1+k_2u_2+k_3u_3$들을 만들어야 하는데 $3u_1+(-1)u_2=u_3$이므로 $k_1u_1+k_2u_2+k_3u_3$는 결국 $k_1u_1+k_2u_2+k_3(3u_1+(-1)u_2)=m_1u_1+m_2u_2$가 되어 u_1과 u_2 두 개의 벡터로 생성한 공간이나 u_1, u_2 그리고 u_3로 생성한 공간이나 같아진다.

주의사항 꼭 u_1과 u_2로만 생성할 필요도 없다. $3u_1+(-1)u_2=u_3$를 u_1에 대하여 풀어 $u_1=\left(\frac{1}{3}\right)u_2+\left(\frac{1}{3}\right)u_3$를 $k_1u_1+k_2u_2+k_3u_3$에 대입하면 u_2와 u_3로 생성한 벡터공간을 얻게 되는데 이는 같은 공간이다. ■

이럴 경우 우리는 이 세 벡터 사이에 선형종속적(linearly dependent) 관계에 있다고 한다. $3u_1+(-1)u_2=u_3$를 다시 쓰면 $3u_1+(-1)u_2+(-1)u_3=0$의 관계에 있으므로 선형종속적 관계는 $k_1u_1+k_2u_2+k_3u_3$가 0이 되는 방법이 $k_1=0$, $k_2=0$, $k_3=0$ 이외에 다른 방법이 있다는 말이다.

위의 예를 확장하여 일반적으로 벡터들 사이의 관계를 선형종속적 관계와 선형독립적 관계로 나누면 다음과 같다. l개의 n차원 벡터 u_1, u_2, …, u_l이 주어져 있는데 $k_1u_1+k_2u_2+\cdots+k_lu_l=0$을 만족하는 스칼라 k_1, k_2, …, k_l들이 0밖에 없다면, 즉 오직 $k_1=k_2=\cdots=k_l=0$밖에 없다면 우리는 벡터들 u_1, u_2, …, u_l이 선형독립적(linearly independent) 관계에 있다고 말하고, k의 일부나 전부가 0이 아님에도 $k_1u_1+k_2u_2+\cdots+k_lu_l=0$이 만족되는 경우가 있으면 우리는 벡터들 u_1, u_2, …, u_l

이 선형종속적(linearly dependent) 관계에 있다고 말한다.

example 3.14 앞의 **예 3.13**의 u_1과 u_2 그리고 u_3이 선형종속적 관계에 있음을 보았다. 그러면 $k_1u_1+k_2u_2+k_3u_3=0$을 만족하는 스칼라들이 어떤 스칼라들이 있는지를 어떻게 찾아내는가? 이는 k_1, k_2, k_3를 미지수로 놓고 연립방정식을 풀어 보면 된다. 즉, $k_1u_1+k_2u_2+k_3u_3=0$은

$$\begin{bmatrix} k_1+3k_2 \\ k_1+2k_2+k_3 \\ -2k_1+2k_2-8k_3 \\ k_1-k_2+4k_3 \end{bmatrix} = \begin{bmatrix} 0 \\ 0 \\ 0 \\ 0 \end{bmatrix}$$

라는 식이 되므로 이를 만족하는 k의 값들이 어떤 값들이 있는지 찾아보면 된다. 우선 네 번째 식에 -2를 곱하면 세 번째 식이 되어 세 번째 식이나 네 번째 식이나 같은 식이므로 세 번째 식은 무시한다. 두 번째 식에 -1을 곱하여 첫 번째 식에 더하면 $k_2-k_3=0$을 얻고, 네 번째 식에 -1을 곱하여 첫 번째 식에 더하면 역시 $k_2-k_3=0$을 얻으므로 결국 위 네 개의 연립방정식은 $k_2-k_3=0$으로 축소되고 더 이상 다른 식이 없다. 그러므로 $k_2=k_3=1$을 얻고(물론 $k_2=k_3=2$ 등 다른 값도 가능하다) 이에 따라 $k_1=-3$을 얻는다(혹은 $k_1=-6$, $k_2=k_3=2$를 얻는다). 그러므로 선형종속적 관계라는 결론을 내는 것이다.

example 3.15 다음은 **예 3.13**의 u_3의 첫 번째 원소만 0에서 2로 바꾼 것이다.

$$u_1=\begin{bmatrix} 1 \\ 1 \\ -2 \\ 1 \end{bmatrix}, \qquad u_2=\begin{bmatrix} 3 \\ 2 \\ 2 \\ -1 \end{bmatrix}, \qquad u_3=\begin{bmatrix} 2 \\ 1 \\ -8 \\ 4 \end{bmatrix}$$

이 경우 풀어야 할 연립방정식은

$$\begin{bmatrix} k_1+3k_2+2k_3 \\ k_1+2k_2+k_3 \\ -2k_1+2k_2-8k_3 \\ k_1-k_2+4k_3 \end{bmatrix} = \begin{bmatrix} 0 \\ 0 \\ 0 \\ 0 \end{bmatrix}$$

이 되고 세 번째 식은 네 번째 식과 같으므로 무시해도 된다. 이제 두 번째 식에 -1을 곱해 첫 번째 식에 더하면 $k_2+k_3=0$을 얻고, 네 번째 식에 -1을 곱해 첫 번째 식에 더하면 $4k_2-2k_3=0$을 얻는다. 이 두 식을 풀면 $k_2=k_3=0$을 얻고 따라서 k_1도 0이 될 수밖에 없다. 즉, u_1, u_2, u_3은 선형독립적 관계에 있다. •••

example 3.16 행벡터(가로줄 벡터) 사이에도 선형독립과 선형종속의 관계를 똑같이 논의할 수 있다. 다음과 같은 세 개의 벡터가 주어졌다고 하자.

$$u_1'=[2\ \ -5\ \ 1],\qquad u_2'=[0\ \ 3\ \ 1],\qquad u_3'=[2\ \ 1\ \ 3]$$

위 세 벡터의 관계를 알기 위해 $k_1u_1'+k_2u_2'+k_3u_3'=0$을 만족하는 k_1, k_2, k_3의 값이 0 이외에 있는지 찾아보아야 하고, 그러기 위해서는

$$\begin{aligned} k_1u_1'+k_2u_2'+k_3u_3' &= k_1[2\ \ -5\ \ 1]+k_2[0\ \ 3\ \ 1]+k_3[2\ \ 1\ \ 3] \\ &= [2k_1\ \ -5k_1\ \ k_1]+[0\ \ 3k_2\ \ k_2]+[2k_3\ \ k_3\ \ 3k_3] \\ &= [0\ \ 0\ \ 0] \end{aligned}$$

을 풀어 보면 된다. 즉, 다음의 세 식을 만족하는 k_1, k_2, k_3들을 찾으면 된다.

$$2k_1+2k_3=0,\qquad k_1+k_2+3k_3=0,\qquad -5k_1+3k_2+k_3=0$$

그러면 $k_1=1$, $k_2=2$, $k_3=-1$이 얻어지므로 u_1', u_2', u_3'은 선형종속적 관계에 있다. •••

연습문제

1. 다음의 벡터들이 선형종속적 관계에 있는지 선형독립적 관계에 있는지 밝혀라.

   a. $\begin{bmatrix}1\\2\end{bmatrix},\ \begin{bmatrix}-5\\-10\end{bmatrix}$ *b.* $\begin{bmatrix}1\\2\end{bmatrix},\ \begin{bmatrix}-5\\-9\end{bmatrix}$

   c. $\begin{bmatrix}1\\2\\-1\end{bmatrix},\ \begin{bmatrix}0\\3\\1\end{bmatrix},\ \begin{bmatrix}-2\\-1\\1\end{bmatrix}$ *d.* $\begin{bmatrix}-2\\1\\4\end{bmatrix},\ \begin{bmatrix}-1\\0\\1\end{bmatrix},\ \begin{bmatrix}1\\3\\6\end{bmatrix}$

e. $\begin{bmatrix} -2 \\ 1 \\ 4 \\ -1 \end{bmatrix}, \begin{bmatrix} -1 \\ 0 \\ 1 \\ 1 \end{bmatrix}, \begin{bmatrix} 1 \\ 3 \\ 6 \\ 0 \end{bmatrix}$ f. $\begin{bmatrix} -2 \\ 1 \\ 4 \end{bmatrix}, \begin{bmatrix} -1 \\ 0 \\ 1 \end{bmatrix}, \begin{bmatrix} 1 \\ 3 \\ 6 \end{bmatrix}, \begin{bmatrix} 2 \\ 1 \\ 0 \end{bmatrix}$

B. 행렬의 위수 rank of a matrix

행렬의 **위수**(rank)라는 개념이 있다. 이는 다음과 같이 정의된다.

• 정 의 • $m \times n$ 행렬 A를 m개의 가로줄 벡터를 늘어놓은 것으로 보았을 때, 선형독립 관계에 있는 가로줄 벡터의 최대 개수를 행렬의 위수라고 한다.

---

example 3.17 $A = \begin{bmatrix} 1 & -2 & 5 \\ 3 & 1 & 1 \\ -3 & 0 & 5 \\ 6 & 4 & 1 \end{bmatrix}$

A를 4개의 행벡터를 늘어놓은 것으로 보았을 때 이 4개의 행벡터는 선형종속 관계에 있다. 그러나 마지막 행벡터 $[6 \;\; 4 \;\; 1]$을 제하면 $[1 \;\; -2 \;\; 5]$, $[3 \;\; 1 \;\; 1]$, $[-3 \;\; 0 \;\; 5]$는 선형독립의 관계에 있고 따라서 이 행렬의 위수는 3이다. •••

위수는 선형독립의 관계에 있는 가로줄 벡터를 최대한 많이 모은 개수임에 유의하여야 한다. 예로 4×4 행렬이 있는데 가로줄 벡터 4개가 선형종속의 관계에 있다고 하자. 그리고 첫 번째 가로줄 벡터를 제외한 나머지 세 벡터도 선형종속의 관계에 있다하자. 이 경우 바로 2개로 내려가, 즉 세 벡터에서 한 벡터를 제하고 두 벡터 사이에 선형독립의 관계에 있나 알아보는 것은 바른 방법이 아니다. 4개의 가로줄 벡터 사이에 선형종속의 관계가 있고, 첫 번째를 제외한 나머지 세 벡터 사이에도 선형종속의 관계가 있지만, 두 번째를 제외한 첫 번째, 세 번째, 네 번째 벡터 사이에 선형독립의 관계가 있을 수 있다. 만약 그러면 이 행렬의 위수는 3이다. 즉, 어떤 하나를 제하느냐에 따라 나머지 세 벡터 사이에 선형종속의 관계가 있을 수도 있고, 선형독립의 관계에 있을 수도 있다. 선형독립의 관계에 있는 벡터들을 모을 수 있는 한 최대한 많이 모은 뒤 그 벡터들의 개수를 세어 위수라고 하는 것이다.

재미있는 수학적 사실은 행렬의 위수를 세로줄 벡터로도 정의할 수 있고, 그 값은 가로줄 벡터로 계산하나 세로줄 벡터로 계산하나 같은 값이 나온다는 사실이다. 즉, 선형독립 관계에 있는 가로줄 벡터를 최대한 많이 모은 개수는 선형독립 관계에 있는 세로줄 벡터를 최대한 많이 모은 개수와 같다. 이의 증명은 생략하기로 하나 이 사실에서 $m \times n$ 행렬의 위수는 m과 n의 작은 수보다 같거나 적다는 사실이 나온다. 그리고 $m \times n$ 행렬 A가 주어진 경우,

i) 이 행렬의 행(가로줄)들을 교환하여 위치를 바꾸거나,

ii) 어느 한 행(가로줄)에 0이 아닌 실수 k를 곱하거나,

iii) 어느 한 행(가로줄)에 0이 아닌 실수 k를 곱하여 다른 행에 더하는

이 세 가지 작업을 반복하여 새로운 행렬을 만들어도 위수는 변하지 않는다(이를 **가우스 소거법**(Gaussian elimination) 혹은 **기본행 연산**(elementary row operations)이라 한다) 자세한 증명은 생략하지만 이 사실을 이용하면 행렬의 위수를 쉽게 계산할 수 있다. 즉, 위 세 가지 방법을 반복적으로 사용하여 두 번째 행의 첫 번째 원소는 0, 세 번째 행의 첫 번째와 두 번째 원소는 0 등, 이런 형태(row echelon form, **행 사다리꼴 형태**)의 행렬을 만들어 위수를 쉽게 구할 수 있다.

example 3.18 $A = \begin{bmatrix} 4 & 0 & 3 \\ 2 & 4 & 1 \\ -2 & 4 & -2 \\ 5 & 6 & 3 \end{bmatrix}$

A의 위수를 알아보자. 우선 네 번째 행을 두 번째 행과 교환하면,

$$\begin{bmatrix} 4 & 0 & 3 \\ 5 & 6 & 3 \\ -2 & 4 & -2 \\ 2 & 4 & 1 \end{bmatrix}$$

을 얻고, 세 번째 행을 네 번째 행에 더하면(즉, 세 번째 행에 1을 곱하여 더하면),

$$\begin{bmatrix} 4 & 0 & 3 \\ 5 & 6 & 3 \\ -2 & 4 & -2 \\ 0 & 8 & -1 \end{bmatrix}$$

을 얻는다. 여기서 첫 번째 행에 $\frac{1}{2}$을 곱하여 세 번째 행에 더하면,

$$\begin{bmatrix} 4 & 0 & 3 \\ 5 & 6 & 3 \\ 0 & 4 & -(1/2) \\ 0 & 8 & -1 \end{bmatrix}$$

을 얻고, 다시 첫 번째 행에 $-\frac{5}{4}$를 곱하여 두 번째 행에 더하면

$$\begin{bmatrix} 4 & 0 & 3 \\ 0 & 6 & -(3/4) \\ 0 & 4 & -(1/2) \\ 0 & 8 & -1 \end{bmatrix}$$

를 얻는다. 이러한 작업을 반복하면

$$\begin{bmatrix} 4 & 0 & 3 \\ 0 & 1 & -(1/8) \\ 0 & 0 & 0 \\ 0 & 0 & 0 \end{bmatrix}$$

을 얻어 위수가 2임을 알 수 있다.

연습문제

1. 다음 행렬들의 위수를 구하여라.

a. $\begin{bmatrix} 1 & 3 \\ 1 & 2 \end{bmatrix}$

b. $\begin{bmatrix} 1 & 3 \\ -2 & -6 \end{bmatrix}$

c. $\begin{bmatrix} 0 & -11 & -4 \\ 1 & 3 & 1 \\ 4 & 1 & 0 \end{bmatrix}$

d. $\begin{bmatrix} 6 & 3 & -4 & 1 \\ 2 & 5 & 1 & 0 \\ 4 & -2 & 0 & 5 \end{bmatrix}$

e. $\begin{bmatrix} 1 & 2 & -1 & 3 \\ 1 & 3 & 4 & 5 \\ -1 & -1 & 6 & -1 \end{bmatrix}$

f. $\begin{bmatrix} 1 & 2 & -1 & 0 \\ 1 & 0 & 4 & 5 \\ -3 & -2 & 0 & 0 \end{bmatrix}$

C. 행렬의 대각화 diagonalization of a matrix

정방행렬은 많은 경우 **대각화**(diagonalization)될 수 있고, 대각화된 행렬이 유용하게 쓰이는 경우가 많다. 정방행렬 A의 대각화란 A의 뒤와 앞에 다른 정방행렬 T와 T^{-1}을 곱하여 대각행렬을 만드는 것이다. 이는 여러 가지 유용한 쓰임새가 많다.

example 3.19 $A=\begin{bmatrix} 2 & 2 \\ 3 & 1 \end{bmatrix}$, $T=\begin{bmatrix} 1 & 2 \\ 1 & -3 \end{bmatrix}$일 경우 A의 뒤에 T, 앞에 T의 역행렬

$$T^{-1}=\begin{bmatrix} \frac{3}{5} & \frac{2}{5} \\ \frac{1}{5} & -\frac{1}{5} \end{bmatrix}$$

을 곱하면 $T^{-1}AT=\Lambda$가 얻어진다. 여기서 $\Lambda=\begin{bmatrix} 4 & 0 \\ 0 & -1 \end{bmatrix}$이다.

물론 모든 정방행렬이 다 대각화되는 것은 아니다. 그러나 많은 행렬을 대각화할 수 있고, 이 대각화의 유용성에 대하여는 나중에 설명하기로 한다. 여기서는 대각화의 방법을 설명하기로 하자. 그러기 위해서는 특성근(characteristic root, eigen value라 하기도 한다)과 특성벡터(characteristic vectors, eigen vector라 하기도 한다)라는 개념이 필요하다.

특성근과 특성벡터 그리고 대각화

정방행렬 A와 어느 특정한 실수(스칼라) λ가 있고 여기에 해당하는 영벡터가 아닌 벡터 u가 있어서 $Au=\lambda u$의 관계가 나오면 λ를 A의 **특성근**(characteristic root) 혹은 **고유값**(eigenvalue), u를 **특성벡터**(characteristic vector) 혹은 **고유벡터**(eigenvector)라 한다.

example 3.20 앞의 **예 3.19**에서 A의 특성근 중 하나는 4이고, 4에 해당하는 특성벡터 중 하나는 $\begin{bmatrix}1\\1\end{bmatrix}$이다. 즉,

$$\begin{bmatrix}2 & 2\\3 & 1\end{bmatrix}\begin{bmatrix}1\\1\end{bmatrix}=4\begin{bmatrix}1\\1\end{bmatrix}$$

을 얻는다. 다른 또 하나의 특성근은 -1이고 이에 해당하는 특성벡터 중 하나는 $\begin{bmatrix}2\\-3\end{bmatrix}$이다. 참고로 눈치 빠른 독자들은 벌써 알아차렸겠지만 앞의 예에서 행렬 T는 특성벡터들을 늘어놓은 행렬이다.

그러면 특성근과 특성벡터를 어떻게 찾는가? $Au=\lambda u$의 관계를 다시 쓰면 $Au=\lambda(Iu)$이고 이를 다시 쓰면 $(A-\lambda I)u=0$의 관계를 얻는다. 벡터 u가 영벡터가 아니므로 행렬 $(A-\lambda I)$가 역행렬을 가지면 안 된다. 역행렬을 가지면 $(A-\lambda I)u=0$의 좌변과 우변 왼쪽에 그 역행렬을 곱하여 $u=0$을 얻는데 벡터 u가 영벡터가 아니라고 했으므로 모순에 봉착한다. $(A-\lambda I)$가 역행렬을 가지기 위한 필요충분조건은 $|A-\lambda I|\neq 0$이므로 $|A-\lambda I|=0$이 되어야 한다.

이 점을 착안하여 행렬 A가 주어진 경우 λ를 미지수로 하여 $|A-\lambda I|=0$을 풀면 그 해가 바로 특성근이 된다.

example 3.21 앞의 **예 3.19**의 A가 주어진 경우

$$A-\lambda I=\begin{bmatrix}2-\lambda & 2\\3 & 1-\lambda\end{bmatrix}$$

이고 따라서 $|A-\lambda I|=(2-\lambda)(1-\lambda)-6=(\lambda-4)(\lambda+1)$이고 이를 0으로 놓으면 해는 4와 -1을 얻는다. 즉, A의 특성근은 4와 -1이다.

특성근을 얻었으면 이제 각 특성근에 해당하는 특성벡터를 찾아야 하는데 그 방법은 다음과 같다. 어느 특정 특성근을 λ^0라 하자. 그러면 $Au=\lambda^0 u$라는 식, 혹은 $(A-\lambda^0 I)u=0$을 놓고 이 연립방정식을 풀면 된다. 즉 행렬 A가 $n\times n$이면 u는 n차원 벡터이고 따라서

$$u=\begin{bmatrix}u_1\\u_2\\\vdots\\u_n\end{bmatrix}\text{이므로 } (A-\lambda^0 I)\begin{bmatrix}u_1\\u_2\\\vdots\\u_n\end{bmatrix}=0$$

을 만족하는 u를 풀면 되는 것이다.

example 3.22 앞의 **예 3.19**의 A의 특성근 하나가 4 이므로 이제

$$(A-4I)u=\begin{bmatrix}2-4 & 2\\3 & 1-4\end{bmatrix}\begin{bmatrix}u_1\\u_2\end{bmatrix}=\begin{bmatrix}0\\0\end{bmatrix}$$

를 만족하는 u_1과 u_2를 풀면 된다. 그런데

$$\begin{bmatrix}2-4 & 2\\3 & 1-4\end{bmatrix}\begin{bmatrix}u_1\\u_2\end{bmatrix}=\begin{bmatrix}-2 & 2\\3 & -3\end{bmatrix}\begin{bmatrix}u_1\\u_2\end{bmatrix}=\begin{bmatrix}0\\0\end{bmatrix}$$

은 결국 $u_1=u_2$라는 한 식으로 되므로 $u_1=u_2=1$을 취하면 된다. $u_1=u_2$이 되는 어느 수를 해로 삼아도 상관없지만 간단한 것이 $u_1=u_2=1$이므로 이를 취한 것이다. 또 다른 특성근이 -1이므로

$$(A-(-1)I)u=\begin{bmatrix}2+1 & 2\\3 & 1+1\end{bmatrix}\begin{bmatrix}u_1\\u_2\end{bmatrix}=\begin{bmatrix}0\\0\end{bmatrix}$$

를 풀면 $u_1=2$, $u_2=-3$을 얻는다. •••

위의 예에서 어느 정도 자명하여 졌지만 한 가지 강조할 사항은 어느 벡터 u가 어느 특성근 λ의 특성벡터이면 0이 아닌 스칼라(실수) c를 곱한 벡터 cu도 특성근 λ에 해당하는 특성벡터이다. 왜냐하면 $Au=\lambda u$이면 $A(cu)=\lambda(cu)$이기 때문다. 즉, 위의 예에서 $\begin{bmatrix}2\\-3\end{bmatrix}$이 -1에 해당하는 하나의 특성벡터이면

$$c\begin{bmatrix}2\\-3\end{bmatrix}=\begin{bmatrix}2c\\-3c\end{bmatrix}\quad(c\neq0)$$

도 -1에 해당하는 특성벡터이다.

이제 $n\times n$ 행렬 A가 주어져서 이의 특성근이 n개 나오고 각 특성근에 해당하는 특성벡터들 u^1, u^2, $\cdots$, u^n이 얻어졌다 하자.

허수가 허용되는 복소수로 스칼라의 범위를 확장하면 $n\times n$ 행렬은 언제나 n개의 특성근을 가지나 이에 대한 자세한 설명은 생략하기로 하고 일단 n개의 특성근이 실수로 주어지고 n개의 특성벡터가 주어졌다 가정하자. 그러면 각 특성근에 해당하는 특성벡터들 u^1, u^2, $\cdots$, u^n은 선형독립적 관계에 있게 된다. 이것도 자세한 설명은 생략하기로 한다.

특성벡터들을 나열하면 우리는 다음과 같은 행렬을 얻을 수 있다.

$$T=[u^1,\ u^2,\ \cdots,\ u^n]=\begin{bmatrix} u_1^1 & u_1^2 & \cdots & u_1^n \\ u_2^1 & u_2^2 & \cdots & u_2^n \\ \vdots & \vdots & \vdots & \vdots \\ u_n^1 & u_n^2 & \cdots & u_n^n \end{bmatrix}$$

여기서 u_j^i는 i번째 특성벡터의 j번째 원소이다. 즉 i번째 특성벡터 u^i를 자세히 쓰면

$$u^i=\begin{bmatrix} u_1^i \\ u_2^i \\ \vdots \\ u_j^i \\ \vdots \\ u_n^i \end{bmatrix}$$

이 된다. 행렬 T를 얻으면 우리는 다음의 식을 얻는다: $AT=T\Lambda$. 여기서 행렬 Λ는

$$\begin{bmatrix} \lambda_1 & 0 & \cdots & 0 \\ 0 & \lambda_2 & \cdots & 0 \\ \vdots & \vdots & \vdots & \vdots \\ 0 & 0 & \cdots & \lambda_n \end{bmatrix}$$

로 대각행렬이고 이것이 행렬 A를 대각화한 것이다. $AT=T\Lambda$라는 관계는 $AT=A[u^1,\ u^2,\ \cdots,\ u^n]=[Au^1,\ Au^2,\ \cdots,\ Au^n]=[\lambda_1 u^1,\ \lambda_2 u^2,\ \cdots,\ \lambda_n u^n]$이고($Au^i=\lambda_i u^i$임을 상기하라)

$$[\lambda_1 u^1,\ \lambda_1 u^1,\ \cdots,\ \lambda_n u^n] = \begin{bmatrix} u_1^1 & u_1^2 & \cdots & u_1^n \\ u_2^1 & u_2^2 & \cdots & u_2^n \\ \vdots & \vdots & \vdots & \vdots \\ u_n^1 & u_n^2 & \cdots & u_n^n \end{bmatrix} \begin{bmatrix} \lambda_1 & 0 & \cdots & 0 \\ 0 & \lambda_2 & \cdots & 0 \\ \vdots & \vdots & \vdots & \vdots \\ 0 & 0 & \cdots & \lambda_n \end{bmatrix} = T\Lambda$$

이기 때문에 성립한다.

행렬 T는 선형독립적 벡터들을 늘어놓아 만든 행렬이므로 행렬식값이 0이 아니어서 역행렬 T^{-1}이 존재하며 따라서 $AT = T\Lambda$는 $A = T\Lambda T^{-1}$로 쓸 수 있다. 이것이 행렬 A의 대각화이다.

A를 $T\Lambda T^{-1}$로 대각화한 후 이를 사용하는 예는 나중에 들기로 하겠다. 단 하나 중요한 사실은 행렬을 곱한 것의 행렬식 값은 각 행렬식 값의 곱이므로 $|A| = |\Lambda| = \lambda_1\lambda_2\cdots\lambda_n$이 됨을 알 수 있다. 즉, **특성근을 모두 곱한 것이 행렬 A의 행렬식값이 된다**.

example 3.23 앞의 **예 3.19**의 A를 대각화하기 위하여 특성근을 구하니 4와 -1을 얻었고, 각각의 특성근에 해당하는 특성벡터 $\begin{bmatrix} 1 \\ 1 \end{bmatrix}$과 $\begin{bmatrix} 2 \\ -3 \end{bmatrix}$을 얻었다. 따라서

$$T = \begin{bmatrix} 1 & 2 \\ 1 & -3 \end{bmatrix},\ T^{-1} = \begin{bmatrix} \frac{3}{5} & \frac{2}{5} \\ \frac{1}{5} & -\frac{1}{5} \end{bmatrix} \text{이므로 } \begin{bmatrix} 2 & 2 \\ 3 & 1 \end{bmatrix} = \begin{bmatrix} 1 & 2 \\ 1 & -3 \end{bmatrix} \begin{bmatrix} 4 & 0 \\ 0 & -1 \end{bmatrix} \begin{bmatrix} \frac{3}{5} & \frac{2}{5} \\ \frac{1}{5} & -\frac{1}{5} \end{bmatrix}$$

을 얻는다.

연습문제

1. 다음 행렬의 특성근과 특성벡터를 구하고 대각화, 즉 $A = T\Lambda T^{-1}$로 나타내 보라.

a. $\begin{bmatrix} 1 & 2 \\ 4 & 3 \end{bmatrix}$ *b.* $\begin{bmatrix} -3 & 0 & 2 \\ 8 & 5 & -4 \\ -12 & 0 & 7 \end{bmatrix}$

대칭행렬의 대각화

정방행렬 A의 (ij)원소 a_{ij}가 (ji)원소 a_{ji}와 같으면 대칭행렬이라 말한다.

example 3.24 $\begin{bmatrix} 2 & 2 \\ 3 & 1 \end{bmatrix}$은 대칭행렬이 아니다. $\begin{bmatrix} 2 & 0 & 4 \\ 0 & -2 & -5 \\ 4 & -5 & 1 \end{bmatrix}$는 대칭행렬이다. •••

대칭행렬에 관하여는 다음의 사실들이 증명되어 있다.

i) $n \times n$ 대칭행렬의 특성근은 실수로 n개 존재한다. 단, 중근은 여러 개로 센다. 예를 들어 $|A - \lambda I| = 0$를 풀기 위하여 $|A - \lambda I|$를 인수분해하니 $(\lambda - 2)^3$이 인수로 나왔다면 2가 셋 있는 것으로 센다.

ii) 길이가 1인 특성벡터들로 행렬 T를 만들면 T를 전치한 행렬이 역행렬이 된다. 즉 $T' = T^{-1}$이다. 특성벡터 하나 u^i가 있으면 이 벡터의 길이를 1로 만드는 방법은 **예 3.10**에서 설명하였다. 즉, $\frac{1}{\|u^i\|}u^i$도 특성벡터로서 길이가 1이 된다.

example 3.25 $A = \begin{bmatrix} 4 & \sqrt{3} \\ \sqrt{3} & 2 \end{bmatrix}$

A의 특성근을 구하기 위하여 $|A - \lambda I|$을 구하면 $\lambda^2 - 6\lambda + 5 = (\lambda - 1)(\lambda - 5)$가 나오며 이를 0으로 놓고 풀면 $\lambda = 1$, 5의 두 특성근을 얻는다. 1에 해당하는 특성벡터 하나는 $\begin{bmatrix} 1 \\ -\sqrt{3} \end{bmatrix}$이고, 5에 해당하는 특성벡터 하나는 $\begin{bmatrix} \sqrt{3} \\ 1 \end{bmatrix}$인데, 이를 길이가 1인 벡터로 바꾸면 각각

$$\begin{bmatrix} \frac{1}{2} \\ -\frac{\sqrt{3}}{2} \end{bmatrix}, \quad \begin{bmatrix} \frac{\sqrt{3}}{2} \\ \frac{1}{2} \end{bmatrix}$$

이 된다. 따라서

$$T=\begin{bmatrix} \frac{1}{2} & \frac{\sqrt{3}}{2} \\ -\frac{\sqrt{3}}{2} & \frac{1}{2} \end{bmatrix}$$

를 얻으며 $T'=T^{-1}$임을 쉽게 확인할 수 있다.

따라서 행렬 A가 대칭행렬일 경우는 $A=T\Lambda T'$을 얻는다.

연습문제

1. 다음 행렬의 특성근과 특성벡터를 구하고 대각화, 즉 $A=T\Lambda T'$로 나타내 보라.

a. $\begin{bmatrix} -5 & -6 \\ -6 & 4 \end{bmatrix}$　　*b.* $\begin{bmatrix} 4 & 0 & 0 \\ 0 & 4 & \sqrt{3} \\ 0 & \sqrt{3} & 6 \end{bmatrix}$

D. 2차 형식 quadratic form

2차 형식(quadratic form)이란 n개의 변수들 x_1, x_2, $\cdots$, x_n의 함수로서 다음의 형태를 가진 함수를 말한다: $q=\sum_{i,j=1}^{n} a_{ij}x_ix_j=a_{11}(x_1)^2+a_{12}x_1x_2+\cdots+a_{nn}(x_n)^2$

즉, n개의 변수들 x_1, x_2, $\cdots$, x_n로 구성된 다항함수로서 각 항이 일정상수 곱하기 x_1, x_2, $\cdots$, x_n 중 두 변수의 곱이다.

example 3.26 $q=4(x_1)^2+3\sqrt{3}\,x_1x_2+\sqrt{3}\,x_2x_1+2(x_2)^2-3x_1x_3$

이차형식은 다음과 같이 쓸 수 있다.

$$q=[x_1,\ x_2,\ \cdots,\ x_n]\begin{bmatrix} a_{11} & a_{12} & \cdots & a_{1n} \\ a_{21} & a_{22} & \cdots & a_{2n} \\ \vdots & \vdots & \vdots & \vdots \\ a_{n1} & a_{n2} & \cdots & a_{nn} \end{bmatrix}\begin{bmatrix} x_1 \\ x_2 \\ \vdots \\ x_n \end{bmatrix}=x'Ax$$

여기서 우리는 행렬 A를 대칭행렬이라고 간주해도 무방하다. 그 이유는

$$x_ix_j=x_jx_i\text{이므로 } a_{ij}x_ix_j+a_{ji}x_jx_i=\frac{a_{ij}+a_{ji}}{2}x_ix_j+\frac{a_{ij}+a_{ji}}{2}x_jx_i$$

로 쓸 수 있고, 따라서 우리는 2차 형식에서 $a_{ij}\neq a_{ji}$이면 $\frac{a_{ij}+a_{ji}}{2}$를 새로운 x_ix_j 그리고 x_jx_i의 계수로 바꾸면 되므로 2차 형식에서 $a_{ij}=a_{ji}$로 가정해도 무방한 것이다.

example 3.27

$$q=[x_1,\ x_2,\ x_3]\begin{bmatrix} 4 & 3\sqrt{3} & -3 \\ \sqrt{3} & 2 & 0 \\ 0 & 1 & 0 \end{bmatrix}\begin{bmatrix} x_1 \\ x_2 \\ x_3 \end{bmatrix}$$

$$=4(x_1)^2+3\sqrt{3}\,x_1x_2+\sqrt{3}\,x_2x_1+2(x_2)^2-3x_1x_3+x_3x_2$$

$$=4(x_1)^2+2\sqrt{3}\,x_1x_2+2\sqrt{3}\,x_2x_1+2(x_2)^2$$

$$-\frac{3}{2}x_1x_3-\frac{3}{2}x_3x_1+\frac{1}{2}x_2x_3+\frac{1}{2}x_3x_2$$

$$=[x_1,\ x_2,\ x_3]\begin{bmatrix} 4 & 2\sqrt{3} & -\frac{3}{2} \\ 2\sqrt{3} & 2 & \frac{1}{2} \\ -\frac{3}{2} & \frac{1}{2} & 0 \end{bmatrix}\begin{bmatrix} x_1 \\ x_2 \\ x_3 \end{bmatrix}$$

이제 2차 형식이 $q=x'Ax$로 쓰이고 A가 대칭행렬이므로 우리는 A를 $T'\Lambda T$으로 쓸 수 있다. 그러면 $q=x'(T\Lambda T')x$가 되고 이는 다시 $q=(x'T)\Lambda(T'x)$로 쓸 수 있다. $T'x$를 y라고 한다면 $q=y'\Lambda y$가 되고 이는 결국

$$q=\lambda_1(y_1)^2+\lambda_2(y_2)^2+\cdots+\lambda_n(y_n)^2$$

가 된다.

example 3.28
$$q=4(x_1)^2+\sqrt{3}\,x_1x_2+\sqrt{3}\,x_2x_1+2(x_2)^2$$
$$=[x_1,\ x_2]\begin{bmatrix}4 & \sqrt{3}\\ \sqrt{3} & 2\end{bmatrix}\begin{bmatrix}x_1\\ x_2\end{bmatrix}$$
$$=[x_1,\ x_2]\begin{bmatrix}\frac{1}{2} & \frac{\sqrt{3}}{2}\\ -\frac{\sqrt{3}}{2} & \frac{1}{2}\end{bmatrix}\begin{bmatrix}1 & 0\\ 0 & 5\end{bmatrix}\begin{bmatrix}\frac{1}{2} & -\frac{\sqrt{3}}{2}\\ \frac{\sqrt{3}}{2} & \frac{1}{2}\end{bmatrix}\begin{bmatrix}x_1\\ x_2\end{bmatrix}$$
$$=[y_1,\ y_2]\begin{bmatrix}1 & 0\\ 0 & 5\end{bmatrix}\begin{bmatrix}y_1\\ y_2\end{bmatrix}=(y_1)^2+5(y_2)^2$$

여기서

$$y_1=\frac{1}{2}x_1+-\frac{\sqrt{3}}{2}x_2,\qquad y_1=\frac{\sqrt{3}}{2}x_1+\frac{1}{2}x_2$$

이므로, 즉

$$[y_1,\ y_2]=\begin{bmatrix}\frac{1}{2} & -\frac{\sqrt{3}}{2}\\ \frac{\sqrt{3}}{2} & \frac{1}{2}\end{bmatrix}\begin{bmatrix}x_1\\ x_2\end{bmatrix}$$

이다.

2차 형식 $q=x'Ax$이 주어지면 이 이차형식이 $x=0$을 제외한 모든 x에 대하여 양의 값을 가질지 혹은 음의 값을 가질지 따지는 경우가 많다. 이 경우 이 이차형식 $q=x'Ax$을 $q=x'Ax=y'\Lambda y=\lambda_1(y_1)^2+\lambda_2(y_2)^2+\cdots+\lambda_n(y_n)^2$으로 바꾸어 놓고 생각하면 쉽다. $y=T'x$이므로 x와 y에는 1대 1 대응관계가 있어, 모든 x에 대하여 살펴보는 것은 모든 y에 대하여 살펴보는 것이나 마찬가지이다. 그런데 $\lambda_1(y_1)^2+\lambda_2(y_2)^2+\cdots+\lambda_n(y_n)^2$이 $y=0$을 제외한 모든 y에 대하여 양의 값을 가지기 위해서는 모든 특성근 λ들이 양의 값을 가지면된다. 모든 특성근 λ들이 음의 값을 가지면 2차 형식은 0을 제외한 모든 y에 대하여 (그리고 0을 제외한 모든 x에 대하여) 음의 값을 가진다.

example 3.29 $q=4(x_1)^2+\sqrt{3}x_1x_2+\sqrt{3}x_2x_1+2(x_2)^2=(y_1)^2+5(y_2)^2$이 됨을 보았다. 여기서

$$y_1=\frac{1}{2}x_1+-\frac{\sqrt{3}}{2}x_2, \qquad y_1=\frac{\sqrt{3}}{2}x_1+\frac{1}{2}x_2$$

이므로 이 2차 형식은 0을 제외한 모든 x에 대하여 양의 값을 가진다. 사실 이 간단한 이차형식은 다음과 같이 쓰면 굳이 대각화를 하지 않아도 쉽게 0이 아닌 모든 x에 대하여 양의 값을 가짐을 알 수 있다:

$$\begin{aligned} q&=4(x_1)^2+\sqrt{3}x_1x_2+\sqrt{3}x_2x_1+2(x_2)^2 \\ &=(\sqrt{3}x_1+x_2)^2+(x_1)^2+(x_2)^2 \end{aligned}$$

지금까지 논의한 2차 형식을 요약하면 다음의 정리를 얻는다.

정 리 **2차 형식 $q=x'Ax$이 주어진 경우**

1. 행렬 A의 특성근이 모두 양수이면 $x\neq0$인 모든 x에 대하여 q는 양의 값을 가지고 (2차형식이 **양정부호**(positive definite) **혹은 양의 정부호**라 한다)
2. 행렬 A의 특성근이 모두 음수이면 $x\neq0$인 모든 x에 대하여 q는 양의 값을 가지고 (2차형식이 **음정부호**(negative definite) **혹은 음의 정부호**라 한다)
3. 행렬 A의 특성근이 일부 0이고 일부 양수이면 $x\neq0$인 모든 x에 대하여 q는 0이나 양의 값을 가지고 (2차형식이 **양의 반정부호**(positive semi-definite)라 한다)
4. 행렬 A의 특성근이 일부 0이고 일부 음수이면 $x\neq0$인 모든 x에 대하여 q는 0이나 음의 값을 가진다 (2차형식이 **음의 반정부호**(positive semi-definite)라 한다)

참고로, 2차 형식이 양의 정부호 등이냐 아니냐를 논하기도 하지만 행렬 A가 양의 정부호냐 아니냐를 따지기도 하는데 그 논의는 똑같다. 즉, 대칭행렬 A의 특성근이 모두 양수이면 양의 정부호 등으로 말한다.

2차 형식에 관하여 마지막으로 첨언할 것은, 2차 형식이 양정부호이기 위한

필요충분조건으로 행렬 A의 **선도주소행렬식**(leading principal minor, **혹은 연속적 주소행렬식** successive principal minor) 값이 모두 양이라는 조건이 있다. 행렬 A의 선도주소행렬식이라 함은

$$|D_1|=|a_{11}|,\ |D_2|=\begin{vmatrix} a_{11} & a_{12} \\ a_{21} & a_{22} \end{vmatrix},\ |D_3|=\begin{vmatrix} a_{11} & a_{12} & a_{13} \\ a_{21} & a_{22} & a_{23} \\ a_{31} & a_{32} & a_{33} \end{vmatrix},\ \cdots,\ |D_n|=\begin{vmatrix} a_{11} & a_{12} & \cdots & a_{1n} \\ a_{21} & a_{22} & \cdots & a_{2n} \\ \vdots & \vdots & \vdots & \vdots \\ a_{n1} & a_{n2} & \cdots & a_{nn} \end{vmatrix}$$

을 말하고 이 값들이 모두 0보다 큰 값을 가지는 것이 양정부호의 필요충분조건이다. 만약 이 값들이 음, 양, 음 … 으로 교차하면서 내려가면, 즉

$$|D_1|=|a_{11}|<0,\ |D_2|=\begin{vmatrix} a_{11} & a_{12} \\ a_{21} & a_{22} \end{vmatrix}>0,\ \cdots$$

이 되면 이것이 음정부호의 필요충분조건이다. 이에 대한 증명이나 설명은 생략하기로 한다. 다만 이 필요충분조건이 나중에 사용은 될 것이다.

추가로, 2차 형식이 양의 반정부호이기 위한 필요조건은 **주소행렬식**(principal minor)이 모두 양이거나 영이어야 한다는 것이다. k계 주소행렬식은 $n\times n$ 행렬에서 $n-k$개의 행을 지우고 같은 순서(위치)의 열도 $n-k$개 지운 다음 얻은 $k\times k$ 부분행렬의 행렬식이다.[1] 예를 들어 $n\times n$ 행렬 A의 3계 주소행렬식들은

$$\begin{bmatrix} a_{ii} & a_{ij} & a_{il} \\ a_{ji} & a_{jj} & a_{jl} \\ a_{li} & a_{lj} & a_{ll} \end{bmatrix}$$

이 된다. k계 주소행렬식을 $\tilde{D}_k$라는 기호를 사용하여 나타내면 행렬 A가 양의 반정부호이기 위한 필요충분조건은

$$\tilde{D}_1\geq 0,\ \tilde{D}_2\geq 0,\ \cdots,\ \tilde{D}_n\geq 0$$

1 더 엄밀하게 말하면 그렇게 만들어진 부분행렬의 행을 순서 바꾸고(permute) 같은 순서로 열도 순서 바꾼 행렬의 행렬식을 주소행렬식이라 하나, 행을 바꾼 만큼 열도 바꾸기 때문에 행렬식의 값은 변하지 않아서 본문의 주소행렬식을 보는 것만으로 족하다.

이다. 그리고 음의 반정부호이기 위한 필요충분조건은 다음과 같다.

$$\widetilde{D}_1 \le 0,\ \widetilde{D}_2 \ge 0,\ \cdots,\ (-1)^n \widetilde{D}_n \ge 0$$

연습문제

1. 다음의 2차 형식을 $q = x'Ax$ 형태로 나타내고 양정부호인지 혹은 음정부호인지 아니면 아무 것도 아닌지 확인하라.

a. $3x^2 + 2xy + 4y^2$

b. $3x_1^2 + x_2^2 + 5x_3^2 + 4x_1x_2 + 2x_1x_3 + 6x_2x_3$

E. 투입-산출 모형 input-output model

투입-산출 모형(input-output model)은 레온티에프(Wassily W. Leontief)의 공헌이 커서 **레온티에프 모형**(Leontief model)이라고도 하는데, 행렬과 벡터를 사용한 모형이다.

이 모형을 잘 이해하기 위하여 우선 다음과 같은 간단한 경우를 생각해 보자. 어느 한 재화가 있는데 이 재화를 생산하기 위하여 그 재화 자체가 필요하다. 쌀을 예로 들면 좋을 것이다. 쌀 100g을 모판에 뿌려 농사를 지으면 쌀 1kg이 생산된다고 생각해 보면 된다. 물론 농사를 짓는데 농부의 노동이 별도로 투입되어야 하지만, 간단히 쌀 0.1 단위로 쌀 한 단위(kg)가 생산되고 별도의 투입요소(input)는 없다고 가정한다. 그러면 쌀 $x$kg을 생산하여, 그 중 $0.1x$kg은 $x$kg을 생산하기 위하여 창고에서 갖다 쓴 것이니 그 창고에 다시 보충해 놓고 나머지 $0.9x$kg은 그 경제에서 소비할 수 있게 된다. 경제에서 소비하는 양을 d라고 표시하면 식으로 $x = 0.1x + d$라는 식이 얻어진다. 더 일반적으로 쌀 한 단위 생산하는 데 a단위의 쌀이 필요하다면 $x = ax + d$ 식이 얻어진다.

위 식을 이해하였으면 이제 재화가 두 가지 있는 경우를 생각해 보자. 두 재화를 첫 번째와 두 번째 재화라고 부르고, 첫 번째와 두 번째 재화의 생산량을 각각 x_1과 x_2로 쓰자(쇠와 석탄을 생산하는 것을 예로 들 수 있을 것이다). 재화의 단위를 통일하는 것이 편리하므로, 모든 재화의 단위를 화폐의 단위로 통일하자. 즉, x_1은 생산된 첫 번째 재화의 양을 금액으로 표시한 값으로 x_1원 어치 생산된 것으로 해석한다. x_2도 마찬가지이다. 그리고 첫 번째 재화를 한 단위(1원어치) 생산하는 데 투입되는 첫 번째 재화의 양을 a_{11}, 두 번째 재화의 양을 a_{21}(두 번째 재화가 a_{21}원어치 필요함)이라 하고, 두 번째 재화 한 단위 생산에 투입되는 첫 번째 재화의 양을 a_{12}, 두 번째 재화의 양을 a_{22}라 하자.

그러면 $x_1 = a_{11}x_1 + a_{12}x_2 + d_1$ 그리고 $x_2 = a_{21}x_1 + a_{22}x_2 + d_2$라는 식이 성립한다. 첫 번째 식에서 $a_{11}x_1$은 첫 번째 재화 x_1어치를 생산하기 위하여 필요한 첫 번째 재화의 양, $a_{12}x_2$는 두 번째 재화를 x_2원어치 생산하기 위하여 필요한 첫 번째 재화의 양 그리고 d_1은 최종 목적을 위하여 순 생산되어야 할 첫 번째 재화의 양이다. 이 모든 것을 합한 것이 x_1이 되어야 한다는 것이 첫 번째 식이다. 두 번째 식도 비슷하게 해석된다.

이 두 식을 행렬과 벡터의 형태로 $x = Ax + d$로 쓸 수 있다. 이렇게 놓고 보면 앞에서 재화 하나를 생산하는 경우에 얻은 식과 비슷한 형태가 된다. 그런데 이 식이 경제적으로 의미를 가지기 위해서는 행렬 A에 조건이 부과된다. 우선 모든 원소가 0 아니면 양수값을 가져야 한다는 조건인데, 왜 그래야 하는지는 자명하다. 원소가 음수라는 것은 경제적으로 해석하기가 힘들고, 설령 해석을 우격다짐으로 한다고 해도 의미가 없기 때문이다. 다음으로, 첫 번째 재화 1원어치를 생산하기 위하여 첫 번째 재화 a_{11}원어치, 그리고 두 번째 재화 a_{21}원어치가 들어가는데, 생산이 경제적이기 위하여는 $a_{11} + a_{21} < 1$이어야 할 것이다. 그렇지 않으면 1원어치를 생산하기 위하여 총 1원어치보다 더 많은 자원이 투입되어 생산할 가치가 없다. 마찬가지로 $a_{12} + a_{22} < 1$도 만족되어야 한다. 그러므로 행렬 A는 이러한 조건들을 만족한다고 앞으로 가정한다.

example 3.30 쇠와 석탄을 생산하는 데 쇠(첫 번째 재화) 1원어치 생산을 위하여 쇠가 0.1원어치 그리고 석탄이 0.2원어치 필요하고, 석탄 1원어치 생산을 위하여 석탄은 필요 없고 쇠 0.3원어치가 필요하다면

$$x_1 = 0.1x_1 + 0.3x_2 + d$$
$$x_2 = 0.2x_1 + d$$

의 식이 얻어진다. 이는

$$\begin{bmatrix} x_1 \\ x_2 \end{bmatrix} = \begin{bmatrix} 0.1 & 0.3 \\ 0.2 & 0 \end{bmatrix} \begin{bmatrix} x_1 \\ x_2 \end{bmatrix} + \begin{bmatrix} d_1 \\ d_2 \end{bmatrix}$$

로 쓰이고, 위에서 말한 조건들을 행렬 A가 만족한다.

이제 재화의 종류(혹은 산업의 종류)를 n개로 확장하면 $x = Ax + d$로 쓸 수 있을 것이다. 여기서 물론

$$x = \begin{bmatrix} x_1 \\ x_2 \\ \vdots \\ x_n \end{bmatrix}, \qquad A = \begin{vmatrix} a_{11} & a_{12} & \cdots & a_{1n} \\ a_{21} & a_{22} & \cdots & a_{2n} \\ \vdots & \vdots & \vdots & \vdots \\ a_{n1} & a_{n2} & \cdots & a_{nn} \end{vmatrix}, \qquad d = \begin{bmatrix} d_1 \\ d_2 \\ \vdots \\ d_n \end{bmatrix}$$

으로 그 의미는 위의 두 재화 설명에서 쉽게 유추할 수 있다. x_i는 i번째 재화의 최종 생산량이고 a_{ij}는 j번째 재화 1원 어치를 생산하기 위하여 필요한 i번째 재화의 양(금액)이고, d_i는 i번째 재화를 생산하여 생산과정에 쓰인 것을 보충하고 최종적으로 소비 등을 위하여 얻어지는 양이다. 두 재화의 경우와 마찬가지로 행렬 A가 만족해야 하는 조건들은 우선 모든 원소가 0이나 양수여야하고, 다음으로 모든 j에 대하여

$$\sum_{i=1}^{n} a_{ij} = a_{1j} + a_{2j} + \cdots + a_{nj} < 1 \qquad \cdots (1)$$

이라는 것이다. 조건 **(1)**이 의미하는 바는 재화 j 1원어치를 생산하기 위하여 투입되는 모든 재화의 비용을 합하여 1원보다 적어야 경제적이 되어 생산할 가치가 있다는 말이다.

이제 문제는 최종적으로 d만큼 경제가 필요로 할 때 생산 x는 얼마가 되어야 하는가? 하는 문제이다. 이는 $x=Ax+d$를 변형하여 $(I-A)x=d$를 풀면 되고 따라서 $I-A$의 역행렬을 구하면 된다. 그런데 역행렬이 존재하지 않거나, 역행렬이 존재한다지만 이렇게 해서 푼 x의 값 중에 몇몇 혹은 모든 x_i값이 음수가 나오면 경제적 의미가 없다. 따라서 이 모형이 의미를 갖기 위해서는 조건 (1) 외에 추가적인 조건이 필요한데, 그 조건을 연구한 호킨스(Hawkins)와 사이먼(Simon)의 이름을 따서 호킨스-사이먼 조건이라 한다.

호킨스-사이먼 조건(Hawkins-Simon condition)은 다름 아니라 각 원소가 양의 값인 벡터 d를 주어진 것으로 하여 $(I-A)x=d$를 x에 대하여 풀었을 때 x의 각 원소값이 0이나 양수가 나올 조건이다. 그것은 다음에서 설명하는 행렬 $I-A$의 **선도주소행렬식**(leading principal minors)들이 모두 양의 값을 가져야 한다는 말이다.

행렬 $I-A$를 B라고 쓰자. 즉,

$$I-A=\begin{bmatrix} 1-a_{11} & -a_{12} & \cdots & -a_{1n} \\ -a_{21} & 1-a_{22} & \cdots & -a_{2n} \\ \vdots & \vdots & \vdots & \vdots \\ -a_{n1} & -a_{n2} & \cdots & 1-a_{nn} \end{bmatrix}=\begin{bmatrix} b_{11} & b_{12} & \cdots & b_{1n} \\ b_{21} & b_{22} & \cdots & b_{2n} \\ \vdots & \vdots & \vdots & \vdots \\ b_{n1} & b_{n2} & \cdots & b_{nn} \end{bmatrix}=B$$

라 하자. 선도주소행렬식이란 앞에서도 설명했지만

$$|b_{11}|=b_{11}$$

$$\begin{vmatrix} b_{11} & b_{12} \\ b_{21} & b_{22} \end{vmatrix}=b_{11}b_{22}-b_{12}b_{21}$$

$$\begin{vmatrix} b_{11} & b_{12} & b_{13} \\ b_{21} & b_{22} & b_{23} \\ b_{31} & b_{32} & b_{33} \end{vmatrix}$$

$$\vdots$$

$$\begin{vmatrix} b_{11} & b_{12} & \cdots & b_{1n} \\ b_{21} & b_{22} & \cdots & b_{2n} \\ \vdots & \vdots & \vdots & \vdots \\ b_{n1} & b_{n2} & \cdots & b_{nn} \end{vmatrix}=|B|$$

를 말한다. **연속적 주소행렬식**(successive principal minor)이라 말하기도 한다.

두 부문 모형으로 호킨스-사이먼 조건을 설명하면,

$$I-A=\begin{bmatrix}1-a_{11} & -a_{12}\\ -a_{21} & 1-a_{22}\end{bmatrix}$$

이므로 우선 $1-a_{11}>0$이어야 하고, 다음으로

$$\begin{vmatrix}1-a_{11} & -a_{12}\\ -a_{21} & 1-a_{22}\end{vmatrix}=(1-a_{11})(1-a_{22})-a_{12}a_{21}>0$$

이어야 한다는 것이다.

호킨스-사이먼 조건의 경제적 의미가 부여되어 있는데, 일반적인 것은 생략하고 두 부문 모형에서 a_{22}가 0이라고 가정하고 살펴보자. $1-a_{11}>0$은 그 경제적 의미가 자명하다. 첫 번째 재화를 1원어치 생산하기 위하여 투입되는 첫 번째 재화의 양은 1원어치보다 적어야 한다는 말이다. 다음으로 위 조건에서 $a_{22}=0$이므로 $(1-a_{11})-a_{12}a_{21}>0$이 되는데 이는 $1>a_{11}+a_{12}a_{21}$이다. 첫 번째 재화 1원어치를 생산하기 위하여 두 번째 재화도 a_{21}만큼 필요한데, 이의 생산을 위하여 첫 번째 재화가 $a_{12}a_{21}$원 어치 필요하므로 최종적으로 첫 번째 재화 1원어치를 생산하기 위하여 필요한 첫 번째 재화의 양은 $a_{11}+a_{12}a_{21}$원 어치이고 이 값이 1보다 적어야 경제적이란 의미이다. 일반적인 호킨스-사이먼 조건의 경제적 의미도 이와 비슷한 해석의 연장인데 그 논의는 생략하기로 한다.

Mathematics for Economics

극한과 미분

4

A. 극 한 limits

미분은 극한이란 개념을 사용한다. 그러므로 극한에 대하여 먼저 알아보자. 극한의 개념은 쉽게 서술하여 "한없이 가까이 간다"는 것 혹은 "한없이 가까이 갈 때의 목표"라는 뜻이다. 극한에는 수열의 극한(limit of a sequence of numbers)과 함수의 극한(limit of a function)이 있다. 먼저 수열의 극한에 관하여 간단히 언급하고 다음에 함수의 극한에 관하여 자세히 설명하기로 한다.

수열의 극한

수열의 극한(limit of a sequence of numbers)에 관하여 제1장의 자연지수함수 부분에서 설명하였다. 중복되지만 여기서 다시 간단히 설명하기로 한다.

수열(sequence of numbers)이라 함은 수를 나열한 것으로 대부분 그 나열이 끝없이 무한까지 계속되는 것을 말한다. 예를 들어 1, $\frac{1}{10}$, $\frac{1}{100}$, …이 하나의 수열이다. 수열을 나타내는 방법도 여러 가지가 있는데, 방금 예를 든 수열을 다른 방법으로 나타내면 $\{a_n\}$, $a_n=(\frac{1}{10})^n$으로 나타낼 수도 있다. 이 수열은 0을 향해 한없이 가까이 감을 직관적으로 알 수 있을 것이다. 즉, 이 수열의 극한은 0이다.

같은 수를 계속해서 나열한 것의 극한은 당연히 그 수이다. 예로 1, 1, 1, 1, …의 극한은 1이다. 수열의 극한에 관하여 수학적으로 엄밀한 정의가 있으나 그것은 이 책의 범위를 벗어나므로 생략하기로 하고, 대신 직관적으로 나열된 수들이 최종 목표로 가는 수를 수열의 극한이라고 이해하기로 하자. 수열의 극한을 $\lim_{n\to\infty} a_n$으로 표기하기도 한다.

example 4.1 **응 용 연속복리** continuous compounding 제1장 함수에서 수 e가 수열 $(1+\frac{1}{n})^n$의 극한이라고 설명하였다. 이 수가 경제학에 어떻게 사용되는지 여기서 보기로 하자. 은행에 저축을 하였다 인출을 하면 원금과 이자를 받는다. 연 이자율이 r이라 하면(즉, $100r\%$가 이자율이라 하면) 원금 1원을 1년 동안 저축한 후 $(1+r)$원을 돌려받는다. 6개월 저축하면 $(1+\frac{r}{2})$원을 원리금으로 받는다. 만약 여러분이 은행 방문 비용을 부담할 용의가 있으면 1년 동안 원금 1원을 마냥 넣어 놓지 않고 6개월 뒤에 은행을 방문하여 $(1+\frac{r}{2})$원을 찾아서 이를 새로운 원금으로 다시 예금하였다 6개월 뒤 찾으면 $(1+\frac{r}{2})^2$원을 받고 이는 $(1+r)$보다 커서 금전적으로 낫다(물론 그 차이가 얼마 되지 않지만 말이다). 이를 6개월 단위로 복리계산하였다고 말한다. 만약 3개월마다 복리계산을 하면 1년 뒤 $(1+\frac{r}{4})^4$를 찾는다. 매달 복리계산을하면 1년 뒤 원리금은 $(1+\frac{r}{12})^{12}$이다.

은행이 여러분의 은행 방문을 면제해 주고 스스로 알아서 매일 복리계산을 해 주면 1년 뒤 원리금은 $(1+\frac{r}{365})^{365}$가 된다. 이제 우리의 상상력을 좀 더 발휘하여 은행이 매 시간, 매 분, 매 초, 매 0.1초마다 복리계산을 해 준다면 1년 뒤 원리금은 각각 다음과 같을 것이다.

매 시간: $(1+\frac{r}{365\times 24})^{365\times 24}$

매 분: $(1+\frac{r}{365\times 24\times 60})^{365\times 24\times 60}$

매 초: $(1+\frac{r}{365\times 24\times 60\times 60})^{365\times 24\times 60\times 60}$

매 0.1초: $(1+\frac{r}{365\times 24\times 60\times 60\times 10})^{365\times 24\times 60\times 60\times 10}$

즉, 1년이란 시간을 n으로 나누어 복리계산을 하면 1년 뒤 $(1+\frac{r}{n})^n$을 원리금으로 받는데, 이 n을 큰 수로 무한히 증가시키면 이 원리금은 $\lim_{n\to\infty}(1+\frac{r}{n})^n$으로 수렴하고 그 극한은 바로 e^r이다. 왜냐하면 $\frac{n}{r}$을 m으로 다시 쓰면

$$(1+\frac{r}{n})^n=(1+\frac{1}{m})^{rm}=\left((1+\frac{1}{m})^m\right)^r$$

로 쓸 수 있고 n이 무한대로 가면 m도 무한대로 가서 $(1+\frac{1}{m})^m$의 극한이 e이고 따라서 $\left((1+\frac{1}{m})^m\right)^r$의 극한은 e^r이기 때문이다. 다시 말하여 1원의 원금을 연 이자율 r로 단리계산하면 $(1+r)$을 받지만, 연속복리로 계산하면 e^r을 받는다. 만약 t해 동안 예금을 연속적으로 복리계산하면 e^{rt}를 받는다. 원금이 1원이 아니고 A원이면 t해 동안 연속적으로 복리계산한 금액은 Ae^{rt}가 된다.

경제학에서 t해 동안 예금한 뒤 받는 원리금을 Ae^{rt}라고 가정하고 모형을 세우는 경우가 많다. 물론 현실적으로 원리금을 이렇게 계산하는 은행이나 기타 금융기관은 없지만 그렇게 하여도 모형의 주요 결론이 바뀌지는 않고 대신 여러 가지 수학적 계산은 쉽기 때문에 Ae^{rt}를 시간이 t만큼 지난 뒤 받는 원리금으로 취급한다.

수열의 극한에 관한 법칙

수열의 극한과 관련하여 다음의 법칙이 성립한다. 각 법칙의 증명은 수열의 극한에 관한 수학적 정의가 먼저 논의되어야 하는 관계로 생략하기로 한다. 그 법칙들을 설명하기 위하여 수열 $\{a_n\}$과 수열 $\{b_n\}$이 있어서 $\{a_n\}$의 극한이 L이고 $\{b_n\}$의 극한이 M이라고 가정하자.

i) 합의 법칙 | 수열 $\{a_n+b_n\}$의 극한은 $L+M$이다.

example 4.2 $\{a_n\}=\left\{1+\frac{1}{n}\right\}$이고, $\{b_n\}=\left\{\left(1+\frac{1}{n}\right)^n\right\}$이면,

$\{a_n+b_n\}=\left\{\left(1+\frac{1}{n}\right)+\left(1+\frac{1}{n}\right)^n\right\}$의 극한은 $1+e$이다.

ii) 차의 법칙 | 수열 $\{a_n - b_n\}$의 극한은 $L-M$이다.

example 4.3 $\{a_n\}=\left\{1+\frac{1}{n}\right\}$이고, $\{b_n\}=\left\{\left(1+\frac{1}{n}\right)^n\right\}$이면,

$\{a_n-b_n\}=\left\{\left(1+\frac{1}{n}\right)-\left(1+\frac{1}{n}\right)^n\right\}$의 극한은 $1-e$이다.

iii) 곱의 법칙 | 수열 $\{a_n b_n\}$의 극한은 LM이다.

example 4.4 $\{a_n\}=\left\{1+\frac{1}{n}\right\}$이고, $\{b_n\}=\left\{\left(1+\frac{1}{n}\right)^n\right\}$이면,

$\{a_n b_n\}=\left\{\left(1+\frac{1}{n}\right)\left(1+\frac{1}{n}\right)^n\right\}$의 극한은 $1e$, 즉 e이다.

iv) 몫의 법칙 | 만약 b_n이 0이 아니고, M도 0이 아니라면 수열 $\{a_n/b_n\}$의 극한은 L/M이다.

example 4.5 $\{a_n\}=\left\{1+\frac{1}{n}\right\}$이고, $\{b_n\}=\left\{\left(1+\frac{1}{n}\right)^n\right\}$이면,

$\left\{\frac{a_n}{b_n}\right\}=\left\{\left(1+\frac{1}{n}\right)/\left(1+\frac{1}{n}\right)^n\right\}$의 극한은 $1/e$, 즉 $\frac{1}{e}$이다.

연습문제

1. 다음 수열의 극한을 구하여라(**Hint** 주어진 수열을 다른 방법으로 표현한 뒤 수열에 관한 법칙을 사용해 볼 것).

a. $a_n = \frac{n+1}{n^2}$ *b.* $a_n = \frac{n^3-n+1}{n^3}$ *c.* $a_n = \frac{\pi(n^3-n)+1}{n^3}$

d. $a_n = \left(1+\frac{1}{n}\right)^{n-1}$ (**Hint** $\left(1+\frac{1}{n}\right)^{n-1} = \frac{(1+1/n)^n}{1+1/n}$)

함수의 극한

함수의 극한(limit of a function)도 엄밀한 수학적 정의 대신에 다음과 같이

직관적으로 정의를 내리기로 한다. 함수의 독립변수(x)가 어느 하나의 숫자(N)에 한없이 가까이 갈 때(x가 N을 향하여 접근할 때) 함수값($f(x)$)이 다른 어느 숫자(L)에 한없이 가까이 가면 우리는 이 함수의 극한이 L이라 하고 기호로

$$\lim_{x \to N} f(x) = L$$

로 표기를 한다.

예를 들어 x가 취하는 값이 1.1, 1.01, 1.001, ⋯ 되면 x가 1을 향하여 접근하는데, 이 때 $f(1.1)$, $f(1.01)$, $f(1.001)$, ⋯ 이 L을 향하여 접근하거나 혹은 계속 L의 값을 가지면, 우리는 "x가 1을 향하여 접근할 때 $f(x)$의 극한은 L이다"라고 말한다. 그리고 이를

$$\lim_{x \to 1} f(x) = L$$

아니면

"$x \to 1$일 때 $f(x) \to L$이다" [1]

라고 쓴다.

example 4.6 함수가 다음과 같이 주어진다 하자.

$$y = f(x) = 3x - 1$$

이 경우 x가 1로 한없이 가까이 가면 즉 x가 1.1, 1.01, 1.001, ⋯ 등의 값을 가지면 함수값은 2.3, 2.03, 2.003, ⋯ 등의 값을 가지고 따라서 2에 한없이 가까이 간다. 따라서 이 함수의 경우 $\lim_{x \to 1} f(x) = 2$로 표기되고, x가 1로 수렴할 때 함수의 극한은 2이라고 말한다.

한 가지 주의하여야 할 사실은 x가 N을 향하여 가는 방법이 아주 다양하게

---

1 영어로 "$f(x) \to L$ as $x \to 1$"이라고 쓴다.

있는데 그 어떤 방법으로 N을 향하여 가더라도 $f(x)$가 접근하는 값이 같아야 우리는 "$f(x)$의 극한은 L이다"라고 말한다는 점이다. 예를 들어

$$y=\begin{cases} -1 & x\text{가 무리수인 경우} \\ 1 & x\text{가 유리수인 경우} \end{cases}$$

를 우리가 고려하는 함수로 놓고 x가 0을 향하여 다음과 같이 간다고 해 보자.

$$0.1,\ 0.01,\ 0.001,\ 0.0001,\ \cdots$$

이 경우 함수값 $f(x)$는 언제나 1이다. 그러므로 x가 위의 방법으로 0을 향하여 접근하면 함수값의 극한은 1이라고 할 수 있을 것이다. 그러나 x가 0을 향하여 다음과 같이 간다고 해 보자.

$$(0.1)\pi,\ (0.01)\pi,\ (0.001)\pi,\ (0.0001)\pi,\ \cdots$$

그러면 함수값 $f(x)$는 언제나 -1이고, 함수값의 극한은 -1이다. 이처럼 x가 어느 한 값 N을 향하여 갈 경우 그 가는 방법에 따라서 $f(x)$가 목표로 하여 가는 값이 달라지면, 우리는 함수 $f(x)$의 극한이 존재하지 않는다고 말한다.

example 4.7 $y=f(x)=\begin{cases} 2x+1 & x\geq 4 \\ -x+1 & x<4 \end{cases}$

이 경우 x가 4를 향하여 갈 때 4.1, 4.01, 4.001, …의 방법으로 가면 함수의 극한은 9처럼 보인다. 그러나 x가 3.9, 3.99, 3.999, …의 방법으로 가면 함수의 극한은 3으로 보인다. 이처럼 x가 어느 수 a를 향해 가는 방법이 다를 때 함수값으로 이루어진 수열의 극한이 달라지면 우리는 이 함수의 극한은 존재하지 않는다고 말한다.

이와 관련하여 **오른쪽 극한**(right limit)과 **왼쪽 극한**(left limit)을 논의해 보자.

위 **예 4.7**에서 보듯이, x가 N보다 작은 값을 가지면서 N을 향하여 접근할 때 $f(x)$가 L을 향하여 접근하거나 계속 L의 값을 가지면, 우리는 "x가 N을 향

하여 왼쪽에서 접근할 때 $f(x)$의 왼쪽 극한은 L이다"라고 말한다. 그리고 이를

$$\lim_{x \to N-} f(x) = L$$

아니면

"$x \to N-$일 때 $f(x) \to L$이다"[2]

라고 쓴다. 여기서 주의할 사항은 x가 N보다 작은 값을 가지면서 N을 향해 가는 방법이 수없이 많은데, 그 어떤 방법으로 가더라도 거기에 상응하는 함수값은 L을 향해가야만, 우리는 $\lim_{x \to N-} f(x) = L$이라고 쓰고 함수 f의 좌극한이 L이라고 말한다는 점이다.

다음으로, x가 N을 향하여 접근할 때 N보다 큰 값을 가지면서 N에 접근할 때 $f(x)$가 L을 향하여 접근하거나 계속 L의 값을 가지면, 우리는 "x가 N을 향하여 오른쪽에서 접근할 때 $f(x)$의 오른쪽 극한은 L이다" 라고 말한다. 그리고 이를

$$\lim_{x \to N+} f(x) = L$$

아니면

"$x \to N+$일 때 $f(x) \to L$이다"[3]

라고 쓴다. 여기서도 x가 N보다 큰 값을 가지면서 N을 향해 가는 방법이 수없이 많은데, 그 어떤 방법으로 가더라도 거기에 상응하는 함수값은 L을 향해 가야 우극한이 L이라고 말한다는 점에 유의하라.

물론 오른쪽 극한과 왼쪽 극한이 존재하나 그 값이 다르면 함수의 극한은 없다. 함수의 극한이 있다는 것은 왼쪽 극한과 오른쪽 극한이 각 각 존재하고 그 값이 같을 경우이다. 왜냐하면 앞에서 함수의 극한이 존재하기 위해서는 x가 어떠한 방법으로 N을 향하여 접근하더라도 함수값으로 얻은 수열의 극한이 같은 값을 가져야 한다고 하였는데, 오른쪽 극한과 왼쪽 극한이 다르면 x의 접근 방법에 따라서

2 영어로 "$f(x) \to L$ as $x \to N-$"이라고 쓴다.

3 영어로 "$f(x) \to L$ as $x \to N+$"이라고 쓴다.

극한값이 달라지기 때문이다. 사실 함수의 오른쪽 극한과 왼쪽 극한이란 개념은 제한적으로 사용되고 크게 유용하지는 않다.

함수의 극한에 관한 정리

정 리 **함수의 극한에 관한 정리**

1. $\mathbb{R}$에서 $\mathbb{R}$로 가는 두 함수 f와 g가 있다고 하자(f와 g가 같은 함수이어도 상관없다). 그리고 $f(x)+g(x)$를 함수 $h(x)$라고 하자. x가 N을 향하여 접근할 때, $f(x)$의 극한은 A이고, $g(x)$의 극한은 B이면, 함수 $h(x)$의 극한은 $A+B$이다.
2. $\mathbb{R}$에서 $\mathbb{R}$로 가는 두 함수 f와 g가 있다고 하자(f와 g가 같은 함수이어도 상관없다). 그리고 $f(x)-g(x)$를 함수 $h(x)$라고 하자. x가 N을 향하여 접근할 때, $f(x)$의 극한은 A이고, $g(x)$의 극한은 B이면, 함수 $h(x)$의 극한은 $A-B$이다.
3. $\mathbb{R}$에서 $\mathbb{R}$로 가는 두 함수 f와 g가 있다고 하자(f와 g가 같은 함수이어도 상관없다). 그리고 $f(x)g(x)$를 함수 $h(x)$라고 하자. x가 N을 향하여 접근할 때, $f(x)$의 극한은 A이고, $g(x)$의 극한은 B이면, 함수 $h(x)$의 극한은 AB이다.
4. $\mathbb{R}$에서 $\mathbb{R}$로 가는 두 함수 f와 g가 있다고 하자(f와 g가 같은 함수이어도 상관없다). 그리고 $f(x)/g(x)$를 함수 $h(x)$라고 하자. x가 N을 향하여 접근할 때, $f(x)$의 극한은 A이고, $g(x)$의 극한은 B이면($B\neq 0$), 함수 $h(x)$의 극한은 A/B이다.

한 가지 주의할 점은, $B=0$이면, 우리는 $\frac{f(x)}{g(x)}$의 극한에 대하여 개별적으로 살펴보아야 한다. 다음의 예에서 살펴보자.

example 4.8 $y=\frac{x^2-1}{x-1}$, $y=\frac{x^2+1}{x-1}$

$y=\frac{x^2-1}{x-1}=f(x)$이면 $x\to 1$일 때 $f(x)\to 2$이다. 그러나

$y=\frac{x^2+1}{x-1}=f(x)$이면 $x\to 1$ 일 때 $f(x)\to +\infty$이다.

위의 정리들은 우리의 직관에 부합하나, 이에 대한 증명은 생략하기로 한다. 증명을 하기 위해서는 극한의 정의가 먼저 엄밀히 수학적으로 세워져야 하는데 이 책에서 그 엄밀한 정의를 생략하였기 때문이다.

B. 여러 함수들의 극한

i) 상수함수의 극한

$y=c$라는 상수함수가 하나 있다 하자. 그러면 x가 N을 향하여 갈 경우 그 함수값은 언제나 c이므로 함수의 극한은 c이다. 즉, 상수함수의 극한은 그 상수값이다.

ii) 항등함수의 극한

x가 N을 향하여 가면 $y=x$이므로 y도 N을 향하여 간다. 그러므로 항등함수의 극한값은 x가 가까이 가는 값, 즉 N이다.

iii) $y=ax$의 극한

이는 $y=a=f(x)$라는 상수함수와 $y=x=g(x)$라는 항등함수 두 함수를 곱하여 만든 함수로 생각할 수 있으므로 위의 곱의 법칙에 따라 x가 N을 향하여 가면 이 함수의 극한은 aN이 된다.

iv) $y=x^2$의 극한

이는 $y=x=f(x)$라는 항등함수를 같이 곱하여 만든 함수로 생각할 수 있으므로 위의 곱의 법칙에 따라 x가 N을 향하여 가면 이 함수의 극한은 N^2이 된다.

v) $y=ax^2+bx+c$의 극한

이를 곱의 법칙과 합의 법칙을 사용하면 x가 N을 향하여 갈 때 이 함수의 극한은 aN^2+bN+c이 됨을 알 수 있을 것이다.

vi) $y=x^n$의 극한

곱의 법칙을 귀납적으로 적용하면 N^n이 됨을 알 수 있을 것이다.

vii) 다항함수 $y=a_nx^n+a_{n-1}x^{n-1}+\cdots+a_2x^2+a_1x+a_0$의 극한

이제까지의 논의를 확장하면 x가 N을 향하여 갈 때 이 함수의 극한은

$$a_nN^n+a_{n-1}N^{n-1}+\cdots+a_2N^2+a_1N+a_0$$

이 됨을 알 수 있다.

viii) 유리함수 $y=\dfrac{a_nx^n+a_{n-1}x^{n-1}+\cdots+a_2x^2+a_1x+a_0}{b_mx^m+b_{m-1}x^{m-1}+\cdots+b_2x^2+b_1x+b_0}$의 극한

극한에 관한 몫의 법칙을 적용하면, x가 N을 향하여 갈 때 이 함수의 극한은

$$\frac{a_nN^n+a_{n-1}N^{n-1}+\cdots+a_2N^2+a_1N+a_0}{b_mN^m+b_{m-1}N^{m-1}+\cdots+b_2N^2+b_1N+b_0}$$

이 됨을 알 수 있다.

연습문제

1. 다음의 극한을 구하라.

a. $\lim_{x\to1}(6x-7)$ *b.* $\lim_{x\to0}4$ *c.* $\lim_{y\to-2}(3y+4)$

2. 다음의 극한을 구하라.

a. $\lim_{x\to1}|x-1|$ *b.* $\lim_{t\to0}\dfrac{|t-4|}{t-4}$

c. $\lim_{u\to2}\dfrac{u^2-4}{u-2}$ *d.* $\lim_{v\to2}\dfrac{v^2+v-2}{v+2}$

3. $F(k)$를 다음과 같이 정의하자.

$$F(k)=\lim_{x\to4}\frac{x^2-2x+2k}{x^2-3x+k}$$

a. k가 -4가 아닐 경우 $F(k)$의 값은 2임을 보여라.

b. $F(-4)$를 계산하라.

4. 다음의 극한을 구하라.

a. $\lim_{y \to 0}\left(\lim_{x \to 0}\frac{x^2-2y}{x+y}\right)$ *b.* $\lim_{x \to 0}\left(\lim_{y \to 0}\frac{x^2-2y}{x+y}\right)$

c. $\lim_{x \to 0}\left(\lim_{y \to 0}\frac{x^2+xy-4}{x+y-2}\right)$ *d.* $\lim_{y \to 0}\left(\lim_{x \to 0}\frac{x^2+xy-4}{x+y-2}\right)$

C. 함수의 연속

$\mathbb{R}$에서 $\mathbb{R}$로 가는 함수(혹은 $\mathbb{R}$의 부분집합에서 $\mathbb{R}$로 가는 함수)가 하나 있다고 하자. 직관적으로 이 함수가 어느 한 점에서 불연속이란 얘기는 펜으로 그래프를 그리다 이 한 점에서 그래프를 연속적으로 그리지 못하고 펜을 떼야 하는 경우를 말한다. 다시 말하면 투입변수 x가 그 점에서 아주 조금 변할 때 함수값 $f(x)$는 크게 변한다는 말이다. 그리고 연속이라는 얘기는 그 점에서 투입변수 x가 아주 조금 변하면 함수값 $f(x)$도 아주 조금 변한다는 말이다. 이제 이 직관적 아이디어를 좀 더 엄밀하게 다듬어서 함수의 연속(continuity of a function)을 정의하면 다음과 같다.

• 정 의 • $\mathbb{R}$에서 $\mathbb{R}$로 가는 하나의 함수 $y=f(x)$가 있다고 하자. 이제 정의역의 한 값 a에서

1. x가 a를 향하여 갈 때 함수의 극한이 존재하고, 즉 $\lim_{x \to a} f(x)=L$이고
2. $L=f(a)$이면

우리는 이 함수가 $x=a$에서 연속이라고 말한다. 그리고 함수가 정의역의 모든 값에서 연속이면 우리는 이 함수를 **연속함수**(continuous function)라 칭한다.

우선 극한이 존재하지 않으면 연속이 아니다. 극한을 설명하면서 든 예 중

$$y = f(x) = \begin{cases} 2x+1 & x \geq 4 \\ -x+1 & x < 4 \end{cases}$$

는 x가 4를 향하여 갈 때 극한이 존재하지 않으므로 $x=4$에서 연속이 아니다. 그리고

$$y = f(x) = \begin{cases} 1 & x\text{가 유리수인 경우} \\ 2 & x\text{가 무리수인 경우} \end{cases}$$

는 어느 x값에서도 극한이 존재하지 않으므로 어느 x값에서도 연속이 아니다.

다음으로 극한이 존재하나 이 극한값이 함수값과 다르면 연속이 아니다.

example 4.9 $y = f(x) = \begin{cases} 2x+1 & x \neq 2 \\ 3 & x = 2 \end{cases}$

이 함수의 경우 x가 2를 향해 가면 함수의 극한값은 5이다. 그러나 함수값은 3으로 5와 다르다. 즉, 이 함수는 $x=2$에서 연속이 아니다. **그림 4-1**과 같이 그래프를 그려 보면 쉽게 알 수 있다.

example 4.10 $y = \frac{1}{x}$

이 함수의 정의역은 실수에서 0을 뺀 집합이다. 많은 교과서에서 이 함수는 $x=0$에서 연속이 아니라고 설명하나, $x=0$은 정의역에서 빠지므로 $x=0$을 빼고 연속이냐 아니냐를 고려해야 하고 따라서 연속함수이다. 물론 $x=0$일 때의 함수값을 임의로 주면 정의역에 0도 포함되고 이때는 이 함수는 $x=0$에서 불연속이다. 왜냐하면 $x=0$에서 함수의 극한이 존재하지 않기 때문이다.

다음 절 미분에서 자세히 설명하겠지만, 먼저 언급하면, $\mathbb{R}$이나 $\mathbb{R}$의 부분집합에서 $\mathbb{R}$로 가는 함수가 어느 점에서 미분가능하면 이 함수는 그 점에서 연속이다. 즉, 미분가능한 함수는 연속함수이다.

그림 4-1

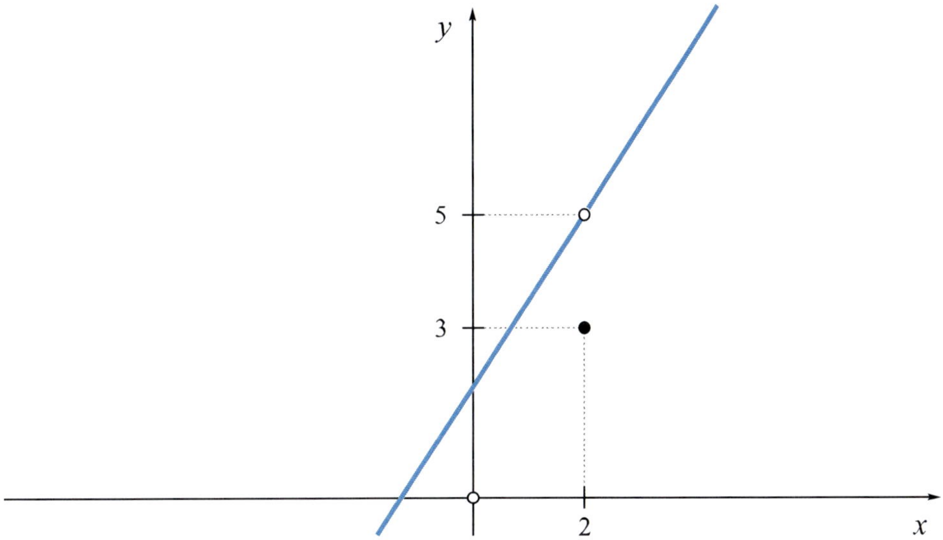

연습문제

1. $x=a$에서 두 함수 f와 g가 불연속이면서 $f+g$와 $f-g$가 모두 연속인 함수 f와 g가 있는가? 있다면 예를 들고 없다면 증명을 하라.
2. $x=a$에서 두 함수 f와 g가 불연속이면서 $f-g$와 fg가 모두 연속인 함수 f와 g가 있는가? 있다면 예를 들고 없다면 증명을 하라.

   (**Hint** 다음과 같은 함수를 생각하라. $f(x)=\begin{cases} 0 & x \neq 0 \\ 1 & x=0 \end{cases}$)

D. 미분의 의미

$\mathbb{R}$에서 $\mathbb{R}$로 가는 하나의 함수 $y=f(x)$가 있을 경우 우리는 미분이라는 조작을 통하여 새로운 함수를 만들 수 있다. 이렇게 만들어진 함수를 도함수(derivative)

라 부른다. 즉, 유도된 함수란 뜻이다. 방법은 다음과 같다.

우선 함수 f를 x의 한 값(그 값을 a라 하자)에서 미분(differentiation)한다는 것은 다음의 극한을 구하는 것이다.

$$\lim_{x \to a} \frac{f(x) - f(a)}{x - a}$$

이를 자세히 살펴보기로 하자. x가 a 주변의 값을 가지면 $f(x)$의 값과 $f(a)$의 값에 차이가 있다(물론 없을 수도 있을 것이나 이때는 그 차이를 0이라고 한다). 그리고 $f(x)$의 값과 $f(a)$의 값의 차이를 x의 차이, 즉 $x-a$로 나눈

$$\frac{f(x) - f(a)}{x - a}$$

를 차분몫(difference quotient)이라고 한다. 이는 y의 변화분을 x의 변화분으로 나눈 것이다. 이를 그래프로 표시하면 **그림 4-2**와 같다.

여기서 h는 $x-a$이고 0이 아닌 아주 작은 수이다. **그림 4-2**는 $h>0$인 경우를 그렸지만, x가 a보다 작은 값을 가지면 h는 음수가 되고 $x=a+h$는 a의 왼쪽

그림 4-2

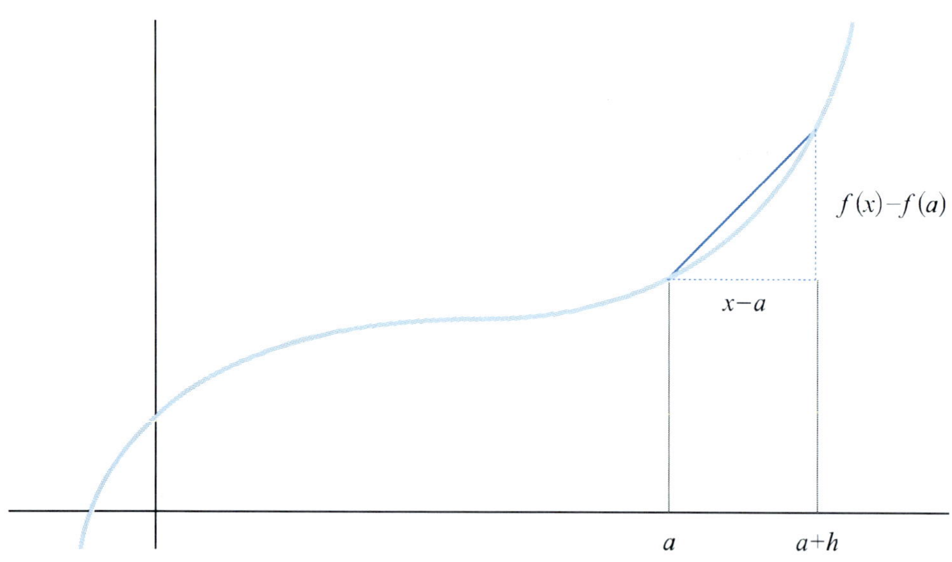

에 위치할 것이다. 이제 x를 a에 수렴시켜 보자. 즉, h를 0으로 수렴시켜 보자. 이 경우 차분몫의 극한값이 존재하면 우리는 이 극한값을 함수 f를 a에서 미분한 미분값이라 말한다. 그리고 이 값을 기호로 $f'(a)$로 표기를 한다(다른 기호도 있는데 이는 나중에 언급하기로 한다). 미분값 $f'(a)$가 존재하면 우리는 함수 f가 a에서 미분가능하다고 말하기도 한다. 이 차분몫을 다음과 같이 표현하여도 무방하다.

$$\frac{f(a+h)-f(a)}{h}$$

이렇게 차분몫을 표시하면 a에서 이 함수를 미분한다는 것은 h가 0으로 수렴할 때 이 차분몫의 극한을 구하는 것이다.

$$\lim_{h\to 0}\frac{f(a+h)-f(a)}{h}=f'(a)$$

다시 말해 우리는 차분몫을 h의 함수로 보고 h가 0을 향해 갈 때 이 차분몫의 극한값을 구하는 것이다. 여기서 주의할 점은 차분몫은 h의 함수로 생각하고 h의 정의역은 0을 제외한 0 주변의 실수이다. 즉, $(-\delta,\ 0)\cup(0,\ \delta)$이다.

$f'(a)$는 a값이 변함에 따라 변한다. 즉, a의 함수로 생각할 수 있다. a는 x의 한 값이므로 a대신에 x라는 기호를 쓰면 $f'(a)$는 x의 함수가 된다. 이를 $y=f(x)$의 도함수라 한다. 다시 말하여

$$\lim_{h\to 0}\frac{f(x+h)-f(x)}{h}=f'(x)$$

이고, 이를 달리 표현하면

$$\lim_{w\to x}\frac{f(w)-f(x)}{w-x}=f'(x)$$

이라 쓸 수도 있다. 즉, 차분몫을

$$\frac{f(x+h)-f(x)}{h}\ \text{혹은}\ \frac{f(w)-f(x)}{w-x}$$

라고 쓸 수 있다. 우리는 앞으로 두 가지 표현을 섞어가며 사용할 것이다.

그리고 함수 $y=f(x)$를 미분하였다는 기호를 $f'(x)$로도 사용하지만

$$\frac{dy}{dx} \text{ 혹은 } \left(\frac{d}{dx}f(x)\right)$$

라는 기호로도 사용할 것이다. 사실 dy/dx는 dy를 dx로 나눈 것으로 이해할 수도 있는데 이는 나중에 설명하고 지금은 그냥 $y=f(x)$를 x로 미분한 기호라고 이해하면 충분하다.

미분불가능

함수의 그래프가 **그림 4-3**과 같이(smooth하지 않고) 뾰족한 모양을 가지면 그 x값에서 함수의 미분은 불가능하다.

그림 4-3

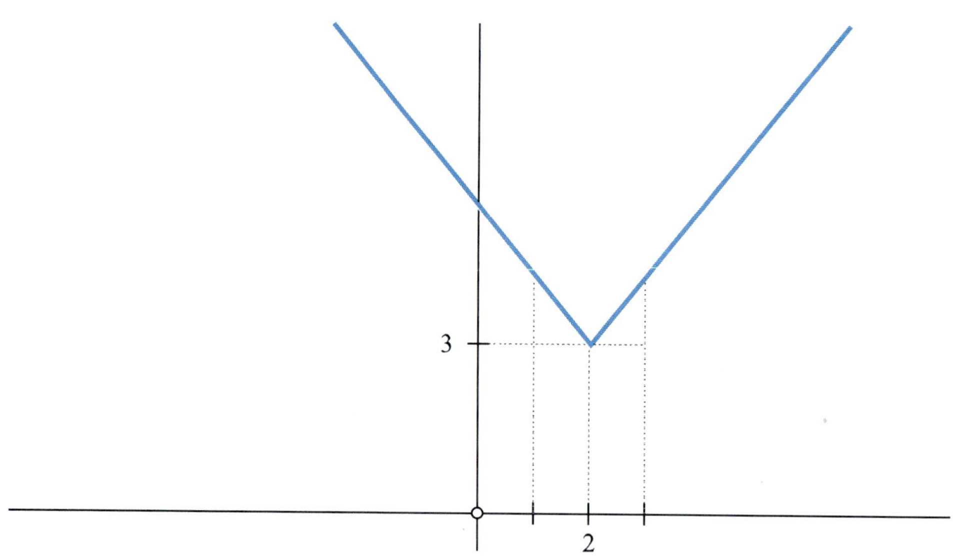

example 4.11 $y=|x-2|+3=\begin{cases} x+1 & x\geq 2 \\ -x+5 & x\leq 2 \end{cases}$

이 함수를 $x=2$에서 미분해 보기로 하자. 차분몫은

$$\frac{(|2+h-2|+3)-(|0|+3)}{h}=\frac{|h|}{h}$$

이다. 이제 h를 0으로 수렴시키는데 양의 값을 가지면서 0으로 수렴(예로 0.1, 0.01, 0.001, …)으로 수렴시키면 차분몫은 언제나 1이 되어 극한값이 1이다. 그러나 음의 값을 가지면서 0으로 수렴(예로 -0.1, -0.01, -0.001, …)시키면 차분몫은 언제나 -1이 되어 극한값이 -1이다. 즉 우극한과 좌극한이 다르므로 이 차분몫의 극한은 존재하지 않는다. 따라서 이 함수는 $x=2$에서 미분불가능하다. **그림 4-3**을 참조하라.

E. 몇몇 함수의 도함수

i) 상수함수 | $y=f(x)=c$

차분몫의 분자 즉 $f(x+h)-f(x)$는 언제나 0이다. 왜냐하면 $f(x+h)=c$이고 $f(x)=c$이기 때문이다. 그러므로 차분 몫의 값은 언제나 0이고 따라서 이의 극한값은 0이다. 즉, $f(x)=c$인 상수함수의 도함수는 그 값이 0인 상수함수이다.

ii) 항등함수 | $y=f(x)=x$

차분몫은 언제나 1이다. 왜냐하면 $f(x+h)=x+h$이고 $f(x)=x$이므로 차분몫은 언제나 $\frac{h}{h}=1$이고 따라서 이의 극한값은 1이기 때문이다. 즉, 항등함수의 도함수는 그 값이 1인 상수함수이다.

iii) $y=x^2$

차분몫은 $\frac{(x+h)^2-x^2}{h}=\frac{2xh+h^2}{h}=2x+h$가 된다. h가 0으로 가면 차분몫은 $2x$로 가므로 도함수는 $2x$이다.

iv) $y=x^3$

차분몫은 $\frac{(x+h)^3-x^3}{h}=\frac{3x^2h+3xh^2+h^3}{h}=3x^2+3xh+h^2$가 된다. h가 0으로 가면 차분몫은 $3x^2$으로 가므로 도함수는 $3x^2$이다.

이쯤해서 관찰력이 뛰어난 독자는 미분에 관하여 어떤 규칙이 있음을 알아차렸을 것이다. $y=x$를 미분하면 $1=1\cdot x^0$, $y=x^2$를 미분하면 $2x$, $y=x^3$를 미분하면 $3x^2$이므로 일반적으로 n이 자연수일 때 $y=x^n$을 미분하면 nx^{n-1}이 되지 않을까라고 생각되는 규칙 말이다.

사실 그렇다. 이제 이를 자세히 살펴보자.

함수 $y=x^n$의 차분몫을 구하면 $\frac{(x+h)^n-x^n}{h}$이다. 이 차분몫의 분자를 정리하기 위하여 $x+h$를 w라고 하자. 그러면 분자는 w^n-x^n이 되고 이는

$$(w-x)(w^{n-1}+w^{n-2}x+w^{n-3}x^2+\cdots+w^2x^{n-3}+wx^{n-2}+x^{n-1})$$

이 된다(이를 전개하여 계산해 보라). 그러므로

$$(x+h)^n-x^n=(x+h-x)((x+h)^{n-1}+(x+h)^{n-2}+(x+h)^{n-3}x^2+\cdots$$
$$+(x+h)^2x^{n-3}+(x+h)x^{n-2}+x^{n-1})$$

이 되어 결국 차분몫은

$$(x+h)^{n-1}+(x+h)^{n-2}x+(x+h)^{n-3}x^2+\cdots+(x+h)^2x^{n-3}+(x+h)x^{n-2}+x^{n-1}$$

이 된다. h를 0으로 수렴하게 하면 각 항이 x^{n-1}로 수렴하고 이 동일한 항이 n개 있으므로 결국 최종적으로 차분몫의 극한값은 nx^{n-1}이 된다. 그리고 나중에 나오겠지만 n이 자연수뿐만 아니라 어떠한 실수이더라도 $y=x^n$을 미분하면 nx^{n-1}이 얻어진다. 주로 n이라는 기호를 자연수를 나타내는 데 많이 사용하므로 다른 기호로 말하면, $y=x^\alpha(\alpha\neq 0)$의 도함수는 $\alpha x^{\alpha-1}$이다.

그러면 함수를 미분하기 위하여 언제나 차분몫을 구하고 그 차분몫의 극한을 구해야 하는가? 그렇지 않다. 다음 절에서 소개하는 미분의 법칙을 적용하면 많은 경우 함수의 미분은 기계적으로 할 수 있다.

F. 미분과 함수의 연속

여기서 함수의 미분과 함수의 연속에 관한 정리를 소개하기로 하자.

정 리 **미분과 함수의 연속**

함수 $y=f(x)$가 a에서 미분가능하면 이 함수는 a에서 연속이다. 즉, $\lim_{x\to a} f(x)=f(a)$이다.

증 명 a 주변의 x값을 $a+h$로 쓰자. 그러면 $f(x)=f(a+h)$이고, x가 a를 향하여 간다는 것은 h가 0을 향하여 간다는 말과 마찬가지이다.

$$f(x)-f(a)=f(a+h)-f(a)=\left(\frac{f(a+h)-f(a)}{h}\right)\cdot h$$

이고 h가 0으로 갈 때 우변의 극한은 극한의 법칙에 의하여 $\frac{f(a+h)-f(a)}{h}$의 극한 곱하기 h의 극한, 즉 $f'(a)$곱하기 0으로 0이다. 우변과 좌변이 같으므로 좌변의 극한도 0이다. 즉,

$$\lim_{x\to a}[f(x)-f(a)]=0$$

이다. 그러면 $f(x)=(f(x)-f(a))+f(a)$이므로 $f(x)$의 극한은 $(f(x)-f(a))$의 극한 0 더하기 $f(a)$의 극한 $f(a)$로 $f(a)$이다. 즉, $\lim_{x\to a} f(x)=f(a)$이다. ■

이 정리를 다른 기호로 다시 말하면, 함수 $y=f(x)$가 x에서 미분가능하면, w가 x를 향해서 접근할 때 $f(w)$는 $f(x)$를 향해서 접근한다는 말이다. 즉,

$$f(w)\to f(x) \text{ as } w\to x$$

이다. 우리는 이 사실을 다음의 미분법칙을 논의하면서 그 증명에 사용할 것이다.

G. 미분법칙

여기서는 x의 고정된 한 값을 a로 쓰지 않고 그냥 x로 쓰기로 한다.

i) 합의 법칙

함수 $f(x)$와 함수 $g(x)$를 합하여 새로운 함수 $\phi(x)$를 만들 수 있다.

즉, $\phi(x)=f(x)+g(x)$이라 하자. 만약 $f'(x)$와 $g'(x)$가 존재하면 $\phi'(x)$가 존재하고 $\phi'(x)=f'(x)+g'(x)$이다.

증 명 차분몫은 다음과 같다.

$$\begin{aligned}\frac{\phi(w)-\phi(x)}{w-x}&=\frac{(f(w)+g(w))-(f(x)+g(x))}{w-x}\\&=\frac{f(w)-f(x)}{w-x}+\frac{g(w)-g(x)}{w-x}\end{aligned}$$

이때 두 항의 극한값은 각각 $f'(x)$과 $g'(x)$이다. 따라서 극한의 법칙에 따라 $\dfrac{f(w)-f(x)}{w-x}+\dfrac{g(w)-g(x)}{w-x}$의 극한은 $f'(x)+g'(x)$이다. ■

합의 법칙을 확장하면 $\dfrac{d}{dx}(f(x)+g(x)+h(x))=f'(x)+g'(x)+h'(x)$이다. 이는 $(f(x)+g(x)+h(x))$를 $f(x)+g(x)$라는 함수 더하기 $h(x)$라는 함수로 생각하여 합의 법칙을 반복적으로 적용하면 쉽게 증명이 된다. $(f(x)+g(x)+h(x))$의 미분은 $f(x)+g(x)$의 미분 더하기 $h'(x)$이고 $f(x)+g(x)$의 미분은 다시 합의 법칙을 적용하여 $f'(x)+g'(x)$이므로 최종적으로 그러한 결과가 나오는 것이다. 일반적으로 여러 함수를 합한 것의 미분은 각 함수를 미분한 것의 합이다.

ii) 차의 법칙

함수 $f(x)$와 함수 $g(x)$를 합하여 새로운 함수 $\phi(x)$를 만들 수 있다.

즉, $\phi(x)=f(x)-g(x)$이라 하자. 만약 $f'(x)$와 $g'(x)$가 존재하면 $\phi'(x)$가 존재하고 $\phi'(x)=f'(x)-g'(x)$이다.

증 명 생략. 위 합의 법칙에서 더하기를 빼기로 바꾸면 된다. 각자 증명해 보기를 권한다. ■

iii) 곱의 법칙

함수 $f(x)$와 함수 $g(x)$를 곱하여 새로운 함수 $\phi(x)$를 만들 수 있다.

즉, $\phi(x)= f(x)g(x)$이라 하자. 그러면 $\phi'(x)=f'(x)g(x)+f(x)g'(x)$이다.

증 명 차분몫은 다음과 같다.

$$\begin{aligned}\frac{\phi(w)-\phi(x)}{w-x}&=\frac{f(w)g(w)-f(x)g(x)}{w-x}\\&=\frac{f(w)g(w)-f(x)g(w)+f(x)g(w)-f(x)g(x)}{w-x}\\&=\left[\frac{f(w)-f(x)}{w-x}\right]g(w)+f(x)\left[\frac{g(w)-g(x)}{w-x}\right]\end{aligned}$$

여기서 w를 x에 수렴시키면 첫 번째 항의 대괄호는 $f'(x)$로 가고 두 번째 항의 대괄호는 $g'(x)$로 가며 $g(w)$는 $g(x)$(함수 g가 x에서 미분가능하므로 연속이므로)로 가므로 곱의 법칙 결론이 나온다. ■

곱의 법칙을 확장하면 여러 함수의 곱에 대한 미분 법칙도 얻을 수 있다. 함수가 $f(x)g(x)h(x)$인 경우, 이를 $f(x)g(x)$ 곱하기 $h(x)$로 생각하면

$$\frac{d}{dx}(f(x)g(x)h(x))=\left[\frac{d}{dx}(f(x)g(x))\right]h(x)+f(x)g(x)\left[\frac{d}{dx}(h(x))\right]$$

이고 $\left[\frac{d}{dx}(f(x)g(x))\right]$를 다시 곱의 법칙에 따라 미분하여 대입하면 최종적으로

$$\frac{d}{dx}(f(x)g(x)h(x))=\left[\frac{d}{dx}f(x)\right]g(x)h(x)+f(x)\left[\frac{d}{dx}g(x)\right]h(x)+f(x)g(x)\left[\frac{d}{dx}h(x)\right]$$

을 얻는다. 다른 기호로 쓰면 다음과 같다.

$$[f(x)g(x)h(x)]'=f'(x)g(x)h(x)+f(x)g'(x)h(x)+f(x)g(x)h'(x)$$

iv) 몫의 법칙

함수 $f(x)$와 함수 $g(x)$를 곱하여 새로운 함수 $\phi(x)$를 만들 수 있다. 즉, $\phi(x)=\dfrac{f(x)}{g(x)}$이라 하자. 그러면

$$\phi'(x)=\frac{f'(x)g(x)-f(x)g'(x)}{g(x)^2}$$

이다.

증 명 차분몫은 다음과 같다.

$$\begin{aligned}\frac{\phi(w)-\phi(x)}{w-x}&=\frac{\dfrac{f(w)}{g(w)}-\dfrac{f(x)}{g(x)}}{w-x}\\&=\frac{\dfrac{f(w)g(x)-f(x)g(w)}{g(x)g(w)}}{w-x}\\&=\frac{f(w)g(x)-f(x)g(w)}{(w-x)g(x)g(w)}\\&=\frac{f(w)g(x)-f(x)g(x)+f(x)g(x)-f(x)g(w)}{(w-x)g(x)g(w)}\\&=\left[\frac{f(w)-f(x)}{w-x}\right]\left[\frac{g(x)}{g(x)g(w)}\right]-\left[\frac{f(x)}{g(x)g(w)}\right]\left[\frac{g(w)-g(x)}{w-x}\right]\end{aligned}$$

이다. 차분몫을 마지막 줄처럼 쓰고 w를 x에 수렴시키면 첫 번째 항의 앞 대괄호는 $f'(x)$로 가고, 뒤 대괄호는 $\dfrac{g(x)}{g(x)^2}$으로 가고, 두 번째 항의 앞 대괄호는 $\dfrac{f(x)}{g(x)^2}$로 가고 뒤 대괄호는 $g'(x)$로 가므로 결국 몫의 법칙이 얻어진다. ■

몫의 법칙을 이용한 $y=x^{-m}(m>0)$의 미분

$y=x^{-m}=\dfrac{1}{x^m}$므로 몫의 법칙을 사용하면

$$\frac{dy}{dx}=\frac{0\cdot x^m-1\cdot(mx^{m-1})}{(x^m)^2}=(-m)x^{-m-1}$$

이다. $-m$을 n이라 하면 결국 n이 음의 정수 값을 가질 때에도 $y=x^n$의 도함수

는 nx^{n-1}이 됨을 알 수 있다.

일반적으로 $y=x^{\alpha}$일 경우 α가 0이 아닌 어떤 실수이더라도 도함수는 $\alpha x^{\alpha-1}$이 된다고 앞에서 말하였다. 나중에 합성함수 그리고 역함수의 미분법을 사용하면 $y=x^{(n/m)}$의 도함수는 $(n/m)x^{(n/m)-1}$임을 증명할 것이다. 그러나 α가 무리수인 경우는 이 책에서 증명을 생략하기로 한다.

다항함수의 도함수

다항함수 $y=f(x)=a_n x^n + a_{n-1}x^{n-1} + \cdots + a_1 x + a_0$를 미분하면

$$\frac{dy}{dx}=f'(x)=na_n x^{n-1}+(n-1)a_{n-1}x^{n-2}+\cdots+2a_2 x+a_1$$

이 된다. 이는 위 미분법칙들을 사용하여 증명할 수 있다. 우선 x^i의 미분은 ix^{i-1}임을 앞에서 보았다(앞에서는 i 대신에 n을 사용하였다).

다음으로 $a_i x^i$는 상수함수 $y=a_i$와 **멱함수**(power function) x^i의 곱으로 생각할 수 있다. 곱의 법칙에 따라 $y=a_i$를 미분한 값, 즉 0 곱하기 x^i, 더하기 $y=a_i$ 곱하기 x^i의 미분 ix^{i-1}이고, 기호로 쓰면 $\frac{d}{dx}(a_i x^i)=i\,a_i x^{i-1}$이다.

또한 합의 법칙에 의하여 각 항을 미분한 것의 합이 다항함수의 도함수이므로 결국 위와 같은 결론이 얻어진다.

연습문제

1. $f(x)=5x-2$가 주어진 경우 다음을 계산하라.

a. $f'(1)$ *b.* $f'(0)$ *c.* $f'(15)$ *d.* $f'(x_0)$

2. $h(t)=t^3$이 주어진 경우 다음을 계산하라.

a. $h'(1)$ *b.* $h'(0)$ *c.* $h'(-1)$ *d.* $h'(5)$

e. $h'(x_0)$

3. 다음 함수들의 도함수를 구하여라.

a. $y=5x^8$ *b.* $y=\frac{2}{x}$ *c.* $y=-3x^7$

4. 다음을 계산하라.

a. $\frac{d}{dx}(5x^8)$

b. $\frac{d}{ds}(23s^2)$

c. $\frac{d}{du}\left(\frac{6}{u^3}\right)$

d. $\frac{d}{dx}(4x^5 - 5x^4 + 2x^3 - 3x^2)$

e. $\frac{d}{dx}(1 + x + x^2 + x^3 + x^4)$

f. $\frac{d}{dt}(5t^{14} + 8t^{11} - 7t^{10} + 3)$

g. $\frac{d}{dr}(14r^{-5} + 11r^{-8} - 10r^{-7} + 3)$

5. 다음의 도함수를 구하라.

a. $\frac{d}{dx}[(x+1)(x-1)]$

b. $\frac{d}{dx}[(3x+1)(x^2-2)]$

c. $\frac{d}{dx}\left(x + \frac{1}{x}\right)^2$

d. $\frac{d}{ds}\left(\frac{s^2-4}{s-2}\right)$

e. $\frac{d}{ds}\left(\frac{s^3-1}{s-1}\right)$

f. $\frac{d}{dt}\left(\frac{t^2-3t+2}{t-2}\right)$

6. 다음을 계산하라.

a. $\frac{d}{dx}\left[\left(\frac{x+1}{x}\right)^2\right]$

b. $\left[\frac{d}{dx}\left(\frac{x+1}{x}\right)\right]^2$

H. 미분의 기하학적 의미

미분의 기하학적 의미를 알기위하여 차분몫의 기하학적 의미를 먼저 알아보아야 한다. 차분몫은 **그림 4-4**에서 보듯이 점 a와 점 b를 연결하는 직선의 기울기이다. 이제 w가 x를 향하여 더 가깝게 접근하여 w'의 값을 가지면 그 때의 차분몫은 **그림 4-5**에서 두 번째 직선의 기울기가 된다.

이제 w가 x를 향하여 가깝게 접근하면 직선들은 **그림 4-6**이 보여 주는 그래프에 접하는 접선으로 접근한다. 차분몫은 직선들의 기울기이므로 결국 차분몫은 접선의 기울기에 접근함을 알 수 있다. 즉, 차분몫은 $(x,\ f(x))$에서 함수의 그래프

그림 4-4

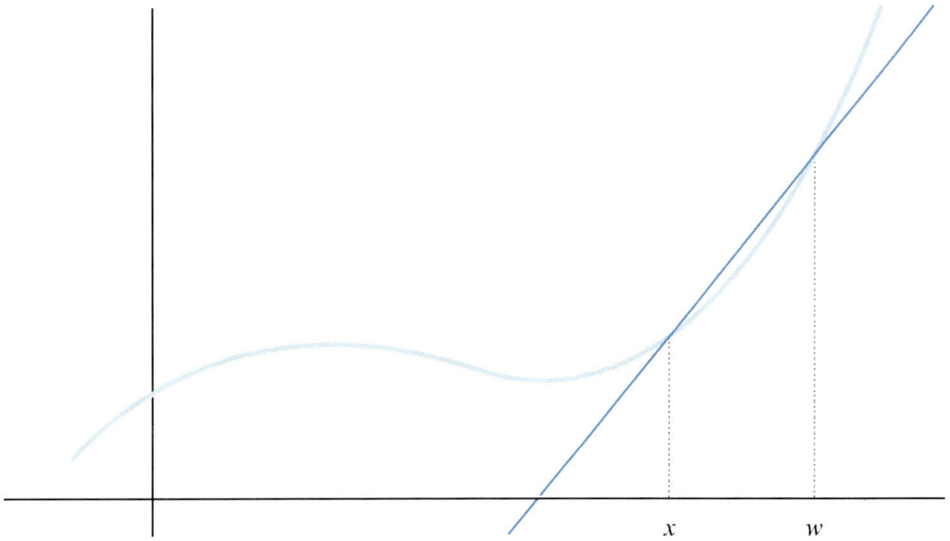

그림 4-5

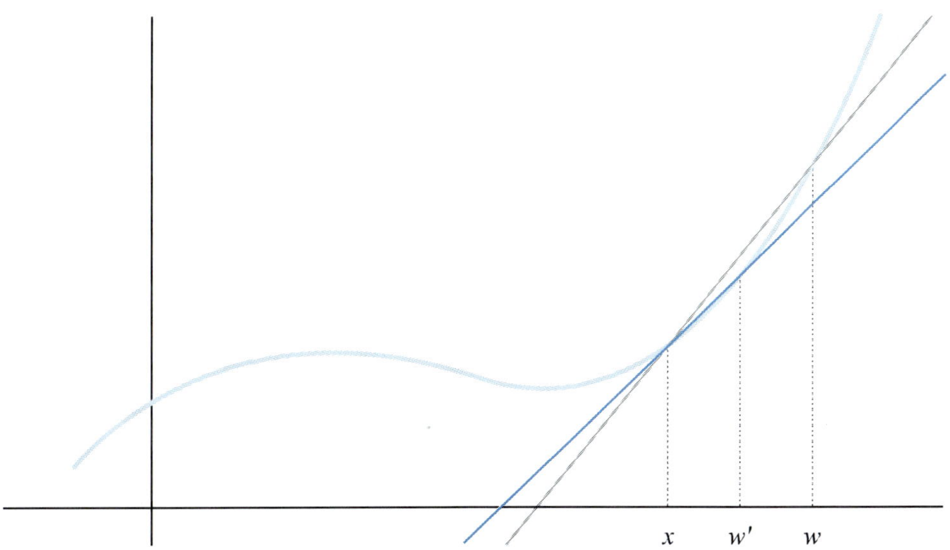

그림 4-6

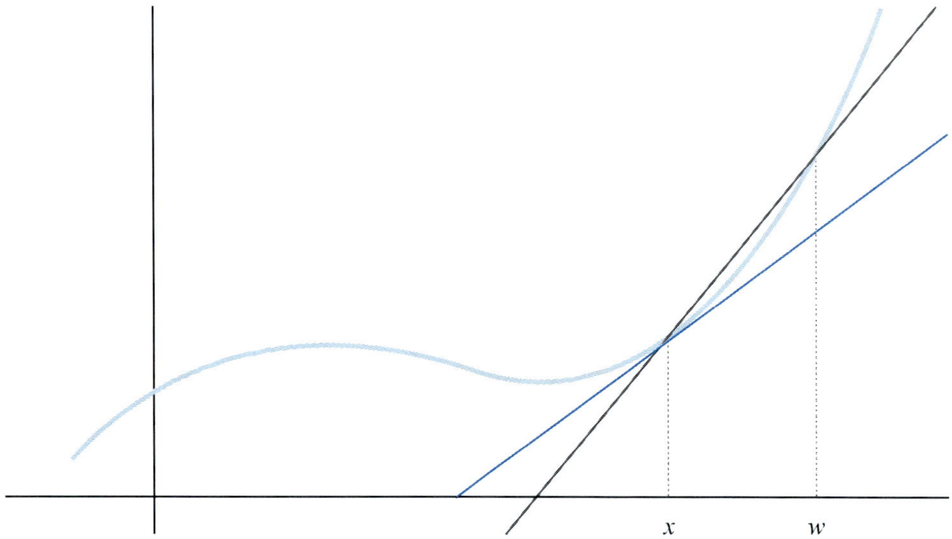

에 접하는 접선의 기울기이다. 이는 직관적 설명이고, 더 엄밀한 수학적 논의는 접선의 정의부터 따져야 하므로 생략하기로 한다.

example 4.12 (2, 3)에서 $y=x^2-2x+3$의 그래프에 접하는 접선의 식을 찾아보자. 우선 도함수를 구하면 $y'=2x-2$이고 따라서 $x=2$에서 미분값은 2이다. 그러므로 접선의 식은 $y=2x+b$이다. 이 접선이 (2, 3)에서 함수의 그래프와 접하므로 이 접선도 (2, 3)을 지난다. 그러므로 $3=2\times2+b$이고 $b=-1$이다. 즉, 접선의 식은 $y=2x-1$이다.

연습문제

1. 다음 각 각의 함수에 주어진 점에서 접하는 접선의 식을 찾으라.

a. $y=3x^2-1$, (2, 11)

b. $y=x^2+2x$, (−1, −1)

c. $y=4x+\frac{3}{x}$, (3, 13)

d. $y=3x-\frac{2}{x}$, (2, 5)

함수의 그래프와 미분

우선 어느 x값에서 미분값 $f'(x)$가 양의 값, 즉 $f'(x) > 0$이라 가정해 보자. 그러면 접선은 $(x,\ f(x))$의 점을 지나면서 기울기가 $f'(x)$인 직선으로 **그림 4-7** 패널 (a) 혹은 패널 (b), (c), (d)처럼 그려진다고 생각할 수 있을 것이다. 어느 경우이든 함수는 $(x,\ f(x))$ 주변에서 증가함수이다. 이를 좀 더 엄밀하게 증명할 수 있으나 생략하기로 한다. 다만 결론은 중요하므로 다음의 정리로 요약한다.

그림 4-7

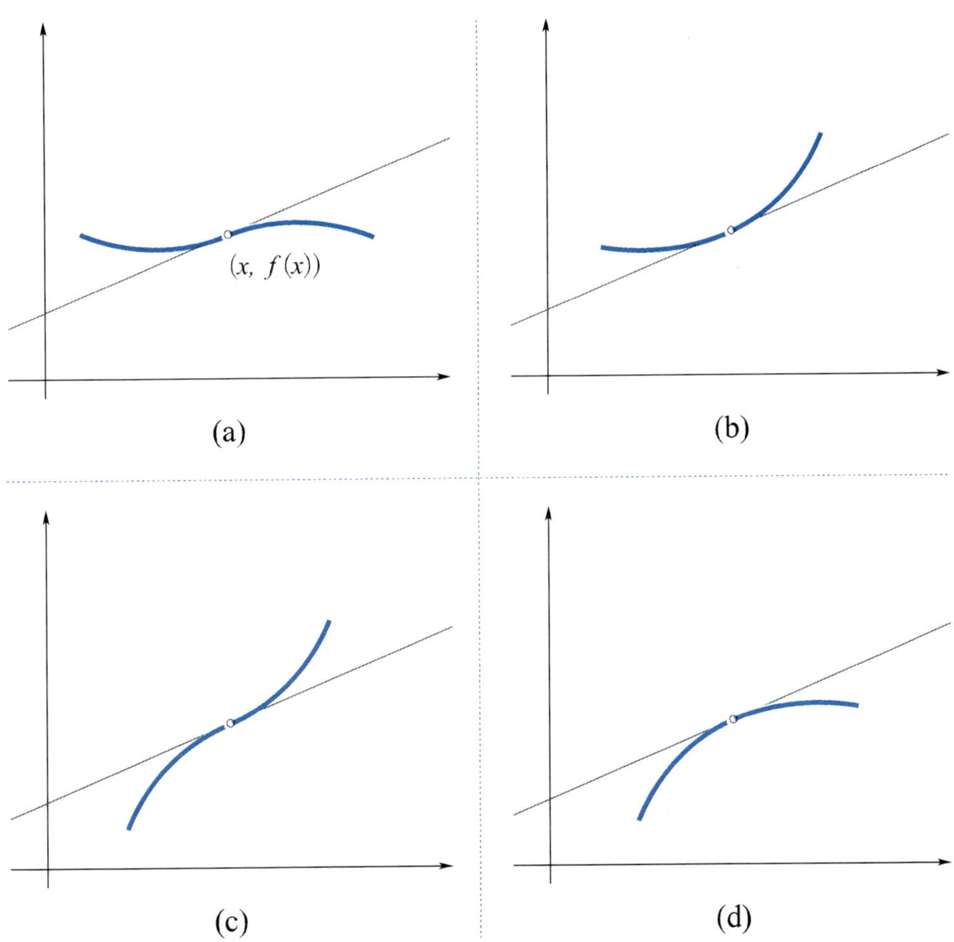

정 리 **함수의 그래프와 미분**

x의 어느 한 값에서 $f'(x)>0$이면 함수 $f(x)$는 그 값 주변에서 증가함수이고, x의 어느 한 값에서 $f'(x)<0$이면 함수 $f(x)$는 그 값 주변에서 감소함수이다.

우리는 이 정리를 사용하여 함수가 주어졌을 경우 대략의 그래프를 그려볼 수 있다.

example 4.13 $y=f(x)=x^3-3x^2-9x+1$의 그래프를 그려 보도록 하자. 물론 x의 값을 여럿 주고 각 x에 해당하는 y값을 얻어서 $(x,\ y)$ 점들을 찍고 부드럽게 연결해도 그래프를 얻을 수 있겠지만 미분을 사용하여 함수의 모양을 대충 가늠해 보는 것이 더 좋다. 우선 도함수를 구하면 $f'(x)=3x^2-6x-9=3(x-3)(x+1)$을 얻고 따라서 $x<-1$인 구간에서는 $f'(x)>0$, $-1<x<3$인 구간에서는 $f'(x)<0$ 그리고 $x>3$인 구간에서는 다시 $f'(x)>0$이다. 그러므로 $x<-1$와 $x>3$인 구간에서 함수 f는 증가하며, $-1<x<3$인 구간에서 함수 f는 감소한다. **표 4-1**을 참조하라.

	$x<-1$	$x=-1$	$-1<x<3$	$x=3$	$x>3$
$f'(x)$	+	0	−	0	+
$f(x)$**의 증감**	증가	·	감소	·	증가
$f(x)$**의 값**	·	6	·	−26	·

표 4-1

그러므로 $x=-1$에서 함수값이 제일 큰 봉우리가 되고, $x=3$에서 제일 낮은 골짜기가 된다. 이제 이렇게 대략의 모양을 가늠하고 몇몇 $(x,\ f(x))$의 점들을 구하면(예로 $(-1,\ 6)$, $(0,\ 1)$, $(3,\ -26)$ 등의 점들) 우리는 이 함수의 그래프를 **그림 4-8**과 같이 그릴 수 있을 것이다.

그림 4-8

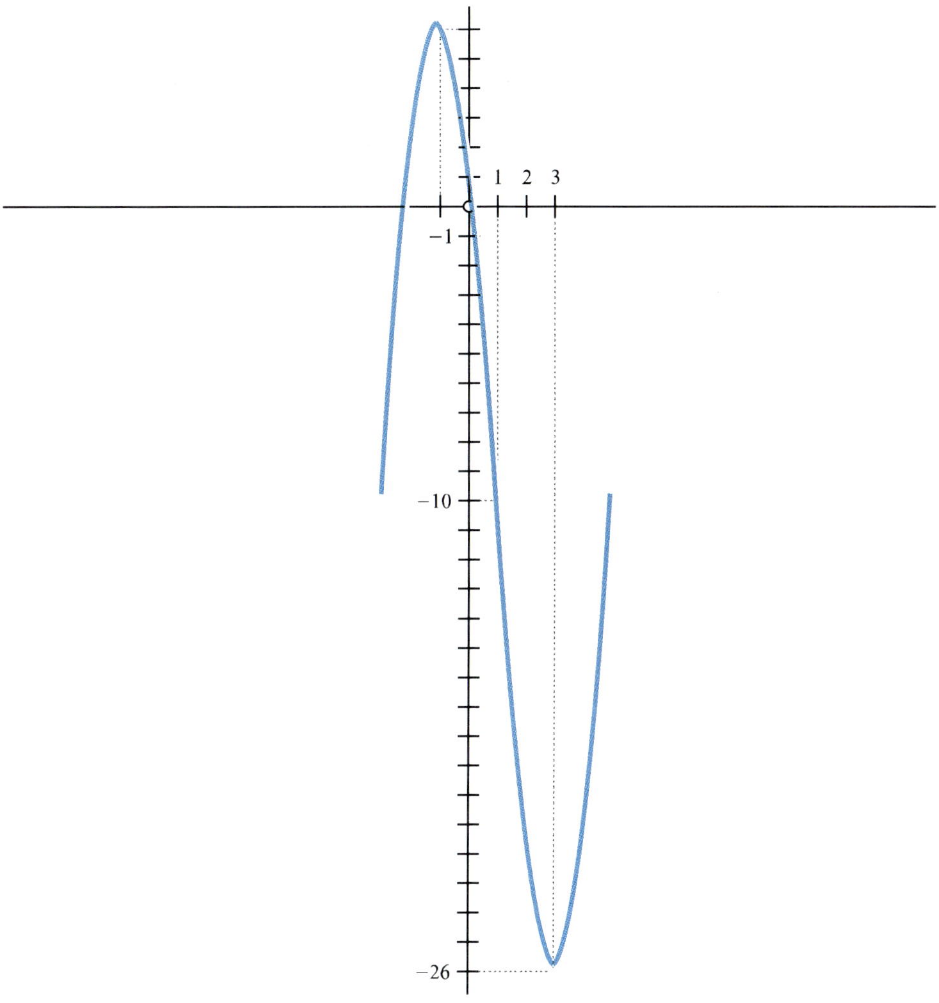

연습문제

1. 다음 함수들의 그래프를 그려 보아라.

   a. $y = -2x^2 + 8x + 1$

   b. $y = x^3 - 12x^2 + 36x + 8$

I. 함수의 근사치 구하기

함수 $y=f(x)$가 미분가능한 함수라 하자. 그러면 x의 고정된 한 값에서 x가 소량변화할 때 y의 값도 $f(x)$에서 소량변화할 것이다. y값의 소량변화가 바로 미분을 하기 위하여 만드는 차분몫의 분자 $f(x+h)-f(x)$이다.

그런데 차분몫 $\frac{f(x+h)-f(x)}{h}$이 수렴하는 값이 미분값 $f'(x)$이므로, 이 말은 h가 아주 작은 값일 때(즉, 0에 가까운 값일 때) $\frac{f(x+h)-f(x)}{h}$와 $f'(x)$는 비슷하다는 말이 되고 따라서 우리는 $\frac{f(x+h)-f(x)}{h}\approx f'(x)$로 이해할 수 있다. 이를 다시 쓰면 $f(x+h)-f(x)\approx f'(x)h$이 되고 결론적으로 y의 소량변화는 $f'(x)h$로 근사치(approximate value, 근사값)를 구할 수 있다는 말이 된다.

example 4.14 $y=f(x)=x^3$에서 x의 고정된 값이 4, 즉 $x=4$라 하고 이 근처에서 x가 소량변할 때 y의 소량변화를 근사치로 알아보자. 소량변화값을 h라 하면 $f(x+h)-f(x)\approx f'(x)h$이고, $f'(4)=3x^2=3\times 4^2=48$이다. 따라서 x가 4에서 소량, 예를 들어 4.01로 변할 때 y의 변화값은 약 $48\times 0.01=0.48$이다.

실제 정확한 값을 알아보기 위하여 계산해 보면 $4.01^3-4^3=64.481201-64=0.481201\approx 0.48$이다.

J. 합성함수의 미분

우리는 제1장에서 합성함수가 무엇인지 보았다. 간단히 다시 정리하면 $\mathbb{R}$에서 $\mathbb{R}$로 가는 두 함수 f와 g가 있을 경우 우리는 f와 g를 합성하여 새로운 함수를 만들 수 있다. 즉, $y=f(w)$이고 $w=g(x)$이라면 $y=f(g(x))$가 되고 이것이 합성함수이다.

example 4.15 $y=f(w)=w^{77}$, $w=g(x)=2x^2-3x+1$이 있으면 두 함수를 합성하여 $y=(2x^2-3x+1)^{77}$이 만들어진다. 거꾸로 먼저 우리에게 $y=(2x^2-3x+1)^{77}$라는 함수가 주어져 있다면 이를 $y=f(w)=w^{77}$, $w=g(x)=2x^2-3x+1$라는 두 함수를 합성한 것으로 생각할 수 있다.

f와 g를 합성한 함수를 ϕ라고 지칭하면, 이 합성함수의 도함수, 즉 $\phi'(x)$는 원래 함수 f와 g의 도함수와 어떤 관계에 있을 것이다. 이에 대하여 알아보기로 하자.

정 리 **합성함수의 미분**

$y=f(w)$이고 $w=g(x)$라면 $y=f(g(x))=\phi(x)$의 도함수는 $f'(g(x))g'(x)$, 즉

$$\phi'(x)=f'(w)g'(x)=f'(g(x))g'(x)$$

이다.

증 명 함수 ϕ의 차분몫을 구하여 극한을 구해 보면 된다(함수 ϕ의 차분몫이 함수 f와 g의 차분몫과 어떠한 관계에 있는지 **그림 4-9**를 참고하라). 함수 ϕ의 차분몫은

$$\frac{\phi(v)-\phi(x)}{v-x}=\frac{f(g(v))-f(g(x))}{v-x}$$

이고, 이는

$$\left[\frac{f(g(v))-f(g(x))}{g(v)-g(x)}\right]\left[\frac{g(v)-g(x)}{v-x}\right]$$

로 쓸 수 있다. 이제 $t=g(v)$, $w=g(x)$로 쓰면 차분몫은

$$\left[\frac{f(t)-f(w)}{t-w}\right]\left[\frac{g(v)-g(x)}{v-x}\right]$$

이 되며 v가 x를 향하여 접근하면 함수 g가 미분가능하므로 $t=g(v)$는 $w=g(x)$를 향하여 접근하고, 따라서 극한은 $f'(w)g'(x)$이 된다. 즉,

$$\lim_{v\to x}\frac{\phi(v)-\phi(x)}{v-x}=\lim_{t\to w}\left[\frac{f(t)-f(w)}{t-w}\right]\lim_{v\to x}\left[\frac{g(v)-g(x)}{v-x}\right]$$
$$=f'(w)g'(x)$$
$$=f'(g(x))g'(x)$$

이다. ■

그림 4-9

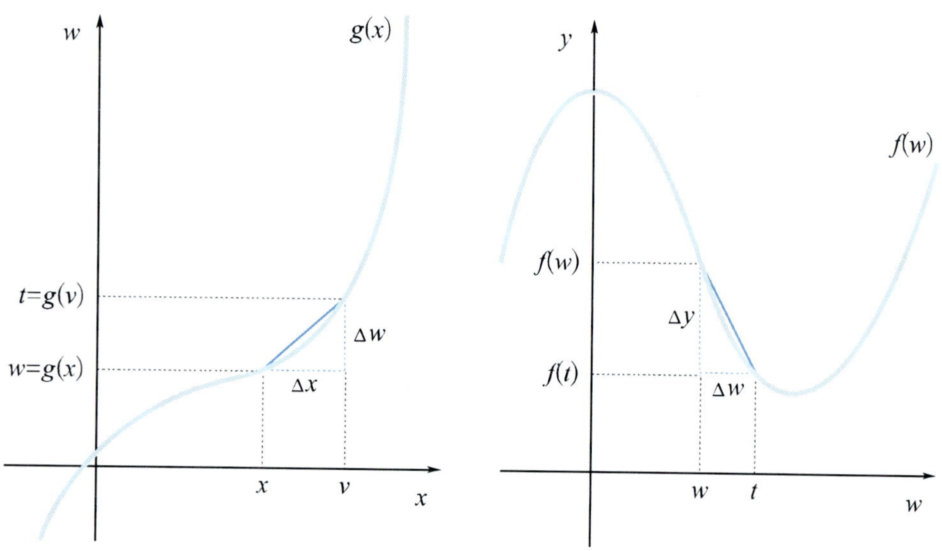

합성함수 ϕ의 차분몫은 g의 차분몫과 f의 차분몫을 곱한 것과 같다.

$$\phi\text{의 차분몫}=\frac{g(v)-g(x)}{v-x}\times\frac{f(t)-f(w)}{t-w}$$

즉, 그림에서 $\dfrac{\Delta y}{\Delta w}\cdot\dfrac{\Delta w}{\Delta x}$가 합성함수의 차분몫이다. 그러므로 그 극한(즉, 합성함수의 미분값)도 두 함수의 미분값을 곱한 것과 같다.

example 4.16 $y=f(w)=w^2$, $w=g(x)=2x^2-3x+1$이면

$$\phi(x)=f(g(x))=(2x^2-3x+1)^2$$

이다. 이를 전개하여 바로 미분하면

$$\begin{aligned}\phi(x)&=(2x^2-3x+1)^2\\&=4x^4-12x^3+13x^2-6x+1\\\phi'(x)&=16x^3-36x^2+26x-6\end{aligned}$$

을 얻는다. 합성함수 미분법칙을 이용하면

$$\begin{aligned}\phi'(x)=f'(x)g'(x)&=(2w)(4x-3)\\&=2(2x^2-3x+1)(4x-3)\\&=16x^3-36x^2+26x-6\end{aligned}$$

을 얻고 이는 앞의 것과 일치한다. •••

example 4.17 $y=f(w)=w^{77}$, $w=g(x)=2x^2-3x+1$이면

$$\frac{dy}{dx}=77w^{76}(4x-3)=77(2x^2-3x+1)^{76}(4x-3)$$

이 된다. •••

합성함수의 미분법칙을 연쇄법칙(Chain Rule)이라 말하기도 하고, 약간 다른 기호로 표기하면 다음과 같다. $y=f(w)$이고 $w=g(x)$이어서 $y=\phi(x)=f(g(x))$일 경우, $\phi'(x)=\dfrac{dy}{dx}=\dfrac{dy}{dw}\dfrac{dw}{dx}$이다.

K. 역함수의 미분

예를 먼저 보기로 하자.

example 4.18 $y=2x+1$의 역함수는 $x=\frac{1}{2}y-\frac{1}{2}$이다(역함수에 관한 기본논의는 제1장을 참조하라). 이제 여러분이 익숙한 형태(제2형태)로 바꾸면 $y=\frac{1}{2}x-\frac{1}{2}$이 된다. 이를 미분하면 도함수는 $\frac{1}{2}$이라는 상수함수가 된다. 원함수의 도함수는 2이다.

간단하지만 이 예가 시사해 주는 것은 중요하다. 한마디로 역함수의 도함수는 원함수 도함수의 역이라는 점이다. 그러나 조금의 주의가 필요하다. 다음의 예를 보기로 하자.

example 4.19 $y=x^2(x>0)$. 이 함수의 역함수는 $x=\sqrt{y}=y^{1/2}$이다. 제2형태로 바꾸면 $y=\sqrt{x}=\sqrt{x}$이다. 그러나 제1형태로 놓고 그냥 x를 y로 미분해 보자. 차분몫을 우선 만들면 $\frac{\sqrt{v}-\sqrt{y}}{v-y}$이고 이는

$$\frac{\sqrt{v}-\sqrt{y}}{(\sqrt{v}-\sqrt{y})(\sqrt{v}+\sqrt{y})}=\frac{1}{\sqrt{v}+\sqrt{y}}$$

이 된다.

여기서 v를 y에 수렴시키면 차분몫의 극한은 $\frac{1}{2\sqrt{y}}$이 됨을 알 수 있다. 즉, $x=\sqrt{y}$의 도함수는 $\frac{1}{2\sqrt{y}}$이다. 물론 제2형태로 바꾸면 $y=\sqrt{x}$의 도함수는 $\frac{1}{2\sqrt{x}}$이지만 제1형태로 생각하는 것이 편하다. 원함수의 도함수는 $2x$이고 이의 역은 $\frac{1}{2x}$이며 $x=\sqrt{y}$이므로 이를 대입하면 $\frac{1}{2\sqrt{y}}$을 얻는다. 이것이 역함수의 도함수이다. 결론은 역함수의 도함수는 원함수도함수의 역인데, 변수 사이의 관계를 생각해서 정리해 주어야 한다는 것이다.

정 리 **역함수의 미분**

$\mathbb{R}$이나 그 부분집합에서 $\mathbb{R}$로 가는 함수 f가 1-1함수라 하고, 그 역함수를 g라 하자. 즉, $y=f(x)$이고 $x=f^{-1}(y)=g(y)$이라 하자. 그러면 $g'(y)$는 다음과 같다.

$$\frac{dx}{dy}=g'(y)=\frac{1}{f'(g(y))}$$

증 명 함수 f와 그 역함수 g를 합성하면 항등함수가 된다. 즉, $x=g(f(x))$이다. 항등함수의 도함수는 1이고, 합성함수의 미분은 $g'(y)f'(x)$이므로 $1=g'(y)f'(x)$이다. 다시 설명하면 $x=g(f(x))$에서 좌변을 미분하면 1이고 우변은 합성함수의 미분법칙에 따라 $g'(y)f'(x)$이므로 $1=g'(y)f'(x)$이다. 따라서

$$g'(y)=\frac{1}{f'(x)}$$

이 나온다. 이제 x와 y의 관계를 고려하여 $x=g(y)$를 대입하면

$$g'(y)=\frac{1}{f'(g(y))}$$

을 얻는다. ■

그림 4-10

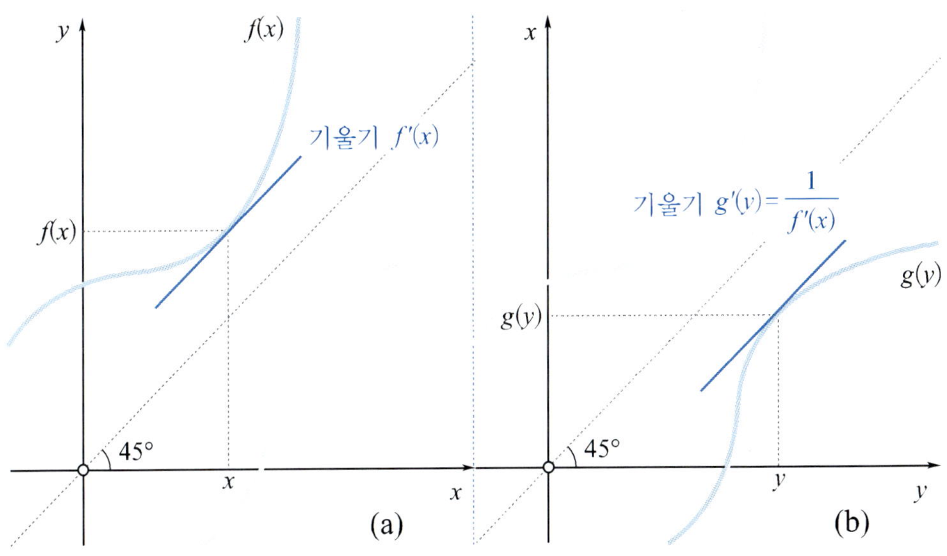

이 정리를 **그림 4-10**을 이용하여 이해해 보자.

$y=f(x)$의 그래프가 패널 (a)에 그려져 있다. 이의 역함수 그래프는 패널 (a)

의 축과 그래프를 45도 선을 중심으로 뒤집으면 되고 이것이 패널 (b)에 그려져 있다. 패널 (a)의 그래프에서 한 점 $(x, f(x))$를 취하고 여기서 그래프에 접하는 접선을 그리면 이 접선의 기울기가 $f'(x)$이다. 그런데 이 접선도 45도 선을 따라 뒤집으면 이것이 $(y, g(y))$에서 역함수의 그래프에 접하는 접선이 된다. 이 접선의 기울기는 $g'(y)$이며 어느 직선을 45도 선에 따라 뒤집으면 그 직선의 기울기는 원래 직선 기울기의 역수가 되므로 $f'(x)=\frac{1}{g'(y)}$이 되는 것이다. 여기서 x값과 y값의 관계가 $y=f(x)$이고 $x=g(y)$이므로 $f'(x)=\frac{1}{g'(f(x))}$ 혹은 $f'(g(y))=\frac{1}{g'(y)}$이다. 그러므로 $g'(y)=\frac{1}{f'(g(y))}$이다.

앞에서 예를 두 가지 들었지만 몇 가지 예를 더 들기로 하자.

example 4.20 $y=\sqrt{9-x^2}\ (0 \le x \le 3)$

이의 그래프는 1사분면에 위치한 원의 일부분이다. 역함수는 $x=\sqrt{9-y^2}$이고 그 그래프는 역시 1사분면에 위치한 원의 일부분이다. $x=\sqrt{9-y^2}$를 직접 y에 대하여 미분하면 합성함수의 법칙을 써서

$$\frac{dx}{dy}=\frac{-2y}{2\sqrt{9-y^2}}=\frac{-y}{\sqrt{9-y^2}}$$

이다. 이제 역함수의 미분법칙을 사용하면 $y=\sqrt{9-x^2}$을 x에 대하여 미분한 것의 역수이므로 $\frac{-x}{\sqrt{9-x^2}}$의 역수 $\frac{-\sqrt{9-x^2}}{x}$이 역함수의 도함수이다.

$$y=\sqrt{9-x^2}, \qquad x=\sqrt{9-y^2}$$

이므로 이를 대입하면 $x=\sqrt{9-y^2}$의 도함수는 $\frac{-y}{\sqrt{9-y^2}}$이다.

example 4.21 $y=\frac{x-1}{x+1},\ x>1$

함수 y의 역함수는 $x=\frac{1+y}{1-y}$이고, 이를 직접미분하면 $\frac{dx}{dy}=\frac{2}{(1-y)^2}$이다. 역함수의 미분법칙을 사용하기 위해 $\frac{dy}{dx}$를 구하면 $\frac{2}{(1+x)^2}$이다. 따라서

$$\frac{dx}{dy}=\frac{(1+x)^2}{2}=\frac{\left(1+\dfrac{1+y}{1-y}\right)^2}{2}=\frac{2}{(1-y)^2}$$

이 된다. 역함수를 직접 미분한 것과 역함수의 법칙을 써서 미분한 것이 같음을 여기서도 확인할 수 있다.

$y=x^{\frac{m}{n}}\ (x>0)$의 미분

우선 $y=x^{(1/n)}$을 미분하기로 하자. 이 함수의 역함수는 $x=y^n$이다. 원함수를 $f(x)$라 쓰고 역함수를 $g(y)$라 쓰면 $f'(x)=\dfrac{1}{g'(y)}$의 관계가 있음을 앞에서 보았다. 그런데 $x=g(y)=y^n$이므로 $g'(y)$는 쉽게 구할 수 있다. 즉, $g'(y)=ny^{n-1}$이다. 그러므로 $f'(x)=\dfrac{1}{ny^{n-1}}$이고 여기에 $y=x^{(1/n)}$을 대입하면

$$f'(x)=\frac{1}{nx^{\frac{(n-1)}{n}}}=\frac{1}{n}x^{\frac{1}{n}-1}$$

을 얻는다. 즉, $y=x^\alpha$이고 $\alpha=\dfrac{1}{n}$이면 $\dfrac{dy}{dx}=\alpha x^{\alpha-1}$을 얻는다.

다음으로 $y=x^{(m/n)}$의 미분은 이 함수를 다음의 두 함수를 합성한 것으로 생각하면 얻을 수 있다: $y=w^m$, $w=x^{(1/n)}$. 그러면

$$\begin{aligned}\frac{dy}{dx}&=\frac{dy}{dw}\frac{dw}{dx}=mw^{m-1}\left(\frac{1}{n}\right)x^{\frac{1}{n}-1}\\&=m\left(x^{\frac{1}{n}}\right)^{m-1}\left(\frac{1}{n}\right)x^{\frac{1}{n}-1}=\left(\frac{m}{n}\right)x^{\frac{m}{n}-1}\end{aligned}$$

이다. 즉, $y=x^\alpha$이고 $\alpha=\dfrac{m}{n}$이면 $\dfrac{dy}{dx}=\alpha x^{\alpha-1}$을 얻는다.

지금까지의 모든 논의를 종합하면 $y=x^\alpha$이고 α가 유리수이면 이의 도함수는 $\dfrac{dy}{dx}=\alpha x^{\alpha-1}$가 됨을 여러 가지 미분법칙을 사용하여 순차적으로 보아 왔다. α가 무리수인 경우 그 도함수도 역시 $\dfrac{dy}{dx}=\alpha x^{\alpha-1}$인데 이는 다음에서 설명할 로그함수와와 지수함수의 미분법칙을 사용하여 얻을 수 있다.

L. 로그함수와 지수함수의 미분

로그함수의 미분

우선 자연로그함수의 도함수를 구하도록 해 보자.

$y=f(x)=\ln x$라고 쓰면 그 차분몫은 $\dfrac{\ln(x+h)-\ln x}{h}$이고 이는 $\dfrac{\ln(1+(h/x))}{h}$이다. 여기서 $\dfrac{x}{h}$를 m으로 쓰면, 즉 $\dfrac{x}{h}=m$이면 이 차분몫은

$$\left(\frac{m}{x}\right)\ln\left(1+\frac{1}{m}\right)=\left(\frac{1}{x}\right)\left\{m\ln\left(1+\frac{1}{m}\right)\right\}=\left(\frac{1}{x}\right)\ln\left(1+\frac{1}{m}\right)^m$$

이 된다.

여기서 h가 0으로 수렴하면 m은 무한대로 커지므로

$$f'(x)=\lim_{h\to 0}\frac{\ln(x+h)-\ln x}{h}=\lim_{m\to\infty}\left(\frac{1}{x}\right)\ln\left(1+\frac{1}{m}\right)^m=\lim_{m\to\infty}\left(\frac{1}{x}\right)\ln e=\frac{1}{x}$$

를 얻는다.

다음으로 일반적인 로그함수 $y=\log_b x$를 미분하는 것은 쉽다. 밑수의 변환법칙에 따라 밑수를 e로 변환하면 된다. $y=\log_b x=\dfrac{\log_e x}{\log_e b}=\dfrac{\ln x}{\ln b}$이므로 $\dfrac{dy}{dx}=\dfrac{1}{\ln b}\dfrac{1}{x}$가 된다.

example 4.22 $y=f(x)=\ln(x^2-2x+3)$의 미분은 합성함수의 법칙을 써서 $y=\ln w$, $w=x^2-2x+3$으로 쓰고 미분하면 $\dfrac{dy}{dx}=\dfrac{1}{w}(2x-2)=\dfrac{2x-2}{x^2-2x+3}$이다. •••

일반적으로 $y=f(x)=\ln g(x)$의 미분은 합성함수 법칙에 의하여 $\dfrac{g'(x)}{g(x)}$이다.

지수함수의 미분

우선 자연지수함수 $y=e^x$의 미분을 해 보도록 하자. 이를 위하여 우리는 역함

수의 미분법칙을 사용할 것이다. 자연지수함수의 역함수는 자연로그함수임을 상기하자. 그러면 $y=e^x=f(x)$라 쓰고 이의 역함수는 g라 하여 $x=\ln y=g(y)$로 쓸 수 있다. 우리는 바로 위에서 $x=\ln y=g(y)$의 도함수는 $\frac{1}{y}$임을 보았다($\ln x$를 x에 대하여 미분하면 $\frac{1}{x}$가 나오므로 $\ln y$를 y에 대하여 미분하면 $\frac{1}{y}$가 나온다.) 그러므로 $g'(y)=\frac{1}{y}$이고 역함수의 미분법칙에 의하여 $f'(x)=\frac{1}{g'(y)}=y$가 얻어진다. $y=e^x$이므로 결국 $y=e^x=f(x)$의 도함수 $f'(x)=e^x$를 얻는다. 즉, $y=e^x$를 x에 대하여 미분하면 결국 그 자신 e^x를 얻는다.

example 4.23 $y=e^{3x^2-4x+3}$의 도함수는 연쇄법칙(합성함수의 미분법칙)을 사용하여 $\frac{dy}{dx}=e^{3x^2-4x+3}(6x-4)$를 얻는다.

일반적으로 $y=e^{g(x)}$의 도함수는 연쇄법칙에 의하여 $y=e^{g(x)}g'(x)$가 된다.

밑수가 다른 지수함수는 자연지수함수로 변환하여 생각하면 그 도함수를 쉽게 구할 수 있다. 즉, $y=b^x$가 주어진 경우 이는 $y=b^x=e^{(\ln b)x}$로 쓸 수 있고, 따라서 $\frac{dy}{dx}=(\ln b)e^{(\ln b)x}=(\ln b)b^x$를 얻는다. 즉, 밑수가 e가 아니면 지수함수의 도함수는 자기 자신에다 $\ln b$를 곱한 것이다.

연습문제

1. 다음의 도함수들을 구하여라.

a. $\frac{d}{dx}\left(x+\frac{1}{x}\right)^4$ *b.* $\frac{d}{dx}\left(x-\frac{1}{x}\right)^5$ *c.* $\frac{d}{dx}(x+\sqrt{x})^3$

d. $\frac{d}{dx}\left(x-\frac{1}{\sqrt{x}}\right)^7$ *e.* $\frac{d}{dx}\sqrt{x^2-\frac{1}{x^2}}$

2. 다음 함수들의 도함수를 구하여라.

a. e^{2x-1} *b.* e^{x^2+x} *c.* e^{1-x} *d.* $e^{x\ln x}$

e. $e^{1/x}$ *f.* $e^{\sqrt{x^2+1}}$ *g.* $\ln(x^2e^x)$ *f.* $e^x\ln x$

g. $\ln(e^x+1)$ *h.* $\frac{e^x-e^{-x}}{e^x+e^{-x}}$ *i.* $\frac{1}{e^x}$

3. 다음 함수들의 역함수(제1형태의 역함수)를 구하고 역함수의 도함수를 직접미분한 뒤 역함수의 미분법칙을 사용하여 미분한 것과 비교하라.

a. $y=e^{(x-1)^2}$(단, $x>1$) *b.* $y=e^{(x-1)^2}$(단, $x<1$)

c. $y=e^{\frac{1}{x^2+1}}$(단, $x>0$) *d.* $y=e^{\frac{1}{x^2+1}}$(단, $x<0$)

e. $y=e^{\frac{1}{(x^2+2x+5)}}+3$(단, $x<-1$)

f. $y=e^{\frac{1}{(x^2+2x+5)}}+3$(단, $x>-1$)

g. $y=\frac{1}{\ln(x^2+4x+5)}$(단, $x<-2$)

h. $y=\frac{1}{\ln(x^2+4x+5)}$(단, $x>-2$)

M. 평균값 정리 Mean Value Theorem

이 정리는 나중에 적분에서 소개할 미적분학의 근본정리(Fundamental Theorem of Calculus)와 더불어 미적분학(Calculus)의 가장 중요한 정리 두 가지 중 하나이다. 이 정리가 수학의 수많은 곳에 적용되기 때문이다. 평균값 정리의 특수한 형태(간단한 형태)를 **롤의 정리**(Rolle's Theorem)이라 하는데, 사실 롤의 정리를 증명하고 나면 평균값 정리는 금방 증명이 되므로 먼저 롤의 정리를 보고 다음으로 일반 형태인 평균값 정리를 보도록 하자.

정 리 **롤의 정리**

$\mathbb{R}$의 부분집합인 한 구간 $[a, b]$에서 함수 f가 연속이고 그 내부 (a, b)에서 미분가능하고, $f(a)=f(b)$라 하자. 그러면 (a, b) 안에 함수의 미분값이 0이 되는 한 값 z가

존재한다. 즉, $f'(z)=0$되는 z가 a와 b 사이($a<z<b$)에 있다.

증 명 함수 f가 상수라면 (a, b)의 모든 값에서 미분값이 0이므로 $f'(z)=0$이 되는 z는 a와 b 사이($a<z<b$)의 어느 값이나 다 된다. 그러므로 당연히 (a, b) 안에 함수의 미분값이 0이 되는 한 값 z가 존재한다. 이제 함수 f가 상수가 아니라고 하자. 그러면 (a, b)의 한 점에서 함수 f의 구간 $[a, b]$ 내 최대값이나 최소값이 얻어질 것이다(함수가 $[a, b]$에서 연속이므로 최대값과 최소값은 반드시 존재한다. 최대값이나 최소값이 (a, b)내에 없으면 최대값과 최소값이 동시에 a와 b에서 얻어진다는 말인데, $f(a)=f(b)$이므로 결국 최대값과 최소값이 같다는 말이고 이는 함수 f가 $[a, b]$에서 상수함수라는 말이어서 상수함수가 아니라는 가정에 모순된다. 즉, (a, b)에서 최대값이나 최소값이 얻어진다). (a, b)에서 최대값이나 최소값을 주는 x의 값을 z라 하자. 그러면 $f'(z)=0$이어야 한다. 왜냐하면 그렇지 않으면 z에서 함수가 증가하거나 감소하므로 최대값이나 최소값이 얻어지지 않기 때문이다. ■

롤의 정리와 그 증명을 **그림 4-11**을 보면서 따라가면 이해가 쉬울 것이다.

그림 4-11

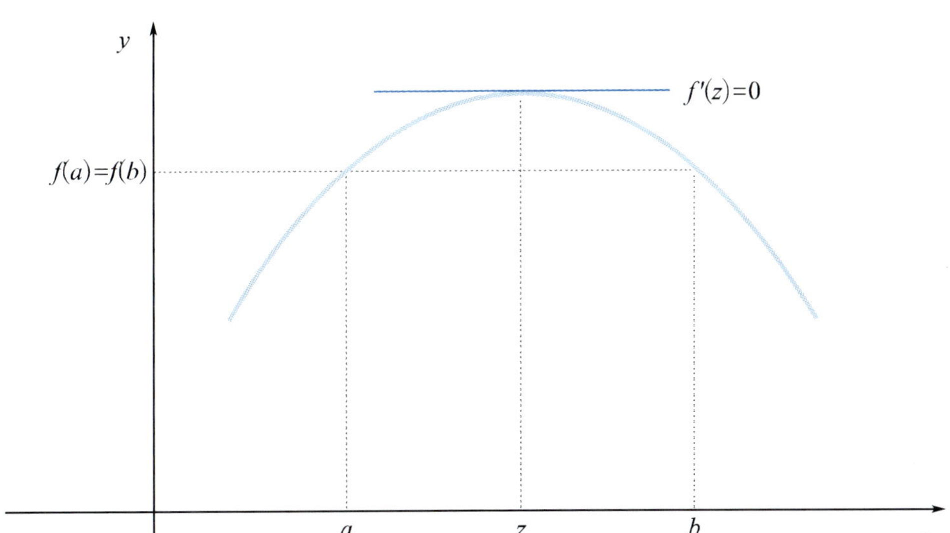

그림 4-12

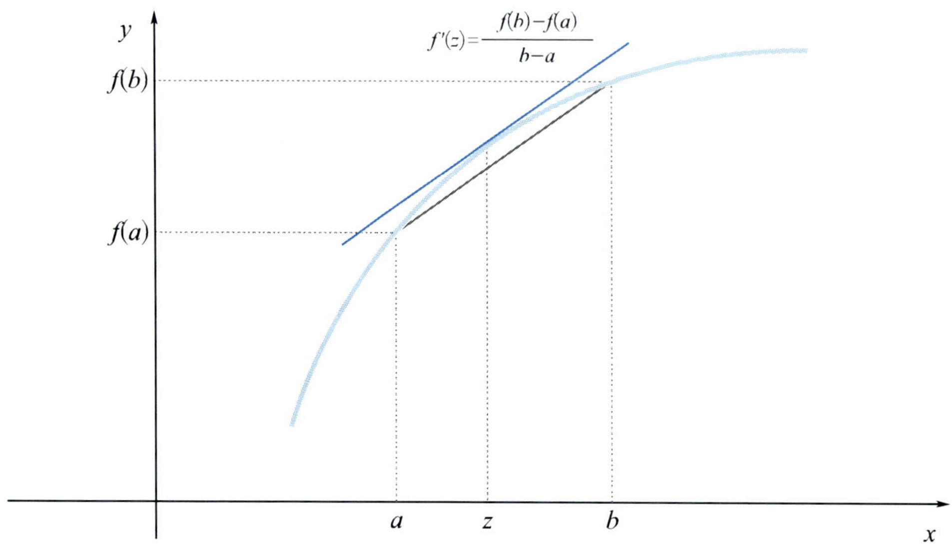

다음으로 **평균값 정리**(mean value theorem)를 보자. **그림 4-12**를 참조하라.

정 리 **평균값 정리**

$\mathbb{R}$의 부분집합인 한 구간 $[a, b]$에서 함수 f가 연속이고 그 내부 (a, b)에서 미분가능하다 하자. 그러면 (a, b) 내에 다음을 만족하는 x의 한 값 z가 존재한다:

$$\frac{f(b)-f(a)}{b-a}=f'(z)$$

증 명 함수 f를 이용하여 $[a, b]$상의 함수를 다음과 같이 만들고 이를 g라 하자:

$$g(x)=f(x)-\frac{f(b)-f(a)}{b-a}(x-a)$$

$g(a)=g(b)=f(a)$이다. 그리고 이 함수는 $[a, b]$에서 연속이고 그 내부 (a, b)에서 미분가능하다. 즉, 롤의 정리 가정에 들어맞는 함수이다. 그러므로 (a, b) 중 한 값 z에서

$g'(z)=0$이다. 그러나 $g'(x)=f'(x)-\dfrac{f(b)-f(a)}{b-a}$이므로 그 z에서

$$g'(z)=f'(z)-\frac{f(b)-f(a)}{b-a}=0$$

을 얻는다. 즉, $\dfrac{f(b)-f(a)}{b-a}=f'(z)$가 얻어진다. ■

$\dfrac{f(b)-f(a)}{b-a}$를 평균값이라 한다. 평균값 정리는 함수 f가 미분가능하면 미분값이 평균값이 되는 z가 (a, b) 사이에 있다는 말이다.

연습문제

1. 다음 함수들은 $f(a)=f(b)$이나 $f'(z)=0$이 되는 z가 (a, b)에 있지 않다. 어떻게 된 일인가? 즉, 왜 롤의 정리가 성립하지 않는가?

a. $f(x)=\begin{cases} \dfrac{1}{x^2}, & x \neq 0 \\ 0 & x=0 \end{cases}, \quad [a, b]=[-2, 2]$

b. $f(x)=1-|x|, \quad [a, b]=[-1, 1]$

N. 2계 도함수 second order derivatives 그리고 고계 도함수 higher order derivatives

$y=f(x)$를 미분하면 새로운 함수를 얻고 이를 도함수라 부른다고 하였다. 이 새로운 함수를 다시 미분하면 우리는 2계 도함수(second order derivatives)를 얻는다. 그리고 또 한 번 더 미분하면 3계 도함수 등 고계 도함수를 얻는다. 2계 도함수는 $f''(x)$ 혹은 $\dfrac{d^2y}{dx^2}$으로 표기를 한다. $\dfrac{d^2y}{dx^2}$라는 기호는 1계 도함수 $\dfrac{dy}{dx}$를 다시

미분했다는 뜻으로 $\frac{d}{dx}\left(\frac{dy}{dx}\right)$으로 쓰고 이를 간단히 $\frac{d^2y}{dx^2}$라고 쓰는 것이다.

example 4.24 $y=e^{x^2+2x}$가 주어진 경우 1계 도함수 $\frac{dy}{dx}$는 $e^{x^2+2x}(2x+2)$이고 2계 도함수 $\frac{d^2y}{dx^2}$는 $e^{x^2+2x}(2x+2)^2+2e^{x^2+2x}$이다.

3계 도함수는 $f'''(x)$ 혹은 $\frac{d^3y}{dx^3}$으로 표기하며, 일반적으로 n계 도함수(nth derivative)는 $f^{(n)}(x)$ 혹은 $\frac{d^ny}{dx^n}$으로 표기를 한다.

1계 도함수가 원 함수에 접하는 접선의 기울기 의미를 가진다고 앞에서 설명하였는데, 2계 도함수는 접선의 변화를 아는 데 사용된다. 예를 들어 $f''(x)>0$이라면 이는 $f'(x)$가 x 주변에서 증가한다는 뜻이며 $f''(x)<0$이라면 이는 $f'(x)$가 x 주변에서 감소한다는 뜻이다. 이에 대한 자세한 설명은 나중에 최적화를 논의하는 곳에서 하기로 한다.

O. 로피탈의 법칙 L'Hopitla's Rule

미분을 논의하기 위하여 먼저 극한을 논의하였는데, 극한을 구하기 위하여 미분을 사용하면 그 답을 쉽게 얻을 수 있다는 것이 **로피탈의 법칙**(L'Hopitla's rule)이다. 대략적으로 설명하면 $\lim_{x\to a}\frac{f(x)}{g(x)}$을 구하고자 하는데 $\lim_{x\to a}f(x)$와 $\lim_{x\to a}g(x)$가 둘 다 0으로 가거나 둘 다 ∞로 가서 $\frac{0}{0}$ 혹은 $\frac{\infty}{\infty}$의 형태가 되는 경우,

$$\lim_{x\to a}\frac{f(x)}{g(x)}=\lim_{x\to a}\frac{f'(x)}{g'(x)}=\frac{\lim_{x\to a}f'(x)}{\lim_{x\to a}g'(x)}$$

이 성립하기 때문에 $\frac{f(x)}{g(x)}$ 대신에 도함수의 비율 $\frac{f'(x)}{g'(x)}$로 놓고 극한을 구해도 된다는 것이다. 이에 대한 증명은 생략하기로 하고 예를 통하여 이해하도록 하자.

example 4.25 $\lim_{x\to1}\frac{x^3-1}{x-1}=\lim_{x\to1}\frac{3x^2}{x}=\frac{3}{1}=3$

물론 우리가 지금까지 해온 방식대로 $\frac{x^3-1}{x-1}$의 분자를 인수분해하여 $x^3-1=(x-1)(x^2+x+1)$을 얻고 분모의 $x-1$과 약분하면 $\frac{x^3-1}{x-1}=x^2+x+1$을 얻기 때문에 $\lim_{x\to1}\frac{x^3-1}{x-1}=\lim_{x\to1}x^2+x+1=3$을 얻을 수도 있다. 그러나 로피탈의 법칙을 쓰면 편리하다. •••

example 4.26 $\lim_{x\to0}\frac{1+x-\frac{1}{1+x}}{1+x-\frac{1}{1+x^2}}=\lim_{x\to0}\frac{1+\frac{1}{(1+x)^2}}{1+\frac{2x}{(1+x^2)^2}}=\frac{1+1}{1+0}=2$ •••

한 번 미분해서도 $\frac{0}{0}$이나 $\frac{\infty}{\infty}$가 나오면 한 번 더 로피탈의 법칙을 적용하면 된다.

example 4.27
$$\lim_{x\to1}\frac{x^{3/2}-x-x^{1/2}+1}{(x-1)^2}=\lim_{x\to1}\frac{\frac{3}{2}x^{1/2}-1-\frac{1}{2}x^{-1/2}}{2(x-1)}$$
$$=\lim_{x\to1}\frac{\frac{3}{4}x^{-1/2}+\frac{1}{4}x^{-3/2}}{2}=\frac{1}{2}$$
•••

연습문제

1. 다음의 극한을 구하여라.

a. $\lim_{x\to0}\frac{\sqrt{1+x}-1}{x}$

b. $\lim_{x\to0}\frac{\sqrt{1+x^2}-1}{x}$

c. $\lim_{x\to1}\frac{1-x}{\frac{1}{2}-\frac{x}{1+x}}$

d. $\lim_{x\to-1}\left(\frac{1}{x+1}+\frac{2}{x^2-1}\right)$

2. 다음의 극한을 구하여라.

a. $\lim_{x\to2}\frac{x^3-x^2+4x-12}{x^4-x^3+4x-16}$

b. $\lim_{x\to1}\frac{3x+2\sqrt{x}-5}{3x+4x\sqrt{x}-7}$

c. $\lim_{x \to \infty} \frac{\sqrt{1+x^2}}{x}$

d. $\lim_{x \to 1} \frac{\sqrt{1+x}-\sqrt{3-x}}{x-1}$

P. 테일러 정리와 테일러 급수 Taylor's Theorem and Taylor Series

일반적인 함수 $y=f(x)$가 주어진 경우 이를 다항함수로 **근사**(approximate, 비슷하게 잡는다는 뜻)할 수 있다. 이에 관한 이론이 테일러 정리이고, 이 정리에 의하여 나온 것이 **테일러 급수**(Taylor series)이다. 사실 $(x_0, f(x_0))$에서 함수 $y=f(x)$의 그래프에 접하는 접선을 그린다는 것은 일차 다항함수 $y=ax+b$로 근사한다는 뜻이다. 즉, $y=ax+b$가 접선의 식이면 $(x_0, f(x_0))$ 근처에서 $y=ax+b$를 함수 $y=f(x)$대신에 사용하여 근사할 수 있다. 여기서 $a=f'(x_0)$이고, 이 값을 기울기로 가지는 직선이 $(x_0, f(x_0))$를 지나므로 $y-f(x_0)=f'(x_0)(x-x_0)$이 직선의 식이 된다. 즉, $b=f(x_0)-f'(x_0)x_0$이다. 그리하여 $y=ax+b$를 다시 쓰면 $y=f(x_0)+f'(x_0)(x-x_0)$가 되고 따라서 $f(x)\approx f(x_0)+f'(x_0)(x-x_0)$이 함수 $f(x)$를 1차 다항식으로 근사한 것이다.

example 4.28 $y=f(x)=-x^2+10$을 (2, 6)에서 접선으로 근사하면 $f'(x_0)=f'(2)=-2\times 2=4$, $y=-4x+14$이다. $f(2.1)=5.59$인데 $y=-4x+14$에 $x=2.1$을 대입하여 근사값을 구하면 5.6을 얻는다.

함수의 근사를 1차 다항식에 국한하지 않고 2차, 3차, ⋯, n차 다항식으로 확장할 수 있다는 것이 테일러 정리이다.

정 리 **테일러 정리**

함수 $y=f(x)$가 x_0를 포함하는 구간 $(x_0-r,\ x_0+r)$에서 무한히 미분가능하면(다른 말로, 임의의 자연수 n에 대하여 n계 도함수가 존재하면) 이 구간의 x에서

$$f(x)=f(x_0)+f'(x_0)(x-x_0)+\frac{1}{2!}f''(x_0)(x-x_0)^2+\frac{1}{3!}f'''(x_0)(x-x_0)^3+\cdots$$
$$=+\frac{1}{n!}f^{(n)}(x_0)(x-x_0)^n+R_n(x)$$

이고, 여기서

$$R_n(x)=\frac{1}{(n+1)!}f^{(n+1)}(z)(x-x_0)^{n+1}$$

인데, z는 x와 x_0 사이의 어느 값이다.

이 증명은 생략하기로 하지만 이 정리가 의미하는 바가 무엇인지 음미하도록 하자.

$$R_n(x)=\frac{1}{(n+1)!}f^{(n+1)}(z)(x-x_0)^{n+1}$$

의 설명이 좀 복잡한데 그냥 이것은 대부분의 함수에서 n이 커지면 0으로 수렴하는 항이라고 생각하면 된다. 즉, $R_n(x)$는 0에 가까운 아주 작은 값이라고 생각하면 된다. 그러면 함수 $f(x)$는 x_0 부근에서 근사치로

$$f(x)\approx f(x_0)+f'(x_0)(x-x_0)+\frac{1}{2!}f''(x_0)(x-x_0)^2+\frac{1}{3!}f'''(x_0)(x-x_0)^3+\cdots$$
$$+\frac{1}{n!}f^{(n)}(x_0)(x-x_0)^n$$

이 얻어진다는 것이 테일러 정리의 주 내용이다. 그리고 n을 무한대로 보내면

$$f(x)=f(x_0)+f'(x_0)(x-x_0)+\frac{1}{2!}f''(x_0)(x-x_0)^2+\frac{1}{3!}f'''(x_0)(x-x_0)^3+\cdots$$
$$+\frac{1}{n!}f^{(n)}(x_0)(x-x_0)^n+\cdots$$

$$=\sum_{n}^{\infty}\frac{1}{n!}f^{(n)}(x_0)(x-x_0)^n$$

으로 될 수 있고 이 경우 $\sum_{n}^{\infty}\frac{1}{n!}f^{(n)}(x_0)(x-x_0)^n$를 **테일러 급수**(Taylor Series)라고 한다. 급수(series)에 대하여는 별도의 취급이 있어야 하나 이 책에서는 다루지 않을 것이기 때문에 혼돈이 된다면 테일러 정리만 알고 있어도 족하다. 테일러 정리를 다시 한 번 말하면 대부분 우리가 다루는 함수 $f(x)$는

$$f(x_0)+f'(x_0)(x-x_0)+\frac{1}{2!}f''(x_0)(x-x_0)^2+\frac{1}{3!}f'''(x_0)(x-x_0)^3+\cdots$$
$$+\frac{1}{n!}f^{(n)}(x_0)(x-x_0)^n$$

라는 다항식으로 근사할 수 있다는 말이다.

$n=1$이면 $f(x)\approx f(x_0)+f'(x_0)(x-x_0)$이고 이를 1계 근사(first order approximation)라 말하기도 하고, $n=2$이면 $f(x_0)+f'(x_0)(x-x_0)+\frac{1}{2!}f''(x_0)(x-x_0)^2$이고 이를 2계 근사(second order approximation)라 말하기도 한다.

example 4.29 앞의 예에서 $y=f(x)=-x^2+10$를 2에서 근사하니 $y=-4x+14$를 얻었다. 즉, $n=1$로 하면 $f(x)\approx f(x_0)+f'(x_0)(x-x_0)$로 되고 여기서 $x_0=2$로 하니 $-x^2+10\approx -4+14$가 됨을 보았다. 이제 $n=2$로 하여 근사하여 보자. $f''(x_0)=-2$이므로 $f(x)=-x^2+10\approx f(2)+f'(2)(x-2)+\frac{1}{2!}f''(2)(x-2)^2$인데,

$$\begin{aligned}f(2)+f'(2)(x-2)+\frac{1}{2!}f''(2)(x-2)^2&=6+(-4)(x-2)+\frac{1}{2!}(-2)(x-2)^2\\&=-4x+14-(x-2)^2\\&=-x^2+10\end{aligned}$$

이 얻어진다. 이것은 원래 함수 $f(x)=-x^2+10$과 똑같다. 사실 다항함수를 그 다항함수의 차수까지 근사하면(다항함수의 차수와 테일러 정리의 n을 같게하면), 테일러 정리로 근사한 함수는 다항함수 그 자체가 된다. 즉 다항함수를 테일러 정리로 그 차수까지 근사하면 근사가 아니라 정확하게 원래 함수를 얻는다.

example 4.30 $y=f(x)=e^x$를 0 주변에서(즉, $x_0=0$으로 하여) 근사해 보기로 하자. $f'(x)=f''(x)=\cdots f^{(n)}(x)=e^x$이므로 $f^{(n)}(0)=1$이다. 이제 1차 다항식으로 근사(1계 근사)를 하면 $f(x)=e^x\approx f(0)+f'(0)x=1+x$이다. x가 0에 가까우면 이 근사값이 많이 사용된다. 예를 들어 $e^{0.05}\approx 1.05$이다. 공학용 계산기로 확인해 보길 권한다.

2차 다항식으로 근사(2계 근사)하면

$$f(x)=e^x\approx f(0)+f'(0)x+\frac{1}{2}f''(0)x^2=\frac{1}{2}x^2+x+1$$

이다. 이제 3차 다항식으로 근사(3계 근사)하면 $1+x+\frac{1}{2}x^2+\frac{1}{3!}x^3$이 되고 일반적으로 n차 다항식으로 근사(n계 근사)하면

$$1+x+\frac{1}{2}x^2+\frac{1}{3!}x^3+\cdots+\frac{1}{n!}x^n$$

이 됨을 독자 여러분은 쉽게 확인할 수 있을 것이다. •••

example 4.31 $y=f(x)=\ln x$를 1 주변에서(즉, $x_0=1$로 하여) 근사해 보기로 하자.

$$f'(x)=\frac{1}{x},\quad f''(x)=-\frac{1}{x^2},\quad f'''(x)=2\frac{1}{x^3},\quad f^{(4)}(x)=-3!\frac{1}{x^4},\quad \cdots,$$

$$f^{(n)}(x)=(-1)^{n-1}(n-1)!\frac{1}{x^n}$$

이므로, 우선 1차 다항식으로 근사를 하면

$$f(x)=\ln x\approx f(1)+f'(1)(x-1)=\ln 1+1\cdot(x-1)=x-1$$

이다. x를 $1+a$로 쓰면 $\ln(1+a)\approx a$라는 말이다. 사실 이 근사법이 a가 0에 가까운 값일 때 많이 쓰인다. $\ln(1+a)\approx a$이기 때문에 양변에 자연지수를 취하면 $1+a\approx e^a$이 되어 **예 4.30**에서의 $e^x\approx 1+x$와 일치된 결과를 얻는다.

다음으로 2차 다항식으로 근사를 하면

$$f(x)=\ln x \approx f(1)+f'(1)(x-1)+\frac{1}{2}f''(1)(x-2)^2=\ln 1+1\cdot(x-1)-\frac{1}{2}\cdot(x-1)^2$$
$$=-\frac{1}{2}x^2+2x-\frac{3}{2}$$

이고, 3차 다항식으로 근사를 하면 다음과 같다.

$$f(x)=\ln x \approx f(1)+f'(1)(x-1)+\frac{1}{2!}f''(1)(x-2)^2+\frac{1}{3!}f'''(1)(x-1)^3$$
$$=(x-1)+(-1)\frac{1}{2!}(x-1)^2+(-1)^2\frac{1}{3!}(x-1)^3$$

일반적으로 n차 다항식으로 근사를 하면 다음과 같다.

$$f(x)=\ln x=(x-1)+(-1)\frac{1}{2!}(x-1)^2+(-1)^2\frac{1}{3!}(x-1)^3+\cdots+(-1)^{n-1}\frac{1}{n!}(x-1)^n$$

example 4.32 $y=\sqrt{x}$를 1 주변에서(즉, $x_0=1$로 하여) 근사해 보기로 하자.

$$f'(x)=\frac{1}{2x},\qquad f''(x)=\frac{1}{2}\left(-\frac{1}{2}\right)x^{-\frac{3}{2}},\qquad f'''(x)=\frac{1}{2}\left(-\frac{1}{2}\right)\left(-\frac{3}{2}\right)x^{-\frac{5}{2}}$$

등이다.

1차 다항식으로 근사하면 $\sqrt{x}=f(1)+f'(1)(x-1)=1+\frac{1}{2}(x-1)=\frac{1}{2}x+\frac{1}{2}$ 이다. 예를 들어 $\sqrt{0.94}\approx 0.47+0.5=0.97$로 계산할 수 있다. 다음으로 2차 다항식으로 근사하면

$$\sqrt{x}=f(1)+f'(1)(x-1)+\frac{1}{2}f''(1)(x-1)^2=1+\frac{1}{2}(x-1)-\frac{1}{8}(x-1)^2$$

이 된다. 3차 이상은 생략하기로 한다.

연습문제

1. 다음의 함수를 $x=0$ 주변에서 2차 다항식으로 테일러 근사하여 보라.

a. $e^{-x^2/2}$ *b.* xe^x

2. 다음의 함수를 $x=1$ 주변에서 3차 다항식으로 근사하여 보라.

a. $\sqrt{x}$ *b.* $\ln(1+x)$

Mathematics for Economics

다변수함수와 미분

5

여태까지 우리는 $\mathbb{R}$에서 $\mathbb{R}$로 가는 함수의 미분을 다루었다. 이제 $\mathbb{R}^2$에서 $\mathbb{R}$로 가는 함수 그리고 더 일반적으로 $\mathbb{R}^n$에서 $\mathbb{R}$로 가는 함수의 미분을 다루어 보기로 하자. 먼저 $\mathbb{R}^2$에서 $\mathbb{R}$로 가는 함수를 살펴보자.

제1장에서 설명하였듯이 $\mathbb{R}^2$의 한 원소는 (x, y)로 표기되는데, 그 한 원소에 $\mathbb{R}$의 한 원소 즉 실수를 대응시키는 규칙(rule)이 $\mathbb{R}^2$에서 $\mathbb{R}$로 가는 함수이다. 즉, (x, y)가 input으로 들어오면 함수, 즉 규칙을 적용하여 하나의 실수를 만들어 내고 이 실수를 (x, y)에 대응시키는 것이 $\mathbb{R}^2$에서 $\mathbb{R}$로 가는 함수이다. (x, y)에 대응되는 $\mathbb{R}$의 원소를 z로 표기하면 결국 $\mathbb{R}^2$에서 $\mathbb{R}$로 가는 함수는 $z=f(x, y)$로 표기할 수 있다.

example 5.1 $z=f(x, y)=x^2-y^2+2xy+4$

$\mathbb{R}^3$에서 $\mathbb{R}$로 가는 함수는 $\mathbb{R}^3$의 한 원소 (x, y, w)에 $\mathbb{R}$의 한 원소를 대응하는 규칙이다. 즉, 규칙을 적용하여 $f(x, y, w)$를 얻고 이것을 (x, y, w)에 대응하고 이에 따라 $z=f(x, y, w)$로 표기할 수 있다. 일반적으로 $\mathbb{R}^n$에서 $\mathbb{R}$로 가는 함수는 $\mathbb{R}^n$의 한 원소 $(x_1, x_2, \cdots, x_n)$에 $\mathbb{R}$의 한 원소를 대응시키는 규칙이고 따라서 $y=f(x_1, x_2, \cdots, x_n)$로 표기된다.

A. 편미분 partial differentiation—다변수함수의 미분

우선 $\mathbb{R}^2$에서 $\mathbb{R}$로 가는 함수의 미분부터 살펴보고 이를 확장하여 $\mathbb{R}^n$에서 $\mathbb{R}$로 가는 함수의 미분을 살펴보기로 하자. $z=f(x, y)$로 표기되는 함수가 있을 경우 우선 (x, y)의 한 값 (x_0, y_0)을 선택하여 고정하자. 그러면 우리는 다음과 같은 차분몫을 만들 수 있다:

$$\frac{f(v, y_0)-f(x_0, y_0)}{v-x_0} \text{ 그리고 } \frac{f(x_0, w)-f(x_0, y_0)}{w-y_0}$$

차분몫 $\{f(v, y_0)-f(x_0, y_0)\}/(v-x_0)$는 y를 y_0에 고정시켜 변화시키지 않고 x만 변화시켜서 만든 차분몫이고, 차분몫 $\{f(x_0, w)-f(x_0, y_0)\}/(w-y_0)$는 x를 고정시키고 y만 변화시켜서 만든 차분몫이다. 그러므로 $\mathbb{R}^2$에서 $\mathbb{R}$로 가는 함수의 차분몫은 어느 변수를 변화시키느냐에 따라 두 가지 종류의 차분몫이 나온다. 일반적으로 $\mathbb{R}^n$에서 $\mathbb{R}$로 가는 함수 $y=f(x_1, x_2, \cdots, x_n)$에서 차분몫은 n개 얻어진다.

이후 각 차분몫에서 변화되는 변수를 주어진 선택한 값으로 수렴시켜 그 극한을 구하면 미분값이 얻어진다. 차분몫 $\{f(v, y_0)-f(x_0, y_0)\}/(v-x_0)$에서 v를 x_0에 수렴시켜서 극한값을 구하고 차분몫 $\{f(x_0, w)-f(x_0, y_0)\}/(w-y_0)$에서 w를 y_0에 수렴시켜서 극한값을 구하는 것이다. 그 극한을 각각

$$\frac{\partial f(x_0, y_0)}{\partial x} \text{ 그리고 } \frac{\partial f(x_0, y_0)}{\partial y}$$

로 표기하고 각각 x에 대하여 편미분(partial differentiation)한 값, y에 대하여 편미분한 값이라 말한다. 주어진 x와 y의 값 (x_0, y_0)를 변화시키면 $\partial f(x_0, y_0)/\partial x$와 $\partial f(x_0, y_0)/\partial y$는 (x_0, y_0)의 함수로 생각할 수 있고 아래 첨자 0를 떼면 다시 (x, y)의 함수로 생각할 수 있으므로 $\partial f(x, y)/\partial x$와 $\partial f(x, y)/\partial y$를 각각 x의 편도함수 그리고 y의 편도함수(partial derivative)라 말한다. 편도함수를 나타내는 기호도 다음과 같이 여러 가지가 있다:

$$\frac{\partial f(x, y)}{\partial x}=\frac{\partial f}{\partial x}=\frac{\partial z}{\partial x}=f_x=f_x(x, y) \text{ 그리고}$$

$$\frac{\partial f(x, y)}{\partial y}=\frac{\partial f}{\partial y}=\frac{\partial z}{\partial y}=f_y=f_y(x, y)$$

example 5.2 $z=e^{x^2y-3x+y^3}$

이 함수를 x에 대하여 편미분하면 $\frac{\partial z}{\partial x}=(e^{x^2y-3x+y^3})(2xy-3)$ 그리고 y에 대하여 편미분하면 $\frac{\partial z}{\partial y}=(e^{x^2y-3x+y^3})(x^2+3y^2)$을 얻는다.

편도함수도 **1계 편도함수**(first order partial derivative)를 넘어서서 2계, 3계 등 **고계 편도함수**(higher order partial derivative)를 구할 수가 있다. 즉, $\frac{\partial f(x, y)}{\partial x}$와 $\frac{\partial f(x, y)}{\partial y}$를 다시 x와 y로 편미분하여 2계 편도함수를 구하고 또 이를 미분하면 3계 편도함수 등을 얻을 수 있다. 그 기호들은 $\frac{\partial}{\partial x}\left(\frac{\partial z}{\partial x}\right)=\frac{\partial^2 z}{\partial x^2}=f_{xx}=f_{xx}(x, y)$ 등 그리고 $\frac{\partial}{\partial y}\left(\frac{\partial z}{\partial x}\right)=\frac{\partial^2 z}{\partial y\partial x}=f_{xy}=f_{xy}(x, y)$ 등이 있다.

example 5.3 위 **예 5.2**에서 $\frac{\partial z}{\partial x}=(e^{x^2y-3x+y^3})(2xy-3)$를 얻었는데 이를 다시 x에 대하여 편미분하면

$$\frac{\partial}{\partial x}\left(\frac{\partial z}{\partial x}\right)=\frac{\partial^2 z}{\partial x^2}=(e^{2xy-3x+y})(2xy-3)^2+2y(e^{2xy-3x+y})$$

그리고

$$\frac{\partial}{\partial y}\left(\frac{\partial z}{\partial y}\right)=\frac{\partial^2 z}{\partial y^2}=(e^{x^2y-3x+y^3})(x^2-3y^2)^2+6y(e^{x^2y-3x+y^3})$$

을 얻는다. 뿐만 아니라 $\frac{\partial}{\partial y}\left(\frac{\partial z}{\partial x}\right)=\frac{\partial^2 z}{\partial y\partial x}$는 1계 편도함수 $\frac{\partial z}{\partial x}$를 y로 편미분해서 얻은 도함수라는 뜻으로

$$\frac{\partial}{\partial y}\left(\frac{\partial z}{\partial x}\right)=\frac{\partial^2 z}{\partial y\partial x}=(e^{x^2y-3x+y^3})(2xy-3)(x^2+3y^2)+2x(e^{x^2y-3x+y^3})$$

을 얻는다. 비슷하게

$$\frac{\partial}{\partial x}\left(\frac{\partial z}{\partial y}\right)=\frac{\partial^2 z}{\partial x \partial y}=2x(e^{x^2y-3x+y^3})+(e^{x^2y-3x+y^3})(x^2+3y^2)(2xy-3)$$

이다.

그런데 **예 5.3**에서 $\frac{\partial}{\partial y}\left(\frac{\partial z}{\partial x}\right)=\frac{\partial^2 z}{\partial y \partial x}$와 $\frac{\partial}{\partial x}\left(\frac{\partial z}{\partial y}\right)=\frac{\partial^2 z}{\partial x \partial y}$이 같음을 눈치 챈 독자들이 있을 것이다. 이것은 우연이 아니고 하나의 수학적 사실이다. 이를 다음의 정리로 요약한다.

정 리 **영의 정리** Young's Theorem

$\mathbb{R}^2$에서 $\mathbb{R}$로 가는 함수 $z=f(x, y)$가 두 번 미분가능하다면(즉, 2계 도함수를 구할 수 있다면) 다음과 같다.

$$\frac{\partial^2 z}{\partial y \partial x}=\frac{\partial^2 z}{\partial x \partial y}$$

증 명 생략 ■

이 정리를 확장하면 다음의 정리를 얻는다.

정 리 **확장된 영의 정리**

$\mathbb{R}^2$에서 $\mathbb{R}$로 가는 함수 $z=f(x, y)$의 n계 도함수가 존재한다면 x로 m번 미분하고 y로 $n-m$번 미분하여 얻는 n계 도함수들은 모두 x와 y의 미분 순서와 무관하게 모두 같다.

증 명 위 정리를 연장하면 된다. ■

example 5.4 $z=f(x, y)$의 3계 도함수가 존재한다고 가정하자. 그러면

$$\frac{\partial^3 z}{\partial x^2 \partial y} = \frac{\partial^3 z}{\partial x \partial y \partial x} = \frac{\partial^3 z}{\partial y \partial x^2}$$

이다.

연습문제

1. 다음 함수들의 f_{xx}, f_{xy}, f_{yy}를 계산하라.

a. $f(x,\ y) = x^2 + 7xy + y^2$

b. $f(x,\ y) = x^3 - 4x^2y + 3xy^2 + 2y^3$

c. $f(x,\ y) = \dfrac{x^2}{y} + \dfrac{y^2}{x}$

d. $f(x,\ y) = (x^2y + xy^2)^5$

e. $f(x,\ y) = \dfrac{x}{x-y}$

f. $f(x,\ y) = x^y$ (**Hint** $x^y = e^{y\ln x}$이다)

2. 다음의 함수들이 파동방정식(wave equation)을 만족함을 확인하라.

$$\textbf{파동방정식:}\ a^2\frac{\partial^2 z}{\partial x^2} = \frac{\partial^2 z}{\partial t^2}$$

a. $z = (x + at)^4$

b. $z = (x - at)^4$

c. $z = x^2 + a^2t^2$

d. $z = e^{x+at}\ln(x + at)$

3. 다음의 함수들이 라플라스방정식(Laplace equation)을 만족함을 확인하라.

$$\textbf{라플라스방정식:}\ \frac{\partial^2 z}{\partial x^2} + \frac{\partial^2 z}{\partial y^2} = 0$$

a. $z = x^2 - y^2$

b. $z = 4x^3 - 6x^2y - 12xy^2 + 2y^3 + 3xy - 2x + y - 4$

c. $z = \ln\sqrt{x^2 + y^2}$

d. $z = \ln[(x+1)^2 + (y+2)^2]$

4. 다음 함수들의 f_{xy}, f_{yw}, f_{xyw}를 계산하라.

a. $f(x,\ y,\ w) = x^3 + xy^2 - y^2w^2 + x^2w^3 + w^4$

b. $f(x,\ y,\ w) = \dfrac{xyw}{x^2 + y^2 + w^2}$

c. $f(x,\ y,\ w) = e^{xyw}\dfrac{x}{yw}$

B. 편미분과 관련된 연쇄법칙

우리가 제4장 미분에서 살펴본 미분의 법칙이 편미분에도 그대로 적용된다. 즉 독립변수들이 여럿인 함수를 한 독립변수에 대하여 편미분할 때 다른 독립변수들을 상수로 취급하고 나면 결국 한 변수 함수를 미분하는 것으로 생각할 수 있고, 여기에 제4장의 모든 미분법칙을 적용하면 된다. 그런데 연쇄법칙에 대하여 혼동하는 사람들이 있으므로 여기서 살펴보고자 한다.

함수가 다음과 같이 얽혀 있다고 가정하자:

$$z=f(v,\ w) \qquad v=g(x) \qquad w=h(x)$$

이때 $v=g(x)$와 $w=h(x)$를 처음 함수에 대입하면

$$z=f(v,\ w)=f(g(x),\ h(x))$$

가 되어 결국 z는 x의 함수가 된다. 이 함수를 ϕ로 표기하자. 즉, $z=\phi(x)$이다. 이 경우 z를 x에 대하여 미분한 것, 즉 $\frac{dz}{dz}=\frac{d\phi}{dx}$는 처음 함수 f를 v에 대하여 편미분한 것 곱하기 $\frac{dv}{dx}=g'(x)$와 w에 대하여 편미분한 것 곱하기 $\frac{dw}{dx}=h'(x)$, 둘을 더하여 주면 된다. 즉,

$$\frac{dz}{dx}=\frac{d\phi}{dx}=f_v g'+f_w h'=\frac{\partial f(v,\ w)}{\partial v}\frac{dg(x)}{dx}+\frac{\partial f(v,\ w)}{\partial w}\frac{dh(x)}{dx}$$

이다. 이를 이해하기 위하여 **그림 5-1**을 참조하라.

결국 z는 x의 함수인데, x가 z에 영향을 주는 길은 두 가지 길이 있다. 함수 g를 통하는 길과 함수 h를 통하는 길이다. 이 경우 각각의 길에 연쇄법칙을 사용하여 다 더해 주면 된다. 즉, w를 상수로 보아 함수 h로 통하는 길을 무시하면 $v=g(x)$이고, $z=f(v,\ \cdot\ )$이므로 $\frac{\partial f(v,\ w)}{\partial v}\frac{dg(x)}{dx}$이 얻어지고, v를 상수로 보아 함수 g로 통하는 길을 무시하면 $w=h(x)$이고, $z=f(\ \cdot\ ,\ w)$이므로 $\frac{\partial f(v,\ w)}{\partial w}\frac{dh(x)}{dx}$이 얻어지는데, 이 둘을 더하면 최종적으로 $\frac{dz}{dx}$가 얻어지는 것이다.

그림 5-1

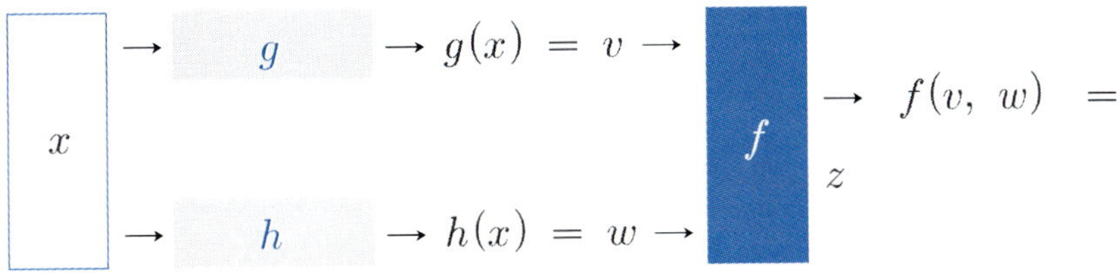

example 5.5 $z=f(v,\ w)=(2v-w)^2,\ v=g(x)=-4x+5,\ w=h(x)=\ln x$일 경우 $\dfrac{dz}{dx}$를 구하라. 우선 v와 w를 직접 대입하면 $z=(-8x+10-\ln x)^2$이 되어

$$\frac{dz}{dx}=2(-8x+10-\ln x)\left(-8-\frac{1}{x}\right) \qquad \cdots (1)$$

을 얻는다. 다음으로 $\dfrac{dz}{dx}=\dfrac{\partial f(v,\ w)}{\partial v}\dfrac{dg(x)}{dx}+\dfrac{\partial f(v,\ w)}{\partial w}\dfrac{dh(x)}{dx}$를 적용하면

$$\frac{dz}{dx}=4(2v-w)(-4)+2(2v-w)(-1)\left(\frac{1}{x}\right)$$

이 되고 이를 정리하면 $2(2v-w)\left(-8-\dfrac{1}{x}\right)$이 되는데, 여기에 v와 w를 대입하면 위 **(1)**과 같은 답을 얻는다. 물론 $v=g(x)=-4x+5,\ w=h(x)=\ln x$임을 암묵적으로 이해하고 있으면 $2(2v-w)\left(-8-\dfrac{1}{x}\right)$으로 그냥 두어도 무방하다. •••

example 5.6 $z=f(v,\ w)=(4v+w^3)^4,\ v=g(x)=\sqrt{x+3},\ w=e^{2x-4}$일 경우 $\dfrac{dz}{dx}$를 구하라. 그 답은

$$\begin{aligned}\frac{dz}{dx}&=\frac{\partial f(v,\ w)}{\partial v}\frac{dg(x)}{dx}+\frac{\partial f(v,\ w)}{\partial w}\frac{dh(x)}{dx}\\&=4(4v+w^3)^3\frac{1}{2\sqrt{x+3}}+12(4v+w^3)^3w^2(2e^{2x-4})\end{aligned}$$

이다. 여기에 $v=g(x)=\sqrt{x+3},\ w=e^{2x-4}$를 대입하여야 할 것이나, 그렇게 대입된다고 암묵적으로 이해하고 위와 같이 그대로 두어도 무방하다. •••

다음으로 이 연쇄법칙을 좀 더 복잡한 구조로 확장하면 다음과 같다. 함수가 다음과 같이 얽혀 있다고 가정하자:

$$z=f(v,\ w) \qquad v=g(x,\ y) \qquad w=h(x,\ y)$$

이 경우 $v=g(x,\ y)$와 $w=h(x,\ y)$를 처음 함수에 대입하면

$$z=f(v,\ w)=f(g(x,\ y),\ h(x,\ y))$$

가 되어 결국 z는 x와 y의 함수가 된다. 이 함수를 ϕ로 표기하자. 즉, $z=\phi(x,\ y)$이다. 이때 이를 x에 대하여 편미분하는 것은 y를 상수로 두고 미분한다는 뜻이고 그러면 이 구조는 바로 위에서 말한 구조와 같다. 즉,

$$\frac{dz}{dx}=\frac{\partial f(v,\ w)}{\partial v}\frac{\partial g(x,\ y)}{\partial x}+\frac{\partial f(v,\ w)}{\partial w}\frac{\partial h(x,\ y)}{\partial x}$$

이 된다. 비슷하게 생각하면 y에 대한 편미분은

$$\frac{dz}{dy}=\frac{\partial f(v,\ w)}{\partial v}\frac{\partial g(x,\ y)}{\partial y}+\frac{\partial f(v,\ w)}{\partial w}\frac{\partial h(x,\ y)}{\partial y}$$

가 된다.

example 5.7 $z=f(v,\ w)=(2v-w)^2$, $v=g(x,\ y)=-4x+5-3y$, $w=\ln x+e^{y^2}$일 경우 $\frac{\partial z}{\partial x}$와 $\frac{\partial z}{\partial y}$를 구하라. 그 답은 다음과 같다.

$$\frac{\partial z}{\partial x}=4(2v-w)(-4)+2(2v-w)(-1)\left(\frac{1}{x}\right)$$

$$\frac{\partial z}{\partial y}=4(2v-w)(-3)+2(2v-w)(-1)\left(e^{y^2}2y\right)$$

지금까지 논의한 연쇄법칙은 관련 변수가 더 많아도 똑 같은 원리가 적용된다. 이에 대한 논의는 다음 장의 전미분을 공부하면서 더 이어갈 것이다.

example 5.8 $u=x^3+x^2y+xyz^2$, $x=s^2+t^2$, $y=2st$, $z=s^2-t^2$일 경우 $\frac{\partial u}{\partial s}$를 구

하면 다음과 같다.

$$\begin{aligned}\frac{\partial u}{\partial s} &= \frac{\partial u}{\partial x}\frac{\partial x}{\partial s} + \frac{\partial u}{\partial y}\frac{\partial y}{\partial s} + \frac{\partial u}{\partial z}\frac{\partial z}{\partial s} \\ &= (3x^2+2xy+yz^2)2s + (x^2+xz^2)(2t) + 2xyz(2s)\end{aligned}$$

연습문제

1. 함수들이 아래와 같이 주어질 경우 $\frac{\partial u}{\partial s}$와 $\frac{\partial u}{\partial s}$를 구하라.

a. $u = x^2 - 3xy + y^2$, $x = 2s + 3t$, $y = s - 2t$

b. $u = e^{x/y}$, $x = s + t$, $y = s - t$

c. $u = (2x + y)^7$, $x = e^{st}$, $y = e^{-st}$

d. $u = x\ln y$, $x = s^2 + t^2$, $y = s^2 - t^2$

2. 다음의 문제를 풀어라.

a. $w = \ln(x^2 + y^2 + z^2)$, $x = t + s$, $y = t^2 + s^2$, $z = s^2 - t^2$일 때 $\frac{\partial w}{\partial s}$와 $\frac{\partial w}{\partial s}$를 구하라.

b. $u = \frac{x+1}{x^2+y^2}$, $x = r^2 + s + t$, $y = rst$일 때 $\frac{\partial u}{\partial r}$, $\frac{\partial u}{\partial s}$, $\frac{\partial u}{\partial t}$를 구하라.

3. $u = f(x + 2t,\ y + 3t)$일 때 다음을 보여라.

$$\frac{\partial u}{\partial t} = 2\frac{\partial u}{\partial x} + 3\frac{\partial u}{\partial y}$$

C. 편도함수의 기하학적 의미

$\mathbb{R}^2$에서 $\mathbb{R}$로 가는 함수 $z = f(x,\ y)$의 그래프는 3차원 공간의 표면이라 하였다. 이제 y를 y_0에 고정시키고 x를 변화시키면 y축의 y_0를 지나는 수직평면상에서 하나의 곡선을 얻는다. 즉, $z = f(x,\ y)$의 그래프와 y_0를 지나는 수직평면이 만나서 **그림 5-2**와 같은 곡선을 얻는다.

그림 5-2

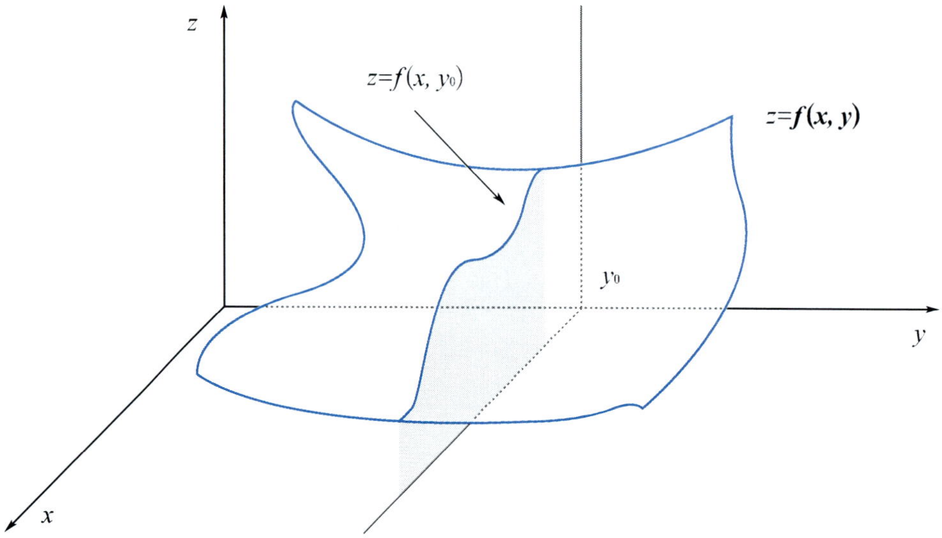

그림 5-3

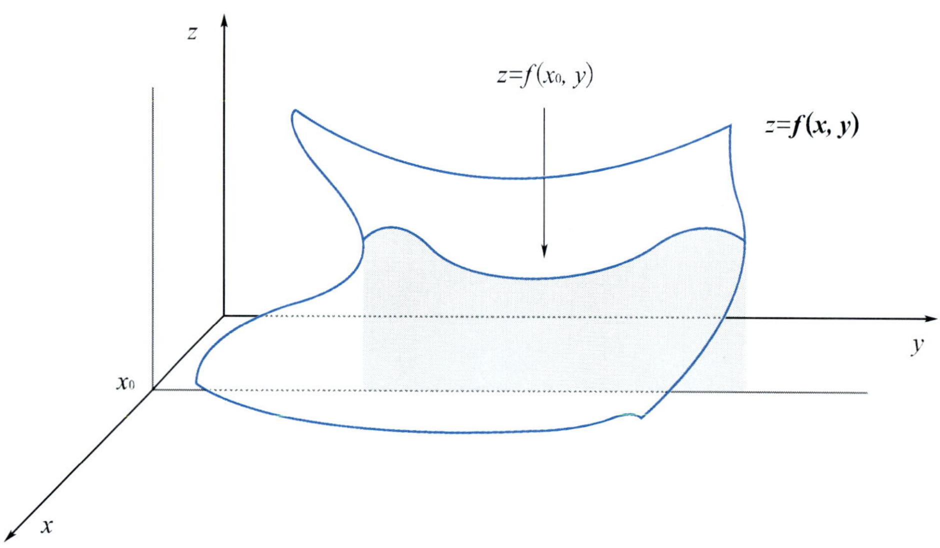

이 곡선은 $z=f(x, y_0)$의 그래프, 즉 z를 x만의 함수로 보고 그린 그래프에 해당한다. 그러면 이 함수를 x_0에서 x로 미분한 것이 바로 $\partial f(x_0, y_0)/\partial x$이다. 따라서 $\partial f(x_0, y_0)/\partial x$는 $z=f(x, y)$의 그래프를 x방향으로 접하는 접선의 기울기가 된다. 마찬가지로 $\partial f(x_0, y_0)/\partial y$는 x를 x_0에 고정시키고 y를 y_0 주변에서 변화시켜서 얻는 곡선에 접하는 접선, 즉 $z=f(x, y)$의 그래프를 y방향으로 접하는 접선의 기울기가 된다. **그림 5-3**을 참조하라.

이를 좀 다른 각도에서 설명해 보자. $z=f(x, y)$의 그래프와 이 그래프의 한 점 $(x_0, y_0, f(x_0, y_0))$에서 접하는 접평면을 얻은 뒤 y축의 y_0를 지나는 수직평면으로 자르면 바로 $z=f(x, y_0)$의 그래프와 이 그래프에 접하는 접선을 얻는다. 이때 접선의 기울기가 $\partial f(x_0, y_0)/\partial x$이다.

비슷하게 $z=f(x, y)$의 그래프와 이 그래프의 한 점 $(x_0, y_0, f(x_0, y_0))$에서 접하는 접평면을 얻은 뒤, x축의 x_0를 지나는 수직평면으로 자르면 $z=f(x_0, y)$의 그래프와 이 그래프에 접하는 접선을 얻는다. 이 접선의 기울기가 $\partial f(x_0, y_0)/\partial x$이다. **그림 5-4**는 위의 설명을 다른 그림으로 표현한 것이다. 이를 참조하라.

그림 5-4

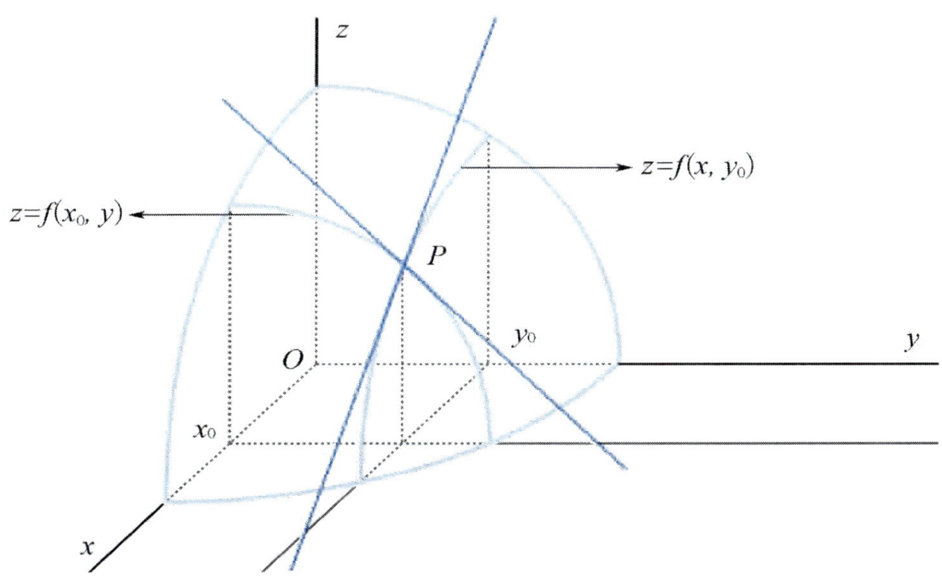

$\mathbb{R}^n$에서 $\mathbb{R}$로 가는 함수의 편도함수

이제 일반적으로 $y=f(x_1, x_2, \cdots, x_n)$이라는 $\mathbb{R}^n$에서 $\mathbb{R}$로 가는 함수가 하나 있을 경우 i번째 변수 x_i만 변화시켜서 차분몫을 다음과 같이 만들 수 있다.

$$\frac{f(x_1, x_2, \cdots, x_i+h, \cdots, x_n)-f(x_1, x_2, \cdots, x_i, \cdots, x_n)}{h}$$

이 차분몫의 극한이 존재하면 우리는 이 극한 값을

$$\frac{\partial f(x_1, x_2, \cdots, x_i, \cdots, x_n)}{\partial x_i}$$

혹은 더 간단히 $f_i(x_1, x_2, \cdots, x_i, \cdots, x_n)$로 나타내고 함수 f를 $(x_1, x_2, \cdots, x_n)$에서 x_i로 편미분한 값이라 일컫는다.

그리고 $(x_1, x_2, \cdots, x_n)$를 변화시키면 $\frac{\partial f(x_1, x_2, \cdots, x_i, \cdots, x_n)}{\partial x_i}$도 따라 변하므로 결국 우리는 도함수 $\frac{\partial f(x_1, x_2, \cdots, x_i, \cdots, x_n)}{\partial x_i}$를 얻게 되는 것이다.

고계 편도함수도 $\mathbb{R}^2$에서 $\mathbb{R}$로 가는 함수처럼 생각할 수 있다. 이를 나타내는 기호도 여럿 있으나 앞으로 우리가 많이 쓸 2계 편도함수의 기호만 소개하기로 하자. 그것은 $f_{ij}(x_1, x_2, \cdots, x_i, \cdots, x_n)$로 더 자세히는

$$\frac{\partial^2 f(x_1, x_2, \cdots, x_i, \cdots, x_j, \cdots, x_n)}{\partial x_i \partial x_j}$$

이다. 여기서도 x_i로 먼저 미분했느냐 x_j로 먼저 미분했느냐는 상관이 없다. 같은 2계 편도함수가 얻어지기 때문이다.

D. 다변수함수와 관련한 테일러 정리

다변수함수와 관련한 테일러 정리의 아이디어는 그렇게 힘들지 않으나 그 아

이디어를 나타내는 기호가 복잡하게 보여서 많은 독자들이 힘들어 한다.[1] 그렇기 때문에 이 책에서는 일반적으로 많이 사용되는 케이스에 국한하여 테일러 정리를 서술하고자 한다. 그리고 증명은 생략한다.

우선 $\mathbb{R}^2$에서 $\mathbb{R}$로 가는 함수 $z=f(x, y)$를 생각하자.

i) 테일러 정리 일부분 1

함수 $z=f(x, y)$가 x_0와 y_0를 포함하는 주변에서 2계 편도함수가 존재하면 이 주변의 x와 y에서

$$f(x, y)=f(x_0, y_0)+\frac{\partial f(x_0, y_0)}{\partial x}(x-x_0)+\frac{\partial f(x_0, y_0)}{\partial y}(y-y_0)+R_1(x, y)$$

이고, 여기서

$$R_1(x, y)=$$
$$\frac{1}{2!}\frac{\partial^2 f(\hat{x}, \hat{y})}{\partial x^2}(x-x_0)^2+\frac{\partial^2 f(\hat{x}, \hat{y})}{\partial x\partial y}(x-x_0)(y-y_0)+\frac{1}{2!}\frac{\partial^2 f(\hat{x}, \hat{y})}{\partial y^2}(y-y_0)^2$$

이며 $(\hat{x}, \hat{y})$는 (x_0, y_0)와 (x, y)를 잇는 선분 사이의 한 점이다.

이 정리가 말해 주는 것은 $R_1(x, y)$은 상대적으로 앞의 항, 즉

$$f(x_0, y_0)+\frac{\partial f(x_0, y_0)}{\partial x}(x-x_0)+\frac{\partial f(x_0, y_0)}{\partial y}(y-y_0)$$

보다 적은 값이므로 함수의 근사치를 구할 때 무시할 수 있고, 그러면

$$f(x, y)\approx f(x_0, y_0)+\frac{\partial f(x_0, y_0)}{\partial x}(x-x_0)+\frac{\partial f(x_0, y_0)}{\partial y}(y-y_0)$$

라는 것이다. 이를 1계 근사(first order approximation)라 한다. 함수를 2계 근사하는 방법에 관하여 테일러 정리를 서술하면 다음과 같다.

---

1 물론 operator, 즉 연산자라는 개념을 사용하면 기호가 좀 쉬워지나 그러면 연산자의 설명이 필요하므로 이 책에서는 그렇게 하지 않는다.

ii) 테일러 정리 일부분 2

함수 $z=f(x, y)$가 x_0와 y_0를 포함하는 주변에서 3계 편도함수가 존재하면 이 주변의 x와 y에서

$$f(x, y)=$$
$$f(x_0, y_0)+\frac{\partial f(x_0, y_0)}{\partial x}(x-x_0)+\frac{\partial f(x_0, y_0)}{\partial y}(y-y_0)$$
$$+\frac{1}{2!}\frac{\partial^2 f(x, y)}{\partial x^2}(x-x_0)^2+\frac{\partial^2 f(x, y)}{\partial x \partial y}(x-x_0)(y-y_0)+\frac{1}{2!}\frac{\partial^2 f(x, y)}{\partial y^2}(y-y_0)^2$$
$$+R_2(x, y)$$

이다. 여기서 $R_2(x, y)$는 앞의 항보다 적은 값으로 2계 근사를 할 때 무시할 수 있고, 그러면

$$f(x, y)\approx$$
$$f(x_0, y_0)+\frac{\partial f(x_0, y_0)}{\partial x}(x-x_0)+\frac{\partial f(x_0, y_0)}{\partial y}(y-y_0)$$
$$+\frac{1}{2!}\frac{\partial^2 f(x, y)}{\partial x^2}(x-x_0)^2+\frac{\partial^2 f(x, y)}{\partial x \partial y}(x-x_0)(y-y_0)+\frac{1}{2!}\frac{\partial^2 f(x, y)}{\partial y^2}(y-y_0)^2$$

이다. 참고로 $R_2(x, y)$는 3계 도함수의 함수값들과 관련이 있는데 이에 관하여 더 자세하고 정확한 표현이 가능하나 생략하기로 한다.

example 5.9 $z=f(x, y)=e^{x^2+y^2}$을 (1, 1) 근처에서 근사해 보자. 우선 1계 근사를 하기 위하여 f_x와 f_y를 구하면 각각 $e^{x^2+y^2}(2x)$ 그리고 $e^{x^2+y^2}(2y)$이다. 그러므로 $e^{x^2+y^2}\approx e^2+2e^2(x-1)+2e^2(y-1)$이다. 다음으로 2계 근사를 하기 위하여 2계 도함수들을 구하면

$$f_{xx}=e^{x^2+y^2}(2x)^2+2e^{x^2+y^2},\ f_{xy}=e^{x^2+y^2}(4xy),\ f_{yy}=e^{x^2+y^2}(2y)^2+2e^{x^2+y^2}$$

이다. 그러므로 $e^{x^2+y^2}$은 다음과 같이 근사할 수 있다.

$$e^{x^2+y^2} \approx e^2 + 2e^2(x-1) + 2e^2(y-1) + \frac{1}{2}6e^2(x-1)^2 + 4e^2(x-1)(y-1) + \frac{1}{2}6e^2(y-1)^2 \quad \cdots$$

다음으로 $\mathbb{R}^n$에서 $\mathbb{R}$로 가는 함수 $y=f(x_1, x_2, \cdots, x_n)$의 경우 1계 근사와 2계 근사를 하는 방법을 서술하기로 하자.

iii) 테일러 정리 일부분 3

함수 $f(x_1, x_2, \cdots, x_n)$가 $(x_1{}^0, x_2{}^0, \cdots, x_n{}^0)$를 포함하는 주변에서 2계 편도함수가 존재하면 이 주변의 $(x_1, x_2, \cdots, x_n)$에서

$$\begin{aligned} f(x_1, x_2, \cdots, x_n) \approx\ & f(x_1^0, x_2^0, \cdots, x_n^0) + f_1(x_1^0, x_2^0, \cdots, x_n^0)(x_1 - x_1^0) \\ & + f_2(x_1^0, x_2^0, \cdots, x_n^0)(x_2 - x_2^0) + \cdots \\ & + f_n(x_1^0, x_2^0, \cdots, x_n^0)(x_n - x_n^0) \end{aligned} \quad \cdots (1)$$

이고 3계 편도함수가 존재하면 이 주변의 $(x_1, x_2, \cdots, x_n)$에서

$$\begin{aligned} f(x_1, x_2, \cdots, x_n) \approx\ & f(x_1^0, x_2^0, \cdots, x_n^0) + f_1(x_1^0, x_2^0, \cdots, x_n^0)(x_1 - x_1^0) \\ & + f_2(x_1^0, x_2^0, \cdots, x_n^0)(x_2 - x_2^0) + \cdots + f_n(x_1^0, x_2^0, \cdots, x_n^0)(x_n - x_n^0) \\ & + \frac{1}{2}\sum_{i=1}^{n}\sum_{i=1}^{n} f_{ij}(x_1^0, x_2^0, \cdots, x_n^0)(x_i - x_i^0)(x_j - x_j^0) \end{aligned} \quad \cdots (2)$$

이다. 식 (1)은 1계 근사식이고 식 (2)는 2계 근사식이다.

연습문제

1. $z=f(x, y)=e^{x^2+y^2}$을 (0, 1) 근처에서 1계와 2계 근사하여 보라.
2. $z=f(x, y)=\ln(x^2+y)$을 (1, 1) 근처에서 1계와 2계 근사하여 보라.
3. $\mathbb{R}^3$에서 $\mathbb{R}$로 가는 함수가 $z=f(x, y, w)$로 표기되어 있을 경우 (x_0, y_0, w_0) 주변에서 이 함수의 1계 근사와 2계 근사를 써 보아라.

4. $z=f(x,\ y,\ w)=e^{x^2+y^2+w^2}$을 (0, 1, 0) 근처에서 1계와 2계 근사하여 보라.
5. $z=f(x,\ y,\ w)=\ln(x^2+yw)$을 (1, 1, 1) 근처에서 1계와 2계 근사하여 보라.

E. 응 용

미분의 경제학적 의미

한마디로 경제학에서 사용되는 여러 함수의 미분값은 그 함수가 지칭하는 개념의 한계개념이 된다. 즉, 비용함수를 미분하면 한계비용, 효용함수를 미분하면 한계효용, 생산함수를 미분하면 한계생산 등이 된다.

우선 경제학에서 사용하는 '**한계**(marginal)'라는 개념부터 알아보자. 경제학에서는 바로 위에서 보듯이 한계 X 혹은 한계 Y 등의 개념이 많이 등장한다. 한계 X는 총 X의 변화량 혹은 변화분, 한계 Y는 총 Y의 변화량 혹은 변화분을 의미한다. 총 Y는 여러 요인의 변화에 따라 변할 것이다. 그러면 우리는 Y가 그 요인들의 함수라고 수학적으로 표현한다. 즉, $Y=f(W_1,\ W_2,\ \cdots,\ W_k)$라고 표현하는 것이다. 이 경우 어느 한 요인 W_i가 변하면 그에 따라 Y도 변할 터인데, W_i가 한 단위 변할 때 변하는 Y의 값(변화량)을 'W_i의 한계 Y'라고 말한다. W_i가 자명하면 이를 빼고 그냥 '한계 Y'라고 말하기도 한다. 기호로 $\dfrac{\Delta Y}{\Delta W_i}$로 표기를 많이 하는데 이는 W_i가 ΔW_i만큼 증가할 시 Y는 ΔY만큼 늘어나므로 $\dfrac{\Delta Y}{\Delta W_i}$가 W_i 한 단위 변화 시 변하는 Y의 값(변화량), 즉 'W_i의 한계 Y'가 된다.

example 5.10 생산비용 C는 생산량에 따라 달라진다. 즉, (생산 총) 비용 C는 생산량 Q의 함수로 $C=f(Q)$로 쓸 수 있다. 기호를 남용하여 $C=C(Q)$로 경제학에서 많이 쓴다. 등호의 왼편에 있는 C는 변수이고 $C(Q)$에서의 C는 함수를 나타내는 기호이므로 엄밀히 말하면 양자를 구별해서 별도의 기호를 사용해야 하나 이렇게 쓰는 것이 경제학, 물리학, 공학 등의 관행이기도 하다. 아무튼 $C=C(Q)$이라는 (총)비용함수가 있을 때 한계비용(marginal cost)은 $C(Q+1)-C(Q)$이다. 더 구체적으로 $C(Q)=Q^3-30Q^2+2100Q+500$이라 하자. 그러면 생산량이 8일 때 (총)비용은 $C=C(8)=15{,}892$이고 생산량이 9일 때 (총)비용은 $C=C(9)=17{,}699$이므로 생산량을 8에서 9로 변화(증가)시킬 때의 한계비용은 $17{,}699-15{,}892=1{,}807$이다.

example 5.11 (총)효용은 재화의 소비량에 따라 변한다. 두 개의 재화 X와 Y가 있고 소비자의 효용이 두 재화의 소비량에 따라 변하여 효용함수가 다음과 같이 주어졌다고 하자: $U=U(X, Y)=XY$. 여기서도 기호 U를 남용하여 효용을 나타내는 변수와 함수를 같은 기호로 나타내었다. 그뿐 아니라 X와 Y도 남용을 하였다. 즉, X를 재화의 이름으로 사용하고 또 그 재화의 수량도 X로 쓴 것이다. Y도 마찬가지이다. 아무튼 효용함수가 이렇게 주어졌다면 $X=10$, $Y=20$일 때 소비자의 효용은 200이다. 소비자가 X재를 10단위 소비하고 Y재를 20단위 소비하면 200만큼의 효용이 생긴다. 그런데 이제 소비자가 X재를 11단위 소비하면 효용이 220으로 증가한다. 그러므로 이 경우 한계효용(marginal utility), 즉 X의 한계효용은 20이 된다. 소비자가 X재는 가만히 두고 Y재를 21단위로 증가시키면 효용은 210으로 증가하여 Y의 한계 효용은 10이 된다.

그러면 왜 한계 개념에 미분과 관련이 있는가? 미분의 정의를 살펴보면 그 답이 있다. 함수 $y=f(x)$가 있다 하자. 그러면

$$f'(x)=\lim_{h\to 0}\frac{f(x+h)-f(x)}{h}$$

이므로, h가 0으로 가까이 가면 $\frac{f(x+h)-f(x)}{h}$는 $f'(x)$와 비슷해진다. 즉, $f'(x)$의 근사치가 $\frac{f(x+h)-f(x)}{h}$가 되어

$$\frac{f(x+h)-f(x)}{h}\approx f'(x)$$

이다. 경제학에서 1이란 숫자는 그렇게 큰 숫자가 아닌 것으로 취급하므로 $h=1$을 대입하면 $f(x+1)-f(x)\approx f'(x)$이 얻어진다. 즉, 한계 y는 미분으로 얻어지는 것이다. 예를 가지고 보도록 하자.

example 5.12 앞에서 $C(Q)=Q^3-30Q^2+2100Q+500$라는 비용함수를 사용하여 Q가 8에서 9로 증가될 때의 한계비용을 계산하니 1,807이 나왔다. 비용함수의 도함수를 계산하면 $C'(Q)=3^2-60Q+2100$이 얻어지는데 여기에 $Q=8$을 대입하면, 1812가 나와 비슷한 값이 얻어진다.

효용함수처럼 독립변수가 여럿 있는 경우는 편미분이 한계의 의미를 갖는다. 즉, $Y=f(W_1,\ W_2,\ \cdots,\ W_k)$이라는 다변수 함수가 있는 경우 편미분

$$\frac{\partial Y}{\partial W_i}=\frac{\partial f(W_1,\ W_2,\ \cdots,\ W_k)}{\partial W_i}$$

가 W_i의 한계 Y가 된다. 그 이유는 편미분 값은 차분몫

$$\frac{\partial f(W_1,\ W_2,\ \cdots,\ W_i+h,\ \cdots,\ W_k)-f(W_1,\ W_2,\ \cdots,\ W_i,\ \cdots,\ W_k)}{h}$$

의 극한값이고, $h=1$일 때의 차분몫이 W_i의 한계 Y어서 편미분값과 $h=1$일 때 차분몫의 값이 비슷하기 때문이다.

example 5.13 효용함수가 $U=U(X,\ Y)=XY$으로 주어진 경우 $\frac{\partial U(X,\ Y)}{\partial X}=Y$이므로 $X=10$, $Y=20$일 때의 X의 한계효용은 20이 얻어진다. 비슷하게, $\frac{\partial U(X,\ Y)}{\partial Y}=X$ 이므로 $X=10$, $Y=20$일 때의 Y의 한계효용은 10이 얻어진다.

example 5.14 생산함수가 다음과 같이 주어져 있다고 하자:

$$Y=F(K,\ L)=10K^{1/3}L^{2/3}$$

여기서 Y는 생산량을 나타내고 K는 자본의 양, L은 노동의 양을 나타낸다.

자본의 한계생산은 자본 한 단위가 증가할 시 증가하는 생산량을 말하는 것으로 자본에 대하여 미분하면 된다. 즉,

$$\frac{10}{3}K^{-\frac{2}{3}}L^{\frac{2}{3}}=\frac{10}{3}\left(\frac{L}{K}\right)^{\frac{2}{3}}$$

이 자본의 한계생산이 된다. 여기에 L의 값과 K의 값을 대입하면 노동과 자본을 그 값에 쓰다가 자본을 한 단위 더 증가할 때의 증가된 생산량을 얻는 것이다. 비슷하게 노동의 한계생산은 다음과 같다.

$$\frac{20}{3}K^{\frac{1}{3}}L^{-\frac{1}{3}}=\frac{10}{3}\left(\frac{K}{L}\right)^{\frac{1}{3}}$$

미 분

6

A. 미분의 개념

우리말로는 같이 미분이라 번역되지만 여태까지 배운 미분과 조금 다른 개념의 미분이 있다. 여태까지 배운 미분은 영어로 differentiation 즉 '미분함'이란 뜻의 미분이었는데, differential이란 개념의 **미분**을 이제 소개하려 한다. 혼동을 피하기 위하여 differential을 미분량이라 번역하는 저자도 있다. 우리는 양자를 섞어가며 써서 두 가지 번역에 모두 익숙하도록 할 것이다.

우선 기호로 **미분량**(differential)은 dx, dy, dz 등으로 표기한다. 이들은 x, y, z와 관련이 있지만 새로운 변수들로 생각하면 된다. 이들의 기하학적 의미를 먼저 알아보기로 하자. 그러기 위하여 우선 $\mathbb{R}$에서 $\mathbb{R}$로 가는 함수 $y=f(x)$를 생각하고 **그림 6-1**을 참조하도록 하자.

우리는 $f'(x)$가 x의 값이 주어지면 그 값에서 그래프에 접하는 접선의 기울기라고 배웠다. 전에 그렸던 그래프를 다시 그려 보면 **그림 6-1**과 같다.

x의 값이 우리가 주목하고 있는 값에서 조금 변하였다고 할 경우 앞에서 우리는 그 변한 값을 h라는 기호로 나타내었다. 그런데 이를 Δx라 표기하기도 하고 혹은 dx라 표기하기도 한다. 즉, 독립변수 x의 소량변화를 x의 미분량(differential of x)라 말하고 기호로 dx라 쓰는 것이다. 이 경우 y의 값도 소량 변하는데 이것이

그림 6-1

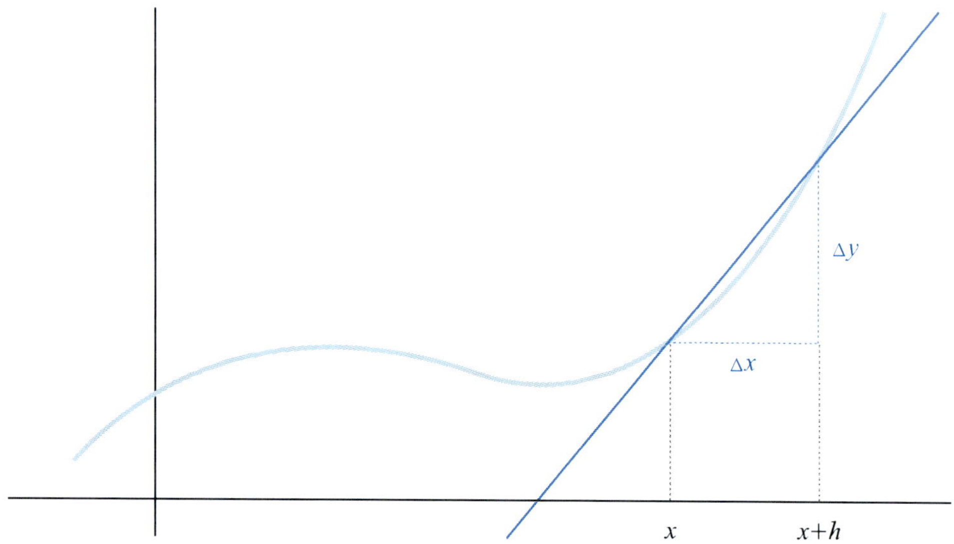

바로 차분몫의 분자 $f(x+h)-f(x)$이고 다른 기호로 Δy라 표기한다. 그러므로 차분몫은 간단히 기호로 $\frac{\Delta y}{\Delta x}$로 표기되기도 한다. 물론 이 기호의 이면에는 함수 f가 존재하고 지금 x의 값이 어느 숫자에 고정되어 있음이 암묵적으로 이해되고 있다.

그런데 우리는 x의 값이 고정된 x값에서 소량변화할 때 y의 변화를 근사치로 알아도 충분할 때가 많다. x의 값이 소량변할 때 y의 값 변화를 근사치로 알아볼 때 미분이 응용된다는 점을 우리는 '미분의 응용' 부분에서 살펴보았다. 이 근사치를 그래프로 말하면 x가 소량변화할 때 y가 실제 함수값을 따라서, 즉 함수의 그래프를 따라서 변화하는 값이 Δy이고 접하는 접선을 따라서 변화한 값이 $f'(x)h=f'(x)dx$이다. 그리고 이를 기호로 dy라 쓰고 y의 미분(differential of y)이라고 말하는 것이다.

한마디로 정리하면 dy는 x가 dx만큼 변화할 때 $y=f(x)$에 접하는 접선을 따라서 변하는 y의 변화값을 의미하고 이를 y의 미분(differential)이라고 말한다.

이를 그래프로 그려서 보면 **그림 6-2**와 같다.

그림 6-2

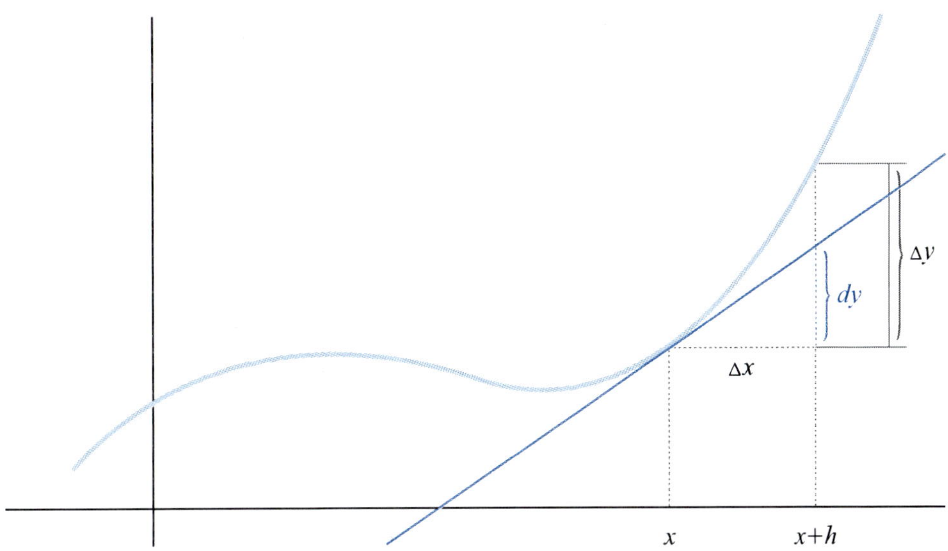

example 6.1 $y=x^2-3x+4$가 주어지면 $dy=(2x-3)dx$를 얻는다. x가 5에서 4.9로 -0.1 변할 때 y가 접선을 따라 변한다고 가정하면 그 변화량은

$$dy=(2\times 5-3)(-0.1)=-0.7$$

이다. 즉, y는 약 0.7 감소한다.

다음으로 $\mathbb{R}^2$에서 $\mathbb{R}$로 가는 함수 $z=f(x,\ y)$의 미분량에 대하여 생각해 보기로 하자. 여기서 독립변수 x와 y의 소량변화는 Δx와 Δy로 혹은 dx와 dy로 표기한다. 즉, 독립변수의 미분(differential)은 그냥 독립변수의 소량변화값이다. 이제 x가 dx만큼 변하고 y가 dy만큼 변하면 z가 소량 변할 터인데 그 소량변화값을 Δz로 표기한다. 즉, $\Delta z=f(x+dx,\ y+dy)-f(x,\ y)$이다. 그런데 Δz를 정확히 알기보다 근사치로 알아보는 것으로 충분할 때 z의 값이 $z=f(x,\ y)$ 함수의 그래프에 접하는 접평면을 따라 변한다면 얼마나 변할까를 알아보는 것이 바로 z의 미분(differential of z) dz이다. 정확히는

$$dz = f_x(x, y)dx + f_y(x, y)dy = \frac{\partial f(x, y)}{\partial x}dx + \frac{\partial f(x, y)}{\partial y}dy$$

가 된다. 왜 이렇게 되는지 그림을 통하여 살펴보기로 하자.

그림 6-3은 함수 $z=f(x, y)$의 그래프와 그래프 상의 한 점 (x_0, y_0, z_0)에서 그래프에 접하는 평면의 일부를 그리고 x가 x_0에서 dx만큼 증가하고 y가 y_0에 dy만큼 증가하였을 시 접평면을 따른 z의 변화를 보여 주는 그림이다. **그림 6-3**에서 왜 평면을 따른 z의 소량변화 dz가 $\frac{\partial f(x, y)}{\partial x}dx + \frac{\partial f(x, y)}{\partial y}dy$의 값을 가지는지 이해하기 위하여 **그림 6-3**의 일부분만으로 **그림 6-4**를 그리기로 하자.

이제 **그림 6-4**에서 $\frac{\partial f(x, y)}{\partial x}$가 x방향으로의 기울기이므로 $\frac{\partial f(x, y)}{\partial x}dx$가 x방향으로 증가하는 높이이고 마찬가지로 $\frac{\partial f(x, y)}{\partial y}dy$가 y방향으로 증가하는 높이이므로 두 변화를 합한 것이 최종 z의 변화값 dz가 됨을 알 수 있다. 왜냐하면 평행사변형이 그림처럼 3차원 공간에 놓여 있으면 x방향으로 증가하는 높이를 나타내는 삼각형이 뒤에 회색으로 칠한 삼각형과 합동이기 때문이다.

이를 확장하면 $\mathbb{R}^n$에서 $\mathbb{R}$로 가는 함수 $y=f(x_1, x_2, \cdots, x_n)$에서 y의 differential dy는 x들의 differential dx_i들과 다음과 같은 관계를 가진다고 결론을 내릴 수 있다.

$$dy = \frac{\partial f}{\partial x_1}dx_1 + \frac{\partial f}{\partial x_2}dx_2 + \cdots + \frac{\partial f}{\partial x_n}dx_n$$

이 표현에서 $\frac{\partial f}{\partial x_i}$라는 기호는 $(x_1, x_2, \cdots, x_n)$을 생략한 기호이고 좀 더 자세히 풀어쓰면

$$\frac{\partial f(x_1, x_2, \cdots, x_n)}{\partial x_i}$$

를 의미한다.

example 6.2 $z=x^2y-2xy^2$에서 $dz=(2xy-2y^2)dx+(x^2-4xy)dy$를 얻는다. 그리고 $x=2x_1x_2x_3$에서 $dx=(2x_2x_3)dx_1+(2x_1x_3)dx_2+(2x_1x_2)dx_3$를 얻으며, $y=x_1^3-2x_1x_2-x_1x_3^2$에서 $dy=(3x_1^2-2x_2-x_3^2)dx_1+(-2x_1)dx_2-(2x_1x_3)dx_3$를 얻는다. 이 dx와 dy를 위 dz의 식에다 대입하면 최종적으로 dz를 dx_1, dx_2, dx_3로 나

그림 6-3

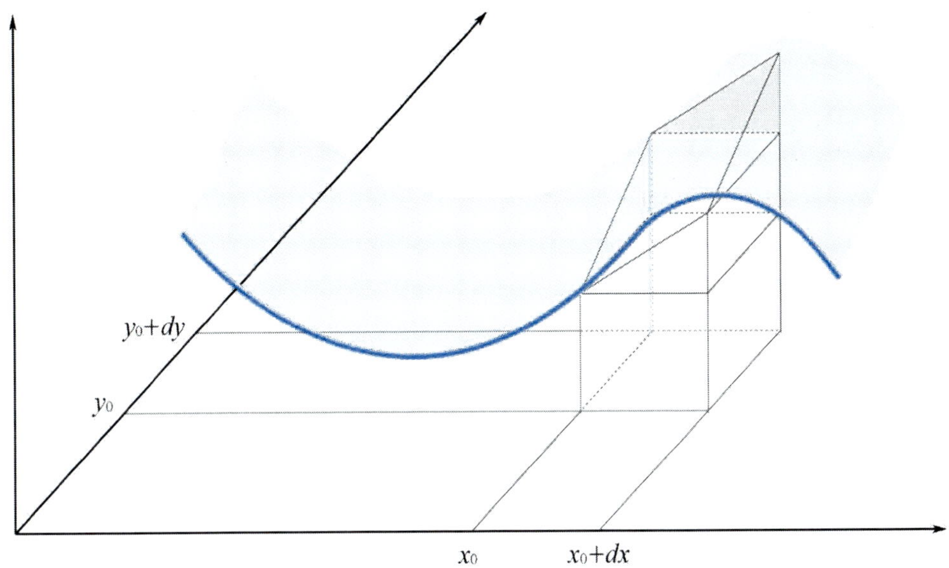
y_0+dy
y_0
x_0
x_0+dx

그림 6-4

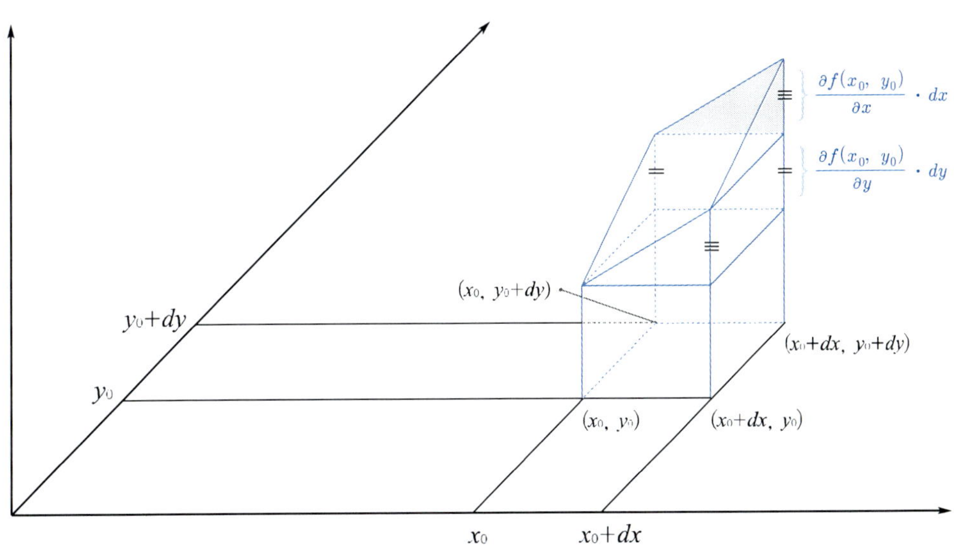
$\frac{\partial f(x_0, y_0)}{\partial x} \cdot dx$
$\frac{\partial f(x_0, y_0)}{\partial y} \cdot dy$
(x_0, y_0+dy)
(x_0+dx, y_0+dy)
(x_0, y_0)
(x_0+dx, y_0)
y_0+dy
y_0
x_0
x_0+dx

타낸 식을 얻게 된다.

B. 미분에 관한 법칙

미분에 관한 법칙을 이해하기 위하여 다음과 같이 생각하자.

$$z=\phi(u,\ v)$$
$$u=f(x_1,\ x_2,\ \cdots,\ x_n)$$
$$v=g(x_1,\ x_2,\ \cdots,\ x_n)$$

이 관계를 그림으로 그리면 **그림 6–5**와 같다.

그림 6–5

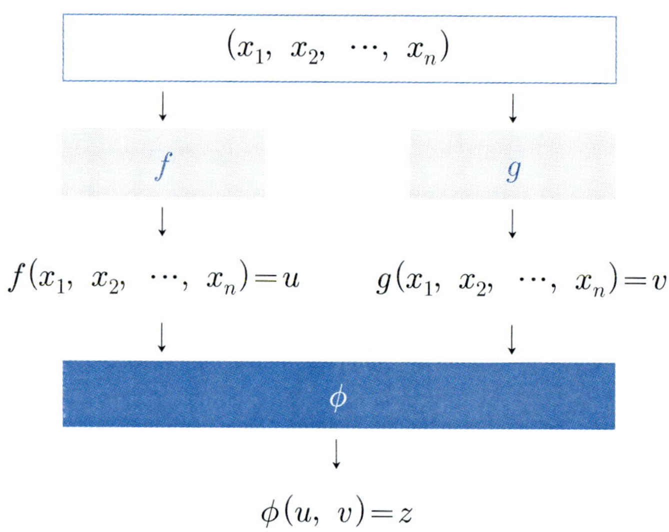

i) $dc=0$

이것이 말하는 것은 상수의 미분량은 0이라는 것이다. 이를 이해하기 위하여 함수 ϕ가 상수함수라고, 즉 $z=\phi(u, v)=c$라고 생각하면 된다. 그러면 $dz=\phi_u du+\phi_v dv$인데 $\phi_u=\phi_v=0$이므로 $dz=dc=0$이다.

ii) $d(cu^n)=(cnu^{n-1})du$

이는 함수 ϕ가 $z=\phi(u, v)=cu^n$인 함수라 생각하면 된다. $dz=\phi_u du+\phi_v dv$인데 $\phi_u=cnu^{n-1}$이고 $\phi_v=0$이므로 $dz=d(cu^n)=(cnu^{n-1})du$이다.

iii) $d(u+v)=du+dv$

이는 함수 ϕ가 $z=\phi(u, v)=u+v$라 생각하면 금방 그 결론이 나온다.

iv) $d(u-v)=du-dv$

$z=\phi(u, v)=u-v$로 놓고 $dz=\phi_u du+\phi_v dv$를 계산하면 이 결론이 나온다.

v) $d(uv)=vdu+udv$

$z=\phi(u, v)=uv$로 놓고 $dz=\phi_u du+\phi_v dv$를 계산하면 이 결론이 나온다.

vi) $d(\frac{u}{v})=\frac{vdu-udv}{v^2}$

$z=\phi(u, v)=\frac{u}{v}$로 놓고 $dz=\phi_u du+\phi_v dv$를 계산하여 정리하면 이 결론이 나온다.

이제

$$du=f_1(x_1, x_2, \cdots, x_n)dx_1+f_2(x_1, x_2, \cdots, x_n)dx_2+\cdots+f_n(x_1, x_2, \cdots, x_n)dx_n$$

그리고

$$dv=g_1(x_1, x_2, \cdots, x_n)dx_1+g_2(x_1, x_2, \cdots, x_n)dx_2+\cdots+g_n(x_1, x_2, \cdots, x_n)dx_n$$

을 얻어 위 법칙들에 대입하면 최종적으로 dz가 dx_1, dx_2, $\cdots$, dx_n들의 함수로 얻어진다. 그러나

$$u=f(x_1, x_2, \cdots, x_n)$$
$$v=g(x_1, x_2, \cdots, x_n)$$

를 상정하지 않고 그냥 u와 v가 독립변수라 생각하고 위 법칙들을 이해해도 무방하다.

연습문제

1. 함수가 다음과 같이 주어진 경우 dy를 구하여라.

a. $y = x^2$ *b.* $y = x\sqrt{x^2+1}$ *c.* $y = \dfrac{x^2-1}{x^2+1}$ *d.* $y = \dfrac{1}{\sqrt{x}}$

2. 다음 함수들의 전미분을 구하여라.

a. $u = x^2 + xy - y^2$ *b.* $z = x^3 - 3x^2y + y^3$

c. $u = x\ln y$ *d.* $z = \sqrt{x^2+y^2}$

e. $V = \pi r^2 h$(π는 무리수고 나머지는 변수이다)

f. $z = x^y$ *g.* $u = \ln\sqrt{x^2+y^2}$

h. $z = \dfrac{xw}{x^2+y^2+w^2}$ *i.* $u = x\ln z + z\ln y$

3. u가 x와 y의 함수로 아래와 같이 주어지고, x와 y의 값 x_0와 y_0 그리고 dx와 dy 값이 아래와 같이 주어졌을 때 du를 계산하라.

a. $u = x^3 + y^3$, $x_0 = 1$, $y_0 = 2$, $dx = 0.2$, $dy = 0.1$

b. $u = x^2 - y^2$, $x_0 = 3$, $y_0 = 2$, $dx = -0.1$, $dy = 0.2$

c. $u = x^2 - 2xy + 2y^2$, $x_0 = 2$, $y_0 = 3$, $dx = 0.1$, $dy = -0.2$

d. $u = (xy^2 + x)^4$, $x_0 = 2$, $y_0 = 1$, $dx = -0.2$, $dy = 0.3$

e. $u = \ln\sqrt{x^2+y^2}$, $x_0 = 15$, $y_0 = 20$, $dx = 1$, $dy = -1$

f. $u = (x+y)^2 + (y-x)^2$, $x_0 = 0$, $y_0 = 1$, $z_0 = 2$,
$dx = 0.05$, $dy = 0.05$, $dz = 0.05$

g. $u = w^2 - 2x^2 + 3y^2 - 4z^2$, $w_0 = 3$, $x_0 = 2$, $y_0 = 1$, $z_0 = 0$,
$dw = -0.1$, $dx = -0.2$, $dy = 0.1$, $dz = 0.2$

4. 두 저항기(resistor)를 병열로 연결하면 총 저항 R과 각 저항기 R_1과 R_2의 사이에는

$$\frac{1}{R} = \frac{1}{R_1} + \frac{1}{R_2}$$

의 관계가 있다. 이제 R_1을 5에서 5.3으로 증가시키고, R_2를 4에서 3.8로 감소시킬 경우 총 저항 R의 변화는 대략 근사치로 얼마가 될까?

C. 미분differential과 편미분partial differentiation 그리고 연쇄법칙chain rule

여러 함수들이 얽혀 있을 때 미분량(differential)을 사용하면 편미분(partial differentiation)을 쉽게할 수 있고, 특히 연쇄법칙(chain rule)을 사용하여 미분하는데 있어서 혼동을 피할 수 있다. $\mathbb{R}^n$에서 $\mathbb{R}$로 가는 함수 $y=f(x_1, \cdots, x_n)$이 하나 있다 하자. 이를 x_i에 대하여 편미분하는 것은 전미분을 구한 뒤 다른 dx_j들은 0으로 놓고 dy를 dx_i로 나눠 주면 되는 것임은 여러분이 전미분을 보면 쉽게 이해할 수 있을 것인데, 사실 이 점이 모든 미분에 있어서 중요한 요점이다. 어느 변수로 편미분하는 것은 전미분에서 그 변수의 미분량 외 다른 변수의 미분량은 0으로 놓고 계산하면 된다. 이 원칙을 적용하면 여러 함수들이 얽혀 있을 시도 전미분을 먼저 구한 뒤 관련 변수의 미분량을 제외한 다른 변수의 미분량은 0으로 놓고 계산한 뒤 최종적으로 종속 변수의 미분을 관련 변수의 미분으로 나눈 값을 계산하면 된다. 예를 보면서 설명하기로 하자.

example 6.3 함수들이 다음과 같이 주어졌다고 하자.

$$z=f(v,\ w)=(2v^2-\ln w)^2$$
$$v=g(x)=-4x+5w^2$$

두 번째 함수를 첫 번째 함수에 대입하면 z는 최종적으로 x와 w의 함수가 되고 따라서 $\frac{\partial z}{\partial x}$와 $\frac{\partial z}{\partial w}$를 구할 수 있다. 대입을 해서 함수를 정리하고 편미분을 구해도 되지만 미분량을 사용하여도 된다. 첫 번째 함수에서

$$dz=2(2v^2-\ln w)(4v)dv+2(2v^2-\ln w)\left(-\frac{1}{w}\right)dw \quad \cdots (1)$$

그리고 두 번째 함수에서 $dv=-4dx+10wdw$를 얻는데, 이를 식 (1)에다 대입하면

$$dz = 2(2v^2 - \ln w)(4v)(-4dx + 10wdw) + 2(2v^2 - \ln w)\left(-\frac{1}{w}\right)dw \qquad \cdots (2)$$

를 얻는다. 이제 z를 x에 대하여 편미분한 도함수를 얻으려면 $dw = 0$으로 놓고 식 (2)에서 dz를 dx로 나눈 값을 구하면 된다. 비슷하게 z를 w에 대하여 편미분한 도함수를 얻으려면 $dx = 0$으로 놓고 식 (2)에서 dz를 dw로 나눈 값을 구하면 된다. •••

example 6.4 제5장의 **예 5.8**에서 함수들이

$$u = x^3 + x^2 y + xyz^2$$
$$x = s^2 + t^2, \quad y = 2st, \quad z = s^2 - t^2$$

로 주어져 있을 경우 $\frac{\partial u}{\partial s}$를 구하여 보았다. 이제 전미분을 사용하여 구해 보도록 하자. 각 함수들의 전미분을 구하면

$$du = (3x^2 + 2xy + yz^2)dx + (x^2 + xz^2)dy + 2xyzdz$$
$$dx = 2sds + 2tdt$$
$$dy = 2tds + 2sdt$$
$$dz = 2sds - 2tdt$$

이다. $dt = 0$으로 하여 정리를 한 뒤 dx, dy, dz를 첫 번째 전미분식에다 대입한 뒤 du를 ds로 나누면 $\frac{\partial u}{\partial s}$를 얻는다. 그것은

$$\frac{\partial u}{\partial s} = 2(3x^2 + 2xy + yz^2)s + 2(x^2 + xz^2)t + 4xyzs$$

이다. 이것은 제5장의 **예 5.8**에서 계산한 것과 같다. •••

앞의 두 예에서는 그래도 계산이 좀 간단한 것을 소개했는데, 간단하든 복잡하든 상관없이 최종적으로 정리되는 전미분과 미분량 사이의 관계식을 얻은 뒤 하나의 미분량만 남기고 나머지 미분량을 0으로 두고 계산하여 편미분을 얻을 수 있음을 유념하면 된다.

D. 2계 전미분 second order total differential

고계 도함수들이 있듯이 미분 특히 전미분에도 고계 전미분이 있다. 그중 주목을 받는 것이 2계 전미분이다. **2계 전미분**(second order differential)은 전미분의 전미분을 구한 것이다. 이는 종속변수의 변화의 변화를 나타내는 경험이다. 우선 예를 보고 일반적 논의를 하도록 하자.

example 6.5 $y=x^2$. 이의 전미분은 $dy=2xdx$이다. 이것이 의미하는 바는 input 변수가 x에서 $x+dx$로 dx만큼 변하면 y는 $2xdx$만큼 변하는 것으로 근사(approximate)할 수 있다는 뜻이다. $x=3$에서 3.1로 0.1만큼 변하면 y는 $2\times3\times0.1=0.6$ 정도 변한다는 뜻이다. 실지로 $x=3$일 때 $y=9$이고, $x=3.1$일 때 $y=9.61$로 약 0.6 변한다. 이제 x가 3.1에서 3.2로 0.1만큼 변한다고 생각해 보자. 그러면 y는 $2\times3.1\times0.1=0.62$ 정도 변한다. 여기서 y의 변화의 변화, 즉 dy의 변화는 $0.62-0.6$의 0.02로 이는 $2\times(0.1)^2$과 같은 값이다. 즉, dy의 변화는 $dy=2xdx$를 다시 전미분하면 되는 것으로

$$d(dy)=\frac{\partial}{\partial x}(2xdx)dx+\frac{\partial}{\partial(dx)}(2xdx)d(dx)$$

로 구할 수 있는데, x의 변화인 dx를 일정하게 두고 생각하는 것이므로 (즉, x의 변화가 일정할 때 y의 변화의 변화를 보는 것이므로) dx를 상수취급하고 따라서 $d(dx)=0$이 되므로 $d(dy)=\frac{\partial}{\partial x}(2xdx)dx=2(dx)^2$이 얻어지고 $d(dy)=d^2y=2\times(0.1)^2=0.02$를 얻는 것이다.

example 6.6 (이 예를 이해하기 힘들면 아래 본 설명을 읽고 다시 와서 읽어 보기 바란다)

$z=x^2y$. 이의 전미분은 $dz=2xydx+x^2dy$이다. 이것이 의미하는 바는 input 변수가 x에서 $x+dx$로 dx만큼 변하고, y에서 $y+dy$로 dy만큼 변하면 이로 인해 z는 $2xydx+x^2dy$만큼 변한다는 뜻이다. x가 3에서 3.1로 0.1만큼 변하고 y가 2에서 2.05로 0.05만큼 변하면 z는 $2\times3\times2\times0.1+3^2\times0.05=1.65$ 정도 변한다는 뜻

이다. 실지로 z는 18에서 19.7005로 1.7005 변하여 1.65정도 변하는 것으로 생각해도 무방하다. 그러면 x가 3.1에서 3.2로 다시 0.1만큼 변하고 y가 2.05에서 2.1로 0.05만큼 변하면 z의 변화는 얼마로 변할까? 정확하게 계산하면 z가 19.7005에서 21.504로 1.8035변하여 아까 z의 변화 1.7005와 비교하면 z의 변화가 0.103 증가한다. 그런데 전미분으로 생각하면

$$dz = 2xydx + x^2dy = 2\times(3.1)\times(2.05)\times 0.1 + (3.1)^2\times 0.05 = 1.7506$$

가 되어 1.8035에 근사한 값으로 계산이 나오고, 따라서 dz는 1.65에서 1.7506으로 변하여 약 0.1006 정도 증가하였다고 나온다. 이러한 z의 변화, 즉 dz의 변화를 근사(approximate)하면 이는 다시 dx와 dy는 상수로 생각하고 $dz = 2xydx + x^2dy$에 대한 전미분을 구하여 그 답을 얻을 수 있다.

$$\begin{aligned} d(dz) = d^2z &= (2ydx + 2xdy)(dx) + (2xdx)dy \\ &= 2y(dx)^2 + 4x(dxdy) \\ &= 2\times 2\times(0.1)^2 + 4\times 3\times(0.1\times 0.05) \\ &= 0.1 \end{aligned}$$

의 값이 나와 앞에서 계산한 dz의 변화 0.1006과 비슷하다. 즉, 요약하면 x가 3 근처에서 0.1 변하고 y가 2 근처에서 0.05 변하면, z의 변화의 변화는 약 0.1이 된다는 말이다.

일반적으로 $\mathbb{R}^n$에서 $\mathbb{R}$로 가는 함수 $y = f(x_1, x_2, \cdots, x_n)$가 있을 경우 전미분은

$$dy = f_1(x_1, x_2, \cdots, x_n)dx_1 + f_2(x_1, x_2, \cdots, x_n)dx_2 + \cdots + f_n(x_1, x_2, \cdots, x_n)dx_n \quad \cdots (3)$$

이 됨을 우리는 알고 있다. 그런데 dy의 변화를 알고 싶으면, 이의 근사치는 식 (3)의 전미분, 즉 전미분의 전미분을 구하면 된다. 식 (3)의 우변에서 변수는 x_i들과 dx_i들이지만, dx_i의 변화가 일정할 경우 dy의 변화를 보기 때문에 dx_i들을 상

수취급하고, 그러면 $d(dx_i)=0$이 되어서 결국 전미분의 전미분은 식 (3)에서 x_i들에 대하여 다시 편미분하고 dx_i를 곱해 주면 된다. 즉,

$$d(dz)=\frac{\partial}{\partial x_1}(dz)dx_1+\frac{\partial}{\partial x_2}(dz)dx_2+\cdots+\frac{\partial}{\partial x_n}(dz)dx_n$$

$$=\frac{\partial}{\partial x_1}\{f_1(x_1, x_2, \cdots, x_n)dx_1+f_2(x_1, x_2, \cdots, x_n)dx_2+\cdots+f_n(x_1, x_2, \cdots, x_n)dx_n\}dx_1$$

$$+\frac{\partial}{\partial x_2}\{f_1(x_1, x_2, \cdots, x_n)dx_1+f_2(x_1, x_2, \cdots, x_n)dx_2+\cdots+f_n(x_1, x_2, \cdots, x_n)dx_n\}dx_2$$

$$+\cdots$$

$$+\frac{\partial}{\partial x_n}\{f_1(x_1, x_2, \cdots, x_n)dx_1+f_2(x_1, x_2, \cdots, x_n)dx_2+\cdots+f_n(x_1, x_2, \cdots, x_n)dx_n\}dx_n$$

이 되고 이를 계산하여 정리하면

$$d(dz)=d^2z=d|x|'Ad|x| \qquad \cdots (4)$$

가 된다. 여기서

$$d|x|'=[dx_1,\ dx_2,\ \cdots,\ dx_n], \qquad d|x|=\begin{bmatrix} dx_1 \\ dx_2 \\ \vdots \\ dx_n \end{bmatrix}, \qquad A=\begin{bmatrix} f_{11} & f_{12} & \cdots & f_{21} \\ f_{22} & f_{22} & \cdots & f_{2n} \\ \vdots & \vdots & \vdots & \vdots \\ f_{n1} & f_{n2} & \cdots & f_{nn} \end{bmatrix}$$

이다. 다시 말하여 $d(dz)=d^2z$는 dx_i들에 관하여 2차 형식(quadratic form)이 된다. d^2z가 dx_i들에 관하여 2차 형식(quadratic form)이 된다는 사실은 나중에 최적화에 있어서 유용하게 사용된다. 더 자세한 논의는 최적화에 가서 하기로 한다. 여기서는 단지 변화의 변화를 나타내는 2계 전미분 d^2z가 식 (4)로 얻어짐을 알아 놓기로 하자.

example 6.7 앞의 예를 다시 보기로 하자. $z=x^2y$이면 $dz=2xydx+x^2dy$이고 따라서 다음과 같다.

$$d^2z=\frac{\partial(2xydx+x^2dy)}{\partial x}dx+\frac{\partial(2xydx+x^2dy)}{\partial y}dy$$

$$= (2ydx + 2xdy)dx + (2xdx)dy$$

$$= [dx \quad dy] \begin{bmatrix} 2y & 2x \\ 2x & 0 \end{bmatrix} \begin{bmatrix} dx \\ dy \end{bmatrix}$$

연습문제

1. 다음 함수들의 2계 전미분을 구하여라.

   a. $u = x^2 + xy - y^2$ *b.* $z = x^3 - 3x^2y + y^3$

   c. $u = x \ln y$ *d.* $z = \sqrt{x^2 + y^2}$

   e. $V = \pi r^2 h$ (π는 무리수고 나머지는 변수이다)

   f. $z = x^y$ *g.* $u = \ln\sqrt{x^2 + y^2}$

   h. $z = \dfrac{xw}{x^2 + y^2 + w^2}$ *i.* $u = x\ln z + z\ln y$

E. 음함수 정리 Implicit Function Theorem

우선 $\mathbb{R}^2$에서 $\mathbb{R}$로 가는 함수 $z = f(x, y)$를 하나 생각해 보자. 여기서 z를 일정한 값에 고정시키면 이 값을 주는 (x, y)들의 집합을 얻을 수가 있다. 그리고 이 집합을 $x-y$ 평면에 표시를 하면 하나의 그래프를 얻는다.

example 6.8 $z = x^2 + y^2$. 이 함수에서 z값을 100에다 고정하면 $100 = x^2 + y^2$이란 식을 얻고 이 식을 만족하는 (x, y)의 집합을 $x-y$ 평면에 표시하면 원점에 중심이 위치하고 반지름이 10인 원을 그래프로 얻게 된다.

위의 예에서 보듯이 이 원 전체는 x와 y의 관계에 있어서 어떤 함수의 그래프도 아니다. 왜냐하면 x의 한 값에 대응하는 y의 값이 2개가 있고, y의 한 값에 대응하는 x의 값도 2개가 있기 때문이다(함수 관계가 성립하기 위해서는 한 변수의 값에 대응하는 다른 변수의 값이 하나이어야 한다).

그러나 이 원의 일부를 떼어내어 생각하면 (예를 들어 y의 값이 0보다 큰 부분) 이는 한 함수의 그래프로 생각할 수 있다(즉, **그림 6–6**의 그래프는 함수 $y=\sqrt{100-x^2}$의 그래프이다).

그림 6–6

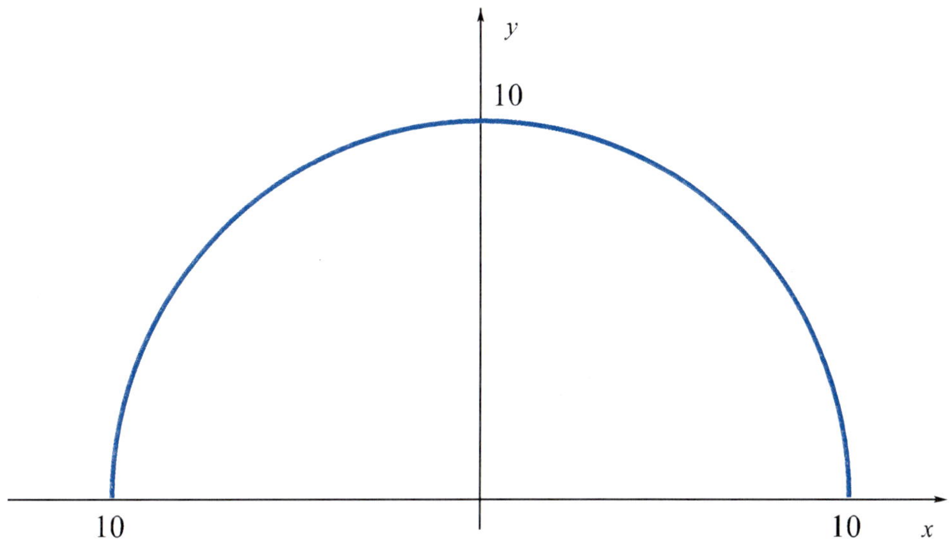

이 예에서 보듯이 $\mathbb{R}^2$에서 $\mathbb{R}$로 가는 함수 $z=f(x,\ y)$에서 먼저 z의 값을 z_0에 고정시키고, 다음에 이 고정된 값을 주는 여러 $(x,\ y)$의 값 중 하나를 또 고정시키면 (위의 예에서 $x=5$ 그리고 $y=\sqrt{75}$) 그 고정된 $(x_0,\ y_0)$ 주변에서 우리는 x와 y 사이에 함수 관계를 얻을 수 있고 이 함수의 그래프는 $z_0=f(x,\ y)$의 그래프의 일부분이 된다. 이것이 음함수 정리(implicit function theorem)의 일부분이다.

그런데 여기에 한 가지 조건이 있다. 이 조건을 이해하기 위하여 위의 예를 다시 보기로 하자. $100=x^2+y^2$를 만족시키는 $(x,\ y)$의 값들 중에서 (10, 0) 주변을 보자. 이 점 주변의 그래프를 잘라서 보면 이는 $y=g(x)$라는 함수의 그래프가 나올 수가 없다. 즉 이 점 주변에서는 y가 종속변수이고 x가 독립변수인 함수가 나오지 않는다. 왜냐하면 x의 한 값에 y값이 2개 존재하게 되기 때문이다. 그러면 (10, 0)은 어떤 이유 때문에 $100=x^2+y^2$를 만족하는 다른 (x, y)(예로 $(5, \sqrt{75})$)와 다른가? $100=x^2+y^2$의 그래프에 접하는 접선을 살펴보면 그 답을 얻게 된다. (10, 0)에 접하는 접선은 수직선이다. 즉, 접선의 기울기가 무한대이다. 접선의 기울기가 무한대이면, 그 점 주변에서 하나의 x값에 2개의 y값이 주어지는 상황이 되므로 y는 x의 함수가 될 수 없다. 물론 이 경우 하나의 y값에 하나의 x값이 주어지므로 (y를 수평에 x를 수직에 놓고 생각해 볼 것) x를 y의 함수로 생각할 수는 있다. 그러나 y를 x의 함수로 얻을 수는 없다.

이 경우를 종합하면 다음의 정리를 얻는다.

정 리 음함수 정리 1

1계 도함수를 가지는 $\mathbb{R}_2$에서 $\mathbb{R}$로 가는 함수 $z=f(x, y)$가 있다 하자. 이 함수에서 z의 값을 고정하고(이 고정된 값을 z_0라 하자), 이 고정된 값을 주는 (x, y)의 한 점을 (x_0, y_0)라 할 경우 만약 $\partial f(x_0, y_0)/\partial y \neq 0$이면, $f(x, y)=z_0$의 관계식으로부터 다음을 만족하는 $y=g(x)$라는 함수를 x_0 주변에서 얻는다:

$$y_0=g(x_0), \qquad f(x, g(x))=z_0$$

그리고 이 함수는 x_0 주변에서 미분가능하며 그 도함수는

$$g'(x)=-\frac{f_x(x, y)}{f_y(x, y)}=-\frac{f_x(x, g(x))}{f_y(x, g(x))}$$

로 얻어진다.

반면에, 만약 $\partial f(x_0, y_0)/\partial x \neq 0$이면, $f(x, y)=z_0$의 관계식으로부터 다음을 만족하는 $x=h(y)$라는 함수를 y_0 주변에서 얻는다:

$$x_0=h(y_0), \qquad f(h(y), y)=z_0$$

그리고 이 함수는 y_0 주변에서 미분가능하며 그 도함수는

$$h'(y)=-\frac{f_y(x,\ y)}{f_x(x,\ y)}=-\frac{f_y(h(y),\ y)}{f_x(h(y),\ y)}$$

로 얻어진다.

증 명 이의 엄밀한 증명은 더 높은 단계의 수학 과정에 있다. 그러나 대략적인 설명을 하면 다음과 같다.

$f(x,\ y)=z_0$를 풀면 $y=g(x)$라는 함수를 얻게 되고, $f(x,\ y)=z_0$를 만족하는 $(x,\ y)$ 점들을 모아 $x-y$ 평면에 그리면 하나의 그래프가 $(x_0,\ y_0)$ 주변에서 얻어지는데 이것이 $y=g(x)$라는 함수의 그래프가 된다. 그리고 $z=f(x,\ y)$의 전미분을 취하면

$$dz=\frac{\partial f(x_0,\ y_0)}{\partial x}dx+\frac{\partial f(x_0,\ y_0)}{\partial y}dy$$

인데, $y=g(x)$의 그래프에서는 z의 값이 변하지 않으므로 dz의 값이 0이 된다.
따라서

$$0=\frac{\partial f(x_0,\ y_0)}{\partial x}dx+\frac{\partial f(x_0,\ y_0)}{\partial y}dy$$

이 $y=g(x)$의 그래프에 접하는 접선을 따라서 성립하며 이 때 이 접선의 기울기는

$$\frac{dy}{dx}=-\frac{\left\{\dfrac{\partial f(x_0,\ y_0)}{\partial x}\right\}}{\left\{\dfrac{\partial f(x_0,\ y_0)}{\partial y}\right\}}$$

가 되고 이것이 $y=g(x)$를 x_0에서 미분한 값이다. 비슷한 논의를 진행시키면 x_0 주변에서의 미분값은

$$\frac{dy}{dx}=-\frac{\left\{\dfrac{\partial f(x,\ y)}{\partial x}\right\}}{\left\{\dfrac{\partial f(x,\ y)}{\partial y}\right\}}$$

이 됨을 알 수 있다. ■

이 음함수 정리는 다음과 같이 표현될 수도 있다.

x와 y의 관계식 $F(x, y)=0$이 주어지고 (x_0, y_0)가 이 관계식을 만족한다 하자(즉, $F(x_0, y_0)=0$ 이다). 만약 $F_y(x_0, y_0)\neq 0$이면 (x_0, y_0) 주변에서 $F(x, y)=0$으로부터 $y=g(x)$라는 함수가 얻어지고 이 함수의 그래프는 $F(x, y)=0$의 그래프의 일부분이다. 그리고 $g'(x)=-\dfrac{F_x(x, y)}{F_y(x, y)}$의 관계가 성립한다.

example 6.9 효용함수가 다음과 같이 주어져 있다 하자. $U=U(X, Y)=XY$. 이제 효용의 수준을 하나 정하자. 예를 들어 $U=10$으로 정하자. 그러면 10이라는 효용을 주는 X와 Y의 조합을 (X, Y)평면에 그릴 수 있다. 이는 수식으로 보면 간단하다. $XY=10$, 혹은 $Y=\dfrac{10}{X}$을 만족하는 X와 Y의 조합들을 찾아 그래프를 그리면 된다. 이 그래프는 **그림 6-7**에서 a로 표시된 곡선이다.

그러므로 $U=U(X, Y)=XY$에서 U값을 10에다 줌으로써 $Y=\dfrac{10}{X}$이라는 음함수를 하나 얻은 것이다. 만약 효용의 수준을 11로 증가시키면 $Y=\dfrac{11}{X}$이라는 음함수를 하나 얻고 이의 그래프는 **그림 6-7**에서 b로 표시된 곡선이 된다. 이 음함수의 그래프가 바로 경제학에서 말하는 무차별 곡선(indifference curves)이다. •••

그림 6-7

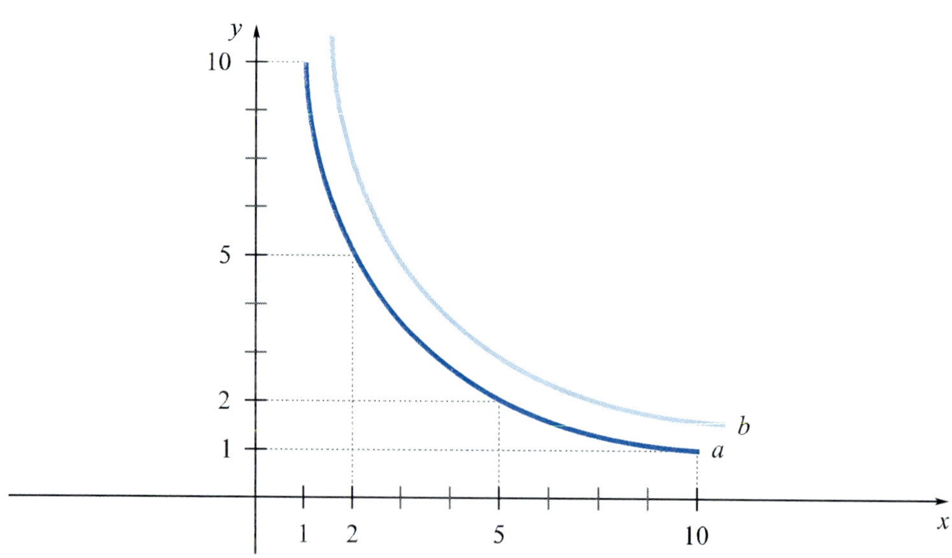

음함수 정리의 확장

정 리 **음함수 정리 2**

$\mathbb{R}^3$에서 $\mathbb{R}$로 가는 함수 $z=F(x, y, w)$를 하나 생각해 보자. 이제 (x_0, y_0, w_0)에서 $F(x_0, y_0, w_0)=0$가 만족되고 $F_y(x_0, y_0, w_0)\neq 0$이면 $F(x, y, w)=0$에서 $y=\phi(x, w)$라는 함수를 하나 얻고 이 함수는 $y_0=\phi(x_0, y_0)$와 $F(x, \phi(x, y), w)=0$를 만족한다. 그리고

$$\frac{\partial\phi(x, w)}{\partial x}=-\frac{F_x(x, y, w)}{F_y(x, y, w)}=-\frac{F_x(x, \phi(x, w), w)}{F_y(x, \phi(x, w), w)}$$

$$\frac{\partial\phi(x, w)}{\partial w}=-\frac{F_w(x, y, w)}{F_y(x, y, w)}=-\frac{F_w(x, \phi(x, w), w)}{F_y(x, \phi(x, w), w)}$$

이다.

증 명 생략 ■

증명은 생략하였으나, 이에 대한 설명도 differential을 이용하여 할 수 있다. $F(x, y, w)=0$을 풀어서 $y=\phi(x, w)$라는 함수를 하나 얻으면 이를 만족하는 (x, y, w)에서 z의 값은 변하지 않으므로

$$0=dz=F_x(x, y, w)dx+F_y(x, y, w)dy+F_w(x, y, w)dw \quad \cdots (5)$$

가 얻어진다. $y=\phi(x, w)$를 x에 대하여 편미분한다는 것은 w를 변화시키지 않음을 의미하므로 식 (5)에서 $dw=0$으로 놓으면

$$0=F_x(x, y, w)dx+F_y(x, y, w)dy$$

을 얻고 여기서 dy를 dx로 나눈 것이 곧 $y=\phi(x, w)$를 x에 대하여 편미분한 것 것이 되므로 $\dfrac{\partial\phi(x, w)}{\partial x}=-\dfrac{F_x(x, y, w)}{F_y(x, y, w)}$이 얻어지는 것이다.

example 6.10 $F(x, y, w)=x^2+2y^2+4w^2-7=0$이라는 식이 있다 하자. 그러면 $(x, y, w)=(1, -1, 1)$에서 이 식이 만족된다. 이 점 주변에서 y에 대하여 풀면

$$y=-\sqrt{\frac{7-x^2-4w^2}{2}}$$

이 얻어진다. 이 함수가 $\phi(x, w)$이다. 이제 이를 x에 대하여 편미분하면

$$\frac{\partial\phi(x, w)}{\partial x}=\frac{x}{2\sqrt{\frac{7-x^2-4w^2}{2}}}$$

를 얻는데, $-\frac{F_x(x, y, w)}{F_y(x, y, w)}$를 계산하면 $-\frac{x}{2y}$를 얻고 여기에 $y=-\sqrt{\frac{7-x^2-4w^2}{2}}$를 대입하면

$$\frac{x}{2\sqrt{\frac{7-x^2-4w^2}{2}}}$$

를 얻어 $-\frac{F_x(x, y, w)}{F_y(x, y, w)}=\frac{\partial\phi(x, w)}{\partial x}$가 확인된다.

식이 2개 있을 경우에도 음함수를 구할 수 있다. 즉,

$$F(x, y, w)=0$$
$$G(x, y, w)=0$$

이란 두 식이 있다하자. 그러면 이 두 식을 만족하는 어느 점 (x_0, y_0, w_0) 주변에서 이 두 식을 풀어 어느 두 변수를 나머지 한 변수의 함수로 만들 수 있는 것이다. 예로 $x=\phi(w)$ 그리고 $y=\psi(w)$라는 두 함수를 얻을 수 있다. 물론 여기에도 조건이 있는데 그 것은 좀 복잡하게도 다음과 같은 행렬을 만들어 그 행렬식 값이 0이 아니어야 한다:

$$\begin{bmatrix} \frac{\partial F(x, y, w)}{\partial x} & \frac{\partial F(x, y, w)}{\partial y} \\ \frac{\partial G(x, y, w)}{\partial x} & \frac{\partial G(x, y, w)}{\partial y} \end{bmatrix}$$

이 행렬을 야코비행렬(Jacobian matrix)이라 하고 그 행렬식값을 야코비안(Jacobian)이라 한다. 각각 J 그리고 $|J|$라는 기호로 나타낸다. 그리고 두 음함수의 미분, 즉 $\phi'(w)$과 $\psi'(w)$의 미분은 다음과 같이 얻어진다는 것이 음함수 정리의 나머지 부분이다:

$$\phi'(w)=\frac{\begin{vmatrix} \dfrac{\partial F(x,\ y,\ w)}{\partial w} & \dfrac{\partial F(x,\ y,\ w)}{\partial y} \\ \dfrac{\partial G(x,\ y,\ w)}{\partial w} & \dfrac{\partial G(x,\ y,\ w)}{\partial y} \end{vmatrix}}{|J|} \qquad \psi'(w)=\frac{\begin{vmatrix} \dfrac{\partial F(x,\ y,\ w)}{\partial x} & \dfrac{\partial F(x,\ y,\ w)}{\partial w} \\ \dfrac{\partial G(x,\ y,\ w)}{\partial x} & \dfrac{\partial G(x,\ y,\ w)}{\partial w} \end{vmatrix}}{|J|}$$

이러한 결과도 결국은 미분(differential)을 이용하여 설명이 가능하다. 대략적인 설명을 보기로 하자. $F(x,\ y,\ w)=0$의 전미분을 구하면 우변은 상수이므로 0이고 좌변은 $F_x dx+F_y dy+F_w dw$이다. 이는 $F_x dx+F_y dy=-F_w dw$라는 식을 준다. 마찬가지로 $G_x dx+G_y dy=-G_w dw$라는 식을 얻고 이를 행렬의 형태로 쓰면

$$\begin{bmatrix} F_x & F_y \\ G_x & G_y \end{bmatrix}\begin{bmatrix} dx \\ dy \end{bmatrix}=\begin{bmatrix} -F_w dw \\ -G_w dw \end{bmatrix}$$

가 된다. 이제 이를 크레머 법칙에 의하여 풀면

$$dx=\frac{\begin{vmatrix} -F_w & F_y \\ -G_w & G_y \end{vmatrix}}{|J|}dw=-\frac{\begin{vmatrix} F_w & F_y \\ G_w & G_y \end{vmatrix}}{|J|}dw$$

$$dy=\frac{\begin{vmatrix} F_x & -F_w \\ G_x & -G_w \end{vmatrix}}{|J|}dw=-\frac{\begin{vmatrix} F_x & F_w \\ G_x & G_w \end{vmatrix}}{|J|}dw$$

을 얻는다. 여기서 $\phi'(x)=\dfrac{dx}{dw}$ 그리고 $\psi'(x)=\dfrac{dy}{dw}$이므로 음함수 정리의 결과를 얻는다.

example 6.11 $F(x,\ y,\ w)=-e^x+yw=0$이라는 식과 $G(x,\ y,\ w)=y-x^2e^xw=0$이라는 식이 있다 하자. $(x,\ y,\ w)=(1,\ e,\ 1)$에서 두 식이 만족된다. 그리고

$$J=\begin{bmatrix}\dfrac{\partial F(x,\ y,\ w)}{\partial x} & \dfrac{\partial F(x,\ y,\ w)}{\partial y}\\[2ex] \dfrac{\partial G(x,\ y,\ w)}{\partial x} & \dfrac{\partial G(x,\ y,\ w)}{\partial y}\end{bmatrix}=\begin{bmatrix}-e^x & w\\ -2xe^x w-x^2e^x w & 1\end{bmatrix}$$

로서 $(x,\ y,\ w)=(1,\ e,\ 1)$를 대입하면 $J=\begin{bmatrix}-e & 1\\ -3e & 1\end{bmatrix}$로 행렬식이 0이 아니다. 따라서 (1, 1, 1)를 주변에서 x와 y를 w의 함수로 나타낼 수 있고 그 도함수는 각각

$$\frac{dx}{dw}=-\frac{\begin{vmatrix}-F_w & F_y\\ -G_w & G_y\end{vmatrix}}{|J|}=-\frac{\begin{vmatrix}-F_w & F_y\\ -G_w & G_y\end{vmatrix}}{\begin{vmatrix}-F_x & F_y\\ -G_x & G_y\end{vmatrix}}=-\frac{\begin{vmatrix}y & w\\ -x^2e^x & 1\end{vmatrix}}{\begin{vmatrix}-e^x & w\\ -2xe^x w-x^2e^x w & 1\end{vmatrix}}$$

$$=-\frac{y+x^2e^x w}{-e^x+2xe^x w^2+x^2e^x w^2}$$

$$\frac{dy}{dw}=-\frac{\begin{vmatrix}-F_x & F_w\\ -G_x & G_w\end{vmatrix}}{|J|}=-\frac{\begin{vmatrix}-F_x & F_w\\ -G_x & G_w\end{vmatrix}}{\begin{vmatrix}-F_x & F_y\\ -G_x & G_y\end{vmatrix}}=-\frac{\begin{vmatrix}-e^x & y\\ -2xe^x w-x^2e^x w & -x^2e^x\end{vmatrix}}{\begin{vmatrix}-e^x & w\\ -2xe^x w-x^2e^x w & 1\end{vmatrix}}$$

$$=-\frac{x^2e^{2x}+2xe^x yw+x^2e^x yw}{-e^x+2xe^x w^2+x^2e^x w^2}$$

$$=-\frac{x^2e^x+2xyw+x^2yw}{-1+2xw^2+x^2w^2}$$

가 된다. 물론 최종적으로 x와 y를 w의 함수로 바꾸어 대입하여야 하지만 복잡하므로 그대로 두어도 무방하다.

확인하는 차원에서 $F(x,\ y,\ w)=-e^x+yw=0$과 $G(x,\ y,\ w)=y-x^2e^x w=0$을 풀어서 직접 미분하여 보자. 앞의 식을 정리하면 $y=x^2e^x w$이므로 이를 첫 식에 대입하면 $e^x=e^x(xw)^2$을 얻는다. 그러므로 $(xw)^2=1$을 얻는데 $x=1$과 $w=1$ 주변에서 보기 때문에 $xw=1$을 얻고 따라서 $x=\dfrac{1}{w}$과 $\dfrac{dx}{dw}=-\dfrac{1}{w^2}$을 얻는다.

다음으로 $y=x^2e^x w=\dfrac{1}{w}e^{(1/w)}$이고, $\dfrac{dy}{dw}=-\dfrac{1}{w^2}e^{(1/w)}-\dfrac{1}{w^3}e^{(1/w)}$이다. 앞에서

$$\frac{dx}{dw}=-\frac{y+x^2e^x w}{-e^x+2xe^x w^2+x^2e^x w^2}\quad \text{그리고}\quad \frac{dy}{dw}=-\frac{x^2e^x+2xyw+x^2yw}{-1+2xw^2+x^2w^2}$$

를 얻었는데, 여기에다 $y=x^2e^xw$ 그리고 $xw=1$을 사용하여 정리를 하면 각각 $-\frac{1}{w^2}$, 그리고 $-\frac{1}{w^2}e^{(1/w)}-\frac{1}{w^3}e^{(1/w)}$이 됨을 확인할 수 있다. 독자 여러분이 직접 해 보기를 권한다.

더 일반적인 경우 즉 $n+m$개의 변수에 대한 식이 n개 있을 경우에도 음함수 정리를 논의할 수 있으나 이에 관한 자세한 설명은 생략하기로 한다.

연습문제

1. $F(x, y)=x^2-4xy+y^3-11=0$이라는 식이 주어졌을 때 $(x, y)=(4, 1)$ 주변에서 y를 x의 함수로 나타낼 수 있는가? 그렇다면 그 주변에서 $\frac{dy}{dx}$를 구하라. x를 y의 함수로 나타낼 수 있는가? 그렇다면 그 주변에서 $\frac{dx}{dy}$를 구하라.

2. $F(x, y, w)=-e^x+yw=0$라는 식이 주어졌을 때 $(x, y, w)=(1, e, 1)$ 주변에서 x를 y와 w의 함수로 나타낼 수 있는가? 그렇다면 그 주변에서 $\frac{\partial x}{\partial y}$와 $\frac{\partial x}{\partial w}$를 구하라. y를 x와 w의 함수로 나타낼 수 있는가? 그렇다면 그 주변에서 $\frac{\partial y}{\partial x}$와 $\frac{\partial y}{\partial w}$를 구하라. w를 x와 y의 함수로 나타낼 수 있는가? 그렇다면 그 주변에서 $\frac{\partial w}{\partial x}$와 $\frac{\partial w}{\partial y}$를 구하라.

3. 본문의 예에서 두 식

$$F(x, y, w)=-e^x+yw=0$$
$$G(x, y, w)=y-x^2e^xw=0$$

을 만족하는 점 $(x, y, w)=(1, e, 1)$ 주변에서 음함수 정리를 확인하여 보았다. $(x, y, w)=(1, -e, -1)$도 두 식을 만족한다. 이 점 주변에서 음함수 정리를 확인하여 보아라.

F. 동차함수

동차함수(homogeneous function)라는 것이 경제학에서 많이 사용된다. 특히 1차 동차함수가 많이 사용된다. 동차함수는 몇 가지 중요한 성질을 가지고 있고 특히 오일러 정리는 매우 중요하다.

$\mathbb{R}^n$의 부분집합에서 $\mathbb{R}$로 가는 함수 f가 있다 하자. 즉, $y=f(x_1, x_2, \cdots, x_n)$이 있다. 만약 정의역의 모든 $(x_1, x_2, \cdots, x_n)$와 임의의 양의 c에 대하여 다음이 성립하면 우리는 이 함수를 r차 동차함수라 한다:

$$f(cx_1, cx_2, \cdots, cx_n)=c^r f(x_1, x_2, \cdots, x_n) \qquad \cdots (6)$$

example 6.12 세 변수 함수 하나를 예로 보자. $z=f(x, y, w)=xyw^2+y^3w-2w^4$. 이 함수는 4차 동차함수이다. 모든 (x, y, w)와 양의 c에 대하여

$$\begin{aligned} f(cx, cy, cw) &= (cx)(cy)(cw)^2+(cy)^3(cw)-2(cw)^4 \\ &= c^4(xyw^2+y^3w-2w^4) \\ &= c^4 f(x, y, w) \end{aligned}$$

이기 때문이다. •••

example 6.13 $z=x^2+y$는 동차함수가 아니다. 왜냐하면 모든 (x, y)와 양의 c에 대하여 $(cx)^2+cy=c^r\{x^2+cy\}$이 성립할 수가 없기 때문이다.

만약 성립한다면 $(c^2-c^r)x^2+(c-c^r)y=0$을 모든 x와 y에 대하여 만족해야 하므로 모든 양의 c에 대하여 $c^2-c^r=0$ 그리고 $c-c^r=0$을 만족해야 하고, 그러면 모든 양의 c에 대하여 $c=c^2$이 만족되어야 하는데 이를 만족하는 양의 c는 0과 1밖에 없기 때문에 동차함수가 아니다. •••

오일러 정리 Euler's Theorem

동차함수와 관련하여 중요한 정리가 **오일러 정리**(Euler's theorem)이다.

정 리 오일러 정리

$\mathbb{R}^n$의 부분집합에서 $\mathbb{R}$로 가는 함수 f가 r차 동차함수이면 정의역의 모든 $(x_1, x_2, \cdots, x_n)$에 대하여

$$f_1(x_1, x_2, \cdots, x_n)x_1 + f_2(x_1, x_2, \cdots, x_n)x_2 + \cdots + f_n(x_1, x_2, \cdots, x_n)x_n$$
$$= rf(x_1, x_2, \cdots, x_n)$$

이 성립한다. 여기서 $f_i = \dfrac{\partial f}{\partial x_i}$이다.

이 정리를 증명하기 전에 예를 먼저 보도록 하자.

example 6.14 앞에서 함수 $z = f(x, y, w) = xyw^2 + y^3w - 2w^4$이 4차 동차함수라 하였다. 이제 이 함수를 편미분하면

$$f_x = yw^2, \qquad f_y = xw^2 + 3y^2w, \qquad f_w = 2xyw + y^3 - 8w^3$$

이다. 이제 f_x에다 x를 곱하고, f_y에다 y를 곱하고, f_w에다 w를 곱하면

$$\begin{aligned}(yw^2)x + (xw^2 + 3y^2w)y + (2xyw + y^3 - 8w^3)w &= 4xyw^2 + 4y^3w - 8w^4 \\ &= 4(xyw^2 + y^3w - 2w^4)\end{aligned}$$

를 얻는다. 즉, $f_x(x, y, w)x + f_y(x, y, w)y + f_w(x, y, w)w = 4f(x, y, w)$이다.

오일러 정리의 증명 함수 f가 r차 동차함수라는 것은 정의역의 모든 $(x_1, x_2, \cdots, x_n)$와 임의의 양의 c에 대하여 식 (6)이 성립함을 의미한다. 이제 $(x_1, x_2, \cdots,$

x_n)를 한 값에 고정시키자. 그러면 모든 양의 c에 대하여 식 (6)이 성립하고, 이는 좌변과 우변이 c의 함수로서 같은 함수라는 뜻으로 볼 수 있다. 같은 함수이므로 좌변과 우변을 c에 대하여 미분해도 같은 도함수가 나올 것이다. 우선 우변을 미분하면 매우 쉽게 $rc^{r-1}f(x_1, x_2, \cdots, x_n)$를 얻는다. 좌변을 c에 대하여 미분하기 위하여 좌변을 다음과 같이 써 보자:

$$y=f(u_1, u_2, \cdots, u_n)$$
$$u_1=cx_1, u_2=cx_2, \cdots, u_n=cx_n$$

이제 미분(differential)을 취하면

$$dy=f_1(u_1, u_2, \cdots, u_n)du_1+f_2(u_1, u_2, \cdots, u_n)du_2+\cdots+f_n(u_1, u_2, \cdots, u_n)du_n$$
$$du_1=x_1dc, du_2=x_2dc, \cdots, du_n=x_ndc$$

을 얻는다. 종합하면

$$dy=f_1(u_1, u_2, \cdots, u_n)x_1dc+f_2(u_1, u_2, \cdots, u_n)x_2dc+\cdots+f_n(u_1, u_2, \cdots, u_n)x_ndc$$

를 얻고 따라서

$$\begin{aligned}\frac{dy}{dc}&=f_1(u_1, u_2, \cdots, u_n)x_1+f_2(u_1, u_2, \cdots, u_n)x_2+\cdots+f_n(u_1, u_2, \cdots, u_n)x_n\\&=f_1(cx_1, cx_2, \cdots, cx_n)x_1+f_2(cx_1, cx_2, \cdots, cx_n)x_2+\cdots+f_n(cx_1, cx_2, \cdots, cx_n)x_n\end{aligned}$$

을 얻는다. 이는 좌변을 c로 미분한 도함수이다. 이것이 앞에서 구한 $rc^{r-1}f(x_1, x_2, \cdots, x_n)$와 같으므로

$$\begin{aligned}&f_1(cx_1, cx_2, \cdots, cx_n)x_1+f_2(cx_1, cx_2, \cdots, cx_n)x_2+\cdots+f_n(cx_1, cx_2, \cdots, cx_n)x_n\\&=rc^{r-1}f(x_1, x_2, \cdots, x_n) \qquad \cdots (7)\end{aligned}$$

을 얻는다. 모든 c에 대하여 식 (7)이 성립하므로 특히 $c=1$에서도 성립한다. 식 (7)에 $c=1$을 대입하면 다음을 얻는다.

$$\begin{aligned}&f_1(x_1, x_2, \cdots, x_n)x_1+f_2(x_1, x_2, \cdots, x_n)x_2+\cdots+f_n(x_1, x_2, \cdots, x_n)x_n\\&=rf(x_1, x_2, \cdots, x_n) \quad ■\end{aligned}$$

동차함수의 편도함수

정 리　동차함수의 편도함수

r차 동차함수의 편도함수들을 $(r-1)$차 동차함수이다. 즉, $f(x_1, \cdots, x_i, \cdots, x_n)$이 r차 동차함수라면

$$\frac{\partial f(x_1, \cdots, x_i, \cdots, x_n)}{\partial x_i} = f_i(x_1, \cdots, x_i, \cdots, x_n)$$

은 $(r-1)$차 동차함수이다.

증 명　$y=f(x_1, \cdots, x_i, \cdots, x_n)$이 r차 동차함수라면 식 (6)이 성립한다. 오일러 정리의 증명과 마찬가지로 식 (6)의 양변을 미분하는데 이번엔 x_i에 대하여 편미분해 보자. 그러기 위하여 좌변을

$$y=f(u_1, \cdots, u_i, \cdots, u_n),\ u_i=cx_i$$

으로 쓰고 differential을 구하면

$$dy=f_i(u_1, \cdots, u_i, \cdots, u_n)du_i,\ du_i=cdx_i$$

을 얻을 수 있고, 따라서

$$\frac{\partial y}{\partial x_i}=f_i(cx_1, \cdots, cx_i, \cdots, cx_n)c$$

를 얻는다. 그리고 우변을 x_i에 대하여 편미분하면 $c^r f_i(x_1, x_2, \cdots, x_n)$을 얻는다. 따라서

$$f_i(cx_1, \cdots, cx_i, \cdots, cx_n)c=c^r f_i(x_1, x_2, \cdots, x_n)$$

이고 양변을 c로 나누어 주면

$$f_i(cx_1, \cdots, cx_i, \cdots, cx_n)=c^{r-1} f_i(x_1, x_2, \cdots, x_n)$$

이 얻어진다. 이는 f_i가 $(r-1)$차 동차함수임을 보여준다.

example 6.15 $z=f(x, y, w)=xyw^2+y^3w-2w^4$는 4차 동차함수이다. 편도함수들을 구하면

$$f_x(x, y, w)=yw^2, \quad f_y(x, y, w)=xw^2+3y^2w, \quad f_w(x, y, w)=2xyw+y^3-8w^3$$

으로 3차 동차함수임을 확인할 수 있다.

1차 동차 생산함수

경제학 여러 분야에서 생산함수를 사용하는데, 그 생산함수가 1차동차함수라는 가정을 많이 한다. 1차 동차 생산함수를 CRS **생산함수**, 혹은 **규모에 대한 수익 불변**(Constant-Returns-to-Scale) **생산함수**라고 말하기도 한다. 분야에 따라서 생산함수를 나타내는 기호가 약간씩 다르지만 가장 흔하게 사용되는 기호는 $Y=F(K, L)$이다. 특히 콥-더글러스 생산함수로 다음의 형태가 많이 사용된다:

$$Y=AK^{\alpha}L^{\alpha-1}$$

이 CRS 생산함수의 성질은 다음과 같다.

i) 생산함수 $Y=F(K, L)$가 1차 동차함수이면 $\frac{Y}{L}$은 $\frac{K}{L}$의 함수가 된다.

$\frac{Y}{L}$과 $\frac{K}{L}$을 각각 일인당 생산(per capita output) 과 일인당 자본(per capita capital)이라 말하고 기호로 y와 k로 많이 나타낸다. 이 성질이 말하는 것은 전체 생산이 전체의 자본과 전체의 노동에 따라 이루어짐을 말해 주는 전체 생산함수가 있는데 이 생산함수가 CRS 생산함수이면 이 전체 생산함수에서 일인당 생산함수가 도출된다는 뜻이다.

example 6.16 $Y=AK^{(1/3)}L^{(2/3)}$이 있다 하자. 양변을 L로 나누면 $\frac{Y}{L}=A\left(\frac{K}{L}\right)^{(1/3)}$을 얻어 일인당 생산 $\frac{Y}{L}$이 일인당 자본 $\frac{K}{L}$의 함수로 나타난다. 즉, $y=Ak^{(1/3)}$을 얻는다.

일반적으로 왜 그런지를 설명하기로 하자. $Y=F(K, L)$가 1차 동차함수이므로 모든 양의 c에 대하여 $cF(K, L)=F(cK, cL)$이 성립한다. 여기에 $c=\frac{1}{L}$을 대입하면 $\frac{1}{L}F(K, L)=F(\frac{K}{L}, 1)$을 얻는다. $Y=F(K, L)$이므로

$$\frac{Y}{L}=\frac{F(K, L)}{L}=\frac{1}{L}F(K, L)=F(\frac{K}{L}, 1)$$

을 얻어 $\frac{Y}{L}$을 $\frac{K}{L}$의 함수로 나타낼 수 있다. 소문자 기호를 사용하면 $y=F(k, 1)$을 얻어, y가 k의 함수가 됨을 볼 수 있다. 이 함수를 f라고 칭하자.

함수 F는 $\mathbb{R}^2$에서 $\mathbb{R}$로 가는 함수이기 때문에 y가 k의 함수, 즉 $\mathbb{R}$에서 $\mathbb{R}$로 가는 함수는 별도의 기호로 써서 구분하는 것이 좋다. 그러므로 $y=F(k, 1)=f(k)$이다. 함수 F와 f의 관계는 다음의 예를 보면 더 쉽게 이해할 수 있을 것이다.

example 6.17 생산함수 $Y=AK^{(1/2)}L^{(1/2)}=A\sqrt{K}\sqrt{L}$를 생각해 보자. 양변을 L로 나누면

$$\frac{Y}{L}=\frac{A\sqrt{K}\sqrt{L}}{L}=\frac{A\sqrt{K}\sqrt{L}}{\sqrt{L}\sqrt{L}}=A\sqrt{\frac{K}{L}}\sqrt{\frac{L}{L}}=A\sqrt{\frac{K}{L}}\sqrt{1}=A\sqrt{\frac{K}{L}}$$

이다. 이제 이에 대비하여 일반적인 경우를 써 보기로 하자.

$\frac{Y}{L}=\frac{A\sqrt{K}\sqrt{L}}{L}$	$\frac{Y}{L}=\frac{1}{L}F(K, L)$
$=A\sqrt{\frac{K}{L}}\sqrt{\frac{L}{L}}$	$=F(\frac{1}{L}K, \frac{1}{L}L)$
$=A\sqrt{\frac{K}{L}}\sqrt{1}$	$=F(\frac{K}{L}, 1)$
$=A\sqrt{\frac{K}{L}}$	$=f(\frac{K}{L})$

그러므로 $Y=F(K, L)$에서 $y=f(k)$라는 함수, 구체적으로 $Y=AK^{(1/2)}L^{(1/2)}=A\sqrt{K}\sqrt{L}$에서 $y=\sqrt{k}$라는 함수를 얻은 것이다.

참고로 $\frac{K}{L}$을 자본-노동 비율(capital-labor ratio)이라 부르기도 한다.

ii) 일인당 생산함수를 사용할 경우 자본의 한계생산(marginal product of capital)은 $f'(k)$로 얻어지기도 하고, 노동의 한계생산은 $f(k)-f'(k)k$로 얻어진다. 그 이유는 다음과 같다. $F(K,\ L)=Lf(k)$, $k=\frac{K}{L}$이므로, 함수 F는 함수 $Lf(k)$와 함수 $k=\frac{K}{L}$의 합성함수로 생각할 수 있고, 따라서 $\frac{\partial F}{\partial K}$는 연쇄법칙에 의하여 $Lf(k)$를 k에 대하여 미분한 것 곱하기 $k=\frac{K}{L}$를 K에 대하여 미분한 것이다.

즉, $\frac{\partial F}{\partial K}=Lf'(k)\cdot\frac{1}{L}=f'(k)$이다. 이것이 의미하는 것은 자본의 한계생산 $\frac{\partial F}{\partial K}$는 $f'(k)$와 같다는 것이다. 다음으로 $F(K,\ L)=Lf(k)$를 L에 대하여 편미분하는 것도 곱의 법칙과 연쇄법칙을 쓰면

$$\begin{aligned}\frac{\partial F}{\partial L}&=f(k)+Lf'(k)\frac{d}{dL}\left(\frac{K}{L}\right)=f(k)+Lf'(x)\left(-\frac{K}{L^2}\right)=f(k)-f'(k)\left(\frac{K}{L}\right)\\&=f(k)-f'(k)k\end{aligned}$$

를 얻어 노동의 한계생산 $\frac{\partial F}{\partial L}$은 $f(k)-f'(k)k$라고 쓸 수 있다.

iii) 오일러 정리 1차 동차 함수이므로 당연히 오일러 정리가 성립한다. 즉, $Y=F(K,\ L)=\frac{\partial F(K,\ L)}{\partial K}K+\frac{\partial F(K,\ L)}{\partial L}L$이다. 그런데 여기서 $\frac{\partial F}{\partial K}$는 자본의 한계생산(MPK, marginal product of capital)이고, $\frac{\partial F}{\partial L}$은 노동의 한계생산(MPL, marginal product of labor)이므로 오일러 정리는 $Y=(MPK)\cdot K+(MPL)\cdot L$로 쓸 수 있는데 이것이 말해 주는 경제학적 의미는 자본과 노동을 사용하여 생산한 뒤 자본이 $(MPK)\cdot K$만큼 가져가고 노동이 $(MPL)\cdot L$만큼 가져가면 생산된 것이 남지도 않고 모자라지도 않는다는 것이다. 시장의 힘에 의하여 자본 한 단위는 MPK만큼 가져가고 노동 한 단위는 MPL(실질임금)만큼 가져가므로 자본이 $(MPK)\cdot K$만큼 가져가고 노동이 $(MPL)\cdot L$만큼 가져간다. 더 자세한 것은 관련 경제학에서 배우기를 권한다. 다만 여기서 말하는 것은 생산함수가 1차 동차함수이면 생산된 것은 자본소득 $(MPK)\cdot K$와 노동소득 $(MPL)\cdot L$로 정확하게 나누인다는 것이다.

이 오일러 정리를 앞에서 일반적으로 증명하였지만, 1차 동차 함수인 경우 앞의 성질 **i)**과 **ii)**를 사용하여 증명할 수도 있다. 즉,

$$
\begin{aligned}
&(MPK)\cdot K+(MPL)\cdot L\\
&=f'(k)K+(f(k)-kf'(k))L\\
&=f'(k)K+\left(f(k)-\frac{K}{L}f'(k)\right)L\\
&=f(k)L=F(K,\ L)
\end{aligned}
$$

로 오일러 정리가 증명된다.

연습문제

1. $Y=AK^{(1/3)}L^{(2/3)}$를 일인당 생산함수 $y=f(k)$로 바꾸고 자본의 한계 생산과 노동의 한계 생산을 k의 함수로 나타내 보라.

최 적 화

7

A. 무제약하의 최적화

무제약하의 최적화란 말이 어렵게 들릴지 모른다. 그러나 이는 나중에 나오는 제약조건하의 최적화와 비교하면 쉽다. 아무런 제약조건이 없이 최적화한다는 뜻이다.

최적화optimization의 의미

최적화(optimization)란 주어진 범위 내에서 최대값이나 최소값을 구하는 것을 의미한다. 다음과 같은 구체적 이윤함수를 하나 가정하자:

$$\Pi = -Q^3 + 300Q^2 + 1200000000$$

그리고 이 기업이 생산할 수 있는 최대량은 $Q=500$이라 하자. 그러면 0에서 500 사이에서 이윤이 가장 크게 되는 생산량은 얼마일까? 하는 문제를 생산자는 풀어야 한다. 이것이 최적화의 한 예이다.

최대나 최소를 구하기 위하여 극대값이나 극소값을 찾는 것이 문제를 푸는 지름길인 경우가 많다. 즉, 최대값이나 최소값을 구하기 위하여 먼저 극대값이나 극소값을 구한 뒤 최대값이나 최소값을 구하는 절차를 밟는 것이 순서인 경우가 많다.

극대와 **극소**는 영어로 local maximum, local minimum이라 말한다(혹자는 극대를 **상대적 극대**, 극소를 **상대적 극소**라고 번역하기도 한다) **최대**나 **최소**는 global maximum, global minimum 이라 말한다. **절대적 극대**, **절대적 극소**란 번역도 사용된다. 이 책에서 극대와 극소는 언제나 상대적 극대, 상대적 극소를 의미하는 것으로 사용될 것이다. 그리고 최대, 최소와 절대적 극대, 절대적 극소란 말은 섞어서 사용할 것이다.

최대나 최소는 앞에서 말했듯이 주어진 범위 전체에서 최대값이나 최소값을 말한다. 극대는 주변보다 큰 값(엄밀히는 주변보다 작지 않은 값), 극소는 주변보다 작은 값(엄밀히는 주변보다 크지 않은 값)을 의미한다. 그래프로 설명하는 것이 좋을 것이므로 한 함수의 그래프를 그린 **그림 7-1**을 예를 보면서 설명하기로 하자.

여기서 우리가 고려해야 하는 범위는 0에서 x_0까지라 하자. 이 범위에서 최대와 최소값을 찾으면 우리는 눈으로 b의 값에서 최소값이 얻어지고 x_0에서 최대

그림 7-1

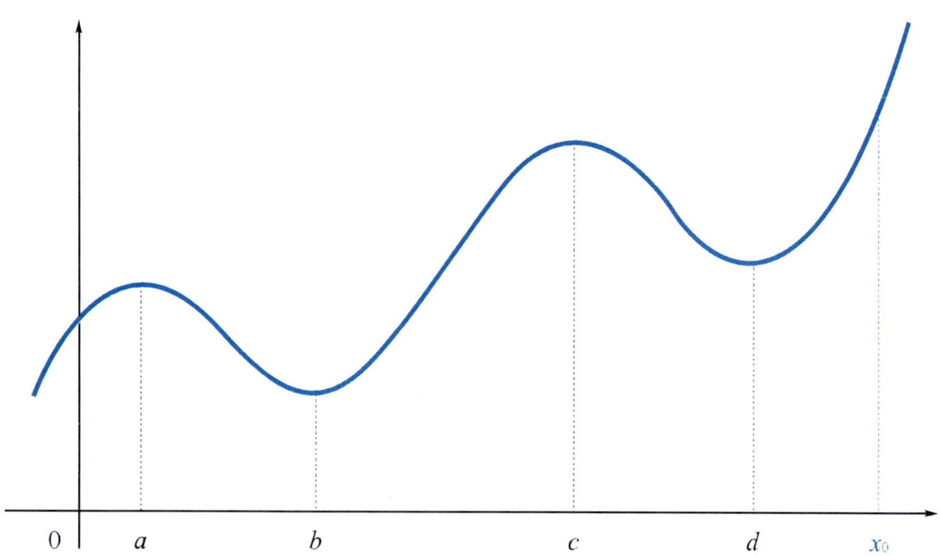

값이 얻어짐을 알 수 있을 것이다. 만약에 함수의 그래프를 그리기가 복잡하다면 어떻게 해야 할까? 우선 극대나 극소인 a, b, c, d의 값을 찾고 이 값들과 끝점 0과 x_0에서의 함수값을 비교하여 제일 값이 큰 곳과 작은 곳은 얻으면 될 것이다. 여기서 a, b, c, d 의 값들 중 a와 c의 값을 극대값이라 하고 b와 d에서의 값을 극소값이라 한다. a와 c에서의 함수값은 주변보다 큰 값이고 b와 d에서의 함수값은 주변보다 작은 값이기 때문이다. 주의할 점은 d에서의 극소값이 a에서의 극대값보다 크다는 사실이다.

극대값이 주변보다 큰 값이므로 주어진 범위 내에서 최대값을 구할 경우는 극대값들과 범위를 정하는 경계에서의 값만 비교하여 제일 큰 값을 취하면 될 것이다. 극대값이 아닌 곳은 어느 하나의 극대값이나 경계값보다 작기 때문에 고려할 필요가 없다. 마찬가지로 극소값들과 경계값을 비교하여 제일 작은 값을 취하면 그 것이 바로 최소값이 된다.

위의 논의에서 알 수 있듯이 최대나 최소를 구하기 위하여 극대나 극소를 먼저 구하여야 한다.

그러면 극대나 극소를 어떻게 구할까? 여기에 여태까지 배운 미분이 사용되는데 자세히 알아보기로 하자. 먼저 $\mathbb{R}$에서 $\mathbb{R}$로 가는 함수를 살펴보고, 다음으로 $\mathbb{R}^2$에서 $\mathbb{R}$로 가는 함수를 살펴본 다음, 일반적으로 $\mathbb{R}^n$에서 $\mathbb{R}$로 가는 함수를 알아보기로 한다.

B. $\mathbb{R}$에서 $\mathbb{R}$로 가는 함수의 최적화

함수 $y=f(x)$의 그래프를 생각해 보자. 수평선이 아주 높은 곳에서 서서히 내려오면 극대값에서 이 수평선이 함수 $y=f(x)$의 그래프에 접할 것이다. 그리고 수평선이 아주 아래에서 서서히 올라오면 극소값에서 이 수평선이 함수 $y=f(x)$의 그래프에 접할 것이다. 그러므로 우리는 극대값과 극소값에서 접선의 기울기가 0임을 알 수 있다. 즉 함수 $y=f(x)$가 정의역에서 미분가능하다면 $f'(x)=0$이 되는 x값에서 극대값이나 극소값이 얻어질 가능성이 있다.

물론 $f'(x)=0$이라 해서 극대나 극소가 아닌 경우도 있다. 예를 들어 $y=x^3$을 생각해 보자. $y'=0$인 x의 값은 $x=0$에서 일어난다. 그러나 $y=x^3$의 그래프를 그려 보면 $x=0$에서 극대나 극소값이 얻어지지 않음을 금방 알 수 있다.

결론적으로 함수 $y=f(x)$가 미분가능한 함수라면 $f'(x)=0$이 극대나 극소의 필요조건이나 충분조건은 아니다.

example 7.1 **그림 7-2**는 함수 $y=f(x)=2x^3-9x^2+12x+1$의 대략적인 그래프 모양을 보여 주고 있다(이와 비슷한 예를 제4장 극한과 미분에서 설명하였다).

$f'(x)=6x^2-18x+12$이고 이를 인수분해하면 $6(x-1)(x-2)$이므로 $x=1$과 $x=2$에서 $f'(x)=0$이 얻어진다. **그림 7-2**에서 보듯이 $x=1$에서 극대, $x=2$에서 극소가 얻어진다.

$f'(x)=0$이 극대와 극소의 필요조건이라는 것은 $f'(x)=0$이 아닌 x의 값에 $f'(x)>0$이거나 $f'(x)<0$인데 그러면 함수가 그 x값 주변에서 증가하거나 감소하므로 극대나 극소가 얻어지지 않기 때문이다.

그러므로 $y=f(x)$ 함수 하나가 주어져 있을 시 우리는 $f'(x)=0$을 만족하는 x의 값들을 얻으면 극대나 극소의 후보들을 얻게 된다. 즉, $f'(x)=0$을 x에 대하여 풀어서 극대나 극소의 후보들을 얻게 된다. $f'(x)=0$이 되는 x값을 임계점(critical point)이라고 말하기도 한다.

이렇게 임계점들을 찾아서 후보들을 얻고 나면, 그 후 각 후보를 살펴서 그 후보에서 극대값이 얻어지는지, 극소값이 얻어지는지, 아니면 극대도 극소도 아닌지 밝혀야 할 것이다. 밝히는 방법에는 여러 가지가 있는데, 유용하고 가장 많이 쓰이는 방법은 2계 도함수를 이용, 즉 함수 $y=f(x)$를 미분한 것을 한 번 더 미분한 것을 이용하는 방법이다. 이제 이를 알아보자.

$f'(x)=0$인 x의 한 값을 고정하자. 이 값을 이제부터 편의상 a라 부르기로 한다. 즉, $f'(a)=0$이다. 그리고 $y=f(x)$의 도함수 $f'(x)$를 편의상 (독자들의 혼돈을 방지하기 위하여) $g(x)$라 부르자. 그러면 우리는 $f''(x)=g'(x)$와 $f''(a)=g'(a)$

그림 7-2

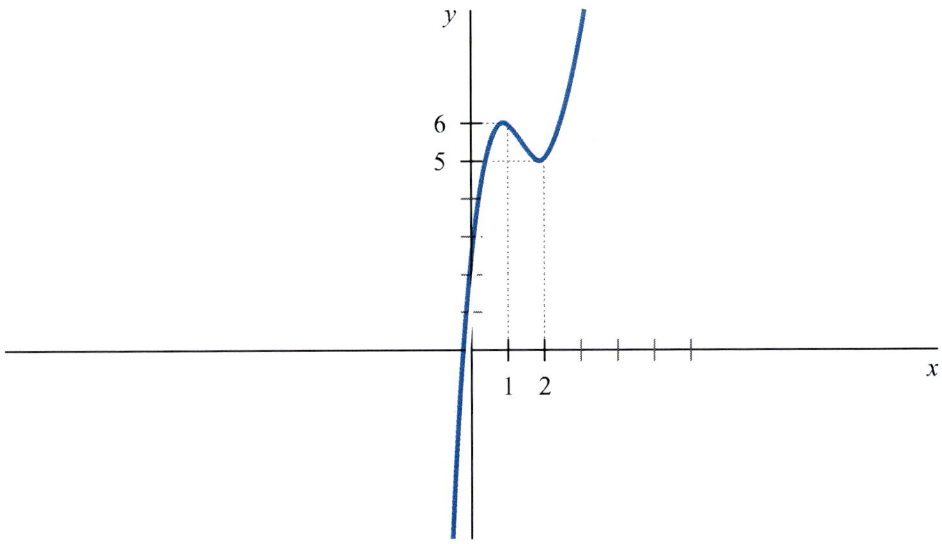

그림 7-3

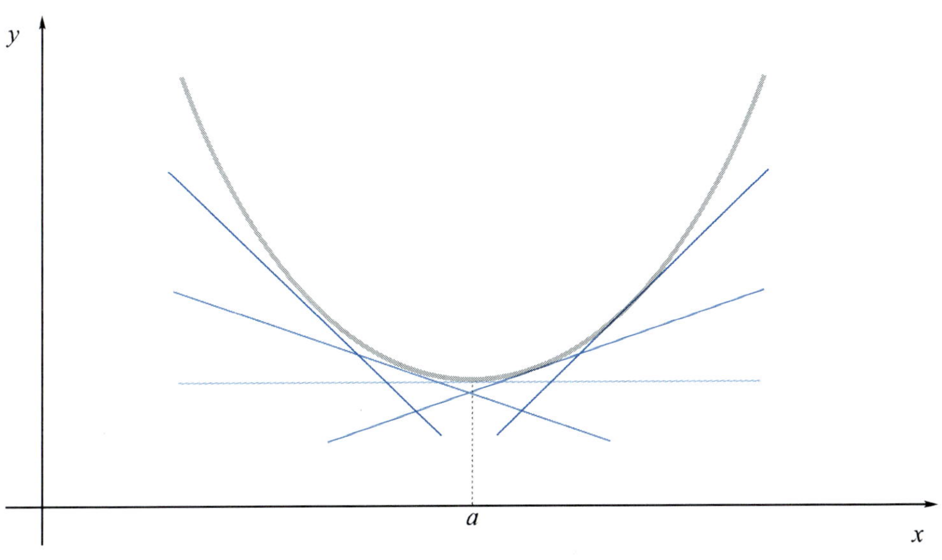

의 값을 구할 수 있을 것이다.

만약 그렇게 구한 값이 양, 즉 $g'(a)>0$이면, 우리는 $x=a$ 근처에서 함수 $g(x)$는 증가함수라고 결론 내릴 수 있다. $g(x)$는 $f'(x)$이므로 결국 도함수 $f'(x)$가 $x=a$ 근처에서 증가함수라는 결론이고 이는 $x=a$ 근처에서 접선의 기울기가 증가한다는 뜻이다. $x=a$에서 접선의 기울기가 0이므로($f'(a)=0$임을 상기하라) $x=a$ 근처에서 접선의 기울기가 증가한다는 것은 $x<a$에서 접선의 기울기가 음(−)이고, $x>a$에서 접선의 기울기가 양(+)이어야 한다. 즉, **그림 7-3**과 같은 모양의 함수 그래프가 얻어져야 한다.

그러므로 결국 $f'(a)=0$이고 $f''(a)>0$이면 우리는 후보 $x=a$에서 극소가 얻어짐을 알 수 있다. 비슷한 논리를 적용하면 $f'(a)=0$이고 $f''(a)<0$이면 우리는 후보 $x=a$에서 극대가 얻어짐을 알 수 있다.

정리하면 $f'(a)=0$은 극소의 필요조건이고 $f'(a)=0$과 $f''(a)>0$을 합한 것은 극소의 충분조건이다. 그리고 $f'(a)=0$은 극대의 필요조건이고 $f'(a)=0$과 $f''(a)<0$을 합한 것은 극대의 충분조건이다. $f'(a)=0$과 $f''(a)>0$이 극소의 충분조건이지, 필요충분조건이 되지 않음은 다음의 예를 통하여 알 수 있다.

example 7.2 $y=f(x)=(x-1)^4$

우리는 이 함수의 극소값이 $x=1$에서 얻어진다는 것을 직관적으로 알 수 있다. 왜냐하면 $x=1$에서 이 함수값이 0이고, 다른 x값에서는 모두 양수값으로 0보다 크기 때문이다. 그런데 $f'(x)=4(x-1)^3$이므로 $f'(1)=0$이고 $f''(x)=12(x-1)^2$이므로 $f''(1)=0$이다. 즉, $x=1$에서 극소값이 얻어지지만 $f'(a)=0$과 $f''(a)>0$이라는 조건은 만족되지 않는다. 그러므로 $f'(a)=0$과 $f''(a)>0$은 극소의 충분조건인 것이다.

응 용 | 한계비용과 평균비용 간의 관계

여러분은 경제원론 시간에 한계비용곡선과 평균비용곡선 사이에 **그림 7-4**와 같은 관계가 있음을 배웠을 것이다. 즉, 한계비용곡선은 평균비용곡선의 최저점을

그림 7-4

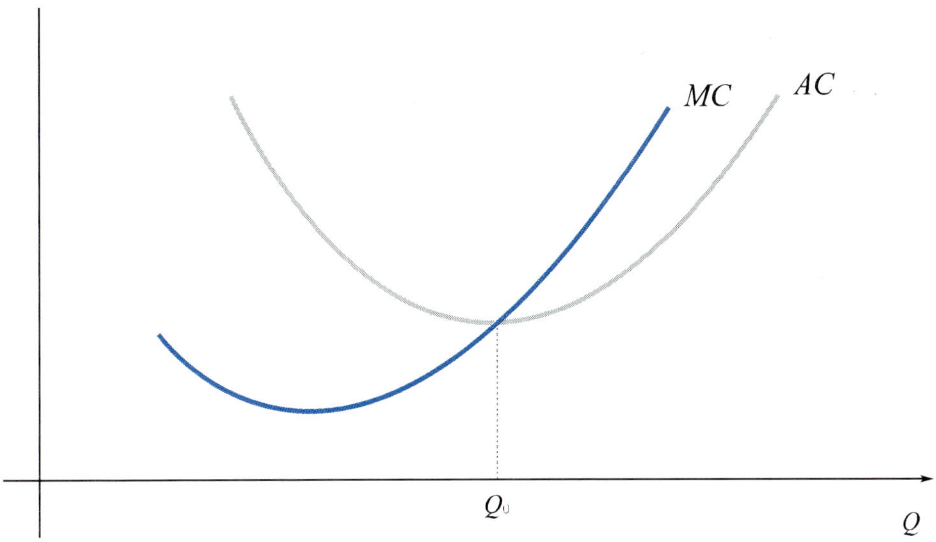

지난다.

이를 미분을 사용하여 수학적으로 증명할 수 있다. 총비용함수를 $C=C(Q)$라고 하자. 그러면 한계비용은 $C'(Q)$이고 평균비용은 $\frac{C(Q)}{Q}$이다. 평균비용의 최저점이 얻어지는 생산량을 Q^*라고 하면 여기서 극소값이 얻어지므로 평균비용을 미분한 값이 0이 될 것이다. 즉, $\frac{d}{dQ}\left(\frac{C(Q)}{Q}\right)=0$이다. 그런데

$$\frac{d}{dQ}\left(\frac{C(Q)}{Q}\right)=\frac{C'(Q)Q-C(Q)}{Q^2}$$

이므로 여기에 Q^*를 대입하면 $\frac{C'(Q^*)Q^*-C(Q^*)}{(Q^*)^2}$이고 이 값이 0이 될 것이다. 따라서 분자 $C'(Q^*)Q^*-C(Q^*)$가 0이고 이를 정리하면 $\frac{C(Q^*)}{Q^*}=C'(Q^*)$를 얻는다. 즉, 평균비용의 최저점이 얻어지는 Q^*에서 평균비용과 한계비용이 같아지므로 한계비용곡선은 평균비용곡선의 최저점을 통과한다.

그 뿐만 아니라 평균비용이 감소하는 구간, 즉

$$\frac{d}{dQ}\left(\frac{C(Q)}{Q}\right)=\frac{C'(Q)Q-C(Q)}{Q^2}<0$$

인 Q의 값에서는 $C'(Q)Q-C(Q)<0$이므로 $C'(Q)<\frac{C(Q)}{Q}$가 되어 한계비용이 평균비용보다 적다. 반대로 평균비용이 상승하는 구간에서는 한계비용이 평균비용보다 크다.

연습문제

1. 다음 함수들의 상대적 극대, 상대적 극소를 구하여라.

   a. $y=2x^2-x$

   b. $y=x^3-3x^2+7$

   c. $y=-2x^2+8x+36$

   d. $y=\frac{1}{3}x^3-3x^2+5x+8$

   e. $y=x^3+12x^2+15$

   f. $y=\frac{2x}{1-2x}\;(x\neq\frac{1}{2})$

2. (총)비용함수가 $C=Q^3-12Q^2+60Q$일 경우 한계비용과 평균비용을 구하고 이들을 그래프로 그려 보아라.

3. 평균비용함수가 $AC(Q)=Q^2+7Q+120$인 경우 한계비용함수는 어떻게 되는가? 이들을 그래프로 그려 보아라.

4. 어느 기업의 평균비용함수가 $AC(Q)=Q^2+7Q+120$이고 이 기업에 대한 수요가 $Q=300-\frac{1}{2}P$라 하자. 이 기업의 이윤을 극대화 하는 생산량 Q는 얼마인가? 그리고 2계 조건을 사용하여 그 Q에서 이윤이 극대임을 밝혀라(이 기업의 이윤 Π는 $PQ-C(Q)$이고 여기에 P를 구하여 대입하면 이윤이 Q만의 함수로 나온다).

C. $\mathbb{R}^2$에서 $\mathbb{R}$로 가는 함수의 최적화

함수 $z=f(x,\ y)$의 극대값이나 극소값을 얻기 위한 필요조건도 $\mathbb{R}$에서 $\mathbb{R}$

로 가는 함수의 필요조건과 비슷하다.

함수 $z=f(x, y)$의 그래프를 $\mathbb{R}^3$에 그렸다고 생각해 보자. 그러면 극대값은 주변보다 큰 값(엄밀하게는 주변보다 작지 않은 값)이므로 극대값 근처의 그래프는 산봉우리 모양을 할 것이다. 그리고 극소값 근처의 그래프는 산봉우리를 엎어놓은 모양을 할 것이다. 그러므로 수평면이 저 높은 곳에서 서서히 내려오면 극대값에 접하게 될 것이고, 따라서 극대값에서의 x와 y 방향으로의 접선의 기울기는 0이 될 것이다. 극소값에서도 마찬가지다. 저 낮은 곳에서 수평면이 서서히 올라오면 극소값에서 접하게 될 것이므로 극소값에서의 x와 y 방향으로의 접선의 기울기도 0이 될 것이다. 즉,

$$f_x(x, y)=\frac{\partial f(x, y)}{\partial x}=0 \text{ 그리고 } f_y(x, y)=\frac{\partial f(x, y)}{\partial y}=0 \qquad \cdots \textbf{(1)}$$

이 극대와 극소의 필요조건이다. 따라서 $f_x(x, y)=0$과 $f_y(x, y)=0$을 만족하는 (x, y)값들을 구하면 이 값들이 함수 $z=f(x, y)$의 극대값 혹은 극소값을 위한 후보가 되는 것이다. 여기서도 식 **(1)**을 만족하는 (x, y)를 **임계점**(critical point)이라 말한다. 그 후보들을 구하면 이제 각각의 후보에서 극대값이 얻어지는지, 극소값이 얻어지는지, 혹은 아무 것도 아닌지 판별을 해야 할 것이다.

판별하는 방법 중 하나가 다음에서 설명하는 극대의 충분조건, 극소의 충분조건이다. 충분조건을 설명하기 위하여 이제 후보 중 하나를 (x_0, y_0)라 하자. 즉, $f_x(x_0, y_0)=0$이고 $f_y(x_0, y_0)=0$이다. 우리는 이제 다음과 같은 행렬을 만든다(이 행렬을 **헤시안 행렬**, Hessian Matrix라 한다).

$$\begin{bmatrix} \dfrac{\partial^2 f(x_0, y_0)}{\partial x^2} & \dfrac{\partial^2 f(x_0, y_0)}{\partial y \partial x} \\[2ex] \dfrac{\partial^2 f(x_0, y_0)}{\partial x \partial y} & \dfrac{\partial^2 f(x_0, y_0)}{\partial y^2} \end{bmatrix} = \begin{bmatrix} f_{xx}(x_0, y_0) & f_{xy}(x_0, y_0) \\ f_{yx}(x_0, y_0) & f_{yy}(x_0, y_0) \end{bmatrix}$$

이 행렬은 먼저 함수 $f(x, y)$의 2계 편도함수를 배열하여 행렬을 만든 다음(이 행렬도 헤시안 행렬이라 한다), 후보 (x_0, y_0)를 x와 y값에 대입하여 숫자화한 행렬이다.

이 행렬의 첫 번째 대각선에 있는 원소 $f_{xx}(x_0,\ y_0)$의 값이 양이고 동시에 이 행렬의 행렬식

$$\begin{aligned}&f_{xx}(x_0,\ y_0)f_{yy}(x_0,\ y_0)-f_{xy}(x_0,\ y_0)f_{yx}(x_0,\ y_0)\\&=f_{xx}(x_0,\ y_0)f_{yy}(x_0,\ y_0)-f_{xy}(x_0,\ y_0)^2\end{aligned}$$

이 양이면 함수 $z=f(x,\ y)$는 $(x_0,\ y_0)$에서 극소값을 가진다. 이를 극소의 2계 조건이라 부른다.

반면에 첫 번째 대각선에 있는 원소 $f_{xx}(x_0,\ y_0)$의 값이 음이고 동시에 이 행렬의 행렬식

$$\begin{aligned}&f_{xx}(x_0,\ y_0)f_{yy}(x_0,\ y_0)-f_{xy}(x_0,\ y_0)f_{yx}(x_0,\ y_0)\\&=f_{xx}(x_0,\ y_0)f_{yy}(x_0,\ y_0)-f_{xy}(x_0,\ y_0)^2\end{aligned}$$

이 양이면 함수 $z=f(x,\ y)$는 $(x_0,\ y_0)$에서 극대값을 가진다. 이를 극대의 2계 조건이라 부른다.

참고로 $f_{xx}(x_0,\ y_0)f_{yy}(x_0,\ y_0)-f_{xy}(x_0,\ y_0)^2$의 값이 음이면 $(x_0,\ y_0)$에서 말안장 점(saddle point)라는 것이 얻어진다.[1] 왜 1계 조건을 만족하는 $(x_0,\ y_0)$에서 2계 조건이 만족되면 극대나 극소가 얻어지는가에 대한 설명은 나중으로 미룬다.

다시 정리하면 $\mathbb{R}^2$에서 $\mathbb{R}$로 가는 함수 $z=f(x,\ y)$가 미분가능하면 $(x_0,\ y_0)$에서 극소값을 갖기 위한 필요조건은

1계 조건, 즉 $f_x(x_0,\ y_0)=0$과 $f_y(x_0,\ y_0)=0$

이고, $(x_0,\ y_0)$에서 극소값을 가지기 위한 충분조건은

1계 조건, 즉 $f_x(x_0,\ y_0)=0$과 $f_y(x_0,\ y_0)=0$ 그리고
2계 조건, 즉 $f_{xx}(x_0,\ y_0)>0$과 $f_{xx}(x_0,\ y_0)f_{yy}(x_0,\ y_0)-f_{xy}(x_0,\ y_0)^2>0$

이다.

---

1 말안장 점이란 말안장의 정수리 부분에 해당되는 점이다. 어느 한 방향으로 보면 극소점으로 보이지만 90도 회전하여 보면 극대점으로 보이는 점이다.

비슷하게 $\mathbb{R}^2$에서 $\mathbb{R}$로 가는 함수 $z=f(x, y)$가 미분가능하다면 (x_0, y_0)에서 극대값을 갖기 위한 필요조건은

$$1\text{계 조건, 즉 } f_x(x_0, y_0)=0\text{과 } f_y(x_0, y_0)=0$$

이고, (x_0, y_0)에서 극대값을 가지기 위한 충분조건은

1계 조건, 즉 $f_x(x_0, y_0)=0$과 $f_y(x_0, y_0)=0$ 그리고
2계 조건, 즉 $f_{xx}(x_0, y_0)<0$과 $f_{xx}(x_0, y_0)f_{yy}(x_0, y_0)-f_{xy}(x_0, y_0)^2>0$

이다.

example 7.3 $z=6xy-3x^2-y^3+10$의 극대 · 극소 문제를 풀어라.

$$f_x(x, y)=6y-6x=0$$
$$f_y(x, y)=6x-3y^2=0$$

이를 (x, y)에 대하여 풀면 (0, 0)과 (2, 2)가 임계점으로 나온다. 다음으로 헤시안 행렬을 구하면

$$\begin{bmatrix} f_{xx}(x, y) & f_{xy}(x, y) \\ f_{yx}(x, y) & f_{yy}(x, y) \end{bmatrix} = \begin{bmatrix} -6 & 6 \\ 6 & -6y \end{bmatrix}$$

이 나오는데 먼저 (0, 0)의 값을 대입하면 $\begin{bmatrix} -6 & 6 \\ 6 & 0 \end{bmatrix}$이고

$$f_{xx}(2, 2)=-6,\ f_{xx}(2, 2)f_{yy}(2, 2)-f_{xy}(2, 2)^2=-36<0$$

이므로 (0, 0)은 말안장 점임을 확인할 수 있다. 다음으로 (2, 2)의 값을 대입하면 $\begin{bmatrix} -6 & 6 \\ 6 & -12 \end{bmatrix}$이고

$$f_{xx}(2, 2)=-6,\ f_{xx}(2, 2)f_{yy}(2, 2)-f_{xy}(2, 2)^2=36>0$$

이 되어 극대값이 (2, 2)에서 얻어짐도 확인할 수 있다.

연습문제

1. 다음 함수들의 임계점을 찾고 2계 조건을 사용하여 극대점, 극소점, 혹은 말안장 점인지 구분하여 보아라.

   a. $z = x^3 + y^3 - 3xy$

   b. $z = x^2 - y^2 + 6x - 2y + 4$

   c. $z = x^2 - 2xy + 3y^2$

   d. $z = xy + \frac{2}{x} + \frac{4}{y}$

   e. $z = \frac{1}{x^2 - y^2 + 1}$

   f. $z = (x-1)(xy-1)$

   g. $z = xy(4x + 2y + 1)$

   h. $z = x^2y^3(x + y - 24)$

   i. $z = xye^{-(3x+2y)}$

2. 양수 셋을 합하여 100이 되도록 하는 방법 중 세 수의 곱이 가장 크게 하려면 어떻게 해야 하는가?

3. $2x + y + z = 2$라는 식을 만족하는 3차원 평면의 한 점에서 원점까지의 거리가 가장 짧게 되는 (x, y, z)의 점을 찾아라.

D. $\mathbb{R}^n$에서 $\mathbb{R}$로 가는 함수의 최적화

앞의 논의를 일반화하면 다음과 같은 정리를 얻는다.

정 리 **$\mathbb{R}^n$에서 $\mathbb{R}$로 가는 함수의 최적화**

$\mathbb{R}_n$에서 $\mathbb{R}$로 가는 함수 하나가 있고 이를 f라 부르기로 하자. 그리고 함수 f의 2계 도함수가 정의역에서 존재한다고 가정하자. 정의역에서 한 점 $(x_1^0, \cdots, x_n^0)$에서 극대나 극소가 얻어지면, 다음에서 서술하는 1계 조건이 만족된다. 즉 1계 조건은 극소나 극대의 필요조건이 된다. 그리고 $(x_1^0, \cdots, x_n^0)$에서 1계 조건과 극소의 2계 조건을 동시에 만족하면 극소가 얻어지고, 1계 조건과 극대의 2계 조건을 동시에 만족하면 극대

가 얻어진다. 즉, 1계 조건과 극소의 2계 조건을 합한 것은 극소의 충분조건, 1계 조건과 극대의 2계 조건을 합한 것은 극대의 충분조건이 된다.

1계 조건: $f_1(x_1, \cdots, x_n)=0, \cdots, f_n(x_1, \cdots, x_n)=0$

극소의 2계 조건: $|\mathrm{H}_1|>0, |\mathrm{H}_2|>0, \cdots, |\mathrm{H}_n|>0,$

극대의 2계 조건: $|\mathrm{H}_1|<0, |\mathrm{H}_2|>0, \cdots, (-1)^n|\mathrm{H}_n|>0$

여기서

$$\mathrm{H}_1=[f_{11}(x_1, \cdots, x_n)]$$

$$\mathrm{H}_2=\begin{bmatrix} f_{11}(x_1, \cdots, x_n) & f_{12}(x_1, \cdots, x_n) \\ f_{21}(x_1, \cdots, x_n) & f_{22}(x_1, \cdots, x_n) \end{bmatrix}$$

$$\vdots$$

$$\mathrm{H}_n=\begin{bmatrix} f_{11}(x_1, \cdots, x_n) & f_{12}(x_1, \cdots, x_n) & \cdots & f_{1n}(x_1, \cdots, x_n) \\ f_{21}(x_1, \cdots, x_n) & f_{22}(x_1, \cdots, x_n) & \cdots & f_{2n}(x_1, \cdots, x_n) \\ \vdots & \vdots & \vdots & \vdots \\ f_{n1}(x_1, \cdots, x_n) & f_{n1}(x_1, \cdots, x_n) & \cdots & f_{nn}(x_1, \cdots, x_n) \end{bmatrix}$$

이다. H_i들을 헤시안 행렬 H의 **선도주소행렬**(leading principle minor matrix)이라 한다. 헤시안 행렬 H는 H_n과 같다.

증 명 생략하기로 한다. 그러나 2계 조건에 대한 대략적 설명은 잠시 후 할 것이다. ■

위 정리를 풀어서 설명하면 다음과 같다. 1계 조건이 극대나 극소의 필요조건이므로 1계 조건들 $f_1(x_1, \cdots, x_n)=0, \cdots, f_n(x_1, \cdots, x_n)=0$을 풀어서 극대나 극소의 후보를 구한다. 이제 l개의 후보가 구해졌다라고 해 보자. 각각의 후보에서 극소가 얻어질지, 극대가 얻어질지, 아니면 극대도 극소도 아닐지 알아보아야 하는데 그 방법 중 하나가 2계 조건을 사용하는 것이다. 즉, 헤시안 행렬을 만든 후 그 행렬의 각 원소인 2계 도함수에 후보를 대입하여 헤시안 행렬의 각 원소를 숫자로 만든 후, 선도주소행렬의 행렬식의 부호가 어떻게 되는지 알아보는 것이다. 만약 양, 양, …, 양 이렇게 행렬식 값이 나오면 그 후보에서 극소가 얻어진다고 결론내고, 음, 양, 음, … 이렇게 부호가 음으로부터 시작해서 왔다 갔다 하면 그 후보에서 극대가 얻어진다고 결론을 내는 것이다.

2계 조건에 대한 설명

앞의 정리에 대한 수학적 증명은 생략하였지만 극대와 극소의 2계 조건에 대한 어느 정도의 설명을 해 보기로 하자.

우선 $\mathbb{R}^2$에서 $\mathbb{R}$로 가는 함수 $z=f(x,\ y)$를 생각하자. $(x_0,\ y_0)$에서 극소가 얻어지려면 일계 조건을 만족해야 함은 쉽게 이해하였을 것이다. 이를 전미분으로 보면 $dz=f_x(x_0,\ y_0)dx+f_y(x_0,\ y_0)dy$이므로 $(x_0,\ y_0)$에서 dz의 값이 0이 되어야 하는 것이 1계 조건이다. 그런데 극소가 $(x_0,\ y_0)$에서 얻어지려면, x의 변화 dx가 어떠한 값이든 그리고 y의 변화 dy가 어떠한 값이든 dz의 변화는 0에서 양의 값으로, 즉 변화가 양이 되어야 할 것이다. **그림 7-5**를 참조하라.

그림 7-5

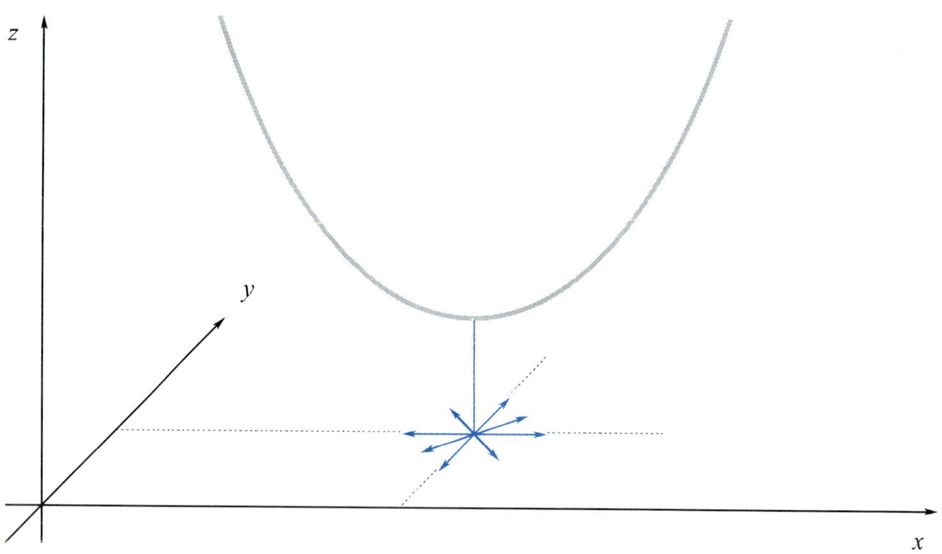

모든 dx, dy에 대하여 dz가 0에서 양의 값으로 그 변화가 양이 되어야 함은

$d(dz) = d^2z > 0$가 되어야 한다는 뜻인데,

$$
\begin{aligned}
d(dz) &= d^2z \\
&= f_{xx}(x_0,\ y_0)(dx)^2 + 2f_{xy}(x_0,\ y_0)dxdy + f_{yy}(x_0,\ y_0)(dy)^2 \\
&= [dx \quad dy]\,[dx \quad dy]\begin{bmatrix} f_{xx}(x_0,\ y_0) & f_{xy}(x_0,\ y_0) \\ f_{yx}(x_0,\ y_0) & f_{yy}(x_0,\ y_0) \end{bmatrix}\begin{bmatrix} dx \\ dy \end{bmatrix}
\end{aligned}
$$

이므로 이 값이 모든 dx, dy에 대하여 양의 값을 가져야 한다는 것은 이 2차 형식이 양정부호(positive definite)이어야 한다는 뜻이다. 2차 형식이 양정부호이기 위한 필요충분조건이 선도주소행렬식값이 양이어야 한다는 조건이고 이것이 바로 2계 조건인 것이다. 즉, 2계 조건은 위 2차 형식이 양정부호이어야 한다는 조건이고 그러면 모든 dx, dy에 대하여 $d(dz) = d^2z > 0$이 되어서 극소값이 얻어지는 것이다.

반대로 2차 형식이 음정부호이면 모든 dx, dy에 대하여 $d(dz) = d^2z < 0$이 되어서 극대값이 얻어지는데, 2차 형식이 음정부호라는 것과 헤시안 행렬의 선도주소행렬값이 음, 양으로 교차하는 것과 동일하므로 이것이 극대의 충분조건이 되는 것이다.

위의 논의를 $\mathbb{R}^n$에서 $\mathbb{R}$로 가는 함수로 확장하여도 기본 구조는 같다. 즉,

$$
d(dz) = d^2z
$$

$$
d(dz) = [dx_1,\ dx_2,\ \cdots,\ dx_n]\begin{bmatrix} f_{11} & f_{12} & \cdots & f_{21} \\ f_{22} & f_{22} & \cdots & f_{2n} \\ \vdots & \vdots & \vdots & \vdots \\ f_{n1} & f_{n2} & \cdots & f_{nn} \end{bmatrix}\begin{bmatrix} dx_1 \\ dx_2 \\ \vdots \\ dx_n \end{bmatrix}
$$

인데, 이 값이 모든 dx_i에 대하여 양의 값을 가지면, 즉 양정부호이면, 극소값이 얻어지는데, 극소의 2계 조건이 양정부호의 필요충분조건이므로 결국 극소의 2계 조건이 성립하면 극소가 얻어지는 것이다. 반면에 음정부호이면 극대값이 얻어지는데 음정부호이기 위한 필요충분조건이 바로 극대의 2계 조건인 것이다.

이를 도식적으로 설명하면 다음과 같다.

극소의 2계 조건 ↔ 양정부호 → 극소

극대의 2계 조건 ↔ 음정부호 → 극대

연습문제

1. 다음 함수의 임계점을 구하고, 그 임계점에서 극대 혹은 극소인지 밝혀 보라.

a. $z = x^2 + 6y^2 - 3xy + 4yw + 3w^2$

b. $w = e^{-2x} + e^{y^2} + e^{-z} + 4ex - 2e^y + z$

c. $z = e^{x^2} + e^y + e^{w^2} - 2e^w - x^2 - y$

d. $y = 3x_1^2 + x_2^2 + x_3^2 + x_1x_2 + x_1x_3$

e. $y = 48 - (2x_1^2 + x_2^2 + 3x_3^2)$

E. 등식 제약조건하의 최적화

앞 장에서 극대나 극소를 구하는 방법을 알아보았는데, 경제학이나 기타 다른 학문에서 극대나 극소를 구할 시 제약조건이 주어지는 경우가 있다. 예를 들어 효용극대화에서는 소비자의 예산제약이 주어지고, 생산자의 비용극소화에는 생산량을 일정수준으로 하는 등량제약이 주어진다. 이제 이러한 제약조건이 주어진 경우 최적화하는 방법을 알아보기로 하자. 제약조건에는 등식 제약조건과 부등식 제약조건이 있는데, 우선 등식 제약조건을 다루기로 한다.

example 7.4 효용함수가 다음과 같이 주어졌다 하자.

$$U(x,\ y) = -(x-50)^2 - (y-100)^2 + 50{,}000$$

그리고 예산 제약은 다음과 같다.

$$x + 2y = 30$$

이 문제는 모든 $(x,\ y)$에 대하여 $-(x-50)^2-(y-100)^2+50{,}000$이 극대값(여기서는 최대값)을 얻는 $(x,\ y)$와 그 극대값을 구하라는 것이 아니고, $x+2y=30$을 만족하는 $(x,\ y)$중 $-(x-50)^2-(y-100)^2+50{,}000$를 극대로 하는 $(x,\ y)$를 구하라는 문제이다.

$x+2y=30$이라는 주어진 제약조건이 없으면 당연히 $x=50$, $y=100$에서 효용은 50,000이라는 최대값을 얻을 것이다. 그러나 (50, 100)은 $x+2y=30$을 만족하지 못한다. 그러므로 우리의 고려대상에서 제외되는 것이다.

결국 본 문제는 (0, 15), (1, 14.5), (2, 14) 등 $x+2y=30$을 만족하는 $(x,\ y)$ 점 중 $U(x,\ y)$를 극대화하는 점을 찾는 것이다. 이를 그림을 이용하여 설명하면 **그림 7-6**과 같다.

그림 7-6

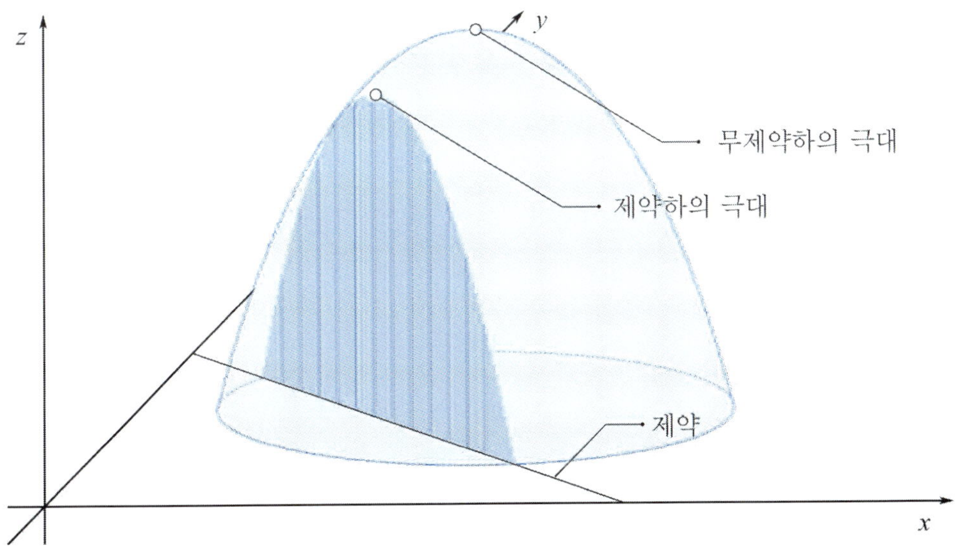

이 그림에는 효용함수의 그래프가 그려져 있고 아무런 제약조건이 없을 시에 효용이 최대가 되는 점이 표시되어 있다(이 점을 bliss point라 한다). 그러나 $x+2y=30$이라는 제약을 만족하는 점들은 (x, y) 평면에서 직선위의 점들이다. 이 직선 위의 점들이 주는 효용의 값이 수직선으로 표시되어 있는데 이 수직선들 중 제일 큰 수직선을 주는 (x, y)를 찾는 문제인 것이다. 따라서 (50, 100, 50,000)은 무제약하의 극대점이고, 나중에 계산을 하여 밝히겠지만 (10, 10, 40,300)이 제약조건하의 극대점이 된다.

라그랑지승수법

등식 제약조건하의 극대나 극소를 구하는 방법 중 하나로 라그랑지승수법이란 것이 있다. 앞의 효용극대화 예를 통하여 설명하고 일반적인 방법을 설명하기로 하자.

앞의 예에서의 제약식을 변형하면 $30-x-2y=0$이 되는데, 0으로 둔 x, y 함수, 즉 $30-x-2y$에 새로운 변수 하나를 우리가 임의로 도입하여 곱한 후, 목적함수 $-(x-50)^2-(y-100)^2+50{,}000$에 더한다. 새로운 변수 하나를 λ로 표기하자. 그러면 새로운 함수는 $-(x-50)^2-(y-100)^2+50{,}000+\lambda(30-x-2y)$가 된다. 이 함수를 라그랑지안함수, 혹은 줄여서 라그랑지안(Lagrangean)이라 부른다. 여기서 주의할 점은 이제 변수가 (λ, x, y) 이렇게 3개라는 사실이다. 우리가 임의로 도입한 λ를 라그랑지승수(Lagrange multiplier)라 부른다. 즉, 라그랑지안은 원래의 목적함수 더하기 라그랑지승수 곱하기 제약식에 사용된 함수이다.

이 라그랑지안을 $\mathcal{L}$로 표기하자. 즉,

$$\mathcal{L}=-(x-50)^2-(y-100)^2+50{,}000+\lambda(30-x-2y)$$

로 쓸 수 있다.

라그랑지안을 만들었으면 이를 각 변수, 즉 λ와 x와 y에 대하여 편미분하여 0으로 놓는다. 이것을 1계 조건이라 부르고, 극대와 극소의 필요조건이 된다.

$$\frac{\partial \mathcal{L}}{\partial \lambda} = 30 - x - 2y$$

$$\frac{\partial \mathcal{L}}{\partial x} = -2(x - 50) - \lambda$$

$$\frac{\partial \mathcal{L}}{\partial y} = -2(y - 100) - 2\lambda$$

첫 번째 식은 라그랑지안을 라그랑지승수로 편미분한 것인데 이를 0으로 놓으면 원래 주어진 제약식이 얻어진다. 이 세 식을 λ와 x 그리고 y에 대하여 풀면 우리는 (88, 6, 12)를 얻을 수 있고, 이것이 우리가 원하는 해이다. 여기서 88은 우리가 임의로 도입한 변수의 값이고 원래 구하고자 하는 x와 y의 값은 각각 6과 12이다. 즉, $x+2y=30$를 만족하는 (x, y) 중에서 (6, 12)이 효용을 가장 크게 하는 점이다.

위 예에서 제약식을 $x+2y-30=0$으로 놓으면 어떻게 되는가? 이 경우 λ의 값이 -80이 나오고 x와 y는 같은 값을 얻게 된다. 궁금하면 직접 해 보기를 권한다. 일반적으로 $g(x, y)=0$으로 놓고 라그랑지안을 세우거나, $-g(x, y)=0$으로 제약식을 놓고 라그랑지안을 세우거나 x와 y의 값은 변하지 않고 다만 라그랑지승수값만 부호가 변하게 된다.

이제 일반적으로 라그랑지승수법을 설명하면 다음과 같다.

제약조건하에서 목적함수를 극대화하거나 극소화하는 문제, 다시 말해서

목적함수 $f(x, y)$　　　　**제약조건** $g(x, y)=0$

이 주어지면 라그랑지안 $\mathcal{L} = f(x, y) + \lambda g(x, y)$을 만든다.

다음으로 1계 조건을 구하기 위하여 라그랑지안을 각 변수로 편미분하여 0으로 놓는다.

$$\frac{\partial \mathcal{L}}{\partial \lambda} = g(x, y) = 0$$

$$\frac{\partial \mathcal{L}}{\partial x} = \frac{\partial f(x, y)}{\partial x} + \lambda \frac{\partial g(x, y)}{\partial x} = 0$$

$$\frac{\partial \mathcal{L}}{\partial y} = \frac{\partial f(x, y)}{\partial y} + \lambda \frac{\partial g(x, y)}{\partial y} = 0$$

이 세 식을 풀면 우리는 극대나 극소의 후보들을 얻는다.

이제 왜 이러한 라그랑지승수법이 제약조건하의 극대나 극소를 구하는 방법이 되는지 이해해 보기로 하자.

제약조건 $g(x,\ y)=0$를 y에 대하여 풀어서 $y=h(x)$를 얻을 수 있다고 가정해 보자. 그러면 이를 위 목적함수에 대입하면 목적 함수는 $f(x,\ h(x))$가 된다. 이를 $\phi(x)$라고 다시 표기하면, 즉 $\phi(x)=f(x,\ h(x))$라고 가정하면, 우리는 이 $\phi(x)$를 x에 대하여 미분하면 극대값이나 극소값을 얻을 수 있는 1계 조건을 얻고, 이 1계 조건은 $f_x(x,\ h(x))+f_y(x,\ h(x))h'(x)=0$이 된다.

f_y가 0이 아니라고 가정하면

$$h'(x)=-\frac{f_x}{f_y}$$

를 갖게 되고 음함수 정리에 의하여 $h'(x)=-\dfrac{g_x}{g_y}$가 되므로 결국 $-\dfrac{f_x}{f_y}=-\dfrac{g_x}{g_y}$라는 조건이 얻어지게 되며, 이를 다시 쓰면

$$-\frac{f_x}{g_x}=-\frac{f_y}{g_y}$$

가 된다. 공통의 값을 λ라 하면 이는 $f_x+\lambda g_x=0$ 그리고 $f_y+\lambda g_y=0$이라는 조건이 된다. 이 관찰에 착안하여 수학자 라그랑지(Lagrange)는 $f(x,\ y)+\lambda g(x,\ y)$를 x와 y에 대하여 각각 미분하여 0으로 놓으면 위 조건이 얻어짐을 알아내고 라그랑지승수법을 개발한 것이다.

F. 2계 조건

1계 조건을 풀어서 후보를 구하였으면, 각 후보에서 (제약조건하의) 극대나 극소가 얻어지는지 혹은 그렇지 않은지 확인하여야 한다. 그 방법 중 하나로, 만약 함수 f와 g가 두 번 미분가능한 함수들이라면 무제약하의 극대, 극소와 같이 헤시

안을 사용하는 방법이 있다. 그러나 헤시안을 만들면 무제약하의 극대 · 극소 문제에서 얻어지는 헤시안과 좀 형태가 다르다. 그래서 등식 제약조건하의 극대, 극소 문제를 풀기 위하여 만드는 헤시안을 유계 헤시안(bordered Hessian)이라 한다. 왜 이런 명칭이 붙는지는 나중에 보기로 하고 일단 헤시안 행렬을 만들어 보자.

λ로 미분한 것은 $g(x, y)$이고 이를 다시 λ로 미분하면 0이 나온다. 그리고 λ로 미분한 것을 다시 x로 미분하면 $\mathcal{L}_{\lambda x}=g_x(x, y)$이 얻어진다. 그리하여 라그랑지안을 2차 미분한 것을 가지고 헤시안 행렬을 만들면 결국 다음을 얻는다.

$$\overline{\mathrm{H}}=\begin{bmatrix}\mathcal{L}_{\lambda,\lambda} & \mathcal{L}_{\lambda,x} & \mathcal{L}_{\lambda,y}\\ \mathcal{L}_{x,\lambda} & \mathcal{L}_{x,x} & \mathcal{L}_{x,y}\\ \mathcal{L}_{y,\lambda} & \mathcal{L}_{y,x} & \mathcal{L}_{y,y}\end{bmatrix}$$

$$\overline{\mathrm{H}}=\begin{bmatrix}0 & g_x(x, y) & g_y(x, y)\\ g_x(x, y) & f_{x,x}(x, y)+\lambda g_{x,x}(x, y) & f_{x,y}(x, y)+\lambda g_{x,y}(x, y)\\ g_y(x, y) & f_{y,x}(x, y)+\lambda g_{y,x}(x, y) & f_{y,y}(x, y)+\lambda g_{y,y}(x, y)\end{bmatrix} \quad \cdots (2)$$

이를 보면 라그랑지안을 원래 주어진 변수 x, y로 두 번 미분하여 만든 행렬

$$\begin{bmatrix}f_{x,x}(x, y)+\lambda g_{x,x}(x, y) & f_{x,y}(x, y)+\lambda g_{x,y}(x, y)\\ f_{y,x}(x, y)+\lambda g_{y,x}(x, y) & f_{y,y}(x, y)+\lambda g_{y,y}(x, y)\end{bmatrix}$$

에 제약식에 사용된 함수 g를 x, y로 한 번 미분하여 가장자리(border)에 둘러놓은 것처럼 보인다. 이 이유 때문에 위 식 (2)의 행렬을 가장자리가 둘러진(bordered) 헤시안 행렬, 즉 **유계 헤시안**(bordered Hessian)이라 부른다. 이 유계 헤시안 행렬의 부호를 살펴보아 극대인지 극소인지 알아낸다.

즉, $|\overline{\mathrm{H}}|>0$이면 극대이고, $|\overline{\mathrm{H}}|<0$이면 극소이다.

example 7.5 $U=-(x-50)^2-(y-100)^2+50{,}000$

제약조건: $30-x-2y=0$

이는 앞의 본문에서 사용한 효용극대화 문제이다. 이제 유계 헤시안을 구하면

$$\overline{\mathrm{H}}=\begin{bmatrix}0 & -1 & -2\\ -1 & -2 & 0\\ -2 & 0 & -2\end{bmatrix}$$

가 얻어진다. 여기서 주의할 점은 위 헤시안 행렬의 각 원소는 (λ, x, y)의 함수라는 사실이다. 지금의 예에서는 상수함수이다. 그러므로 후보 (80, 10, 10)을 위 함수에 대입하여 숫자화한 것이 $\overline{H}$라 생각한다.

이제 $|\overline{H}|$의 값을 구하면 $|\overline{H}|=10>0$으로 $x=10$, $y=10$에서 예산제약하의 극대가 얻어짐을 확인할 수 있다.

example 7.6 제약식이 $2x+y=-1$로 주어진 경우 $x^2-4xy+y^2+x-2y+4$의 극대 혹은 극소를 구하여라.

$$\text{해: } \mathcal{L}=x^2-4xy+y^2+x-2y+4+\lambda(-1-2x-y)$$

$$\mathcal{L}_\lambda=-1-2x-y=0$$

$$\mathcal{L}_x=2x-4y+1-2\lambda=0$$

$$\mathcal{L}_y=-4x+2y-2-\lambda=0$$

이 세 식을 풀면 $\lambda=0$, $x=-\frac{1}{2}$, $y=0$이 나온다.

$$|\overline{H}|=\begin{vmatrix} 0 & -2 & -1 \\ -2 & 2 & -4 \\ -1 & -4 & 2 \end{vmatrix}=-26$$

이 나오므로 $x=-\frac{1}{2}$, $y=0$에서 제약조건하의 극소값이 얻어진다.

example 7.7 제약식이 $x^2+y^2=50$으로 주어진 경우 $(x-1)^2+(y-1)^2$의 극대 혹은 극소를 구하여라.

$$\text{해: } \mathcal{L}=(x-1)^2+(y-1)^2+\lambda(50-x^2-y^2)$$

$$\mathcal{L}_\lambda=50-x^2-y^2=0$$

$$\mathcal{L}_x=2(x-1)-2\lambda x=0$$

$$\mathcal{L}_y=2(y-1)-2\lambda y=0$$

x와 y는 0이 될 수 없으므로, 두 번째와 세 번째 식을 다시 쓰면

$$\lambda = \frac{x-1}{x} = 1 - \frac{1}{x}, \qquad \lambda = \frac{y-1}{y} = 1 - \frac{1}{y}$$

를 얻는다. λ를 같이 놓으면 $x=y$를 얻고, 이를 첫 번째 식에 대입하면 $x=\pm 5$, $y=\pm 5$를 얻으며. λ값은 $\frac{4}{5}$와 $\frac{6}{5}$를 얻는다. 즉, $\left(\frac{4}{5},\ 5,\ 5\right)$와 $\left(\frac{6}{5},\ -5,\ -5\right)$을 해로 얻는다.

$$\overline{\mathrm{H}} = \begin{bmatrix} 0 & -2x & -2y \\ -2x & 2-2\lambda & 0 \\ -2y & 0 & 2-2\lambda \end{bmatrix}$$

이 유계 헤시안인데 우선 $\left(\frac{4}{5},\ 5,\ 5\right)$를 대입하여 행렬식 값 $\overline{\mathrm{H}}$를 계산하면 -80이 나오므로 $x=5$, $y=5$에서 극소값을 얻고, $\left(\frac{6}{5},\ -5,\ -5\right)$를 대입하여 $\overline{\mathrm{H}}$를 계산하면 80이 나오므로 $x=-5$, $y=-5$에서 극대값을 얻는다.

연습문제

1. $2x+y+1=0$을 제약조건으로 하여 $x^2-4xy+y^2+x-2y+4$의 최대값을 구하여라.
2. 목적함수가 $z=xy+2x+3y$이고, 제약식이 $xy=6$인 경우 임계점들을 구하고 각 임계점에서 극대값을 얻는지 혹은 극소값을 얻는지 알아내어라.
3. 목적함수가 $z=x^2y$이고 제약조건이 $2x+y=9$인 경우 임계점들을 구하고 각 임계점에서 극대값을 얻는지 혹은 극소값을 얻는지 알아내어라.
4. 목적함수가 $z=x(y+6)+x^2$이고 제약조건이 $x+2y=12$인 경우 임계점들을 구하고 각 임계점에서 극대값을 얻는지 혹은 극소값을 얻는지 알아내어라.
5. $x^2+4y^2=4$로 주어지는 타원에 직사각형을 그릴 때 그 넓이가 가장 넓게 되려면 1사분변의 직사각형 꼭지점 $(x,\ y)$가 어떤 점이어야 하는가?

G. 독립변수가 셋 이상인 경우

이제 목적함수가 $f(x_1, x_2, \cdots, x_n)$이고 제약식이 $g(x_1, x_2, \cdots, x_n)=0$으로 주어졌다고 해 보자. 즉,

$$\begin{aligned} &\max(\text{or } \min) \quad f(x_1, x_2, \cdots, x_n) \\ &s.t. \quad g(x_1, x_2, \cdots, x_n)=0 \end{aligned}$$ [2]

란 문제가 주어졌다 하자.

라그랑지승수법은 비슷하다. 먼저 라그랑지안 $\mathcal{L}$을 만든다:

$$\mathcal{L}=f(x_1, x_2, \cdots, x_n)+\lambda g(x_1, x_2, \cdots, x_n)$$

이후 1계 조건을 구하면

$$\begin{aligned} &\mathcal{L}_\lambda=g(x_1, x_2, \cdots, x_n)=0 \\ &\mathcal{L}_1=f_1(x_1, x_2, \cdots, x_n)+\lambda g_1(x_1, x_2, \cdots, x_n)=0 \\ &\mathcal{L}_2=f_2(x_1, x_2, \cdots, x_n)+\lambda g_2(x_1, x_2, \cdots, x_n)=0 \\ &\qquad\vdots \\ &\mathcal{L}_n=f_n(x_1, x_2, \cdots, x_n)+\lambda g_n(x_1, x_2, \cdots, x_n)=0 \end{aligned}$$

을 얻는다. 여기서 함수 기호에 붙은 아래 첨자 i는 그 함수를 x_i로 편미분했다는 뜻이다. 즉, $\mathcal{L}_i=f_i(x_1, x_2, \cdots, x_n)+\lambda g_i(x_1, x_2, \cdots, x_n)=0$의 뜻은

$$\frac{\partial \mathcal{L}}{\partial x_i}=\frac{\partial f}{\partial x_i}(x_1, x_2, \cdots, x_n)+\lambda\frac{\partial g}{\partial x_i}(x_1, x_2, \cdots, x_n)=0$$

의 뜻이다.

이 1계 조건들을 풀어서 후보들을 얻는다. k개의 후보들

$$(\lambda^1, x_1^1, x_2^1, \cdots, x_n^1), (\lambda^2, x_1^2, x_2^2, \cdots, x_n^2), \cdots, (\lambda^k, x_1^k, x_2^k, \cdots, x_n^k)$$

2 *s.t.*는 subject to의 준말로 '…에 구속되어'란 뜻으로서 결국 제약조건이란 뜻이다.

을 이와 같이 표기하기로 하자(주의할 점은 아래 첨자는 변수의 구분이고 위 첨자가 첫 번째, 두 번째 등의 후보를 구분하여 준다).

그러면 이제 각 후보에서 제약하의 극대값 혹은 극소값인지 알아보기 위하여 라그랑지안을 한 번 미분한 것을 다시 미분, 즉 2차 미분하여 유계 헤시안을 만든다. 이를 일단 $\mathcal{L}$에 아래첨자를 넣어서 표기해 보면 다음과 같다:

$$|\overline{\mathrm{H}}| = \begin{bmatrix} \mathcal{L}_{\lambda\lambda} & \mathcal{L}_{\lambda x_1} & \mathcal{L}_{\lambda x_2} & \cdots & \mathcal{L}_{\lambda x_n} \\ \mathcal{L}_{x_1\lambda} & \mathcal{L}_{x_1x_1} & \mathcal{L}_{x_1x_2} & \cdots & \mathcal{L}_{x_1x_n} \\ \mathcal{L}_{x_2\lambda} & \mathcal{L}_{x_2x_1} & \mathcal{L}_{x_2x_2} & \cdots & \mathcal{L}_{x_2x_n} \\ \vdots & \vdots & \vdots & \vdots & \vdots \\ \mathcal{L}_{x_n\lambda} & \mathcal{L}_{x_nx_1} & \mathcal{L}_{x_nx_2} & \cdots & \mathcal{L}_{x_nx_n} \end{bmatrix}$$

그리고 이것을 풀어서 표기하면 다음과 같다:

$$|\overline{\mathrm{H}}| = \begin{bmatrix} 0 & g_1 & g_2 & \cdots & g_n \\ g_1 & f_{11}+\lambda g_{11} & f_{12}+\lambda g_{12} & \cdots & f_{1n}+\lambda g_{1n} \\ g_2 & f_{21}+\lambda g_{21} & f_{22}+\lambda g_{22} & \cdots & f_{2n}+\lambda g_{2n} \\ \vdots & \vdots & \vdots & \vdots & \vdots \\ g_n & f_{n1}+\lambda g_{n1} & f_{n2}+\lambda g_{n2} & \cdots & f_{nn}+\lambda g_{nn} \end{bmatrix}$$

여기서 아래 첨자 (ij)는 x_i와 x_j에 대하여 미분했다는 뜻이다. 즉,

$$g_i = \frac{\partial g(x_1,\ x_2,\ \cdots,\ x_n)}{\partial x_i},\ f_{ij} = \frac{\partial f(x_1,\ x_2,\ \cdots,\ x_n)}{\partial x_i \partial x_j},\ g_{ij} = \frac{\partial g(x_1,\ x_2,\ \cdots,\ x_n)}{\partial x_i \partial x_j}$$

이다. 이렇게 유계 헤시안을 만든 후 1계 조건을 풀어서 얻은 각각의 후보를 위 유계 헤시안의 각 원소인 함수들에 대입하여 숫자로 된 행렬을 만든다. 그 후 다음의 주소행렬식값이 음이냐 양이냐를 따져서 제약조건하의 극대값이 얻어지는지 극소값이 얻어지는지 판별한다. 즉,

$$|\overline{\mathrm{H}}_2| < 0,\ |\overline{\mathrm{H}}_3| < 0,\ \cdots,\ |\overline{\mathrm{H}}_n| < 0$$

이면 제약조건하의 극소값이 그 후보에서 얻어진다고 결론을 내리고,

$$|\overline{\mathrm{H}}_2| > 0,\ |\overline{\mathrm{H}}_3| < 0,\ \cdots,\ (-1)^n|\overline{\mathrm{H}}_n| > 0$$

이면 제약조건하의 극대값이 그 후보에서 얻어진다라고 결론을 내린다. 여기서

$$\overline{\mathrm{H}}_2=\begin{bmatrix}0 & g_1 & g_2\\ g_1 & f_{11}+\lambda g_{11} & f_{12}+\lambda g_{12}\\ g_2 & f_{21}+\lambda g_{21} & f_{22}+\lambda g_{22}\end{bmatrix}$$

$$\overline{\mathrm{H}}_3=\begin{bmatrix}0 & g_1 & g_2 & g_3\\ g_1 & f_{11}+\lambda g_{11} & f_{12}+\lambda g_{12} & f_{13}+\lambda g_{13}\\ g_2 & f_{21}+\lambda g_{21} & f_{22}+\lambda g_{22} & f_{23}+\lambda g_{23}\\ g_3 & f_{31}+\lambda g_{31} & f_{32}+\lambda g_{32} & f_{33}+\lambda g_{33}\end{bmatrix}$$

$$\vdots$$

$$\overline{\mathrm{H}}_n=|\overline{\mathrm{H}}|=\begin{bmatrix}0 & g_1 & g_2 & \cdots & g_n\\ g_1 & f_{11}+\lambda g_{11} & f_{12}+\lambda g_{12} & \cdots & f_{1n}+\lambda g_{1n}\\ g_2 & f_{21}+\lambda g_{21} & f_{22}+\lambda g_{22} & \cdots & f_{2n}+\lambda g_{2n}\\ \vdots & \vdots & \vdots & \vdots & \vdots\\ g_n & f_{n1}+\lambda g_{n1} & f_{n2}+\lambda g_{n2} & \cdots & f_{nn}+\lambda g_{nn}\end{bmatrix}$$

이다. 경계(border)가 있으므로 $\overline{\mathrm{H}}_i$의 크기가 $(i+1)\times(i+1)$임에 유의하라.

위의 조건을 **2계 조건**(second order condition)이라 말한다. 즉, 제약조건하의 극소값을 얻기 위한 2계 조건은 $|\overline{\mathrm{H}}_2|<0$, $|\overline{\mathrm{H}}_3|<0$, $\cdots$, $|\overline{\mathrm{H}}_n|<0$이고, 제약조건하의 극대값을 얻기 위한 2계 조건은 $|\overline{\mathrm{H}}_2|>0$, $|\overline{\mathrm{H}}_3|<0$, $\cdots$, $(-1)^n|\overline{\mathrm{H}}_n|>0$이다.

1계 조건과 2계 조건에 대하여 정리하면 1계 조건은 극대값과 극소값을 얻기 위한 필요조건(necessary condition)이고, 1계 조건과 2계 조건을 합한 것은 극대값 혹은 극소값을 얻기 위한 충분조건(sufficient condition)이다.

example 7.8 목적함수가 $z=xyw$이고 제약조건이 $5xy+2yw+2xw=60$인 경우 제약조건하에서 상대적 극대 혹은 상대적 극소를 구하고, 그 극치가 극대인지 극소인지 2계 조건을 사용하여 밝혀 보자.

$$\mathcal{L}=xyw+\lambda(60-5xy-2yw-2xw)$$

1계 조건: $\mathcal{L}_\lambda=60-5xy-2yw-2xw=0$ ⋯ (3)

$\mathcal{L}_x=yw-5\lambda y-2\lambda w=0$ ⋯ (4)

$\mathcal{L}_y=xw-5\lambda x-2\lambda w=0$ ⋯ (5)

$$\mathcal{L}_w = xy - 2\lambda y - 2\lambda x = 0 \quad \cdots (6)$$

이 1계 조건을 풀기 위하여 식 (4), (5), (6)의 양변에 각각 x, y, w를 각각 곱하여 풀면 편하다. 즉,

$$xyw - 5\lambda xy - 2\lambda xw = 0 \quad \cdots (4')$$

$$xyw - 5\lambda xy - 2\lambda yw = 0 \quad \cdots (5')$$

$$xwy - 2\lambda yw - 2\lambda xw = 0 \quad \cdots (6')$$

을 사용하자. 식 (4′)과 (5′)에서 $\lambda xw = \lambda yw$, 즉 $\lambda(x-y)w = 0$을 얻는다. 여기서 $\lambda = 0$이면 식 (4), (5), (6)에서 $yw = xw = xy = 0$이 되어야 하고 그러면 식 (3)이 만족되지 않으므로 $\lambda \neq 0$이다. 또한 $w = 0$이면 식 (4)와 (5)에서 $x = y = 0$이어야 하고($\lambda \neq 0$이므로), 그러면 식 (3)이 만족되지 않으므로 $w \neq 0$이다.

그러므로 $\lambda(x-y)w = 0$에서 $x = y$가 얻어진다. 그러면 식 (6)은 $x^2 - 4\lambda x = 0$이 되어 우리는 $x = y = 4\lambda$를 얻는다($x = 0$이 되면 안 되는 이유는 여러분이 찾아보라). 이를 식 (4)에 대입하면, $4\lambda w - 20\lambda^2 - 2\lambda w = 0$을 얻고 이를 풀면 $w = 10\lambda$를 얻는다. $x = y = 4\lambda$ 그리고 $w = 10\lambda$를 식 (3)에다 대입하면 $\lambda = \frac{1}{2}$ 혹은 $-\frac{1}{2}$을 얻고 따라서 $x = y = 2$, $w = 5$ 혹은 $x = y = -2$, $w = -5$를 얻는다. 즉, 1계 조건을 만족하는 후보로 $(\frac{1}{2}, 2, 2, 5)$ 그리고 $(-\frac{1}{2}, -2, -2, -5)$를 얻는다. 이제 각 후보에서 제약조건하의 극대를 얻는지 극소를 얻는지 알아보기 위하여 유계 헤시안을 만들어 보자. 그것은

$$\overline{\mathrm{H}} = \begin{bmatrix} 0 & -5y-2w & -5x-2w & -2x-2y \\ -5y-2w & 0 & w-5\lambda & y-2\lambda \\ -5x-2w & w-5\lambda & 0 & x-2\lambda \\ -2x-2y & y-2\lambda & x-2\lambda & 0 \end{bmatrix}$$

이다. 이제 (2, 2, 5)에서 극대값을 얻는지 극소값을 얻는지 알아보기 위하여 $(\frac{1}{2}, 2, 2, 5)$을 유계 헤시안 $\overline{\mathrm{H}}$에 대입하면

$$\overline{\mathrm{H}} = \begin{bmatrix} 0 & -20 & -20 & -8 \\ -20 & 0 & (5/2) & 1 \\ -20 & (5/2) & 0 & 1 \\ -8 & 1 & 1 & 0 \end{bmatrix} \quad \cdots (7)$$

을 얻는다.

$$|\overline{H}_2| = \begin{vmatrix} 0 & -20 & -20 \\ -20 & 0 & (5/2) \\ -20 & (5/2) & 0 \end{vmatrix} = 2{,}000 > 0$$

$$|\overline{H}_3| = \begin{vmatrix} 0 & -20 & -20 & -8 \\ -20 & 0 & (5/2) & 1 \\ -20 & (5/2) & 0 & 1 \\ -8 & 1 & 1 & 0 \end{vmatrix} = -1{,}200 < 0$$

이므로 (2, 2, 5)에서 제약조건하의 극대값을 얻는다. (-2, -2, -5)에서 극대값을 얻는지 극소값을 얻는지 알아보기 위해 이 값들과 $\lambda = -\frac{1}{2}$을 H에 대입하면 식 **(7)**의 각 줄에 -1을 곱한 것과 같은 유계 헤시안 행렬이 나오므로 $|\overline{H}_2| = -2{,}000 < 0$ 그리고 $|\overline{H}_3| = -1200 < 0$을 얻어 ($-2$, -2, -5)에서 제약조건하의 극소값을 얻는다고 결론을 낼 수 있다.

연습문제

1. 목적함수가 $z = -xyw$이고 제약식이 $12x + 8y + 6w = 72$인 경우 임계점을 구하고 2계 조건을 사용하여 극대인지 또는 극소인지 밝혀 보아라.

2. 목적함수가 $-5x^2 - 3y^2 - 4w^2$이고 제약식이 $4x + 6y + 8w = 78$인 경우 임계점을 구하고 2계 조건을 사용하여 극대인지 또는 극소인지 밝혀 보아라.

H. 등식 제약식이 2개 이상 있는 경우

등식 제약식이 2개 이상 있는 경우도 최적화의 이론은 비슷하다. 여기서 2개의 경우를 상세히 설명하고, 3개 이상은 간단히 언급하기로 하자.

다음과 같은 문제가 있다 하자.

$$\begin{aligned} \min \quad & f(x_1, x_2, \cdots, x_n) \\ s.t. \quad & g(x_1, x_2, \cdots, x_n)=0 \\ & h(x_1, x_2, \cdots, x_n)=0 \end{aligned}$$

여기서 '$s.t.$'는 'subject to'의 약자로 '~에 예속되어서'란 뜻이다. 즉, 주어진 제약식 $g(x_1, x_2, \cdots, x_n)=0$과 $h(x_1, x_2, \cdots, x_n)=0$을 만족하는 $(x_1, x_2, \cdots, x_n)$ 중에서 $f(x_1, x_2, \cdots, x_n)$의 최소값을 주는 $(x_1, x_2, \cdots, x_n)$를 찾고 그 최소값을 구하라는 문제이다. 이 문제도 먼저 라그랑지안을 세운다:

$$\mathcal{L}=f(x_1, x_2, \cdots, x_n)+\lambda g(x_1, x_2, \cdots, x_n)+\mu h(x_1, x_2, \cdots, x_n)$$

그리고 이 라그랑지안을 λ와 μ 그리고 x_i들에 대하여 편미분해서 0으로 놓고 임계점들을 찾으면 극대의 후보를 얻게 된다.

$$\frac{\partial \mathcal{L}}{\partial \lambda}=g(x_1, x_2, \cdots, x_n)=0$$

$$\frac{\partial \mathcal{L}}{\partial \mu}=h(x_1, x_2, \cdots, x_n)=0$$

$$\frac{\partial \mathcal{L}}{\partial x_1}=f_1(x_1, x_2, \cdots, x_n)+\lambda g_1(x_1, x_2, \cdots, x_n)+\mu h_1(x_1, x_2, \cdots, x_n)=0$$

$$\vdots$$

$$\frac{\partial \mathcal{L}}{\partial x_n}=f_n(x_1, x_2, \cdots, x_n)+\lambda g_n(x_1, x_2, \cdots, x_n)+\mu h_n(x_1, x_2, \cdots, x_n)=0$$

이렇게 해서 얻은 각 후보들에 대하여 극소값이 얻어지는지 확인하는 방법으로 유계 헤시안 행렬을 만들어 2계 조건을 사용한다. 유계 헤시안은 라그랑지안의 2계 도함수들을 늘어놓은 것이다. 즉,

$$\overline{\mathrm{H}}=\begin{bmatrix} \mathcal{L}_{\lambda\lambda} & \mathcal{L}_{\lambda\mu} & \mathcal{L}_{\lambda x_1} & \cdots & \mathcal{L}_{\lambda x_n} \\ \mathcal{L}_{\mu\lambda} & \mathcal{L}_{\mu\mu} & \mathcal{L}_{\mu x_1} & \cdots & \mathcal{L}_{\mu x_n} \\ \mathcal{L}_{x_1\lambda} & \mathcal{L}_{x_1\mu} & \mathcal{L}_{x_1x_1} & \cdots & \mathcal{L}_{x_1x_n} \\ \vdots & \vdots & \vdots & \vdots & \vdots \\ \mathcal{L}_{x_n\lambda} & \mathcal{L}_{x_n\mu} & \mathcal{L}_{x_nx_1} & \cdots & \mathcal{L}_{x_nx_n} \end{bmatrix}$$

$$
= \begin{bmatrix} 0 & 0 & g_1 & \cdots & g_n \\ 0 & 0 & h_1 & \cdots & h_n \\ g_1 & h_1 & f_{11} + \lambda g_{11} + \mu h_{11} & \cdots & f_{1n} + \lambda g_{1n} + \mu h_{1n} \\ \vdots & \vdots & \vdots & \vdots & \vdots \\ g_n & h_n & f_{n1} + \lambda g_{n1} + \mu h_{n1} & \cdots & f_{nn} + \lambda g_{nn} + \mu h_{nn} \end{bmatrix}
$$

이 유계 헤시안 행렬이 된다.

이제 이 헤시안 행렬의 각 원소에 후보값을 대입하여 숫자화 한 뒤,

$$
|\overline{\mathrm{H}}_3| > 0, \ |\overline{\mathrm{H}}_4| > 0, \ \cdots, \ |\overline{\mathrm{H}}_n| > 0
$$

이면 제약조건하의 극소값이 그 후보에서 얻어진다고 결론을 내린다. 여기서

$$
|\overline{\mathrm{H}}_k| = \begin{bmatrix} 0 & 0 & g_1 & \cdots & g_k \\ 0 & 0 & h_1 & \cdots & h_k \\ g_1 & h_1 & f_{11} + \lambda g_{11} + \mu h_{11} & \cdots & f_{1k} + \lambda g_{1k} + \mu h_{1k} \\ \vdots & \vdots & \vdots & \vdots & \vdots \\ g_k & h_k & f_{k1} + \lambda g_{k1} + \mu h_{k1} & \cdots & f_{kk} + \lambda g_{kk} + \mu h_{kk} \end{bmatrix}
$$

이다. 즉, $|\overline{\mathrm{H}}_k|$는 $(k+2)\times(k+2)$ 행렬이다. 제약식이 없는 경우(0개 있는 경우) 그리고 1개 있는 경우와 비교하면 다음과 같다.

i) $|\overline{\mathrm{H}}_k|$들의 부호를 보는데, k는 제약식의 개수 더하기 1부터 본다. 즉, 제약식이 없으면 $|\mathrm{H}_1|$부터 보고, 제약식이 1개이면 $|\overline{\mathrm{H}}_2|$부터 보고, 제약식이 2개이면 $|\overline{\mathrm{H}}_3|$부터 본다. 그리고 $|\overline{\mathrm{H}}_k|$의 크기는 $(k+m)\times(k+m)$으로 m은 제약식의 개수이다. 여기서는 제약식이 2개이므로 $|\overline{\mathrm{H}}_3|$부터 부호를 보는데 $|\overline{\mathrm{H}}_3|$의 크기는 5×5이다.

ii) 제약식의 개수가 짝수(0도 짝수임)이면 보는 주소행렬식의 부호가 모두 양($|\overline{\mathrm{H}}_k|>0$)임이 극소의 충분조건이고, 홀수이면 보는 주소행렬식의 부호가 모두 음($|\overline{\mathrm{H}}_k|>0$)임이 극소의 충분조건이다(엄밀히 말하면, 1계 조건은 필요조건이고, 1계 조건과 2계 조건을 합한 것이 극소의 충분조건이다. 그러나 일반적으로 1계 조건을 만족하는 곳에서 2계 조건을 보기 때문에 그냥 2계 조건을 극소의 충분조건이라고 말하는데, 이는 1계 조건을 만족한다는 것이 암묵적으로 전제된 말이다).

극소 대신 극대값을 구한다면 1계 조건은 극소값을 구할 때와 같고, 2계 조건은

$$|\overline{H}_3| < 0, \ |\overline{H}_4| > 0, \ \cdots, \ (-1)^n|\overline{H}_n| > 0$$

이면 제약조건하의 극대값이 그 후보에서 얻어진다고 결론을 내린다. 즉, 위 2계 조건은 극대의 충분조건이다. 극대값을 구하는 데 있어서도 제약식이 없는 경우(0개 있는 경우), 그리고 1개 있는 경우와 비교하면 다음과 같다.

i) $|\overline{H}_k|$들의 부호를 보는데, k는 제약식의 개수 더하기 1부터 본다. 이는 극소의 경우와 같다.

ii) 제약식의 개수가 짝수(0도 짝수임)이면 보는 주소행렬식의 부호가 양부터 시작하여 양, 음, 양, 음, ⋯ 으로 부호가 왔다 갔다(alternate)하면 극대의 충분조건이고, 홀수이면 보는 주소행렬식의 부호가 음부터 시작하여 음, 양, 음, 양, 음, ⋯으로 부호가 왔다 갔다(alternate)하면 극대의 충분조건이다.

example 7.9 다음의 문제를 풀어라.

$$\begin{aligned} &\min && u = x^2 + 2y^2 + 3z^2 \\ &s.t. && x + 2y = 11 \\ & && 2y + 3z = 22 \end{aligned}$$

풀이는 다음과 같다. 라그랑지안을 세우면

$$\mathcal{L} = x^2 + 2y^2 + 3z^2 + \lambda(11 - x - 2y) + \mu(22 - 2y - 3z)$$

이고 1계 조건은

$$\frac{\partial \mathcal{L}}{\partial \lambda} = 11 - x - 2y = 0$$

$$\frac{\partial \mathcal{L}}{\partial \mu} = 22 - 2y - 3z = 0$$

$$\frac{\partial \mathcal{L}}{\partial x}=2x-\lambda=0$$

$$\frac{\partial \mathcal{L}}{\partial y}=4y-2\lambda-2\mu=0$$

$$\frac{\partial \mathcal{L}}{\partial z}=6z-3\mu=0$$

이다. 이들을 풀면 $(\lambda, \mu, x, y, z)=(2, 8, 1, 5, 4)$를 얻는다. 이제 유계 헤시안 행렬을 만들면

$$\overline{\mathrm{H}}=\begin{bmatrix} 0 & 0 & -1 & -2 & 0 \\ 0 & 0 & 0 & -2 & -3 \\ -1 & 0 & 2 & 0 & 0 \\ -2 & -2 & 0 & 4 & 0 \\ 0 & -3 & 0 & 0 & 6 \end{bmatrix}$$

이다. 이 행렬의 $\overline{\mathrm{H}}_3$는 $\overline{\mathrm{H}}$이므로 이것의 행렬식 값만 보면 되는데, 행렬식의 값은 132로 양이다. 즉, $(x, y, z)=(1, 5, 4)$에서 극소값 99가 얻어진다. 그리고 이 값은 최소값이 된다. 왜냐하면 다른 후보가 없기 때문이다.

연습문제

1. 목적함수: $e^{x^2+y^2-4y+z^2}$

제약식: $x-y+2z=4$, $x+y+z=4$

인 경우 임계점을 구하고 2계 조건을 사용하여 극대인지 극소인지 밝혀 보아라.

I. 포락선 정리 Envelope Theorem

최적화의 이론에서 중요한 정리 중 하나가 **포락선 정리**다. 영어로 envelope theorem이라 하는데, envelope이란 감싼다는 뜻으로 왜 이러한 이름이 붙었는지

는 이 정리를 이해하면 알게 될 것이다. 우선 예를 하나 보기로 하자.

example 7.10 $\mathbb{R}$에서 $\mathbb{R}$로 가는 다음과 같은 함수가 있다고 해 보자.

$$y=f(x)=x^3+ax^2+3x+1 \qquad (a>3)$$

여기서 우리는 x^2의 계수 a가 3보다 큰 값으로 여러 가지 값을 가진다고 가정한다. 즉, a가 정해짐에 따라 하나의 함수 $y=f(x)=x^3+ax^2+3x+1$이 대응되는 것이다. 이제 이 함수의 극대값을 구하기 위하여 1계 조건을 구하면

$$3x^2+2ax+3=0$$

이고 이를 풀면 $x=\frac{-2a\pm\sqrt{4a^2-36}}{6}$을 얻는다. 함수의 그래프를 생각하면 이 중 적은 x값에서 극대값이 얻어짐을 쉽게 알 수 있는데 이를 x^*로 표기하자. 즉,

$$x^*=\frac{-2a-\sqrt{4a^2-36}}{6}$$

이다. 그리고 이 값을 함수 $y=f(x)=x^3+ax^2+3x+1$에 대입하면 극대값 $f(x^*)$을 얻는데, 그 값은

$$\begin{aligned} f(x^*)&=(x^*)^3+a(x^*)^2+3x^*+1 \\ &=\left(\frac{-2a-\sqrt{4a^2-36}}{6}\right)^3+a\left(\frac{-2a-\sqrt{4a^2-36}}{6}\right)^2+3\left(\frac{-2a-\sqrt{4a^2-36}}{6}\right)+1 \end{aligned} \qquad \cdots (8)$$

이다. 그런데, a가 변하면 이 극대값의 변화는 얼마가 될까? 즉, 이 극대값을 a의 함수로 보아 a에 대하여 미분을 하면 이 미분값은 얼마일까? 이러한 질문이 실제 응용에 많이 대두됨은 나중에 볼 것이다. 아무튼 그 질문에 대한 답은 식 (8)을 a에 대하여 미분하면 얻을 수 있을 것인데 이 미분이 복잡해 보인다. 그런데 포락선 정리는 그 답이 그렇게 복잡하지 않음을 말하고 있다. 즉, $f(x)$를 x와 a의 함수로 보고 a에 대하여 편미분하면 x^2이 나오고 여기에 x^*를 대입하면

$$(x^*)^2 = \left(\frac{-2a - \sqrt{4a^2-36}}{6}\right)^2$$

이 나오는데 이것이 그 답이라는 것이다. 이제 이를 확인해 보자. 식 **(8)**을 미분하면

$$3\left(\frac{-2a-\sqrt{4a^2-36}}{6}\right)^2\left(\frac{-2}{6}-\frac{8a}{12\sqrt{4a^2-36}}\right)+\left(\frac{-2a-\sqrt{4a^2-36}}{6}\right)^2$$
$$+2a\left(\frac{-2a-\sqrt{4a^2-36}}{6}\right)\left(\frac{-2}{6}-\frac{8a}{12\sqrt{4a^2-36}}\right)+3\left(\frac{-2}{6}-\frac{8a}{12\sqrt{4a^2-36}}\right)$$

이 얻어지는데 $x^* = \frac{-2a-\sqrt{4a^2-36}}{6}$ 이므로 이를 간단히 쓰면

$$3(x^*)^2\left(\frac{-2}{6}-\frac{8a}{12\sqrt{4a^2-36}}\right)+(x^*)^2$$
$$+2ax^*\left(\frac{-2}{6}-\frac{8a}{12\sqrt{4a^2-36}}\right)+3\left(\frac{-2}{6}-\frac{8a}{12\sqrt{4a^2-36}}\right)$$
$$=\{3(x^*)^2+2ax^*+3\}\left(\frac{-2}{6}-\frac{8a}{12\sqrt{4a^2-36}}\right)+(x^*)^2$$

가 된다. 그런데 여기서 $\{3(x^*)^2+2ax^*+3\}=0$이다.

왜냐하면 x^*는 1계 조건 $3x^2+2ax+3=0$을 푼 것으로 이 식을 만족하기 때문이다. 그러므로 식 **(8)**, 즉 $f(x^*)$를 미분하면

$$(x^*)^2 = \left(\frac{-2a - \sqrt{4a^2-36}}{6}\right)^2$$

을 얻어 앞에서 얻은 값과 같다. 이것이 포락선 정리이다.

위의 예를 일반화하여 포락선 정리를 설명하기로 하자. 우선 $y=f(x,\ a)$라는 함수가 있다고 가정한다. 사실 이 함수 f의 정의역을 $\mathbb{R}^2$의 부분집합으로 보면 y는 x와 a의 함수이다. 그러나 a를 주어진 하나의 상수로 취급하고(물론 이 상수가

나중에 변하지만), 주어진 a하에서 y를 x의 함수로 보고 극대값 혹은 극소값을 구한다고 생각하자. 그러면 1계 조건이 $\frac{df(x,\ a)}{dx}=0$이 된다.

여기서 기호 얘기를 잠깐하면 $f(x,\ a)$를 x와 a의 함수로 보면 $\frac{\partial f(x,\ a)}{\partial x}=0$이라는 것이 되겠으나, 우리가 a를 상수로 보기 때문에 $y=f(x,\ a)$를 x만의 함수로 보아 $\frac{df(x,\ a)}{dx}=0$이라는 기호를 사용하는 것이다.

이제 이 1계 조건을 풀면 x의 값을 얻고 이를 x^*로 표기를 하자. 그러면 x^*는 a의 함수가 될 것이다. 즉, a가 변하면 x^*의 값이 변한다. 그리하여 $x^*=g(a)$가 된다. 기호를 남용하여 $x^*=x^*(a)$로 많이 표기하기도 한다. 표기가 어떻던, 이것을 $y=f(x,\ a)$에 대입하면 극대값 혹은 극소값을 얻는다. 즉, $y=f(x^*(a),\ a)$를 얻는다. 이제 (극소값이든 극대값이든) 이 값이 a가 변할 때 어떻게 변하는가 알고 싶으면 $f(x^*(a),\ a)$를 a에 대하여 미분하면 될 것이다. 그 미분은

$$\frac{\partial f(x^*(a),\ a)}{\partial x}\frac{dx^*(a)}{da}+\frac{\partial f(x^*(a),\ a)}{\partial a}$$

이다. 그러나 $\frac{\partial f(x^*(a),\ a)}{\partial x}=\frac{df(x^*(a),\ a)}{dx}=0$이다.

왜냐하면 $\frac{df(x,\ a)}{dx}=0$를 푼 x의 값이 $x^*(a)$이기 때문에 $\frac{df(x,\ a)}{dx}$에 $x^*(a)$를 대입하면 당연히 0이 나오기 때문이다.

결국 극소값 혹은 극대값인 $f(x^*(a),\ a)$를 a에 대하여 미분하면 $\frac{\partial f(x^*(a),\ a)}{\partial a}$이 얻어지고 이것이 포락선 정리이다. 즉, $f(x,\ a)$에서 x와 a를 전혀 별개의 독립적인 것으로 생각하여 x를 무시하고 a에 대하여 편미분한 후 x에 $x^*(a)$를 대입하면 $f(x^*(a),\ a)$에 대하여 미분한 값이 얻어진다는 정리이다.

example 7.11 envelope theorem의 예로 다음의 함수를 살펴보자.

$$y=f(x,a)=(x-a)^2+ax$$

주어진 a값에서 극소를 구하면 $x=\frac{1}{2}a$, $f(x(a),a)=\frac{3}{4}a^2$를 얻는다. 만약 $a=2$이라면 $x=\frac{1}{2}a=1$일 때 극소를 얻는다.

그림 7-7

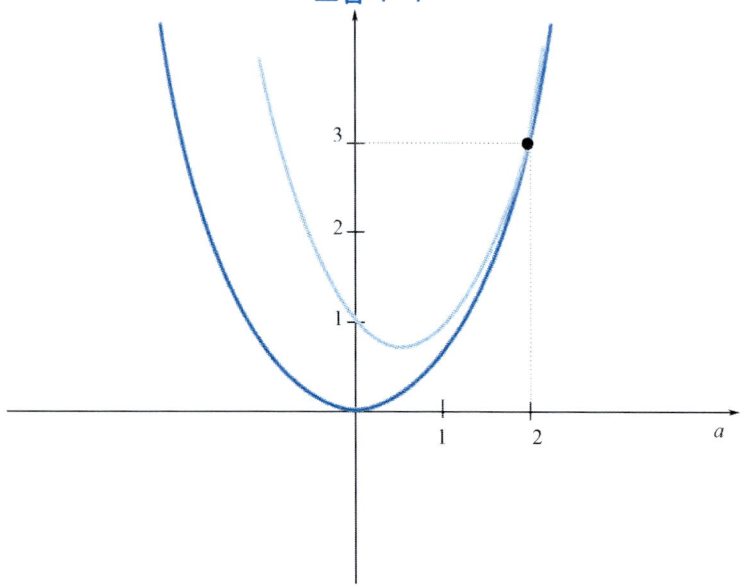

여기서 원함수에 $x=1$을 넣으면 $f(1,a)=(1-a)^2+a=a^2-a+1$를 얻고, 이는 모든 a값에서 $\frac{3}{4}a^2$보다 크고 딱 $a=2$에서 일치한다.

a^2-a+1의 그래프와 $\frac{3}{4}a^2$를 그려보면 다음과 같다. 즉 $\frac{3}{4}a^2$는 x에 특정한 값을 넣고 $y=(x-a)^2+ax$의 그래프를 그린 그래프들의 envelope이 된다. •••

다음으로 $z=f(x, y, a)$라는 함수가 있다고 하자. 이 경우 1계 조건을 세워 풀면 x^*와 y^*를 얻고 이 값들이 a가 변하면 변하므로 $x^*(a)$ 그리고 $y^*(a)$로 표기될 수 있고 극소값이든 극대값이든 $f(x^*(a), y^*(a), a)$을 얻는다. 이 값이 a의 변화에 어떻게 변하는지 알아보기 위하여 a에 대하여 미분을 하면 그것은

$$\frac{\partial f(x^*(a),\ y^*(a),\ a)}{\partial x}\frac{dx^*(a)}{da}+\frac{\partial f(x^*(a),\ y^*(a),\ a)}{\partial x}\frac{dy^*(a)}{da}+\frac{\partial f(x^*(a),\ y^*(a),\ a)}{\partial a}$$

이다. 그러나 첫 번째 항과 두 번째 항은 0이 되는데 그 이유는

$$\frac{\partial f(x^*(a),\ y^*(a),\ a)}{\partial x}=0, \qquad \frac{\partial f(x^*(a),\ y^*(a),\ a)}{\partial y}=0$$

이기 때문이다.

다시 말하여 $x^*(a)$와 $y^*(a)$는 1계 조건들 $\frac{\partial f(x,\ y,\ a)}{\partial x}=0$, $\frac{\partial f(x,\ y,\ a)}{\partial y}=0$를 풀어서 얻은 값들이므로 이를 그 1계 조건에 대입하면 그 조건이 만족되기 때문이다. 그러므로 여기서도 극대값이나 극소값이 상수로 취급하는 a(이를 매개변수, parameter라 한다)의 변화에 어떻게 변하는지 알려면, $z=f(x,\ y,\ a)$에서 x와 y는 a와 상관없는 별개의 것으로 취급하고 $\frac{\partial f(x,\ y,\ a)}{\partial a}$를 구한 뒤 여기다 $x^*(a)$ 그리고 $y^*(a)$를 대입하면 된다.

$\mathbb{R}^n$에서 $\mathbb{R}$로 가는 함수의 최적화 문제에서도 마찬가지이다. 즉, $y=f(x_1,\ x_2,\ \cdots,\ x_n,\ a)$라는 함수가 주어진 경우 극대나 극소값이 a의 변화에 어떻게 반응하는지(변하는지) 알려면 단순히 $y=f(x_1,\ x_2,\ \cdots,\ x_n,\ a)$를 a에 대하여 편미분한 뒤 x_1, x_2, 등의 값을 대입해 주면 알 수 있다. 만약 매개변수가 두 개 a와 b가 있어서 $y=f(x_1,\ x_2,\ \cdots,\ x_n,\ a,\ b)$인데, 극대나 극소값이 b의 변화에 어떻게 반응하는지(변하는지)도 알려면 단순히 $y=f(x_1,\ x_2,\ \cdots,\ x_n,\ a,\ b)$를 b에 대하여 편미분한 뒤 x_1, x_2, 등의 값을 대입해 주면 알 수 있다.

포락선 정리를 그래프를 사용하여 이해할 수 있다. 목적함수가 $z=f(x,\ y,\ a)$로 주어졌다고 하자. 그리고 각각의 a값에서 최소값이 얻어진다고 가정하자.[3] 즉, $f_x(x,\ y,\ a)=0$과 $f_y(x,\ y,\ a)=0$를 풀어서 $x(a)$와 $y(a)$를 얻고 여기서 주어진 a하의 목적함수 최소값이 얻어진다고 하자. 그러면 그 최소값은 $f(x(a),\ y(a),\ a)$로 이것은 a의 함수가 될 것이다. 이 함수를 $\phi(a)$라고 칭하고 그래프로 그리면 **그림 7-8**에서 $\phi(a)$로 표시한 그래프가 될 것이다.

그런데 $f(x,\ y,\ a)$를 x와 y는 고정시키고 a의 변화에 따라 그래프를 그리면 **그림 7-8**에서 $f(x,\ y,\ a)$라고 지칭한 그래프들을 얻는다. x와 y를 어느 값에 고정시켰느냐에 따라 여러 가지 다른 그래프가 나올 것이다. 그런데 이 그래프들은 다 $\phi(a)$위에 있고 딱 한 점에서 일치한다. 그 이유는 다음과 같다.

3 그래프를 통한 이해를 간단히 하기 위하여 각 각의 a값에서 극소값이 유일하게 얻어지고 그 값이 최소값이라고 가정한다.

그림 7-8

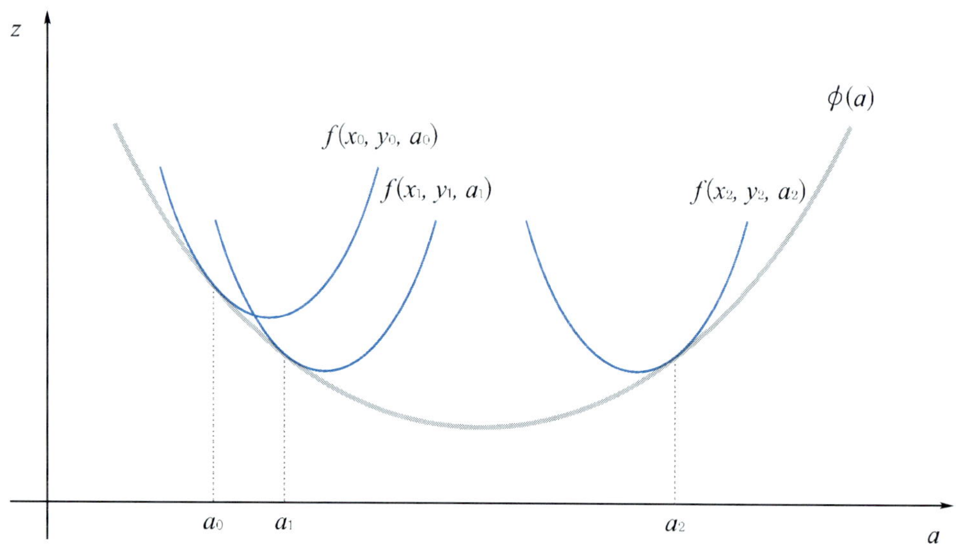

a의 두 값을 a_0 그리고 a_1이라 하자. 그리고 $x(a_i)$와 $y(a_i)$을($i=0$ 혹은 1) 각각 x_i와 y_i로 표기하자. 그러면

$$\phi(a_1)=f(x_1,\ y_1,\ a_1)<f(x_0,\ y_0,\ a_1)$$

을 얻는다. 왜냐하면 a_1에서 x_1, y_1이 최소값을 주기 때문이다. 이 부등식이 말해주는 것은 $f(x,\ y,\ a)$에서 x와 y를 x_0와 y_0에 고정시키고 $f(x,\ y,\ a)$의 그래프를 그리면 a가 a_0가 아닌 다른 값 a_1에서는 그 그래프가 $\phi(a)$보다 위에 있음을 말해주는 것이다. 다만 a_0에서 두 그래프의 값이 같아지는데 이렇게 되기 위해서는 a_0에서 두 그래프가 접해야 하고 그러면

$$\phi'(a_0)=\left.\frac{\partial f(x,\ y,\ a)}{\partial a}\right|_{x_0,\ y_0,\ a_0}$$

이 성립되어야 한다. 이것이 포락선 정리이다.

포락선 정리의 응용 (1)

지금까지 설명한 포락선 정리를 경제학에 응용하면 다음을 얻는다. 기업이 자본과 노동을 사용하여 생산을 할 때 기업의 명목이윤은 $PF(K, L)-RK-WL$이다. 여기서 P는 생산물의 가격이고, K는 자본, L은 노동, R은 자본의 명목사용료 그리고 W는 명목임금이다. 기업의 이윤(명목이윤)은 $\Pi=PF(K, L)-RK-WL$이므로 생산물의 시장가격 P, 자본의 (명목)사용료 R 그리고 (명목)임금 W를 주어진 것으로 한 기업의 이윤극대화는 1계 조건들

$$\frac{\partial PF(K, L)}{\partial K}-R=P\frac{\partial F(K, L)}{\partial K}-R=0,$$

$$\frac{\partial PF(K, L)}{\partial L}-W=P\frac{\partial F(K, L)}{\partial L}-W=0$$

를 풀어서 K와 L을 구하면 된다. 그런데 이 값들은 P와 R과 W에 의존한다. 즉, $K^*=K^*(P, R, W)$이고 $L^*=L^*(P, R, W)$이다. 이 값들을 Π에 대입하면 이윤 Π도 P와 R과 W의 함수로 얻어진다. 즉, $\Pi^*=\Pi^*(P, R, W)$이다.

이때 만약 생산물의 가격 P나, 자본의 이용료 R이나 임금 W가 상승하면 이윤은 얼마나 변할까? 포락선 정리를 사용하면 P의 한 단위 상승 시 Π는 생산량 $F(K^*, L^*)$만큼 증가함을 알 수 있는데 이는 Π를 P에 대하여 미분하면 $F(K, L)$이 나오기 때문이다. 그리고 R의 한 단위 상승 시 이윤은 K^*만큼 감소함을 말해준다. 왜냐하면 Π를 R에 대하여 미분하면 $-K$가 나오기 때문이다. 마찬가지로 임금 W가 한 단위 상승하면 이윤은 사용하고 있는 노동의 양 L^*만큼 감소함을 말해준다. 이를 식으로 표현하면 다음과 같다:

$$\frac{\partial \Pi^*(P, R, W)}{\partial P}=F(K^*, L^*) \qquad \cdots (9)$$

$$\frac{\partial \Pi^*(P, R, W)}{\partial R}=-K^*(P, R, W) \qquad \cdots (10)$$

$$\frac{\partial \Pi^*(P, R, W)}{\partial W}=-L^*(P, R, W) \qquad \cdots (11)$$

식 (9), (10), (11)을 **호텔링의 렘마**(Hotelling's Lemma)라고 한다. 다른 말로 표현하면 호텔링의 렘마는 (최적화된) 기업의 이윤함수를 가격으로 미분하면 생산량이 나오고, 자본의 사용료로 미분하면 자본의 수요함수, 임금으로 미분하면 노동의 수요함수가 나옴을 말해준다.

그리고 식 (10)을 W에 대하여 미분하면

$$\frac{\partial^2 \Pi^*(P,\ R,\ W)}{\partial W \partial R} = -\frac{\partial K^*(P,\ R,\ W)}{\partial W}$$

을 얻고 식 (11)을 R에 대하여 미분하면

$$\frac{\partial^2 \Pi^*(P,\ R,\ W)}{\partial R \partial W} = -\frac{\partial L^*(P,\ R,\ W)}{\partial R}$$

을 얻는데 2계 도함수를 구할 때 미분의 순서는 상관없으므로

$$-\frac{\partial K^*(P,\ R,\ W)}{\partial W} = -\frac{\partial L^*(P,\ R,\ W)}{\partial R},\ \text{즉}\ \frac{\partial K^*(P,\ R,\ W)}{\partial W} = \frac{\partial L^*(P,\ R,\ W)}{\partial R}$$

을 얻는다. 이것이 말해 주는 것은 임금이 한 단위 증가할 때 자본의 수요함수에 미치는 영향과 자본 사용료가 한 단위 증가할 때 노동의 수요함수에 미치는 영향은 같다는 것이다.

example 7.12 생산함수가 $Y = AK^{1/3}L^{1/3}$으로 주어졌을 시 호텔링의 렘마를 확인하라. 이윤함수는 $\Pi = P(AK^{1/3}L^{1/3}) - RK - WL$이고 1계 조건은

$$\frac{\partial \Pi}{\partial K} = \frac{1}{3}PAK^{-2/3}L^{1/3} - R = 0 \qquad \cdots (12)$$

$$\frac{\partial \Pi}{\partial L} = \frac{1}{3}PAK^{1/3}L^{-2/3} - W = 0 \qquad \cdots (13)$$

이다. 식 (12)를 식 (13)으로 나누면 $\frac{K}{L} = \frac{W}{R}$이 얻어지는데 이를 다시 식 (12)나 (13)에 대입하여 풀면

$$K^* = \left(\frac{PA}{3}\right)^3 \left(\frac{1}{R^2 W}\right), \qquad L^* = \left(\frac{PA}{3}\right)^3 \left(\frac{1}{RW^2}\right)$$

를 얻는다. 그러므로 이윤은 $\Pi^* = \left(\frac{PA}{3}\right)^3 \left(\frac{1}{RW}\right)$이다. 여기서

$$\frac{\partial \Pi^*}{\partial P} = \left(\frac{P}{3}\right)^2 A^3 \left(\frac{1}{RW}\right) = A(K^*)^{1/3}(L^*)^{1/3}$$

$$\frac{\partial \Pi^*}{\partial R} = -\left(\frac{PA}{3}\right)^3 \left(\frac{1}{R^2 W}\right) = -K^*$$

$$\frac{\partial \Pi^*}{\partial W} = -\left(\frac{PA}{3}\right)^3 \left(\frac{1}{RW^2}\right) = -L^*$$

을 얻어서 호텔링의 렘마를 확인할 수 있다.[4]

제약하의 최적화 문제에 있어서 포락선 정리

포락선 정리는 제약 조건이 있는 최적화 문제에도 적용이 된다. 다음과 같이 일반적 문제가 있다고 하자:

목적함수 $y = f(x_1, x_2, \cdots, x_n, a, b)$

제약조건 $g(x_1, x_2, \cdots, x_n, a, b) = 0$

라그랑지안을 세워서 1계 조건을 세워서 해를 구하면 λ 그리고 x_i들이 a와 b의 함수가 될 것이다. 즉, 우리는 $\lambda^*(a, b)$, $x_1^*(a, b)$, $\cdots$, $x_n^*(a, b)$을 얻는다. 이 경우 극대값 혹은 극소값은 $y^*(a, b) = f(x_1^*(a, b), x_2^*(a, b), \cdots, x_n^*(a, b), a, b)$으로 표현될 수 있다. 이제 a나 b가 변하면 $y^*(a, b)$값은 얼마나 변할까? 이때 제약조건 $g(x_1, x_2, \cdots, x_n, a, b) = 0$도 변하므로 a나 b가 제약조건에 미치는 영향까지 고려하여 극대값 혹은 극소값 $y^*(a, b)$가 어떻게 변하는가 알기 위해서는

---

4 생산함수가 $Y = AK^{1/3}L^{2/3}$로서 1차 동차함수 즉 규모에 대한 수익불변 함수(Constatn-Returns-to-Scale function, CRS function)이면, 몇 가지 추가적으로 고려해야 할 사항이 생기므로 여기서는 규모에 대한 수익체감 함수(Decreasing-Returns-to-Scale function, DRS function)를 사용하였다.

$$y^*(a,\ b)=f(x_1^*(a,\ b),\ x_2^*(a,\ b),\ \cdots,\ x_n^*(a,\ b),\ a,\ b)$$
$$+\lambda^*(a,\ b)\{g(x_1^*(a,\ b),\ x_2^*(a,\ b),\ \cdots,\ x_n^*(a,\ b),\ a,\ b)\} \quad \cdots (14)$$

를 놓고 생각해야 한다. 물론 최적값에서는

$$\lambda^*(a,\ b)\{g(x_1^*(a,\ b),\ x_2^*(a,\ b),\ \cdots,\ x_n^*(a,\ b),\ a,\ b)\}=0$$

이기 때문에 $y^*(a,\ b)$를

$$f(x_1^*(a,\ b),\ x_2^*(a,\ b),\ \cdots,\ x_n^*(a,\ b),\ a,\ b)$$

로 써도 상관없지만, 매개변수 a나 b의 변화가 제약조건에 미치는 영향을 고려하여야 하므로 식 **(14)**를 상정한다. 이제 포락선 정리를 말하면

$$\frac{\partial y^*(a,\ b)}{\partial a}=\frac{\partial L}{\partial a}=\frac{\partial f(x_1,\ \cdots,\ x_n,\ a,\ b)}{\partial a}+\lambda\frac{\partial g(x_1,\ \cdots,\ x_n,\ a,\ b)}{\partial a},$$
$$\frac{\partial y^*(a,\ b)}{\partial b}=\frac{\partial L}{\partial b}=\frac{\partial f(x_1,\ \cdots,\ x_n,\ a,\ b)}{\partial b}+\lambda\frac{\partial g(x_1,\ \cdots,\ x_n,\ a,\ b)}{\partial b}$$

이다. 즉, 매개변수가 변할 때 제약조건하의 극대값이나 극소값의 변화를 알려면 선택변수 λ와 x_i들은 매개변수와 상관없는 것으로 가만히 두고 라그랑지안을 매개변수에 대하여 미분한 뒤 여기에다 λ^*와 x_i^*들을 대입해 주면 된다는 것이 포락선 정리이다. 이의 증명도 제약조건이 없는 경우와 매우 비슷하다. 즉, $\frac{\partial y^*(a,\ b)}{\partial a}$는

$$f(x_1^*(a,\ b),\ x_2^*(a,\ b),\ \cdots,\ x_n^*(a,\ b),\ a,\ b)$$
$$+\lambda^*(a,\ b)\{g(x_1^*(a,\ b),\ x_2^*(a,\ b),\ \cdots,\ x_n^*(a,\ b),\ a,\ b)\}$$

를 a에 대하여 미분하여야 하는데 λ^*와 x_i^*들이 1계 조건을 만족한다는 점을 이용하면 대부분의 항들이 0이 되고 최종적으로 남는 것은 다음과 같다.

$$\frac{\partial f(x_1^*(a,\ b),\ \cdots,\ x_n^*(a,\ b),\ a,\ b)}{\partial a}+\lambda^*(a,\ b)\frac{\partial g(x_1^*(a,\ b),\ \cdots,\ x_n^*(a,\ b),\ a,\ b)}{\partial a}$$

지금까지 a의 변화에 대하여 살펴보았는데, b의 변화에 대하여도 마찬가지로

$$\frac{\partial y^*(a, b)}{\partial b} = \frac{\partial f(x_1^*(a, b), \cdots, x_n^*(a, b), a, b)}{\partial b} + \lambda^*(a, b)\frac{\partial g(x_1^*(a, b), \cdots, x_n^*(a, b), a, b)}{\partial b} \quad \cdots (15)$$

가 성립한다.

위 포락선 정리를 실수 없이 이해하기 위하여 주의할 점을 다시 말하면, 식 (15)의 우변은 라그랑지안 $f(x_1, \cdots, x_n, a, b) + \lambda g(x_1, \cdots, x_n, a, b)$를 b에 대하여 편미분할 때 x_i는 무시하고 단지 b에 대하여만 편미분한 뒤 λ^*와 x_i^*들을 대입입한 점이다.

포락선 정리의 응용 (2)

다음과 같은 비용최소화 문제를 생각하자:

$$C = RK + WL$$
$$\overline{Q} = F(K, L)$$

이를 풀기 위하여 라그랑지안을 세우면 $L = RK + WL + \lambda(\overline{Q} - F(K, L))$이 된다. 1계 조건을 세워서 비용을 최소화하는 K^*와 L^*와 최소비용 C^*를 얻었다고 하자. 그러면 이들은 R과 W 그리고 $\overline{Q}$의 함수들이다. 이제 자본의 사용료 R이 한 단위 증가할 시 최소비용은 얼마나 증가하는지 알아보려면 라그랑지안 L을 R에 대하여 편미분하면 되고 그 값은 K가 된다. 즉, 최소비용함수를 R에 대하여 편미분하면 자본수요함수가 얻어진다. 마찬가지로 최소비용함수를 W에 대하여 편미분하면 노동수요함수가 얻어진다. 그리고 라그랑지안 L을 $\overline{Q}$에 대하여 편미분하면 λ가 얻어진다. 여기서 λ의 의미를 얻을 수 있는데, λ는 생산량을 한 단위 증가시킬 때 추가로 증가하는 비용, 즉 한계비용이 된다. 결국 비용최소화 문제에 있어서 라그랑지승수는 한계비용의 의미를 가진다.

앞에서 호텔링의 렘마는 이윤함수를 R에 대하여 미분하면 자본에 대한 수요함수 $K^*(P, R, W)$가 나온다고 하였는데 이 사실과 여기서 최소비용함수를 R에 대하여 미분하면 자본에 대한 수요함수 $K^*(\overline{Q}, R, W)$가 나온다고 한 것과는 구분하여야 한다. 즉, 자본에 대한 두 수요함수가 다르다는 점에 유의하여야 한다. 노동에 대한 수요함수도 마찬가지이다.

example 7.13 생산함수가 $Y=F(K, L)=AK^{1/3}L^{1/3}$으로 주어졌을 시 비용함수를 구하고 앞에서 설명한 포락선 정리를 확인하라.[5] 이 문제를 풀기 위하여 라그랑지안을 만들면 $L=RK+WL+\lambda(\overline{Q}-AK^{1/3}L^{1/3})$이다. 1계 조건을 세우면

$$\frac{\partial L}{\partial \lambda}=\overline{Q}-AK^{1/3}L^{1/3}=0$$

$$\frac{\partial L}{\partial K}=R-\frac{1}{3}\lambda AK^{-2/3}L^{1/3}=0$$

$$\frac{\partial L}{\partial L}=W-\frac{1}{3}\lambda AK^{1/3}L^{-2/3}=0$$

이고, 이를 풀면

$$\lambda=\frac{3}{A^{3/2}}(\overline{Q})^{1/2}R^{1/2}W^{1/2} \qquad \cdots (16)$$

$$K^*=\left(\frac{\overline{Q}}{A}\right)^{3/2}R^{-1/2}W^{1/2}$$

$$L^*=\left(\frac{\overline{Q}}{A}\right)^{3/2}R^{1/2}W^{-1/2}$$

이 나온다. 이를 대입하면 비용함수는 다음과 같다.

$$C=2\left(\frac{\overline{Q}}{A}\right)^{3/2}R^{1/2}W^{1/2}$$

이 비용함수를 $\overline{Q}$에 대하여 미분하면

5 이 생산함수는 DRS(Decreasing Returns to Scale) 생산함수이다.

$$\frac{\partial C}{\partial \overline{Q}} = 3\frac{\overline{Q}^{1/2}}{A^{3/2}} R^{1/2} W^{1/2}$$

이고 이는 식 (16)에서 λ의 값으로 $\mathcal{L} = RK + WL + \lambda(\overline{Q} - AK^{1/3}L^{1/3})$를 $\overline{Q}$에 대하여 편미분하여 λ를 얻은 뒤 여기에 λ의 값 식 (16)을 대입하여 얻는 값과 같다. 즉, $\frac{\partial C}{\partial \overline{Q}} = \frac{\partial \mathcal{L}}{\partial \overline{Q}}$이고 따라서 포락선 정리가 확인된다. 마찬가지로

$$\frac{\partial C}{\partial R} = \left(\frac{\overline{Q}}{A}\right)^{3/2} R^{-1/2} W^{1/2}$$

이고, 이는 K의 값으로 $\frac{\partial C}{\partial R} = \frac{\partial \mathcal{L}}{\partial R}$, 즉 포락선 정리가 확인된다.

비슷하게 $\frac{\partial C}{\partial W} = \frac{\partial \mathcal{L}}{\partial W}$이다. 같은 생산함수를 사용하였지만, 여기서의 자본과 노동 수요함수가 앞의 이윤 극대화에서 얻은 자본과 노동 수요함수들과 비교하여 다름을 확인하라. 한계비용(λ)과 평균비용($C/\overline{Q}$)은

$$\lambda = \frac{3}{A^{3/2}}(\overline{Q})^{1/2} R^{1/2} W^{1/2}, \qquad \frac{C}{\overline{Q}} = \frac{2}{A^{3/2}}(\overline{Q})^{1/2} R^{1/2} W^{1/2}$$

이다. 한계비용이 평균비용보다 크므로 평균비용은 $\overline{Q}$가 커짐에 따라 증가한다. 즉, 규모의 비경제(diseconomies of scale)가 DRS 생산함수와 연관 지어진다. •••

example 7.14 생산함수가 $Y = F(K, L) = AK^{1/3}L^{2/3}$으로 주어졌을 시 비용함수를 구하고 앞에서 설명한 포락선 정리를 확인하라. 이도 앞의 예처럼 풀면

$$\lambda = \frac{3}{2^{2/3}} \frac{1}{A} R^{1/3} W^{2/3}$$

$$K = \frac{1}{2^{2/3}} \frac{\overline{Q}}{A} R^{-2/3} W^{2/3}$$

$$L = 2^{1/3} \frac{\overline{Q}}{A} R^{1/3} W^{-1/3}$$

가 나온다. 비용함수는

$$C = \left(\frac{3}{2^{2/3}}\right) \frac{\overline{Q}}{A} R^{1/3} W^{2/3}$$

이고, 이 비용함수를 $\overline{Q}$에 대하여 미분한

$$\frac{\partial C}{\partial \overline{Q}}=\left(\frac{3}{2^{2/3}}\right)\frac{1}{A}R^{1/3}W^{1/3}$$

로 $\frac{\partial C}{\partial \overline{Q}}=\frac{\partial L}{\partial \overline{Q}}=\lambda$가 확인되며, $\frac{\partial C}{\partial R}=\frac{\partial L}{\partial R}$와 $\frac{\partial C}{\partial W}=\frac{\partial L}{\partial W}$가 확인된다. 여러분이 직접 계산해 보길 권한다. 이 경우 한계비용과 평균비용은

$$\left(\frac{3}{2^{2/3}}\right)\frac{1}{A}R^{1/3}W^{2/3}$$

으로 같고 $\overline{Q}$에 대하여 상수이다. 즉, CRS 생산함수는 **규모에 대한 경제**(economies of scale)도 없고, **규모에 대한 비경제**(diseconomies of scale)도 없다. •••

비용최소화와 함께 경제학에서 많이 논의되는 것이 효용극대화이다. 이 문제를 생각해 보자.

$$U=U(X,\ Y)$$
$$I=vX+wY$$

여기서 I는 소득이고 v와 w는 각각 X와 Y의 가격이다(다른 교과서에서 많이 사용하는 기호 P_X와 P_Y가 번거로워서 기호를 이렇게 사용하였다.)

라그랑지안 L을 세우면 이는 $L=U(X,\ Y)+\lambda(I-vX-wY)$이 되고 1계 조건을 세워서 풀면 X^*와 Y^*가 $I,\ v,\ w$의 함수로 얻어진다. 그리고 최적의 효용 U^*도 $I,\ v,\ w$의 함수로 얻어진다. 이 최적의 효용함수를 간접효용함수라 하는데 보통 $V(v,\ w,\ I)$로 많이 표기를 한다. 최적의 효용을 U^*로 표기하든 V로 표기하든 이 효용은 $I,\ v$ 혹은 w가 변하면 변할 것이다.

그러므로 포락선 정리를 사용하면

$$\frac{\partial U^*}{\partial I}=\frac{\partial V(v,\ w,\ I)}{\partial I}=\lambda^*(v,\ w,\ I) \quad \cdots (17)$$

$$\frac{\partial U^*}{\partial v}=\frac{\partial V(v,\ w,\ I)}{\partial v}=-\lambda^*X^*=-\lambda^*(v,\ w,\ I)X^*(v,\ w,\ I) \quad \cdots (18)$$

$$\frac{\partial U^*}{\partial w} = \frac{\partial V(v,\ w,\ I)}{\partial w} = -\lambda^* Y^* = -\lambda^*(v,\ w,\ I) Y^*(v,\ w,\ I) \qquad \cdots (19)$$

를 얻는다. 여기서 $X^*(v,\ w,\ I)$와 $Y^*(v,\ w,\ I)$를 **마샬수요함수**(Marshallian demand function)라 부른다.

그리고 위 포락선 정리의 결과에서 식 (18)을 식 (17)로 나누면

$$\frac{\frac{\partial U^*}{\partial I}}{\frac{\partial U^*}{\partial v}} = -X^*, \qquad \frac{\frac{\partial U^*}{\partial I}}{\frac{\partial U^*}{\partial w}} = -Y^*$$

를 얻는다. 이 식들을 **로이의 항등식**(Roy's Identity)라 부른다. 즉, 간접효용함수를 소득으로 편미분한 것을 간접효용함수를 재화의 가격으로 편미분한 것으로 나누면 그 재화의 수요량의 음수값이 나온다는 것이 로이의 항등식이다.

example 7.15 $U=XY$라 하자. 라그랑지안은 $L=XY+\lambda(I-vX-wY)$이고 1계 조건은 $I-vX-wY=0$, $Y-\lambda v=0$, $X-\lambda w=0$이다. 이들을 풀면

$$\lambda = \frac{I}{2vw}, \qquad X = \frac{I}{2v}, \qquad Y = \frac{I}{2w}$$

를 얻고, 이때 간접효용함수는 $\frac{I^2}{4vw}$이다. 이제 이를 I에 대하여 미분하면 $\frac{I}{2vw}$가 나와 λ를 얻고, v에 대하여 미분하면 $-\frac{I^2}{4v^2w}$가 나오고 이는 $-\lambda X$가 됨을 확인할 수 있다. 마찬가지로 w에 대하여 미분하면 $-\frac{I^2}{4vw^2}$가 나오고 이는 $-\lambda Y$가 됨을 확인할 수 있다. 로이의 항등식도 쉽게 확인된다. •••

생산자가 이윤극대화 문제를 풀기도 하지만 주어진 생산량을 놓고 비용최소화 문제를 풀듯이, 소비자가 효용극대화 문제를 풀지만 때론 주어진 효용을 놓고 비용을 최소화하는 문제를 풀기도 한다. 그러면 목적함수가 $vX+wY$이고 제약조건이 $\overline{U}=U(X,\ Y)$이 된다. 라그랑지안 L은 $vX+wY+\mu(\overline{U}-U(X,\ Y))$이고, 1계 조건은

$$\overline{U} - U(X,\ Y) = 0$$
$$v - \mu U_X(X,\ Y) = 0$$
$$w - \mu U_Y(X,\ Y) = 0$$

이다. 이를 풀면 X와 Y는 $\overline{U}$, v, w의 함수로 나오는데, 이 함수들도 재화 X와 Y에 대한 일종의 수요함수로 볼 수 있으나, 앞에서 본 보통의 수요함수(마샬수요함수)와 좀 다르고, 이들을 **힉스수요함수**(Hicksian demand function) 혹은 **보상수요함수**(compensated demand function)라 부른다. 그리고 이렇게 구한 비용함수를 **지출함수**(expenditure function)라 말한다. 즉,

$$E(\overline{U},\ v,\ w) = vX(\overline{U},\ v,\ w) + wY(\overline{U},\ v,\ w)$$

이다. 이제 이 지출함수를 v와 w에 대하여 미분한 것은 포락선 정리에 의하여 각각 $X(\overline{U},\ v,\ w)$와 $Y(\overline{U},\ v,\ w)$가 된다. 이를 **쉐퍼드의 렘마**(Shepard's lemma)라 한다. 그리고 지출함수를 효용수준 $\overline{U}$로 미분하면 라그랑지승수 μ가 나온다는 것도 쉐퍼드의 렘마 중 하나이다.

example 7.16 $\overline{U} = XY$일 때 지출함수를 구하고 쉐퍼드의 렘마를 확인하자. 라그랑지안은 $L = vX + wY + \mu(\overline{U} - XY)$이고, 1계 조건은

$$\overline{U} - XY = 0, \qquad v - \mu Y = 0, \qquad w - \mu X = 0$$

이다. 이들을 풀면

$$\mu = \sqrt{\frac{vw}{\overline{U}}}, \qquad X = \sqrt{\frac{w}{v}\overline{U}}, \qquad X = \sqrt{\frac{v}{w}\overline{U}}$$

이다. 그리고 지출함수는 $E = 2\sqrt{vw\overline{U}}$ 이다. 지출함수를 $\overline{U}$에 대하여 미분하면 μ, v에 대하여 미분하면 X 그리고 w에 대하여 미분하면 Y를 얻어서 쉐퍼드의 렘마가 확인된다. 앞의 예에서 주어진 소득 I를 가지고 효용극대화를 하면 간접효용함수가 $\frac{I^2}{4vw}$ 이었다. 이를 주어진 효용 $\overline{U}$로 놓고 I를 계산하면 바로 $2\sqrt{vw\overline{U}}$ 를 얻는다. 즉, 효용극대화와 비용극소화는 밀접한 연관이 있다.

힉스수요함수의 $\overline{U}$에 $\frac{I^2}{4vw}$를 대입하면 마샬수요함수가 얻어진다. 그리고 효용극대화의 라그랑지승수 λ값은 여기 비용극소화의 라그랑지승수 μ값의 역수이다. 즉, $\mu=\sqrt{\frac{vw}{\overline{U}}}$인데 여기에 $\overline{U}=\frac{I^2}{4vw}$를 대입하면 $\mu=\frac{2vw}{I}=\frac{1}{\lambda}$이다.

연습문제

1. 생산함수가 $Y=AK^{\alpha}L^{\beta}$로 주어지고 시장에서 생산물의 가격이 P, 자본의 사용료가 R, 임금이 W로 주어졌다 하자.

   주어진 생산량 $\overline{Q}$를 생산할 때의 자본과 노동의 수요량 그리고 비용함수를 구하고 $\alpha+\beta<1$, $\alpha+\beta=1$, $\alpha+\beta>1$의 경우 한계비용과 평균비용을 구하여라. 그리고 규모에 대한 경제(economies of scale)와 규모에 대한 비경제(diseconomies of scale)가 $\alpha+\beta$의 값과 어떻게 대응되는지 알아보라.

J. 부등식 제약하의 극대와 극소

우선 $\mathbb{R}^2$에서 $\mathbb{R}$로 가는 함수를 보기로 하자.

목적함수 $z=f(x,\ y)$

제약조건 $g(x,\ y)\leq c$

만약 $g(x,\ y)=c$를 만족하는 하나의 점 $(x_0,\ y_0)$에서 극대(상대적 극대)가 얻어지면 등식 제약하의 극대를 얻는 것이나 마찬가지이므로 라그랑지안

$$L=f(x,\ y)+\lambda(c-g(x,\ y))$$

를 세운 뒤 1계 조건

$$\frac{\partial L}{\partial \lambda} = c - g(x_0,\ y_0) = 0$$

$$\frac{\partial L}{\partial x} = f_x(x_0,\ y_0) - \lambda g_x(x_0,\ y_0) = 0$$

$$\frac{\partial L}{\partial y} = f_y(x_0,\ y_0) - \lambda g_y(x_0,\ y_0) = 0$$

을 만족한다는 사실을 얻을 것이다. 그런데 여기서 $\lambda \geq 0$가 만족된다. 왜냐하면 λ는 포락선 정리에 의하여 c가 한 단위 증가할 때 증가하는 함수값을 의미하는데 음수라면 $g(x,\ y) \leq c$에서 c를 한 단위 줄일 때 함수값이 증가한다는 말인데 이는 일어날 수가 없기 때문이다($g(x,\ y) \leq c$에서 c가 줄면 함수값이 늘어날 수가 없다. 왜냐하면 c가 클수록 선택범위가 더 넓어지기 때문이다).

만약에 $g(x,\ y) < c$를 만족하는 하나의 점 $(x_0,\ y_0)$에서 극대나 극소가 얻어지면 무제약 하의 극대나 극소를 얻는 것이나 마찬가지이므로 1계 조건

$$\frac{\partial L}{\partial x} = f_x(x_0,\ y_0) + \lambda g_x(x_0,\ y_0) = 0$$

$$\frac{\partial L}{\partial y} = f_y(x_0,\ y_0) + \lambda g_y(x_0,\ y_0) = 0$$

이 만족되고 $\lambda = 0$가 만족될 것이다. $\lambda = 0$의 의미는 $g(x,\ y) < c$인 곳에서 최적화가 일어나면 c를 조금 늘이거나 줄인다고 최적값이 변화가 없고 따라서 c의 가치가 0이라는 의미이다.

이제 위 두 경우를 종합하면

$$\lambda \geq 0, \qquad c - g(x_0,\ y_0) \geq 0, \qquad \lambda \frac{\partial L}{\partial \lambda} = \lambda(c - g(x_0,\ y_0)) = 0$$

$$\frac{\partial L}{\partial x} = f_x(x_0,\ y_0) + \lambda g_x(x_0,\ y_0) = 0$$

$$\frac{\partial L}{\partial y} = f_y(x_0,\ y_0) + \lambda g_y(x_0,\ y_0) = 0$$

을 얻는다. 이것이 부등식 제약조건하의 극대를 얻기 위한 1계 조건으로 이를 **쿤-터커 조건**(Kuhn-Tucker condition)이라 한다. 등식제약 조건하에 $c - g(x_0,\ y_0)$

$=0$이란 하나의 조건이 부등식 조건 $c-g(x_0,\ y_0)\geq 0$하에서는

$$\lambda \geq 0, \qquad c-g(x_0,\ y_0)\geq 0, \qquad \lambda\frac{\partial L}{\partial \lambda}=\lambda(c-g(x_0,\ y_0))=0$$

라는 세 가지 조건으로 변경되는 것이다. 특히 조건

$$\lambda\frac{\partial L}{\partial \lambda}=\lambda(c-g(x_0,\ y_0))$$

을 **보완적 여분조건**(complementary slackness condition)라 부르는데, 이것이 말해주는 것 중 하나는 $\lambda>0$이 되면 $c-g(x_0,\ y_0)=0$이 만족되어야 하고, 따라서 부등식 제약이 등식 제약이 되어도 무방하다는 얘기이다. 이 경우를 제약조건이 구속한다(binding)라고 말한다.

위와 같은 쿤-터커 조건은 다른 일정한 조건하에서[6] 상대적 극대나 혹은 때에 따라서 절대적 극대의 필요충분조건이 되므로 결국 우리는 $g(x,\ y)\leq c$라는 부등식 제약조건하의 극대 문제는 라그랑지안 $\mathcal{L}=f(x,\ y)+\lambda(c-g(x,\ y))$을 세운 뒤

$$\lambda \geq 0, \qquad c-g(x,\ y)\geq 0, \qquad \lambda\frac{\partial \mathcal{L}}{\partial \lambda}=\lambda(c-g(x,\ y))=0$$

$$\frac{\partial \mathcal{L}}{\partial x}=f_x(x,\ y)-\lambda g_x(x,\ y)=0$$

$$\frac{\partial \mathcal{L}}{\partial y}=f_y(x,\ y)-\lambda g_y(x,\ y)=0$$

을 λ, x, y에 대하여 풀어 극대 문제의 해를 얻는다.

---

6 슬레이터의 조건(Slater's condition), 쿤-터커 제약자격(Kuhn-Tucker constraint qualification), 강한 쌍대성(strong duality), 애로우-허위츠-우자와 조건(Arrow-Hurwics-Uzawa condition), 애로우-엔토벤 조건(Arrow-Enthoven condition), 볼록성(convexity)과 오목성(concavity), 준볼록성(quasi-convexity)과 준오목성(quasi-concavity), 아핀성(affinity)등 여러 조건들이 많이 있고 이들이 서로 얽혀 있으나 여기서 자세한 설명은 생략하기로 한다. 이러한 모든 것들은 쿤-터커 조건이 상대적 극대, 극소 혹은 절대적 극대, 극소의 필요조건, 충분조건, 혹은 필요충분조건이 되기 위한 조건들인데, 경제학에서 다루는 대부분 문제에서는 이러한 조건들이 만족되어 쿤-터커 조건을 풀면 최적화 문제를 풀 수 있다고 이해하면 될 것이다. 다음 장에서 애로우-엔토벤 조건은 일부 언급될 것이다.

만약 $h(x, y) \le d$라는 부등식 제약조건이 하나 더 있으면 다음과 같이 라그랑지안 $\mathcal{L} = f(x, y) + \lambda(c - g(x, y)) + \mu(d - h(x, y))$을 세우고, 1계 조건으로

$$\lambda \ge 0, \quad c - g(x, y) \ge 0, \quad \lambda\frac{\partial \mathcal{L}}{\partial \lambda} = \lambda(c - g(x, y)) = 0$$

$$\mu \ge 0, \quad d - h(x, y) \ge 0, \quad \mu\frac{\partial \mathcal{L}}{\partial \mu} = \mu(d - h(x, y)) = 0$$

$$\frac{\partial \mathcal{L}}{\partial x} = f_x(x, y) - \lambda g_x(x, y) - \mu h_x(x, y) = 0$$

$$\frac{\partial \mathcal{L}}{\partial y} = f_y(x, y) - \lambda g_y(x, y) - \mu h_y(x, y) = 0$$

을 세운 뒤 이들을 풀면 된다.

example 7.17 $x_1 + x_2 \le 4$와 $x_1 + 3x_2 \le 9$ 두 제약조건하에서 $-(x_1-4)^2-(x_2-4)^2$의 극대를 구하는 문제를 풀어라. 이 문제를 풀기 위하여 라그랑지안을 세우면

$$\mathcal{L} = -(x_1-4)^2 - (x_2-4)^2 + \lambda(4 - x_1 - x_2) + \mu(9 - x_1 - 3x_2)$$

이다. 우선 보완적 여분성(complementary slackness)과 관련된 조건을 세우면

$$\lambda \ge 0, \quad 4 - x_1 - x_2 \ge 0, \quad \lambda(4 - x_1 - x_2) = 0 \quad \cdots (20)$$

$$\mu \ge 0, \quad 9 - x_1 - 3x_2 \ge 0, \quad \mu(9 - x_1 - 3x_2) = 0 \quad \cdots (21)$$

이다. 다음으로 라그랑지안을 x_1과 x_2에 대하여 미분하면

$$\frac{\partial \mathcal{L}}{\partial x_1} = -2(x_1 - 4) - \lambda - \mu = 0 \quad \cdots (22)$$

$$\frac{\partial \mathcal{L}}{\partial x_2} = -2(x_2 - 4) - \lambda - 3\mu = 0 \quad \cdots (23)$$

을 얻는다. 이 조건들을 만족하는 λ, μ, x_1, x_2를 찾아내면 우리는 주어진 문제의 해를 얻는다. 먼저 λ와 μ가 모두 동시에 0이면 식 (22)와 (23)에서 x_1과 x_2가 모두 4가 되어야 하는데 이러면 $4 - x_1 - x_2 \ge 0$이 만족되지 않으므로 λ와 μ가 모두 동시

에 0이 될 수는 없다. 그러면 $\lambda>0$, $\mu=0$이면 어떤가? 이 경우 식 (22)와 (23)에서 x_1과 x_2가 같아야 하고, 식 (20)에서 $x_1=x_2=2$를 얻는다. 그러면 식 (22)에서 $\lambda=4$를 얻어 모든 쿤-터커 조건을 만족하는 해를 얻는다. 다음으로 $\lambda=0$, $\mu>0$의 경우를 보자. 그러면

$$-2(x_1-4)-\mu=0$$
$$-2(x_2-4)-3\mu=0$$
$$9-x_1-3x_2=0$$

을 풀어야 한다. 이의 해는 $\lambda=0$, $\mu=1.4$, $x_1=3.3$, $x_2=1.9$의 해를 얻는다. 그런데 이는 $4-x_1-x_2\geq 0$의 조건을 만족시키지 못한다. 다음으로 $\lambda>0$, $\mu>0$의 경우에는

$$-2(x_1-4)-\lambda-\mu=0 \quad \cdots (24)$$
$$-2(x_2-4)-\lambda-3\mu=0 \quad \cdots (25)$$
$$4-x_1-x_2=0 \quad \cdots (26)$$
$$9-x_1-3x_2=0 \quad \cdots (27)$$

를 풀어야 하는데 식 (26)과 (27)에서 $x_1=1.5$, $x_2=2.5$를 얻고 그러면 식 (24)와 (25)에서 $\lambda=6$, $\mu=-1$을 얻어 $\mu\geq 0$의 조건을 충족하지 않는다. 종합하면 최종적으로 우리는 $\lambda=4$, $\mu=0$, $x_1=x_2=2$의 해를 얻게 된다. •••

만약 주어진 목적함수 $z=f(x, y)$에서 극소값을 구하는 것이 목적이라면 $-f(x, y)$를 목적함수로 하여 극대값을 구하면 될 것이므로 독자 여러분은 별 어려움 없이 쿤-터커 조건을 적용할 수 있을 것이다.

그리고 쿤-터커 조건을 다루는 일부 교과서나 논문에서는 주어진 변수들이 양의 값을 가져야 한다는 조건, 즉 $x\geq 0$와 $y\geq 0$을 추가로 넣기도 하는데, 이는 $\phi(x, y)=-x$, $c'=0$, $\psi(x, y)=-y$, $d'=0$으로 하면 $\phi(x, y)\leq c'$와 $\psi(x, y)\leq d'$이라는 부등식 제약조건의 한 종류로 생각할 수 있어서 지금까지의 논의한 것으로 처리를 할 수 있다. 그러나 별도로 취급하면 라그랑지승수의 수가 줄어드는 이점이 있으므로 여기서 간단히 보기로 하자.

$$\textbf{목적함수}\ z=f(x,\ y) \qquad (\text{극대값을 구함}) \qquad \cdots (28)$$
$$\textbf{제약조건}\ x \geq 0, \qquad y \geq 0$$
$$g(x,\ y) \leq c, \qquad h(x,\ y) \leq d$$

라그랑지안을 세우면

$$\mathcal{L} = f(x,\ y) + \lambda_1(c - g(x,\ y)) + \lambda_2(d - h(x,\ y)) + \lambda_3 x + \lambda_4 y$$

이고 이에 관한 쿤-터커 조건은

$$\lambda_1 \geq 0, \qquad c - g(x,\ y) \geq 0, \qquad \lambda_1(c - g(x,\ y)) = 0 \qquad \cdots (29)$$
$$\lambda_2 \geq 0, \qquad d - h(x,\ y) \geq 0, \qquad \lambda_2(d - h(x,\ y)) = 0 \qquad \cdots (30)$$
$$\lambda_3 \geq 0, \qquad x \geq 0, \qquad \lambda_3 x = 0 \qquad \cdots (31)$$
$$\lambda_4 \geq 0, \qquad y \geq 0, \qquad \lambda_4 y = 0 \qquad \cdots (32)$$
$$\frac{\partial \mathcal{L}}{\partial x} = f_x(x,\ y) - \lambda_1 g_x(x,\ y) - \lambda_2 h_x(x,\ y) + \lambda_3 = 0 \qquad \cdots (33)$$
$$\frac{\partial \mathcal{L}}{\partial y} = f_y(x,\ y) - \lambda_1 g_y(x,\ y) - \lambda_2 h_y(x,\ y) + \lambda_4 = 0 \qquad \cdots (34)$$

이다. 그런데 식 (33)에서 $\lambda_3 = -\{f_x(x,\ y) - \lambda_1 g_x(x,\ y) - \lambda_2 h_x(x,\ y)\}$이므로 이를 식 (31)에 대입하면 이것은

$$\{f_x(x,\ y) - \lambda_1 g_x(x,\ y) - \lambda_2 h_x(x,\ y)\} \leq 0, \qquad x \geq 0$$
$$x\{f_x(x,\ y) - \lambda_1 g_x(x,\ y) - \lambda_2 h_x(x,\ y)\} = 0$$

이 된다. 마찬가지로 조건 식 (32)는

$$\{f_y(x,\ y) - \lambda_1 g_y(x,\ y) - \lambda_2 h_y(x,\ y)\} \leq 0, \qquad y \geq 0$$
$$y\{f_y(x,\ y) - \lambda_1 g_y(x,\ y) - \lambda_2 h_y(x,\ y)\} = 0$$

이 된다. 그리고 식 (33)과 (34)는 각각 $\{f_x(x,\ y) - \lambda_1 g_x(x,\ y) - \lambda_2 h_x(x,\ y)\} \leq 0$와 $\{f_y(x,\ y) - \lambda_1 g_y(x,\ y) - \lambda_2 h_y(x,\ y)\} \leq 0$이 되어 중복적으로 쓰인 조건들로 필요가 없게 된다.

정리하면 식 (28)을 풀기 위하여 라그랑지안

$$\mathcal{L} = f(x, y) + \lambda_1(c - g(x, y)) + \lambda_2(d - h(x, y))$$

을 세우고 쿤-터커 조건을 쓸 수가 있으니 그것은

$$\lambda_1 \geq 0, \quad c - g(x, y) \geq 0, \quad \lambda_1(c - g(x, y)) = 0 \qquad \cdots (35)$$

$$\lambda_2 \geq 0, \quad d - h(x, y) \geq 0, \quad \lambda_2(d - h(x, y)) = 0 \qquad \cdots (36)$$

$$\frac{\partial \mathcal{L}}{\partial x} = \{f_x(x, y) - \lambda_1 g_x(x, y) - \lambda_2 h_x(x, y)\} \leq 0, \quad x \geq 0$$

$$x\frac{\partial \mathcal{L}}{\partial x} = x\{f_x(x, y) - \lambda_1 g_x(x, y) - \lambda_2 h_x(x, y)\} = 0 \qquad \cdots (37)$$

$$\frac{\partial \mathcal{L}}{\partial y} = \{f_y(x, y) - \lambda_1 g_y(x, y) - \lambda_2 h_y(x, y)\} \leq 0, \quad y \geq 0$$

$$y\frac{\partial \mathcal{L}}{\partial y} = y\{f_y(x, y) - \lambda_1 g_y(x, y) - \lambda_2 h_y(x, y)\} = 0 \qquad \cdots (38)$$

라는 4개 세트로 된 조건이 된다.

즉, 조건들 (29)~(34)와 조건들 (35)~(38)은 동등한 조건들이다. 독자 여러분은 편하게 느껴지는 조건들을 사용하면 된다. 주의할 점은 라그랑지안이 조금 다르다는 점이다.

example 7.18 $x + y \leq 6$, $x \geq 0$, $y \geq 0$의 제약하에서 $U = xy$를 최대화하는 값을 찾아라. 이것은 두 재화의 가격이 각 각 1원이고 지금 6원을 가지고 있을 경우 효용을 최대화 하는 문제이다. 만약 등식제약 $x + y = 6$이 주어졌다면 아주 평범한 문제가 될 것이다. 그러나 제약조건이 위와 같이 부등호로 주어지는 것이 사실은 효용극대화의 제대로 된 제약조건이다. 이제 라그랑지안을 세우면 $\mathcal{L} = xy + \lambda(6 - x - y)$이고 이와 관련된 쿤-터커 조건은

$$\frac{\partial \mathcal{L}}{\partial x} = y - \lambda \leq 0, \quad x \geq 0, \quad x\frac{\partial \mathcal{L}}{\partial x} = x(y - \lambda) = 0 \qquad \cdots (39)$$

$$\frac{\partial \mathcal{L}}{\partial y} = x - \lambda \leq 0, \quad y \geq 0, \quad y\frac{\partial \mathcal{L}}{\partial y} = y(x - \lambda) = 0 \qquad \cdots (40)$$

$$\frac{\partial \mathcal{L}}{\partial \lambda} = 6 - x - y \geq 0, \quad \lambda \geq 0, \quad \lambda\frac{\partial \mathcal{L}}{\partial \lambda} = \lambda(6 - x - y) = 0 \qquad \cdots (41)$$

이다. 우선 식 **(39)**에서 $x=0$이면 식 **(40)**에서 $y\lambda=0$이다. 만약 $y=0$이면 식 **(41)**에서 $\lambda=0$이 되어 결국 **(39)~(41)**을 만족하는 값을 하나 얻게 된다. $x=0$이어서 $y\lambda=0$이어야 하는데 $\lambda=0$이라면 다시 식 **(39)**의 조건 중 $\frac{\partial \mathcal{L}}{\partial x}=y-\lambda\leq 0$에 의하여 $y=0$이 될 수밖에 없다. 즉, 식 **(39)**의 $x\frac{\partial \mathcal{L}}{\partial x}=x(y-\lambda)=0$에서 $x=0$이면 우리는 (0, 0, 0)의 해를 찾는다.

만약 $x>0$이라면 식 **(39)**에서 $y=\lambda$이고 이를 식 **(40)**의 $y\frac{\partial \mathcal{L}}{\partial y}=y(x-\lambda)=0$에 대입하면 $\lambda(x-\lambda)=0$이 나오는데, $\lambda=0$이라면 $y=\lambda=0$이 되고, 그러면 식 **(40)**의 $\frac{\partial \mathcal{L}}{\partial y}=x-\lambda\leq 0$ 조건에서 $x\leq 0$이 나와야 하므로 모순이다. 즉, $x>0$이면 $y=\lambda$도 양수이다. 그럴 경우 $x=y=\lambda>0$이고 따라서 식 **(41)**은 $x=y=\lambda=3$이라는 해를 준다.

(0, 0, 0)과 (3, 3, 3)을 비교하면 (3, 3, 3)에서의 효용이 9로 더 높으므로 최종적으로 $x=y=3$이 효용극대화의 해라고 결론 내린다.

이 예가 또 하나 시사하는 것은 일정한 조건이 충족되지 않을 시 쿤-터커 조건은 필요조건은 될지언정 충분조건이 될 수 없다는 점이다. 여기서 독자 여러분은 쿤-터커 조건이 언제 필요조건이 되는 것인지, 언제 충분조건이 되는 것인지 궁금할 것인데 이에 대하여는 다음 장에서 논의하기로 한다.

여러분이 일반적으로 이해하기를 아주 광범위한 경우에 쿤-터커 조건은 필요조건이 되기 때문에 위의 예처럼 필요조건을 만족하는 점들을 다 찾은 후 비교해서 결정하면 족하다고 이해하면 될 것이다.

연습문제

1. 목적함수가 $x+ay$이고 제약식이 $x^2+y^2\leq 1$ 그리고 $x+y\geq 0$인 경우 쿤-터커 조건을 이용하여 (절대적) 극대값을 구하여라(**Hint** $a\geq -1$인 경우와 $a<-1$인 경우를 구분하여 풀어야 한다).

2. 목적함수가 $-x_1^2-x_1x_2-x_2^2$이고 제약식이 $x_1-2x_2\leq -1$ 그리고 $2x_1+x_2\leq 2$인 경우 쿤-터커 조건을 이용하여 (절대적) 극대값을 구하

여라.

3. 목적함수가 x^2y^2이고 제약식이 $2x+y\le 2$ 그리고 $x\ge 0$, $y\ge 0$인 경우 쿤-터커 조건을 이용하여 (절대적) 극대값을 구하여라.

4. 목적함수가 $-(x_1-c_1)^2-(x_2-c_2)^2$이고 제약식이 $(x_1+1)^2+x_2^2\le 4$ 그리고 $x_1\ge 0$, $x_2\ge 0$이라 하자.

a. $c_1=-1$, $c_2=3$인 경우 쿤-터커 조건을 이용하여 (절대적) 극대값을 구하여라.

b. $c_1=c_2=0$인 경우 쿤-터커 조건을 이용하여 (절대적) 극대값을 구하여라.

c. $c_1=2$, $c_2=0$인 경우 쿤-터커 조건을 이용하여 (절대적) 극대값을 구하여라.

일반적인 경우의 쿤-터커 조건

이제 최대값을 구해야 할 목적함수가 $y=f(x_1, x_2, \cdots, x_n)$으로 주어져 있고, 부등호 제약식 m개가 다음과 같이 주어져 있다 하자.

$$
\begin{gathered}
g^1(x_1, x_2, \cdots, x_n)\le c_1\\
g^2(x_1, x_2, \cdots, x_n)\le c_2\\
\vdots\\
g^m(x_1, x_2, \cdots, x_n)\le c_m
\end{gathered}
$$

이 경우 라그랑지안을 세우면

$$
\begin{aligned}
\mathcal{L} = f(x_1, x_2, \cdots, x_n) &+ \lambda_1(c_1-g^1(x_1, x_2, \cdots, x_n)) + \cdots\\
&+ \lambda_m(c_m-g^m(x_1, x_2, \cdots, x_n))
\end{aligned}
$$

이 되고 쿤-터커 조건들은

$$\lambda_1\ge 0, \qquad c_1-g^1(x_1, x_2, \cdots, x_n)\ge 0, \qquad \lambda_1(c_1-g^1(x_1, x_2, \cdots, x_n))=0$$

$$\lambda_2 \geq 0, \qquad c_2 - g^2(x_1,\ x_2,\ \cdots,\ x_n) \geq 0, \qquad \lambda_2(c_1 - g^2(x_1,\ x_2,\ \cdots,\ x_n)) = 0$$

$$\vdots$$

$$\lambda_m \geq 0, \qquad c_m - g^m(x_1,\ x_2,\ \cdots,\ x_n) \geq 0, \qquad \lambda_m(c_m - g^m(x_1,\ x_2,\ \cdots,\ x_n)) = 0$$

$$\lambda_m \geq 0, \qquad c_m - g^m(x_1,\ x_2,\ \cdots,\ x_n) \geq 0, \qquad \lambda_m(c_m - g^m(x_1,\ x_2,\ \cdots,\ x_n)) = 0$$

$$\frac{\partial \mathcal{L}}{\partial x_1} = 0, \qquad \frac{\partial \mathcal{L}}{\partial x_2} = 0, \qquad \cdots, \qquad \frac{\partial \mathcal{L}}{\partial x_m} = 0$$

이다. 이 조건들이 최대(절대적 극대)의 필요조건, 충분조건, 필요충분조건이 될 경우들이 있는데 그에 대한 언급은 다음 장에서 하기로 한다.

8 오목함수와 볼록함수

최적화 문제에 있어서 **오목성**(concavity) 혹은 **볼록성**(convexity)은 매우 중요한 주제로 20세기에 경제학자들도 수학자들과 더불어 많은 연구를 하여 이 분야에 기여를 하였다. 자세히 알아보기 시작하면 방대한 분야이지만, 이 책에서는 간단히 요약하여 독자 여러분이 이해하기 쉽도록 정리하여 제공하기로 한다.

한마디로 목적함수가 오목함수, 볼록함수, 준오목함수, 준볼록함수 등이면 최적화 문제를 풀기가 용이해진다. 여러 조건이 붙지만 대략적으로 이러한 함수들에 관한 결론을 말하면, 극대 · 극소의 문제를 구하는 데 있어서 목적함수가 **오목함수**(concave function)이면 1계 조건을 만족하는 곳에서 극대값(local maximum)이 얻어진다. 즉, 2계 조건을 사용하여 검증할 필요가 없고, 그 극대값은 최대값(global maximum)이 된다. 목적함수가 **볼록함수**(convex function)이면 앞의 말에서 극대를 극소(local minimum), 최대를 최소(global minimum)로 바꾸어 읽으면 된다.

그리고 등식 제약조건하의 극대, 극소 문제를 구하는 데 있어서는 목적함수가 **강준오목함수**(strictly quasi-concave function)이면 1계 조건을 만족하는 곳에서 제약조건하의 극대값이 얻어지고 그 극대값은 최대값이 되며, 목적함수가 **강준볼록함수**(strictly quasi-convex function)이면 1계 조건을 만족하는 곳에서 제약조건하의 극소값이 얻어지고 그 극소값은 최소값이 된다.

그러면 함수가 오목, 볼록, 강준오목 아니면 강준볼록인지 어떻게 판별하는가? 실지로 편리하게 알아보는 방법이 있으니 그것은 바로 헤시안 행렬과 유계 헤시안 행렬을 사용하여 알아보는 방법이다. 따라서 이 장에서는 이러한 함수들을 쉽게 구별해내기 위하여 헤시안 행렬과 유계 헤시안 행렬을 어떻게 사용하는지에 중점을 두어 설명을 할 것이고, 이 분야의 다양하고 복잡한 다른 여러 결론은 생략하기로 한다.

경제학에서는 앞에서 서술한 범주에 속하는 함수들을 목적함수로 많이 사용한다. 그러면 1계 조건만을 풀어서 바로 극대 혹은 극소값을 얻는다고 결론을 내고, 별도로 2계 조건으로 확인할 필요가 없어서 편리하다. 그래서 본 저자는 2계 조건을 확인할 필요가 없는 이러한 함수들을 모두 좋은 함수(nice functions)라고 불러보기로 한다. 그런데 좋은 함수를 목적함수로 하여 최적화 문제를 생각할 때 극대, 극소에 관하여 앞에서 말한 점이 적용이 되려면 그 정의역은 볼록집합이어야 한다. 그러므로 먼저 볼록집합(convex sets)에 대하여 알아본 다음 좋은 함수들에 대하여 알아보기로 하자.

A. 볼록집합 convex sets

우선 주의할 점은 함수에는 볼록함수, 오목함수 이렇게 오목과 볼록이 있으나, 집합에는 볼록집합만 있고 오목집합은 없다.

볼록집합(convex set)이란 다음과 같이 정의된다: $\mathbb{R}^n$의 부분집합 S 내의 임의의 두 점을 연결할 시 그 연결하는 선분 모두가 집합 S에 포함되면 우리는 집합 S를 볼록집합이라 부른다.

그림 8-1의 집합들은 $\mathbb{R}^2$에서 볼록집합의 예이다. 그러나 **그림 8-2**의 집합들은 볼록집합이 아니다.

$\mathbb{R}^3$에서 구(ball, 표면과 내부를 모두 포함한 집합)는 볼록집합이다. 그러나 구의 표면만을 하나의 집합으로 보면 그 것은 볼록집합이 아니다.

독자들이 위 설명으로 충분히 이해하였으리라 생각하지만 수학적 기호를 사용하여 공식적으로 볼록집합을 정의하면 다음과 같다.

그림 8-1

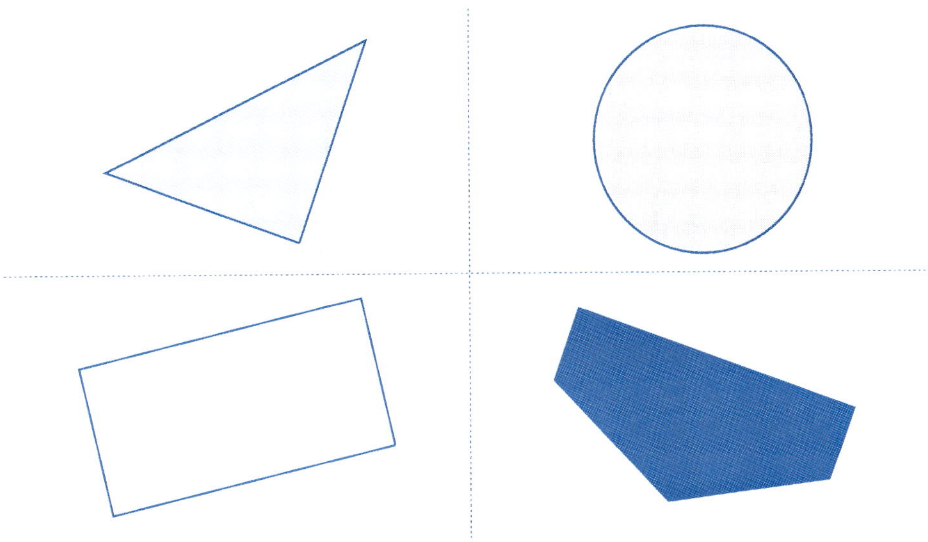

그림 8-2

• 정 의 • $\mathbb{R}^n$의 부분집합 S에서 임의의 두 원소 u와 v를 취하였을 시 0과 1 사이의 임의의 θ에 대하여 $\theta u+(1-\theta)v$가 S의 원소이면 집합 S를 볼록집합이라 한다.

위 정의에서 $\theta u+(1-\theta)v$가 u와 v를 잇는 선분상의 점으로 θ를 0에서 1로 변화시켜 가면 선분 전체를 얻는다.

그리고 제약조건하의 최적화 문제에 있어서, 정의역 중 제약조건을 만족하는 집합을 **선택집합**(Choice Set)이라 하는데, 선택집합이 볼록집합이라는 가정이 제약조건하의 최적화 문제에 언제나 암묵적으로 들어있다. 물론 제약조건이 없으면 정의역 자체가 선택집합이 된다.

B. 오목함수와 볼록함수

i) $\mathbb{R}$에서 $\mathbb{R}$로 가는 함수, $y=f(x)$가 있다 하자. 이 함수의 그래프가 **그림 8-3**과 같으면 오목함수(ocncave function)라 한다.

그리고 위 그래프를 상하로 뒤집어 놓은 것이 어느 함수의 그래프이면 이 함수를 우리는 볼록함수라 한다. 다시 말하여 $y=-f(x)$가 오목함수이면 우리는 $y=f(x)$를 **볼록함수**(convex function)라 한다.

물론 그림으로 이렇게 정의를 설명하는 것은 부족하다. 좀 더 자세한 정의는 나중에 소개될 것이다.

ii) $\mathbb{R}^2$를 $\mathbb{R}$로 보내는 함수, $z=f(x, y)$의 경우에는 이 함수의 그래프가 **그림 8-3**과 같은 모양의 그래프를 360도 회전하여 생기는 그래프와 같으면 오목함수라 한다. **그림 8-4**를 참조하라.

그리고 함수의 그래프가 위 그래프를 상하로 뒤집어 놓은 것이면 이 함수를 우리는 볼록함수라 한다.

그림 8-3

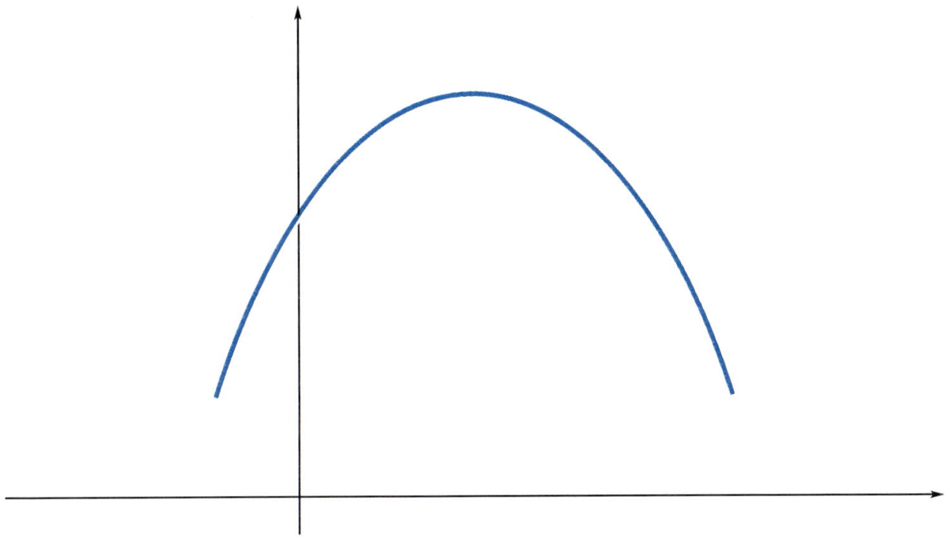

그림 8-4

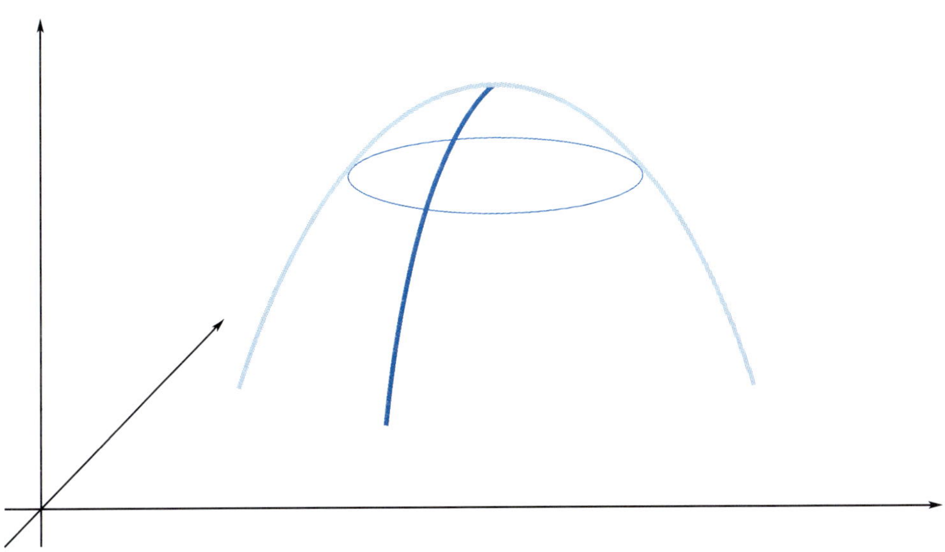

다시 말하여 $z=-f(x, y)$가 오목함수이면 우리는 $z=f(x, y)$를 볼록함수라 한다.

iii) 이제 일반적으로 오목함수와 볼록함수의 정의를 내려 보자. 다음의 공식적인 정의는 복잡해 보일 것이지만 이에 대한 논의는 깊이하지 않을 것이므로 독자들은 너무 염려하지 말고, 위 i)과 ii)의 설명을 염두에 두고 대략 “임의의 두 점을 잇는 선분이 그래프보다 아래에 오거나 같은 값이면 오목함수이고 위에 오거나 같은 값이면 볼록함수이다”로 이해하면 될 것이다. 아래의 정리를 읽는데 **그림 8-4**를 참조하면서 읽으면 좋을 것이다.

• 정 의 • **오목함수와 볼록함수 1**

$\mathbb{R}^n$의 부분집합에서 $\mathbb{R}$로 가는 함수, $y=f(x_1, x_2, \cdots, x_n)$가 있고, $(x_1, x_2, \cdots, x_n)$을 간단히 x라고 쓰기로 하자. 그러면 위 함수는 $y=f(x)$로 쓸 수 있을 것이다. 이 함수의 정의역 상 임의의 두 점 $u=(u_1, u_2, \cdots, u_n)$와 $v=(v_1, v_2, \cdots, v_n)$을 잇는 선분은

$$\begin{aligned}\theta u+(1-\theta)v&=(\theta u_1, \theta u_2, \cdots, \theta u_n)+((1-\theta)v_1, (1-\theta)v_2, \cdots, (1-\theta)v_n)\\&=(\theta u_1+(1-\theta)v_1, \theta u_2+(1-\theta)v_2, \cdots, \theta u_n+(1-\theta)v_n)\end{aligned}$$

으로 표기된다. 그럴 때 $0\leq\theta\leq1$의 값에서

$\theta f(u)+(1-\theta)f(v)\leq f(\theta u+(1-\theta)v)$이면 **오목함수**,

$\theta f(u)+(1-\theta)f(v)\geq f(\theta u+(1-\theta)v)$이면 **볼록함수**

이다. 그리고 등호가 빠져서 $0<\theta<1$에서

$\theta f(u)+(1-\theta)f(v)< f(\theta u+(1-\theta)v)$이면 **강오목함수**,

$\theta f(u)+(1-\theta)f(v)> f(\theta u+(1-\theta)v)$이면 **강볼록함수**

이다.

2차 미분가능한 경우 볼록함수와 오목함수의 필요충분조건

$\mathbb{R}^n$를 $\mathbb{R}$로 보내는 함수, $y=f(x_1, x_2, \cdots, x_n)$가 2차 미분가능하다 하자. 그러면 우리는 헤시안 행렬을 만들 수 있다.

$$H=\begin{bmatrix} f_{11}(x) & f_{12}(x) & \cdots & f_{1n}(x) \\ f_{21}(x) & f_{22}(x) & \cdots & f_{2n}(x) \\ \vdots & \vdots & \vdots & \vdots \\ f_{n1}(x) & f_{n2}(x) & \cdots & f_{nn}(x) \end{bmatrix}$$

여기서 k계 **주소행렬식**(principal minor)들, $\widetilde{D}_k$를 정의할 수 있는데, 이들의 값들이 모두 0이거나 양, 즉 $\widetilde{D}_1 \ge 0$, $\widetilde{D}_2 \ge 0$, $\cdots$, $\widetilde{D}_n \ge 0$인 것이 볼록함수의 필요충분조건이고, $(-1)\widetilde{D}_1 \ge 0$, $(-1)^2\widetilde{D}_2 \ge 0$, $\cdots$, $(-1)^k\widetilde{D}_k \ge 0$, $\cdots(-1)^n\widetilde{D}_n \ge 0$인 것이 오목함수의 필요충분조건이다.

k계 주소행렬식(principal minor of order k)들, $\widetilde{D}_k$들에 대하여는 제2장 행렬의 2차 형식 부분에서 설명을 하였으나, 그 부분을 건너 뛴 독자들을 위하여 여기서 다시 한 번 설명하기로 한다.

우선 $\mathbb{R}^2$를 $\mathbb{R}$로 보내는 함수 $y=f(x_1, x_2)$를 생각하면 헤시안 행렬은

$$\mathrm{H}=\begin{bmatrix} f_{11}(x) & f_{12}(x) \\ f_{21}(x) & f_{22}(x) \end{bmatrix}$$

이고 여기서 1계 주소행렬식 $\widetilde{D}_1$은 $|f_{11}(x)|$와 $|f_{22}(x)|$ 그리고 2계 주소행렬식 $\widetilde{D}_2$는

$$\widetilde{D}_2=|\mathrm{H}|=\begin{vmatrix} f_{11}(x) & f_{12}(x) \\ f_{21}(x) & f_{22}(x) \end{vmatrix}$$

이다. $\mathbb{R}^3$를 $\mathbb{R}$로 보내는 함수 $y=f(x_1, x_2)$를 생각하면 헤시안 행렬은

$$\mathrm{H}=\begin{bmatrix} f_{11}(x) & f_{12}(x) & f_{13}(x) \\ f_{21}(x) & f_{22}(x) & f_{23}(x) \\ f_{31}(x) & f_{32}(x) & f_{33}(x) \end{bmatrix}$$

이다. 이때 $\widetilde{D}_1$은 $|f_{11}(x)|$, $|f_{22}(x)|$ 그리고 $|f_{33}(x)|$ 세 가지이고, $\widetilde{D}_2$는

$$\begin{vmatrix} f_{11}(x) & f_{12}(x) \\ f_{21}(x) & f_{22}(x) \end{vmatrix}, \quad \begin{vmatrix} f_{11}(x) & f_{13}(x) \\ f_{31}(x) & f_{33}(x) \end{vmatrix}, \quad \begin{vmatrix} f_{22}(x) & f_{23}(x) \\ f_{32}(x) & f_{33}(x) \end{vmatrix}$$

세 가지 그리고

$$\widetilde{D}_2 = |\mathrm{H}| = \begin{vmatrix} f_{11}(x) & f_{12}(x) & f_{13}(x) \\ f_{21}(x) & f_{22}(x) & f_{23}(x) \\ f_{31}(x) & f_{32}(x) & f_{33}(x) \end{vmatrix}$$

이다. 일반적으로, **k계 주소행렬식**(principal minor of order k)은 $n \times n$ 행렬에서 $n-k$개의 행을 지우고 같은 순서(위치)의 열도 $n-k$개 지운 다음 얻은 $k \times k$ 부분행렬의 행렬식이다.[1] 위의 예를 보면 여러분은 이 설명을 쉽게 이해할 것이다.

example 8.1 $z = x^2 + y^2$

이 함수의 헤시안 행렬을 만들면 $\mathrm{H} = \begin{bmatrix} 2 & 0 \\ 0 & 2 \end{bmatrix}$로서 $\widetilde{D}_1 = 2 \geq 0$, $\widetilde{D}_2 = 4 \geq 0$을 만족하여 볼록함수이다. 그러나 오목함수의 필요충분조건 중 하나인 $\widetilde{D}_1 \leq 0$을 만족하지 않으므로 오목함수는 아니다.

example 8.2 $z = -x^2 - y^2$

$\mathrm{H} = \begin{bmatrix} -2 & 0 \\ 0 & -2 \end{bmatrix}$로서 $\widetilde{D}_1 = -2 \leq 0$, $\widetilde{D}_2 = 4 \geq 0$가 되어 오목함수의 필요충분조건을 만족하여 오목함수이다. 그러나 볼록함수의 필요충분조건 중 $\widetilde{D}_1 \geq 0$를 만족하지 않으므로 볼록함수는 아니다.

example 8.3 $z = x - e^y$

$\mathrm{H} = \begin{bmatrix} 0 & 0 \\ 0 & -e^y \end{bmatrix}$는 $\widetilde{D}_1 = 0$ 혹은 $\widetilde{D}_1 = -e^y$이어서 $\widetilde{D}_1 \leq 0$을 만족하고, $\widetilde{D}_2 = 0$이어서 오목함수이다. $\widetilde{D}_1$의 값 중 하나인 $-e^y$는 음이므로 볼록함수의 필요충분조건을 만족하지 못하여 볼록함수는 아니다.

---

1 더 엄밀하게 말하면 그렇게 만들어진 부분행렬의 행을 순서 바꾸고(permute) 같은 순서로 열도 순서 바꾼 행렬의 행렬식을 주소행렬식이라 하나 행을 바꾼 만큼 열도 바꾸기 때문에 행렬식의 값은 변하지 않아서 본문의 주소행렬식을 보는 것만으로 족하다.

몇 가지 주의할 점은

i) 극대나 극소의 2계 조건으로 헤시안 행렬의 선도주소행렬식을 사용할 경우는 먼저 일계조건을 만족하는 임계값을 구하여 그 값을 헤시안 행렬에 대입하여 행렬의 모든 원소를 숫자화 한 뒤에 선도주소행렬식값의 부호를 알아보지만, 여기서는 숫자화하지 않는다. 오목함수나 볼록함수를 알아보기 위한 헤시안 행렬의 원소들 $f_{ij}(x)$는 일반적으로 $x=(x_1,\ x_2,\ \cdots,\ x_n)$의 함수이다(숫자이더라도 상수함수로 생각하라). 따라서 정의역의 모든 $x=(x_1,\ x_2,\ \cdots,\ x_n)$값에 대하여 주소행렬식의 부호가 맞아 떨어져야 볼록함수 혹은 오목함수라 결론내리는 점이 2계 조건을 위한 헤시안 행렬 사용 방법과 다르다.

ii) 극대나 극소의 2계 조건으로 헤시안 행렬의 선도주소행렬식을 사용할 경우 0을 제외하여 등호(=)가 포함되지 않았고, 또한 그 행렬식 값들이 충분조건으로 사용되었다. 그러나 여기서는 주소행렬식의 값을 알아볼 때 등호를 포함하고(0의 값을 가져도 됨) 필요충분조건으로 사용된다.

연습문제

1. 다음 함수들이 오목함수인지 아닌지, 그리고 볼록함수인지 아닌지 알아보라(**주의할 점**: 일반적으로 오목함수인 동시에 볼록함수인 함수들이 있으므로 오목함수라고 결론이 났다고 하여 볼록함수가 아니라고 결론 내면 안 된다).

a. $y=4x+7$ *b.* $y=-5x-6$

c. $y=2x^2-5x$ *d.* $y=\ln(x+4)\ \ (x>0)$

e. $y=e^{3x-2}$ *f.* $y=\dfrac{1}{x}\ \ (x>0)$

g. $y=x^{-2}\ \ (x>0)$ *h.* $z=3x-2y+6w$

i. $z=x^2+2xy+y^2$ *j.* $z=x^2-2xy+y^2$

k. $z=-x^2+2xy-y^2$ *l.* $z=-x^2-2xy-y^2$

C. 준오목함수quasi-concave functions와 준볼록함수 quasi-convex functions

제약조건하의 극대 · 극소 문제를 다루는데 있어서 중요한 함수는 준오목함수와 준볼록함수이다. 특히 **강준오목함수**(strictly quasi-concave function)와 **강준볼록함수**(strictly quasi-convex function)를 알아보기로 한다. 왜냐하면 경제학에서 사용하는 대부분의 함수가 강준오목함수나 강준볼록함수이고 이들을 쉽게 알아낼 수 있는 충분조건이 있기 때문이다. 결론부터 말하자면, 선택집합이 볼록집합이면 강준오목함수가 제약조건하의 목적함수일 경우 1계 조건을 만족하는 임계점에서 '제약조건하의 극대값'이 얻어지고 이는 선택집합에서 최대값이 되며, 강준볼록함수가 제약조건하의 목적함수이면 1계 조건을 만족하는 임계점에서 '제약조건하의 극소값'이 얻어지고 이는 선택집합에서 최소값이 된다. 그러므로 2계 조건을 사용하여 극대인지 극소인지 알아볼 필요가 없다.

i) $\mathbb{R}$을 $\mathbb{R}$로 보내는 함수, $y=f(x)$가 있다 하자. 이 함수의 그래프가 **그림 8-5**와 같으면 **강준오목함수**(strictly quasi-concave function)라 한다. 이 그림이 오목함수의 그림과 다른 점은 그래프의 아래 부분의 두 점을 취하여 선분으로 연결하면 선분이 위에 오므로 오목함수가 되지 않는다. 그리고 함수의 그래프가 위 그래프를 상하로 뒤집어 놓은 것이면 이 함수를 우리는 강준볼록함수라 한다. 즉, $y=f(x)$가 준오목함수이면 $y=-f(x)$가 **강준볼록함수**(strictly quasi-convex function)이다.

ii) $\mathbb{R}^2$를 $\mathbb{R}$로 보내는 함수, $z=f(x, y)$의 경우에는 이 함수의 그래프가 위 **그림 8-5**와 같은 모양의 그래프를 360도 회전하여 생기는 그래프와 같으면 강준오목함수라 한다. 그리고 함수의 그래프가 **그림 8-6**의 그래프를 상하로 뒤집어 놓은 것이면 이 함수를 우리는 강준볼록함수라 한다. 즉, $z=f(x, y)$가 강준오목함수이면 $z=-f(x, y)$는 강준볼록함수이다.

그림 8-5

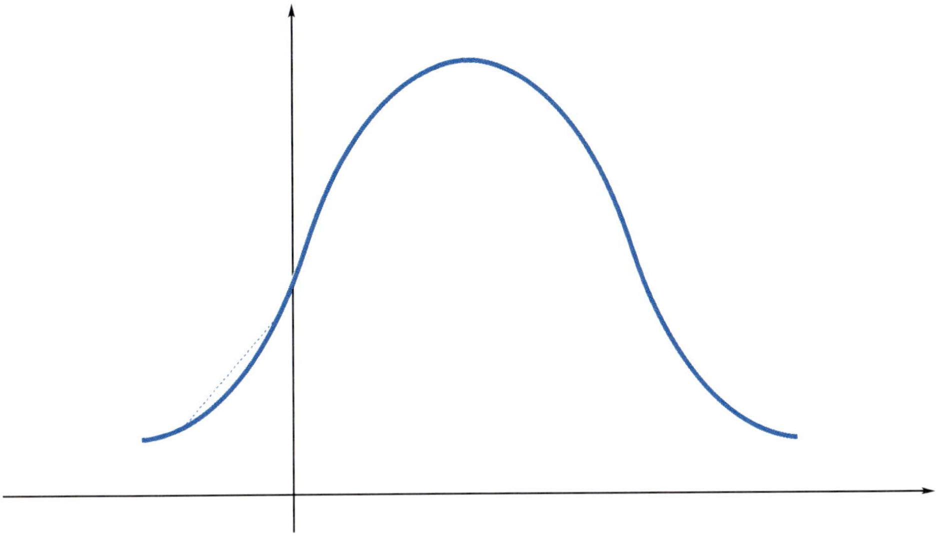

그림 8-6

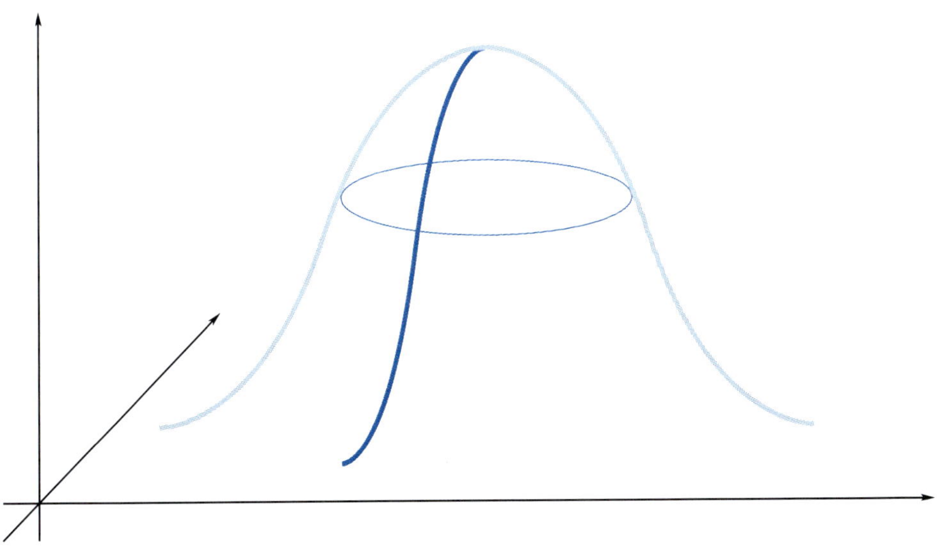

iii) 이제 준오목함수와 준볼록함수의 일반적 정의를 살펴보자.

• 정 의 • 오목함수와 볼록함수 2

$\mathbb{R}^n$이나 그 부분집합을 $\mathbb{R}$로 보내는 함수, $y=f(x_1, x_2, \cdots, x_n)$가 있다 하자. 간단히 $y=f(x)$로 쓰기로 한다. 정의역 내의 임의의 다른 두 점 u와 v에 대하여 다음이 성립하면 준오목함수라 한다:

$f(v)\geq f(u)$이면,
0과 1 사이의 모든 $\theta(0<\theta<1)$에 대하여 $f(\theta u+(1-\theta)v)\geq f(u)$이다.

그리고 볼록집합인 정의역 내의 임의의 다른 두 점 u와 v에 대하여 다음이 성립하면 준볼록함수라 한다:

$f(v)\geq f(u)$이면,
0과 1 사이의 모든 $\theta(0<\theta<1)$에 대하여 $f(\theta u+(1-\theta)v)\leq f(v)$이다.

위 정의들을 달리 표현하면
정의역 내의 임의의 다른 두 점 u와 v 그리고 0과 1사이의 모든 θ에 대하여

$f(\theta u+(1-\theta)v)\geq \min\{f(u), f(v)\}$이 성립하면 **준오목함수**, ⋯ (1)
$f(\theta u+(1-\theta)v)\leq \max\{f(u), f(v)\}$이 성립하면 **준볼록함수** ⋯ (2)

이다.

준오목함수의 정의를 그래프로 설명하면, 정의역의 두 점 u와 v의 함수값 $f(u)$와 $f(v)$를 비교하여 어느 한 값이 적거나 같으면($f(u)$가 그렇다고 하자), 정의역의 두 점 u와 v을 연결한 선분 $\theta u+(1-\theta)v$상의 모든 함수값 $f(\theta u+(1-\theta)v)$가 $f(u)$보다 크거나 같아야 한다는 것이다. **그림 8-6**을 참조하라.

오목함수가 준오목함수인 것은 정의를 비교하면 금방 알 수 있다. 함수가 오목함수이면 $\theta f(u)+(1-\theta)f(v)\leq f(\theta u+(1-\theta)v)$을 만족하는데, 당연히

$$\min\{f(u),\ f(v)\} \le \theta f(u) + (1-\theta) f(v)$$

이므로 이 두 조건을 결합하면 준오목함수의 조건이 얻어지기 때문이다. 마찬가지로 볼록함수가 준볼록함수임도 쉽게 증명할 수 있다.

위 정의에서 $f(\theta u + (1-\theta)v) \ge f(u)$를 $f(\theta u + (1-\theta)v) > f(u)$로 바꾸면 강준오목함수의 정의가 된다:

> $f(v) \ge f(u)$이면,
> 0과 1 사이의 모든 $\theta(0<\theta<1)$에 대하여 $f(\theta u + (1-\theta)v) > f(u)$이다.

그리고 $f(\theta u + (1-\theta)v) \le f(v)$를 $f(\theta u + (1-\theta)v) < f(v)$로 바꾸면 강준볼록함수의 정의가 된다:

> $f(v) \ge f(u)$이면,
> 0과 1 사이의 모든 $\theta(0<\theta<1)$에 대하여 $f(\theta u + (1-\theta)v) < f(v)$이다.

즉, 정의에 사용된 식 **(1)**과 **(2)**에서 $\le$과 $\ge$을 $<$과 $>$으로 바꾸면 강준오목과 강준볼록의 정의로 사용할 수 있다.

좀 더 직관적으로 설명하면, 준오목함수와 강준오목함수의 차이는 강준오목함수의 그래프에는 평평한 부분(특히 수평인 부분)이 존재하지 않는다는 것이다. 준볼록함수와 강준볼록함수의 차이도 마찬가지이다.

example 8.4 $z=f(x,\ y)=xy(x>0,\ y>0)$를 생각하여 보자. 우선 이 함수는 오목함수도 볼록함수도 아니다.

왜냐하면 헤시안 행렬을 보면 $H=\begin{bmatrix}0 & 1\\ 1 & 0\end{bmatrix}$이어서 $|H_2|=-1$이기 때문이다. 그러나 임의의 두 점 $u=(x_1,\ y_1)$과 $v=(x_2,\ y_2)$를 취하여 $f(u)$와 $f(v)$를 구하면 $f(u)=x_1y_1$, $f(v)=x_2y_2$인데 이제 $x_2y_2 \ge x_1y_1$이고 $x_1 \ne x_2$라 가정하여 보자($x_2y_2 \ge x_1y_1$이고 $x_1=x_2$인 경우는 더 쉽게 $f(\theta u+(1-\theta)v)>f(u)$이 증명된다.) 그러면

$$\begin{aligned} f(\theta u + (1-\theta)v) &= f(\theta x_1 + (1-\theta)x_2,\ \theta y_1 + (1-\theta)y_2) \\ &= \{\theta x_1 + (1-\theta)x_2\}\{\theta y_1 + (1-\theta)y_2\} \end{aligned}$$

$$=\theta^2x_1y_1+(1-\theta)^2x_1y_1+\theta(1-\theta)(x_1y_2+x_2y_1)$$

$$\geq\theta^2x_1y_1+(1-\theta)^2x_1y_1+\theta(1-\theta)(x_1\frac{x_1u_1}{x_2}{}_2+x_2y_1)\quad(\because y_2\geq\frac{x_1y_1}{x_2})$$

$$=\theta^2x_1y_1+(1-\theta)^2x_1y_1+\theta(1-\theta)(\frac{x_1}{x_2}+\frac{x_2}{x_1})x_1y_1$$

$$=\left[\theta^2+(1-\theta)^2+\theta(1-\theta)(\frac{x_1^2+x_2^2}{x_1x_2})\right]x_1y_1>\left[\theta^2+(1-\theta)^2+\theta(1-\theta)(\frac{2x_1+x_2}{x_1x_2})\right]x_1y_1$$

($x_1\neq x_2$이므로 $x_1^2+x_2^2>2x_1x_2$이기 때문에)

$$=[\theta^2+(1-\theta)^2+2\theta(1-\theta)]x_1y_1=x_1y_1=f(u)$$

즉, $z=xy(x>0,\ y>0)$는 강준오목함수임을 알 수 있다. 그러나 강준볼록함수는 아니다.

위 예에서 보듯이 이 정의를 사용하여 어느 함수가 강준오목함수인지 혹은 강준볼록함수인지 알아보기는 쉽지 않다. 그러나 쉽게 알아볼 수 있는 방법이 있는데 그 것은 오목함수, 볼록함수와 마찬가지로 헤시안, 그러나 이번에는 유계 헤시안 행렬을 사용하는 방법이다.

$\mathbb{R}^n$의 부분집합을 $\mathbb{R}$로 보내는 함수, $y=f(x_1,\ x_2,\ \cdots,\ x_n)$가 있으면 우리는 다음의 유계 헤시안 행렬을 만든다.

$$B=\begin{bmatrix}0 & f_1(x) & f_2(x) & \cdots & f_n(x)\\ f_1(x) & f_{11}(x) & f_{12}(x) & \cdots & f_{1n}(x)\\ f_2(x) & f_{21}(x) & f_{22}(x) & \cdots & f_{2n}(x)\\ \vdots & \vdots & \vdots & \vdots & \vdots\\ f_n(x) & f_{n1}(x) & f_{n2}(x) & \cdots & f_{nn}(x)\end{bmatrix}$$

우선 함수, $y=f(x_1,\ x_2,\ \cdots,\ x_n)$가 강준볼록함수이기 위한 충분조건은 정의역의 모든 $x=(x_1,\ x_2,\ \cdots,\ x_n)$에 대하여 **선도주소행렬식**(leading principal minor)의 부호가 다음과 같이 되는 것이다:

$$|B_1|=\begin{vmatrix}0 & f_1(x)\\ f_1(x) & f_{11}(x)\end{vmatrix}<0,\qquad |B_2|=\begin{vmatrix}0 & f_1(x) & f_2(x)\\ f_1(x) & f_{11}(x) & f_{12}(x)\\ f_2(x) & f_{21}(x) & f_{22}(x)\end{vmatrix}<0,\qquad |B_3|<0$$

$$\vdots$$

$$|B_n| = |B| = \begin{vmatrix} 0 & f_1(x) & f_2(x) & \cdots & f_n(x) \\ f_1(x) & f_{11}(x) & f_{12}(x) & \cdots & f_{1n}(x) \\ f_2(x) & f_{21}(x) & f_{22}(x) & \cdots & f_{2n}(x) \\ \vdots & \vdots & \vdots & \vdots & \vdots \\ f_n(x) & f_{n1}(x) & f_{n2}(x) & \cdots & f_{nn}(x) \end{vmatrix} < 0$$

그리고 $|B_1| \leq 0$, $|B_2| \leq 0$, $\cdots$ 등으로 0과 같을 수 있다는 등호가 들어가면 강준볼록함수이기 위한 필요조건이다.

함수 $y=f(x_1, x_2, \cdots, x_n)$가 강준오목함수이기 위한 충분조건은

$$|B_1| = \begin{vmatrix} 0 & f_1(x) \\ f_1(x) & f_{11}(x) \end{vmatrix} < 0, \text{ 즉 } (-1)|B_1| = (-1)\begin{vmatrix} 0 & f_1(x) \\ f_1(x) & f_{11}(x) \end{vmatrix} > 0$$

$$|B_2| = \begin{vmatrix} 0 & f_1(x) & f_2(x) \\ f_1(x) & f_{11}(x) & f_{12}(x) \\ f_2(x) & f_{21}(x) & f_{22}(x) \end{vmatrix} > 0,$$

$$\text{즉, } (-1)^2|B_2| = (-1)^2\begin{vmatrix} 0 & f_1(x) & f_2(x) \\ f_1(x) & f_{11}(x) & f_{12}(x) \\ f_2(x) & f_{21}(x) & f_{22}(x) \end{vmatrix} > 0$$

$$|B_3| < 0, \text{ 즉 } (-1)^3|B_3| > 0$$

$$\vdots$$

$$(-1)^n|B_n| = (-1)^n\begin{vmatrix} 0 & f_1(x) & f_2(x) & \cdots & f_n(x) \\ f_1(x) & f_{11}(x) & f_{12}(x) & \cdots & f_{1n}(x) \\ f_2(x) & f_{21}(x) & f_{22}(x) & \cdots & f_{2n}(x) \\ \vdots & \vdots & \vdots & \vdots & \vdots \\ f_n(x) & f_{n1}(x) & f_{n2}(x) & \cdots & f_{nn}(x) \end{vmatrix} > 0$$

이다. 그리고 여기서도 필요조건은 0과 같을 수 있다는 등호가 들어간 것이다.

example 8.5 $z=xy(x>0,\ y>0)$, $B=\begin{bmatrix} 0 & y & x \\ y & 0 & 1 \\ x & 1 & 0 \end{bmatrix}$ 그러므로

$$|B_1| = \begin{vmatrix} 0 & y \\ y & 0 \end{vmatrix} = -y^2 < 0, \qquad |B_2| = \begin{vmatrix} 0 & y & x \\ y & 0 & 1 \\ x & 1 & 0 \end{vmatrix} = 2xy > 0$$

이다. 강준오목함수의 충분조건을 만족하므로 강준오목함수이고, 강준볼록함수의 필요조건 중 일부가 만족되지 않으므로($|B_2| \leq 0$) 강준볼록함수는 아니다.

연습문제

1. 다음 함수가 준오목함수인지 아닌지 그리고 준볼록함수인지 아닌지 유계 헤시안을 사용하여 알아보아라(단 모든 변수는 양, 즉 0보다 큰 값이다).

   a. $z=y-\ln x$ *b.* $z=y-e^x$ *c.* $z=x^2y$

   d. $z=e^{xy}$ *e.* $z=xyw$ *f.* $z=xy+yw+wx$

D. 준오목함수와 준볼록함수의 다른 정의

여기부터 이 장 마지막까지의 논의는 관심 있는 독자들을 위한 논의이므로 생략해도 상관없다.

준오목함수와 준볼록함수를 달리 정의하는 방법이 있는데, 이는 볼록집합의 개념을 사용한다. 볼록집합에 대하여는 앞에서 설명하였다.

이제 준오목함수와 준볼록함수를 정의하는 다른 방법은 다음과 같다.

$\mathbb{R}^n_{++}$[2]의 부분집합을 $\mathbb{R}$로 보내는 함수, $y=f(x_1, x_2, \cdots, x_n)$가 있다 하자. 그리고 정의역이 볼록집합이라 하자. 모든 실수 t에 대하여 다음의 집합이 볼록집합이면 우리는 이 함수 f를 준오목함수라 한다:

$$\{(x_1, x_2, \cdots, x_n) \mid f(x_1, x_2, \cdots, x_n) \geq t\}$$

그리고 모든 실수 t에 대하여 다음의 집합이 볼록집합이면 우리는 이 함수 f를 준볼록함수라 한다:

$$\{(x_1, x_2, \cdots, x_n) \mid f(x_1, x_2, \cdots, x_n) \leq t\}$$

2 $\mathbb{R}^n_{++}$는 $(x_1, x_2, \cdots, x_n)$의 각 값 x_i가 양, 즉 $x_i>0$을 만족하는 점들만 모은 집합이다.

example 8.6 $z=f(x,\ y)=xy(x>0,\ y>0)$를 다시 생각하여 보자.

$$\{(x,\ y)\mid f(x,\ y)\geq t\}=\{(x,\ y)\mid xy\geq t\}$$

이 집합을 정의역에서 그려 보기 위하여 우선 $xy=t$의 그래프를 그려 보자. 이 식은 $y=\dfrac{t}{x}$와 같으므로 **그림 8-7**과 같은 그래프를 그려볼 수 있다.

그림 8-7

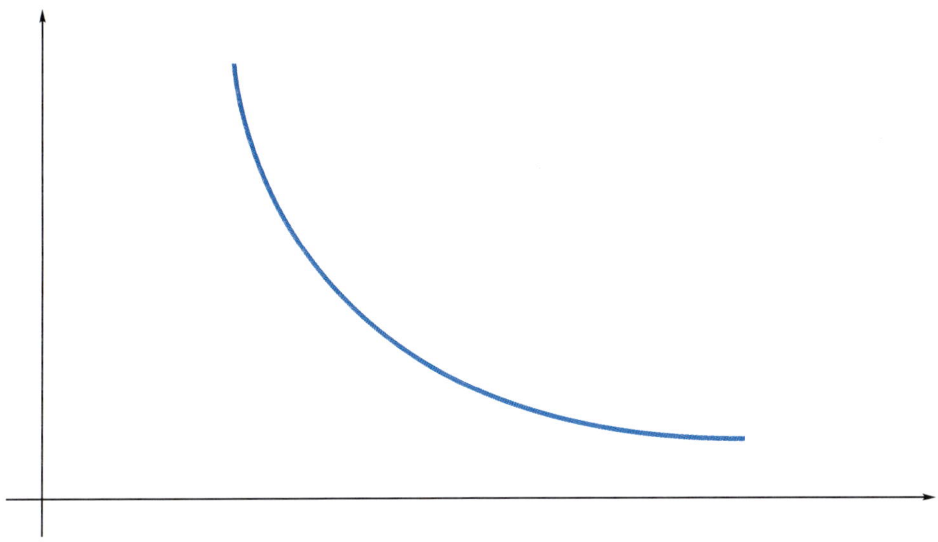

그러면 $xy\geq t$는 $y\geq\dfrac{t}{x}$와 같으므로 **그림 8-7**의 직각 쌍곡선 윗부분, 즉 **그림 8-8**의 음영을 나타낸 부분이 $\{(x,\ y)\mid xy\geq t\}$의 집합에 해당된다. 이 집합은 볼록집합이므로 우리는 함수 $z=f(x,\ y)=xy(x>0,\ y>0)$가 준오목함수임을 다른 정의를 사용하여 확인할 수 있다. 반면에 $\{(x,\ y)\mid xy\leq t\}$는 1사분면에서 음영을 나타낸 부분을 제외한 집합이고 이는 볼록집합이 아니므로 준볼록함수는 아니다.

함수의 2계 도함수가 존재하면 준오목함수와 준볼록함수를 유계 헤시안 행렬을 사용하여 어느 정도 알아볼 수 있음은 앞에서 설명하였는데, 사실 앞에서 논의한 강준오목함수의 필요조건과 충분조건은 준오목함수의 필요조건과 충분조건이기

그림 8-8

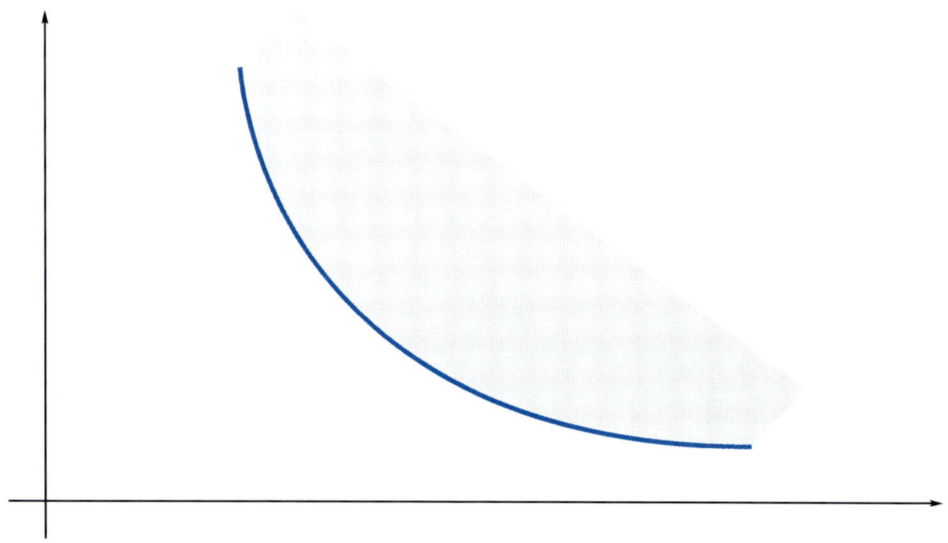

그림 8-9

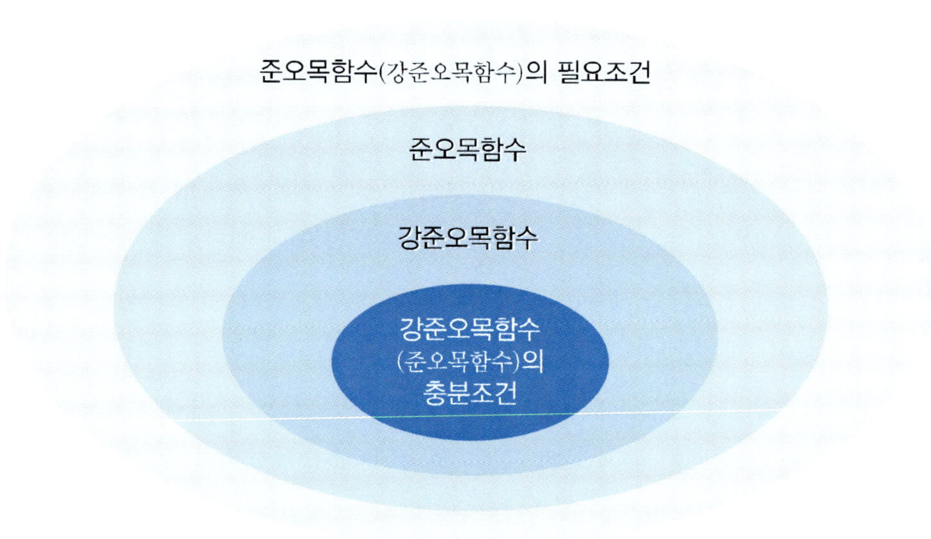

도 하다. 그 이유는 **그림 8–9**의 관계에서 이해할 수 있다.

연습문제

1. 다음 함수가 준오목함수인지 아닌지, 그리고 준볼록함수인지 아닌지 정의역의 집합 $\{(x_1, x_2, \cdots, x_n) \mid f(x_1, x_2, \cdots, x_n) \geq t\}$, $\{(x_1, x_2, \cdots, x_n) \mid f(x_1, x_2, \cdots, x_n) \leq t\}$을 사용하여 알아보아라.

a. $y = x^3$

b. $y = x^3 - 3x$

c. $z = 2x - 3y$

d. $z = y - \ln x$

e. $z = y - e^x$

f. $z = x^2 y (x > 0,\ y > 0)$

g. $z = e^{xy}$

E. 쿤–터커 조건과 오목성 그리고 준오목성

우리는 앞의 제7장에서 쿤-터커 조건이란 것을 보았다. 그 조건이 언제 극대, 특히 절대적 극대의 충분조건 그리고 필요조건이 되는지 수학자들과 경제학자들이 연구를 많이 하여 중요한 결과가 많이 축적되어 있다. 그 중 가장 유명한 것이 **애로우–엔토벤 정리**(Arrow–Enthoven theorem)이다. 이 정리를 모두 서술하는 것은 독자들이 이해하기 힘든 부분이 있으므로 수정된 정리를 설명하기로 한다.

정 리 **수정된 애로우–엔토벤 정리 1**

$\mathbb{R}^n$에서 $\mathbb{R}$로 가는 목적함수 $y = f(x_1, x_2, \cdots, x_n)$이 오목함수이고, m개의 부등호 제약조건들 $g^1(x_1, x_2, \cdots, x_n) \leq c_1, \cdots, g^m(x_1, x_2, \cdots, x_n) \leq c_m$에 사용되는 함수들, 즉 $g^1(x_1, x_2, \cdots, x_n)$, $g^2(x_1, x_2, \cdots, x_n)$, $\cdots$, $g^m(x_1, x_2, \cdots, x_n)$이 준볼록함수이고, 함수들 f 그리고 g^j들 모두 2계 도함수를 가진다고 하자. 그러면 쿤-터커 조건은 절대

적 극대의 충분조건이 된다. 즉, 쿤-터커 조건을 만족하는 해 $x_1^*,\ x_2^*,\ \cdots,\ x_n^*$에서 부등호제약하의 절대적 극대값을 얻는다.

증 명 생략 ■

$g^1(x_1,\ x_2,\ \cdots,\ x_n),\ g^2(x_1,\ x_2,\ \cdots,\ x_n),\ \cdots,\ g^m(x_1,\ x_2,\ \cdots,\ x_n)$들이 준볼록함수이면 각 i에 대하여 $g^i(x_1,\ x_2,\ \cdots,\ x_n) \le c_i$를 만족하는 $(x_1,\ x_2,\ \cdots,\ x_n)$들의 집합은 볼록집합이 됨을 유의하라. 이 정리가 말해 주는 요지는 목적함수가 오목함수이고 제약함수가 준볼록함수이면 쿤-터커 정리를 만족하는 곳에서 절대적 극대가 얻어진다는 말이다.

정 리 수정된 애로우-엔토벤 정리 2

$\mathbb{R}^n$에서 $\mathbb{R}$로 가는 목적함수 $y=f(x_1,\ x_2,\ \cdots,\ x_n)$이 준오목함수이고, m개의 부등호 제약조건들 $g^1(x_1,\ x_2,\ \cdots,\ x_n) \le c_1,\ \cdots,\ g^m(x_1,\ x_2,\ \cdots,\ x_n) \le c_m$에 사용되는 함수들, 즉 $g^1(x_1,\ x_2,\ \cdots,\ x_n),\ g^2(x_1,\ x_2,\ \cdots,\ x_n),\ \cdots,\ g^m(x_1,\ x_2,\ \cdots,\ x_n)$이 준볼록함수이고, 함수들 f 그리고 g^j들 모두 2계 도함수를 가진다고 하자. 만약 쿤-터커 조건을 만족하는 해 $x_1^*,\ x_2^*,\ \cdots,\ x_n^*$에서 목적함수의 1계 도함수값이 0이 아니면, 즉 모든 i에 대하여

$$\frac{\partial f(x_1^*,\ x_2^*,\ \cdots,\ x_n^*)}{\partial x_i} \neq 0$$

이면, $x_1^*,\ x_2^*,\ \cdots,\ x_n^*$에서 부등호 제약하의 절대적 극대값을 얻는다.

증 명 생략 ■

이 정리가 말해 주는 것은 앞의 정리 1에서 목적함수의 범위를 준오목함수로 확장하는 대신 모든 i에 대하여 $\dfrac{\partial f(x_1^*,\ x_2^*,\ \cdots,\ x_n^*)}{\partial x_i} \neq 0$이라는 조건을 첨가하면 쿤-터커 정리를 만족하는 곳에서 절대적 극대가 얻어진다는 말이다.

위의 두 정리는 쿤-터커 조건이 절대적 극대의 충분조건이 될 수 있는 경우를 말해 주는 정리이다. 이제 쿤-터커 조건이 절대적 극대의 필요조건이 될 수 있는 경우를 말해 주는 정리를 알아보자. 즉, 쿤-터커 조건이 만족되지 않는 곳에서 절대적 극대가 일어나지 않는 경우를 알아보자.

정 리 **수정된 애로우-엔토벤 정리 3**

$\mathbb{R}^n$에서 $\mathbb{R}$로 가는 목적함수 $y=f(x_1, x_2, \cdots, x_n)$와 m개의 부등호 제약조건들에 사용되는 함수들 $g^1(x_1, x_2, \cdots, x_n)$, $g^2(x_1, x_2, \cdots, x_n)$, $\cdots$, $g^m(x_1, x_2, \cdots, x_n)$들이 모두 2계 도함수를 가진다고 하자. 그리고 $(x_1^*, x_2^*, \cdots, x_n^*)$에서 절대적 극대값이 얻어진다고 하자. 만약 이 함수들이 다음 중 하나의 경우에 해당하면 $(x_1^*, x_2^*, \cdots, x_n^*)$에서 쿤-터커 조건이 만족된다:

i) 함수 g^j들이 오목함수이다.

ii) 함수 g^j들이 볼록함수이고, 각 j에 대하여 $g^j(x_1, x_2, \cdots, x_n) < c_j$를 만족하는 $(x_1, x_2, \cdots, x_n)$가 있다.

iii) 함수 g^j들이 준볼록함수이고, 각 j에 대하여 $g^j(x_1, x_2, \cdots, x_n) < c_j$를 만족하는 $(x_1, x_2, \cdots, x_n)$가 있고,

$$\left(\frac{\partial g^j(x_1^*, x_2^*, \cdots, x_n^*)}{\partial x_1}, \frac{\partial g^j(x_1^*, x_2^*, \cdots, x_n^*)}{\partial x_2}, \cdots, \frac{\partial g^j(x_1^*, x_2^*, \cdots, x_n^*)}{\partial x_n}\right) \neq (0, 0, \cdots, 0)$$

이다.

증 명 생략 ■

위 정리에서 **iii)**을 설명하면 $g^j(x_1, x_2, \cdots, x_n)$를 $(x_1^*, x_2^*, \cdots, x_n^*)$에서 x_i들로 편미분한 값들을 모은 것이 (0, 0, ⋯, 0)이 되지 않아야 한다는 것이다. 그리고 이 정리에서는 함수 f에 대하여 오목성이나 볼록성을 요구하지 않음에 유의하라. 이 정리의 요지는 제약함수 g^j들이 **i)**, **ii)**, **iii)** 중에 하나이면 쿤-터커 조건은 절대적 극대의 필요조건이 되어 쿤-터커 조건을 만족하지 않는 곳에서는 절대적 극대

가 일어나지 않는다는 점이다. 특히 iii)을 더 설명하면 제약함수 g^j들이 준볼록함수이고, 각 j에 대하여 $g^j(x_1, x_2, \cdots, x_n) < c_j$를 만족하는 $(x_1, x_2, \cdots, x_n)$가 있으면 최대(절대적 극대)를 구하는 문제는 쿤-터커 조건을 만족하는 $(x_1, x_2, \cdots, x_n)$들과 모든 j에 대하여

$$\left(\frac{\partial g^j(x_1^*, x_2^*, \cdots, x_n^*)}{\partial x_1}, \frac{\partial g^j(x_1^*, x_2^*, \cdots, x_n^*)}{\partial x_2}, \cdots, \frac{\partial g^j(x_1^*, x_2^*, \cdots, x_n^*)}{\partial x_n}\right) = (0, 0, \cdots, 0)$$

이 되는 $(x_1, x_2, \cdots, x_n)$들만 후보로 놓고 살펴보면 된다는 말이다.

지금까지의 정리를 종합하여 쿤-터커 조건이 경제학에서 실질적으로 많이 사용되는 경우를 보자.

정 리 따름정리 1

$\mathbb{R}^n$에서 $\mathbb{R}$로 가는 목적함수 $y = f(x_1, x_2, \cdots, x_n)$이 준오목함수이고, 2계 도함수를 가지며, m개의 부등호 제약조건들 $g^1(x_1, x_2, \cdots, x_n) \le c_1, \cdots, g^m(x_1, x_2, \cdots, x_n) \le c_m$에 사용되는 함수들 $g^1(x_1, x_2, \cdots, x_n), g^2(x_1, x_2, \cdots, x_n), \cdots, g^m(x_1, x_2, \cdots, x_n)$이 모두 직선적(linear)이라 하자. 그러면 쿤-터커 조건은 절대적 극대의 필요조건이 된다. 즉, 쿤-터커 조건을 만족하지 않는 곳에서는 최대값이 얻어지지 않는다.

증 명 생략 ■

정 리 따름정리 2

$\mathbb{R}^n$에서 $\mathbb{R}$로 가는 목적함수 $y = f(x_1, x_2, \cdots, x_n)$이 준오목함수이고, 2계 도함수를 가지며, m개의 부등호 제약조건들 $g^1(x_1, x_2, \cdots, x_n) \le c_1, \cdots, g^m(x_1, x_2, \cdots, x_n) \le c_m$에 사용되는 함수들 $g^1(x_1, x_2, \cdots, x_n), g^2(x_1, x_2, \cdots, x_n), \cdots, g^m(x_1, x_2, \cdots, x_n)$이 모두 직선적(linear)이라 하자. 그리고 $(x_1^*, x_2^*, \cdots, x_n^*)$에서 쿤-터커 조건이 만족되며 든 i에 대하여 $\{\partial f(x_1^*, x_2^*, \cdots, x_n^*)/\partial x_i\} \neq 0$이라 하자. 그러면 $(x_1^*, x_2^*, \cdots, x_n^*)$에서

절대적 극대가 얻어진다.

즉, 쿤-터커 조건과 "모든 i에 대하여 $\{\partial f(x_1^*, x_2^*, \cdots, x_n^*)/\partial x_i\} \neq 0$"이란 조건이 합하여 절대적 극대의 충분조건이 된다.

증 명 생략 ■

위 따름정리들이 말해 주는 것은 부등호 제약이 직선적이고 목적함수가 준오목함수이면, 쿤-터커 조건을 풀어서 후보를 얻고 후보에서

$$\text{"모든 } i\text{에 대하여 } \frac{\partial f(x_1^*, x_2^*, \cdots, x_n^*)}{\partial x_i} \neq 0\text{"}$$

라는 것이 확인되면 $(x_1^*, x_2^*, \cdots, x_n^*)$이 최대(절대적 극대) 문제의 해를 얻게 된다는 것이다.

example 8.7 우리는 제7장의 **예 7.18**에서 $x+y \leq 6$, $x \geq 0$, $y \geq 0$의 제약하에서 $U=xy$를 최대화하는 문제의 분석을 통해 쿤-터커 조건을 만족하는 점 (3, 3)과 (0, 0)을 얻었다. 함수 $U=xy$가 준오목함수이고 부등호 제약에 사용되는 함수들이 직선적이기 때문에 쿤-터커 조건은 필요조건이다. 따라서 점 (3, 3)과 (0, 0) 이외에서는 절대적 극대가 일어나지 않는다.

그런데 (0, 0)에서는 $U_x=y=0$, $U_y=x=0$이기 때문에 극대가 일어나지 않는 반면, (3, 3)에서는 $U_x=y=3 \neq 0$, $U_y=x=3 \neq 0$이어서 쿤-터커 조건은 충분조건이 되고, 따라서 쿤-터커 조건을 만족하는 (3, 3)에서 절대적 극대가 얻어지는 것이다.

적 분

9

적분에는 두 가지 개념이 있다: 부정적분(indefinite integration)과 정적분(definite integration). 이 두 개념의 정의를 보면 둘은 전혀 상관없는 것처럼 보인다. 그러나 나중에 설명할 미적분학의 근본정리(Fundamental Theorem of Calculus)에 의하여 양자는 밀접하게 연관되어 있다.

A. 부정적분 indefinite integration

이는 미분의 반대 개념으로 생각하면 된다. 즉, 미분이 어느 함수의 도함수를 구하는 것이었다면 적분은 어느 주어진 함수를 도함수로 생각하고 그 도함수의 원함수(primitive function)를 구하는 것이다. 기호로는 $\int f(x)dx$라는 기호를 주로 사용한다. 즉, $f(x)$를 도함수로 하는 원함수를 $\int f(x)dx$라는 기호로 표기한다. 참고로 우리말의 부정적분은 영어로 두 가지 의미가 있다. indefinite integration(부정적분하기)과 indefinite integral(부정적분하여 얻은 원함수)을 모두 **부정적분**이라 한다. 이는 미분이 differentiation과 differential 두 가지 의미로 사용됨과 비슷하다. 정적분도 마찬가지인데 이는 나중에 다시 언급하기로 한다.

example 9.1 $\int 6x^2 - 2x + 3dx = 2x^3 - x^2 + 3x + C$. 여기서 상수 C는 어떤 상수라도 상관없다. 이 상수를 적분상수라고 말한다.

주어진 도함수의 원함수를 구하는 것이 쉬울 것 같으나 그렇지 않은 경우도 많다. 그러므로 부정적분을 하는 방법이 여럿 개발되어 있는데 이제 차례로 보기로 하자. 이 방법들은 부정적분의 법칙이라고 정리되어 있다.

부정적분 법칙

i) 상수함수

$y = f(x) = a$라는 상수함수가 있으면, $\int f(x)dx = \int adx = ax + C$.

ii) 멱함수 power function

$y = ax^n$을 멱함수라 부른다. $\int ax^n dx = \frac{1}{n+1}x^{n+1} + C$

iii) 합의 법칙

두 함수 $f(x)$와 $g(x)$가 있다 하자. 그러면

$$\int (f(x) + g(x))dx = \int f(x)dx + \int g(x)dx$$

이다. 이 법칙이 말해 주는 것은 두 함수를 더한 함수의 원함수는 각 함수의 원함수를 더한 것이라는 뜻이다. 증명은 아주 쉽다.

증 명 $f(x)$와 $g(x)$의 원함수 중 하나를 각각 $F(x)$와 $G(x)$라 하자. 즉, $F'(x) = f(x)$ 그리고 $G'(x) = g(x)$라 하자. 그러면

$$[F(x) + G(x)]' = F'(x) + G'(x) = f(x) + g(x)$$

이다. 따라서

$$\int (f(x) + g(x))dx = F(x) + G(x) + C = \int f(x)dx + \int g(x)dx$$

이다(적분상수는 $\int$기호에 포함되어 있다고 생각하여 이 기호를 사용할 때는 쓰지 않아도 된다). ■

iv) 차의 법칙 | $\int (f(x)-g(x))dx = \int f(x)dx - \int g(x)dx$

증 명 증명은 합의 법칙과 비슷하다. ■

v) 상수의 곱에 관한 법칙 | $\int cf(x)dx = c\int f(x)dx$

$f(x)$의 원함수가 $F(x)$일 경우 $cf(x)$의 원함수는 $cF(x)$임을 사용하면 이 증명도 쉽게 할 수 있다.

vi) 치환법칙 substitution rule | $\int f(g(x))g'(x)dx = \int f(w)dw$

위와 같이 치환하여 계산할 수 있다는 법칙이다. 사실 이것은 미분의 연쇄법칙에 대응되는 법칙이다. 함수가 $y=F(x)$ 그리고 $w=g(x)$로 주어진 경우

$$\frac{dy}{dx} = F'(g(x))g'(x) = f(g(x))g'(x)$$

가 된다는 것이 연쇄법칙이다.

따라서 $f(g(x))g'(x)$의 원함수, 즉 $\int f(g(x))g'(x)dx$는 $F(w)=\int f(w)dw$가 된다는 것인데, 연쇄법칙을 역으로 거슬러 올라간 것으로 치환법칙(substitution rule)이라 부른다. 아무튼 이 법칙을 사용하는 방법은 간단하다. $\int$기호 안에 나오는 함수(이를 피적분함수, integrand라 한다)를 잘 살펴서 이것이 어떤 함수($f(g(x))$)와 다른 함수($g'(x)$)의 곱으로 나타내지고, 그 중 하나가 다른 함수 속에 들어 있는 함수($g(x)$)의 도함수이면 다른 변수 w나 u로 치환하여 적분하면 된다는 것이다.

example 9.2 $\int (\sqrt{x^2+1})2xdx$를 구하라.

$x^2+1=u$로 치환을 하면 $2xdx=du$를 얻고, 따라서

$$\int (\sqrt{u})du = \int u^{(1/2)}du = \left\{\frac{1}{(1/2)+1}\right\}u^{(3/2)} + C = \left(\frac{2}{3}\right)(x^2+1)^{(3/2)} + C$$

를 구할 수 있다. 이것이 치환법칙을 사용한 적분이다.

example 9.3 $\int xe^{-x^2}dx$를 구하라.

$-x^2$을 u로 치환하면 $-2xdx=du$를 얻고, 여기서 $xdx=-(1/2)du$를 얻는다. 따라서 정리하면 다음과 같다.

$$\int xe^{-x^2}dx=\int e^{-x^2}xdx=\int -\frac{1}{2}e^u du=-\frac{1}{2}e^u+C=-\frac{1}{2}e^{-x^2}+C$$

위의 예를 일반화시키면 우리는 다음과 같은 법칙을 얻을 수 있다.

$$\int e^{f(x)}f'(x)dx=\int e^u du=e^u+C=e^{f(x)}+C$$

$$\int \frac{f'(x)}{f(x)}dx=\int \frac{1}{u}du=\ln u+C=\ln f(x)+C$$

주의할 점은 두 번째에서 이 적분은 $f(x)>0$이어야 가능하다는 점이다. 왜냐하면 로그는 양수일 때만 취할 수 있기 때문이다. 만약 $f(x)<0$이면 어떻게 되는가? $f(x)=-g(x)$로 놓으면 $f'(x)=-g'(x)$이므로

$$\int \frac{f'(x)}{f(x)}dx=\int \frac{-f'(x)}{-f(x)}dx=\int \frac{g'(x)}{g(x)}dx=\ln g(x)+C=\ln(-f(x))+C$$

가 됨을 알 수 있다. 즉,

$$f(x)>0\text{이면 } \int \frac{f'(x)}{f(x)}dx=\ln f(x)+C,$$

$$f(x)<0\text{이면 } \int \frac{f'(x)}{f(x)}dx=\ln(-f(x))+C$$

이다. 그리고 이를 종합하면

$$\int \frac{f'(x)}{f(x)}dx=\ln|f(x)|+C$$

로 쓸 수 있다(우리가 미분을 논의할 때는 $\ln f(x)$의 미분만을 논의하였고, 이때 당연히 $f(x)>0$의 조건이 가정되어 있었던 것이다. 그러나 여기서 다시 미분을 논의하면 $f(x)\neq 0$이란 가정하에 $\frac{d}{dx}\ln|f(x)|=\frac{f'(x)}{f(x)}$이다. 물론 $f(x)=x$로 놓고 본다면 $\int \ln|x|dx=\frac{1}{x}$이다).

vii) 부분적분법 integration by parts

$f(x)$의 원함수가 $F(x)$ 그리고 $g(x)$의 원함수가 $G(x)$일 경우

$$\int f(x)G(x)dx = F(x)G(x) - \int F(x)g(x)dx$$

로 원함수를 구하는 방법을 **부분적분법**(integration by parts)이라 한다.

증 명 $[F(x)G(x)]' = F'(x)G(x) + F(x)G'(x) = f(x)G(x) + F(x)g(x)$이므로

$$\int (f(x)G(x) + F(x)g(x))dx = F(x)G(x) + C$$

이다. 그런데 합의 법칙에 의하여

$$\int (f(x)G(x) + F(x)g(x))dx = \int f(x)G(x)dx + \int F(x)g(x)dx$$

이므로 $\int f(x)G(x)dx + \int F(x)g(x)dx = F(x)G(x) + C$이다. 따라서

$$\int f(x)G(x)dx = F(x)G(x) - \int F(x)g(x)dx$$

이다(여기서 다시 말하면, 상수 C는 $\int F(x)g(x)dx$에 포함시킨 것으로 생각한다). ■

이 방법은 피적분함수가 두 함수의 곱인 경우($f(x)G(x)$), 하나의 함수를 도함수($f(x)$)로 생각하고 다른 함수를 원함수($G(x)$)로 생각한 뒤, 두 원함수를 곱한 것($F(x)G(x)$)에서 주어진 도함수의 원함수($F(x)$) 곱하기 주어진 원함수의 도함수를 피적부분함수로 한 적분을 뺀 것으로 계산하는 것이다. 몇 가지 예를 가지고 보기로 하자.

example 9.4 $\int xe^x dx$를 구하여라.

x를 원함수, e^x를 도함수로 생각하여 부분적분법을 적용하면 다음과 같다.

$$\int xe^x dx = xe^x - \int e^x dx = xe^x - e^x + C$$

example 9.5 $\int \ln x dx$를 구하라.

$\frac{1}{x}(x>0)$의 원함수는 $\ln x + C$인데, $\ln x$의 원함수는 무엇일까? 그 답을 부분적분법을 사용하여 얻을 수 있다. $\ln x$를 1 곱하기 $\ln x$로 생각하고 1을 도함수, $\ln x$를 원함수로 생각하여 부분적분을 하면

$$\int \ln x dx = x\ln x - \int x\frac{1}{x}dx = x\ln x - x + C$$

를 얻는다.

example 9.6 $\int x(x+1)^{(1/2)}dx$를 구하라.

이를 구하는 방법은 치환법칙을 사용해도 되고 부분적분법을 사용해도 된다. 우선 치환법칙을 사용하여 원함수를 구해 보자.

$x+1=u$로 놓으면 $dx=du$이고 $x=u-1$이므로

$$\begin{aligned}\int (u-1)u^{(1/2)}du &= \int u^{(3/2)}du - \int u^{(1/2)}du \\ &= \frac{2}{5}u^{(5/2)} - \frac{2}{3}u^{(3/2)} + C = \frac{2}{5}(x+1)^{(5/2)} - \frac{2}{3}(x+1)^{(3/2)} + C\end{aligned}$$

을 얻는다. 부분적분을 해 보자. x를 원함수, $(x+1)^{(1/2)}$를 도함수로 생각하면,

$$\begin{aligned}\int x(x+1)^{(1/2)}dx &= \frac{2}{3}x(x+1)^{(3/2)} - \int \frac{2}{3}(x+1)^{(3/2)}dx \\ &= \frac{2}{3}x(x+1)^{(3/2)} - \frac{2}{3}\frac{2}{5}(x+1)^{(5/2)} + C \\ &= \frac{2}{3}x(x+1)^{(3/2)} - \frac{4}{15}(x+1)^{(5/2)} + C\end{aligned}$$

이다. 그런데 이것은 위 치환적분법을 사용하여 얻은 답과 다르지 않는가? 그렇지 않다. 왜냐하면

$$\begin{aligned}&\frac{2}{3}x(x+1)^{(3/2)} - \frac{4}{15}(x+1)^{(5/2)} + C \\ &= \frac{2}{3}(x+1)(x+1)^{(3/2)} - \frac{2}{3}(x+1)^{(3/2)} - \frac{4}{15}(x+1)^{(5/2)} + C\end{aligned}$$

이고 이를 정리하면 $\frac{2}{5}(x+1)^{(5/2)}-\frac{2}{3}(x+1)^{(3/2)}+C$이 되기 때문이다.

B. 정적분 definite integration

정적분(definite integral)의 정의는 부정적분의 정의와 매우 다르다. 정적분의 의미를 설명하기 위하여 ℝ에서 ℝ로 가는 함수가 하나 있고 이를 f라고 하자. 즉, $y=f(x)$라는 함수가 있다고 가정하자. 그리고 이 함수의 그래프가 **그림 9-1**과 같다고 하자.

그림 9-1

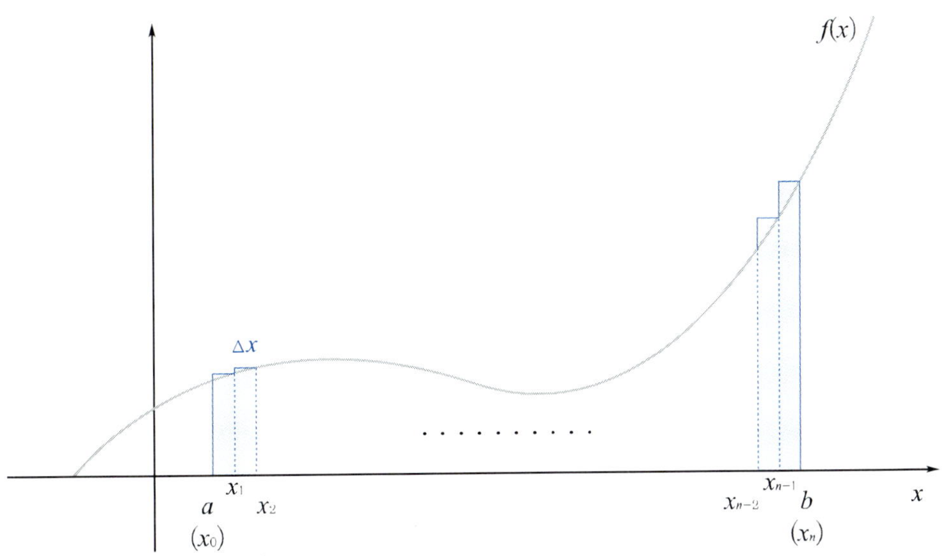

다음으로 x의 두 값을 정하여(이를 a와 b라 하자) 하나의 구간을 정한 뒤 이 구간을 n 등분하여 작은 n개의 부분구간으로 만들자. i번째 작은 부분구간의 시작

점을 x_{i-1}, 끝 점을 x_i라 하자. 즉, 첫 번째 부분구간은 $[x_0,\ x_1]$이고, 두 번째 부분구간은 $[x_1,\ x_2]$ 등이 되고 마지막 부분구간은 $[x_{n-1},\ x_n]$이 된다. **그림 9-1**을 참조하라. 여기서 $x_0=a$ 그리고 $x_n=b$임에 유의하라. 각 부분구간의 길이는 $\frac{b-a}{n}$이 되고 이를 Δx로 표기하기로 한다.

다음으로 각 부분구간에서 높이가 $f(x_i)$가 되는 직사각형을 만들고 이 직사각형의 넓이를 모두 합하여 보자. 그러면 그것은

$$f(x_1)\Delta x+f(x_2)\Delta x+\cdots+f(x_n)\Delta x=\sum_{i=1}^{n}f(x_i)\Delta x$$

가 된다. a에서 시작하여 b에서 끝나는 구간을 부분구간으로 나누는 개수 n을 점점 늘리면, 즉 $\Delta x=\frac{b-a}{n}$의 크기를 점점 0으로 수렴시키면 $\sum_{i=1}^{n}f(x_i)\Delta x$이 어느 한 값으로 수렴한다는 것이 수학적으로 증명되어 있다.

이 값을 $\int_a^b f(x)dx$로 표기를 하고 함수 f를 a에서 b까지 정적분한 값이라 말한다. 즉, 정적분 definite integration은 $\sum_{i=1}^{n}f(x_i)\Delta x$의 극한값을 구하는 것이고 그 극한값을 정적분 definite integral이라 말한다.

example 9.7 $y=f(x)=x^2+1$을 1에서 5까지 정적분하여 보자. 우선 [1, 5]의 구간을 n개의 부분구간으로 만들면

$$x_0=1,\quad x_1=1+\frac{4}{n},\quad x_2=1+2\frac{4}{n},\quad x_3=1+3\frac{4}{n},\quad \cdots,$$
$$x_{n-1}=1+(n-1)\frac{4}{n},\quad x_n=1+n\frac{4}{n}=5$$

가 되고, 따라서 다음과 같다.

$$\begin{aligned}\sum_{i=1}^{n}f(x_i)\Delta x&=f(x_1)\Delta x+f(x_2)\Delta x+\cdots+f(x_n)\Delta x\\&=\left\{(1+\frac{4}{n})^2+1\right\}\left\{\frac{4}{n}\right\}+\left\{(1+2\frac{4}{n})^2+1\right\}\left\{\frac{4}{n}\right\}+\left\{(1+3\frac{4}{n})^2+1\right\}\left\{\frac{4}{n}\right\}\\&\quad+\cdots+\left\{(1+(n-1)\frac{4}{n})^2+1\right\}\left\{\frac{4}{n}\right\}+\left\{(1+n\frac{4}{n})^2+1\right\}\left\{\frac{4}{n}\right\}\end{aligned}$$

이것이 나타내는 것은 직사각형들 넓이의 합이다(**그림 9-1**을 참조하라).

이제 $\triangle x$를 0에 수렴시키면, 즉 n을 무한대에 수렴시키면 위 합이 어디로 수렴하는지 계산해 보기로 하자. 그러기 위하여 각 항에 있는 제곱을 풀어서 위 합을 다시 써 보자. 그러면

$$\begin{aligned}\sum_{i=1}^{n} f(x_i)\triangle x = &\left\{1+2\frac{4}{n}+\frac{16}{n^2}+1\right\}\left\{\frac{4}{n}\right\}+\left\{1+2\cdot 2\frac{4}{n}+2^2\frac{16}{n^2}+1\right\}\left\{\frac{4}{n}\right\}\\ &+\left\{1+2\cdot 3\frac{4}{n}+3^2\frac{16}{n^2}+1\right\}\left\{\frac{4}{n}\right\}+\cdots\\ &+\left\{1+2\cdot(n-1)\frac{4}{n}+(n-1)^2\frac{16}{n^2}+1\right\}\left\{\frac{4}{n}\right\}\\ &+\left\{1+2\cdot n\frac{4}{n}+n^2\frac{16}{n^2}+1\right\}\left\{\frac{4}{n}\right\}\end{aligned}$$

이 되고 이를 전개하여 다시 정리하면

$$\begin{aligned}\sum_{i=1}^{n} f(x_i)\triangle x &= 2\cdot n\cdot\frac{4}{n}+2\cdot\{1+2+3+\cdots+(n-1)+n\}\frac{4^2}{n^2}\\ &\quad+2\cdot\{1^2+2^2+3^2+\cdots+(n-1)^2+n^2\}\frac{4^2\cdot 4}{n^3}\\ &=8+2\cdot\frac{n(n+1)}{2}\cdot\frac{4^2}{n^2}+\frac{n(n+1)(2n+1)}{6}\cdot\frac{4^2\cdot 4}{n^3}\\ &=8+16\left(1+\frac{1}{n}\right)+\frac{32}{3}\left(1+\frac{1}{n}\right)\left(2+\frac{1}{n}\right)\end{aligned}$$

이 된다. 이제 n을 무한대로 보내면 이 값은 $8+16+\frac{64}{3}=45\frac{1}{3}$를 얻는다. 즉,

$$\int_1^5 f(x)dx=\int_1^5 (x^2+1)dx=45\frac{1}{3}$$

이다.

위 예에서 여러분은 $\int_a^b f(x)dx$의 계산이 매우 복잡할 것으로 생각할 것이다. 사실 $\int_a^b f(x)dx$의 계산을 위하여 $\sum_{i=1}^{n} f(x_i)\triangle x$을 구하고, 그 후 $\triangle x$를 0으로 수렴

시키는 작업을 하면 그 계산이 매우 길고 지겹다. 그러나 곧 소개할 **미적분학의 근본정리**(Fundamental Theorem of Calculus)를 사용하면 대부분의 계산은 매우 간단해진다. 이 정리에 관한 논의는 잠시 뒤로 미루고 우선 정적분의 기하학적 의미를 알아보자.

그것은 다름 아닌 함수 $f(x)$의 그래프와 x축이 a에서 b까지 만들어 내는 도형의 면적이다($f(x)>0$을 가정한다. $f(x)<0$은 잠시 후에 설명한다). **그림 9–1**을 참조하라. 즉, $\sum_{i=1}^{n} f(x_i)\Delta x$은 함수 $f(x)$의 그래프와 x축이 a에서 b까지 만들어 내는 도형의 면적의 근사치이고 이 근사치를 점점 더 세밀하게 하기 위하여 n을 무한대, 즉 Δx를 0으로 수렴시키는 것이다. 그리하여 그 극한값 $\int_a^b f(x)dx$는 도형의 면적이 되는 것이다.

이를 확인하기 위하여 우리가 쉽게 면적을 구할 수 있는 직선 함수를 사용하여 다음의 예에서 계산해 보기로 한다.

example 9.8 $y=f(x)=3x+9$일 때 $\int_2^7 f(x)dx$을 $\sum_{i=1}^{n} f(x_i)\Delta x$의 극한값으로 계산해 보자. [2, 7]의 구간을 n개의 부분구간으로 만들면

$$x_0=2,\qquad x_1=2+\frac{5}{n},\qquad x_2=2+2\frac{5}{n},\qquad x_3=2+3\frac{5}{n},\qquad \cdots,$$

$$x_{n-1}=2+(n-1)\frac{5}{n},\qquad x_n=2+n\frac{5}{n}=7$$

가 된다. 따라서

$$\begin{aligned}\sum_{i=1}^{n} f(x_i)\Delta x &= f(x_1)\Delta x+f(x_2)\Delta x+\cdots+f(x_n)\Delta x\\ &=\left\{3\left(2+\frac{5}{n}\right)+9\right\}\left\{\frac{5}{n}\right\}+\left\{3\left(2+2\frac{5}{n}\right)+9\right\}\left\{\frac{5}{n}\right\}+\left\{3\left(2+3\frac{5}{n}\right)+9\right\}\left\{\frac{5}{n}\right\}\\ &\quad+\cdots+\left\{3\left(2+(n-1)\frac{5}{n}\right)+9\right\}\left\{\frac{5}{n}\right\}+\left\{3\left(2+n\frac{5}{n}\right)+9\right\}\left\{\frac{5}{n}\right\}\end{aligned}$$

이다. 이제 정리하면

$$\sum_{i=1}^{n} f(x_i)\triangle x = 15 \cdot n \cdot \frac{5}{n} + \{1+2+\cdots+(n-1)+n\} \cdot 3 \cdot \frac{5^2}{n^2}$$

$$\sum_{i=1}^{n} f(x_i)\triangle x = 75 + \frac{n(n+1)}{2} \cdot \frac{75}{n^2} = 75 + \frac{75}{2}\left(1+\frac{1}{n}\right)$$

이다. n을 무한대로 보내면 $\int_2^7 f(x)dx = 112\frac{1}{2}$를 얻는다. 이제 $y=f(x)=3x+9$의 그래프를 그리고 2에서 7까지 얻어지는 도형의 면적을 계산하면 $112\frac{1}{2}$이 됨을 여러분은 확인할 수 있을 것이다. **그림 9-2**를 참조하라.

그림 9-2

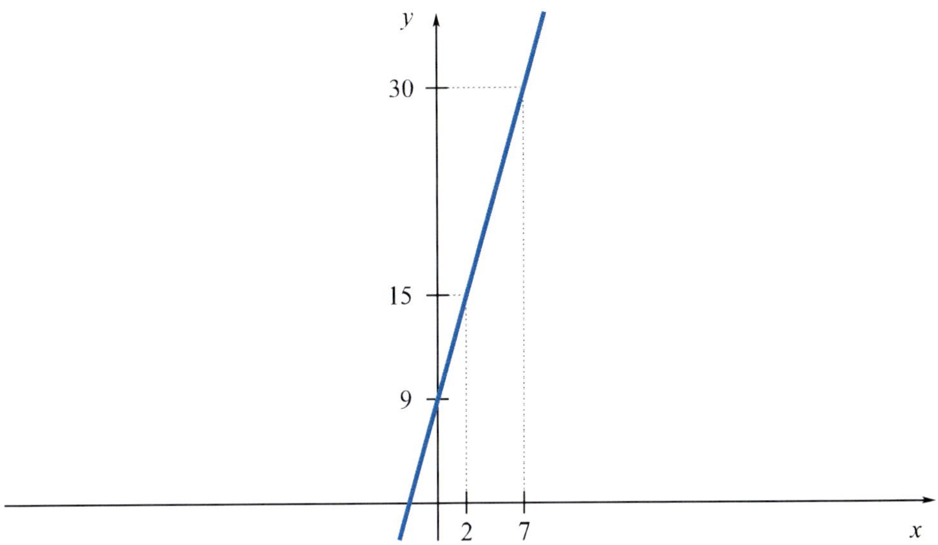

피적분함수 $f(x)$가 음의 값, 즉 $f(x)<0$이면 어떻게 되는가?

그러면 $\sum_{i=1}^{n} f(x_i)\triangle x$의 계산에서 $f(x_i)$의 값이 음수이면서 절대값은 직사각형의 높이가 되므로 결국 $\sum_{i=1}^{n} f(x_i)\triangle x$은 직사각형 넓이의 합에 음수값을 취한 것이 된다. 따라서 그 극한도 함수 $f(x)$와 x축이 만드는 넓이의 음수값이 된다. 즉, **그림 9-3**에서 $\int_a^b f(x)dx$는 표시한 부분의 면적에 음수값을 취한 것이 된다.

그림 9-3

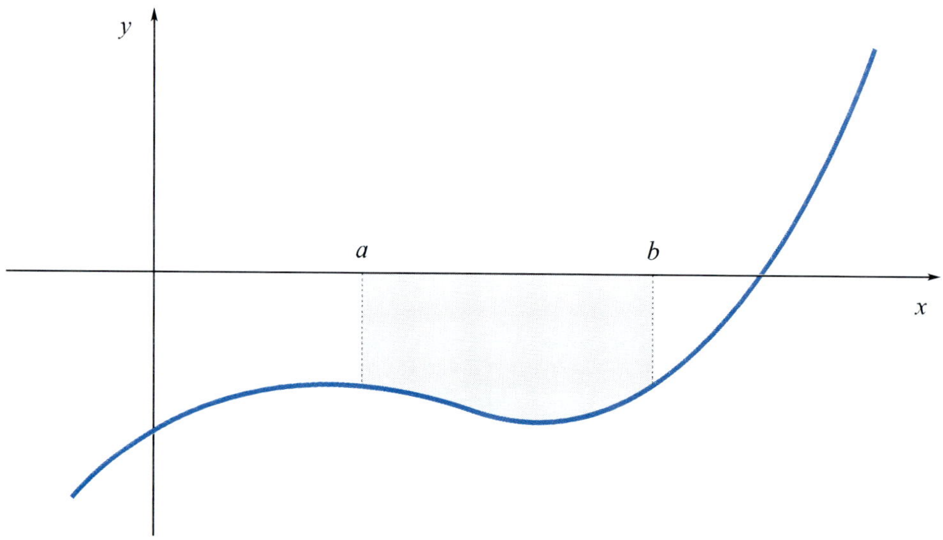

정적분의 성질

i) $\int_a^b f(x)dx = -\int_b^a f(x)dx$

상한과 하한이 바뀌면 정적분값은 원래 값의 음수값이 된다는 말인데, 이는 이렇게 정한 것으로 이해하면 될 것이다.

ii) $\int_a^a f(x)dx = 0$

상한과 하한이 같으면 정적분의 값은 0이란 말이다. 함수 $f(x)$의 그래프와 x축이 만들어내는 면적이 정적분의 값인데 a에서 a까지의 면적은 0이므로 당연한 결과이다.

iii) $\int_a^c f(x)dx = \int_a^b f(x)dx + \int_b^c f(x)dx$

이도 $a < b < c$를 상정하고 면적으로 생각하면 당연한 결과이다.

iv) $\int_a^b -f(x)dx = -\int_a^b f(x)dx$

이도 면적으로 생각하면 당연하다. 함수 $-f(x)$의 그래프는 $f(x)$의 그래프를 x축에 대칭되게 뒤집은 것이기 때문이다.

v) $\int_a^b cf(x)dx = c\int_a^b f(x)dx$

이 성질도 면적으로 생각하여 이해할 수 있지만, 다음에 설명하는 미적분학의 근본정리를 사용하면 아주 쉽게 증명된다. 뒤에서 증명하기로 한다.

vi) $\int_a^b [f(x)+g(x)]dx = \int_a^b f(x)dx + \int_a^b g(x)dx$

미적분학의 근본정리 설명 후 증명하기로 한다.

사실 위 정적분의 성질 중 ii)와 iii)를 제외하고는 모두 미적분학의 근본정리로 다 아주 쉽게 증명이 된다. 성질 ii)와 iii)은 거꾸로 미적분학의 근본정리를 증명하는 데 사용된다.

C. 미적분학의 근본정리

Fundamental Theorem of Calculus

앞에서 언급하였지만 어느 함수 $y=f(x)$가 주어질 경우 $\sum_{i=1}^{n} f(x_i)\Delta x$의 극한을 구하여 $\int_a^b f(x)dx$를 계산한다는 것은 매우 길고 지겨운 작업이 될 것이고, 심지어는 쉽게 계산을 할 수 없는 경우도 많이 생긴다. 그러나 $\int_a^b f(x)dx$의 계산을 매우 쉽게 할 수 있는 방법을 **미적분학의 근본정리**(Fundamental Theorem of Calculus)는 말해 주고 있다.

정 리 **미적분학의 근본정리**

함수 $f(x)$의 원함수를 $F(x)$라 하자. 즉, $F'(x)=f(x)$라 하자. 그러면 다음과 같다.

$$\int_a^b f(x)dx = F(b) - F(a)$$

이 미적분학 근본정리가 말해 주는 것은 정적분의 계산을 부정적분의 계산으로 쉽게 할 수 있다는 것이다. $f(x)$의 원함수, 즉 $\int f(x)dx$를 계산하면 $\int_a^b f(x)dx$는 쉽게 계산할 수 있다는 말이다. 정적분과 부정적분이 이렇게 밀접한 연관이 있기 때문에 기호도 비슷하게 쓰는 것이다. 그리고 기호로 $F(b)-F(a)$를 $F(x)|_a^b$로도 많이 사용한다. 앞에서 본 예의 정적분 계산을 이 정리를 사용하여 다시 계산해 보자.

example 9.9 $\int_1^5 (x^2+1)dx = \frac{1}{3}5^3+5-\left(\frac{1}{3}+1\right)=45\frac{1}{3}$이다. $\int (x^2+1)dx$ 중 하나는 $\frac{1}{3}x^3+x$이기 때문에 이를 $F(x)$로 사용하여 계산하면 다음과 같다.

$$\frac{1}{3}x^3+x\Big|_1^5 = \left(\frac{125}{3}+5\right)-\left(\frac{1}{3}+1\right)=45\frac{1}{3}$$ •••

example 9.10 $\int_2^7 (3x+9)dx$의 계산에서 $F(x)=\frac{3}{2}x^2+9x$로 놓으면 다음을 얻는다.

$$\frac{3}{2}x^2+9x\Big|_2^7 = \left(\frac{3}{2}\cdot 7^2+9\cdot 7\right)-\left(\frac{3}{2}\cdot 2^2+9\cdot 2\right)=112\frac{1}{2}$$ •••

여기서 용어를 하나 소개하면 $\int_a^b f(x)dx$에서 a를 정적분의 **하한**(lower limit), b를 정적분의 **상한**(upper limit)이라 한다. 이 용어가 자주 등장할 것인데, 정적분이란 말을 빼고 그냥 하한 · 상한이라 말하기도 한다.

미적분학 근본정리의 증명 $\int_a^b f(x)dx$를 계산하는 데 상한 b를 변화시킨다고 가정하여 보자. 그러면 $\int_a^b f(x)dx$의 값은 b의 변화에 따라 달라지고 따라서 우리는 $\int_a^b f(x)dx$를 b의 함수라고 생각할 수 있다. b는 x의 한 값이므로 b 대신 x를

사용하면 $\int_a^b f(x)dx$는 x의 함수라고 생각할 수 있다는 말이다

주의사항 엄밀히 말하면 상한에 사용되는 변수와 함수에 사용되는 변수는 구분되어야 한다. 즉, $\int_a^x f(x)dx$로 쓰면 안 되고 $\int_a^x f(t)dt$나 $\int_a^x f(w)dw$ 등으로 써야 한다. 그러나 혼돈의 염려가 없으면 $\int_a^x f(x)dx$로 쓰기도 한다. ■

이 함수를 G라 하자 즉 $G(x)=\int_a^x f(x)dx$이다. 그리고 이 함수를 미분해 보자. 그러기 위해서는 먼저 차분몫을 만들어야 한다. 그것은

$$\frac{G(x+h)-G(x)}{h}=\frac{\int_a^{x+h} f(x)dx-\int_a^x f(x)dx}{h}$$

이고, 정적분의 성질 ***c)***를 이용하면 이는

$$\frac{\int_x^{x+h} f(x)dx}{h}$$

가 된다. **그림 9-4**에서 보듯이 이는 x에서 $x+h$까지의 면적인데 x에서 $x+h$ 사이에 적당한 값 x^*를 잡으면 차분몫의 분자는 $f(x^*)h$가 되며 따라서 차분몫은 $f(x^*)$가 된다. 이제 h를 0에 수렴시키면 x와 $x+h$ 사이의 값 x^*는 x에 수렴하고 따라서 차분몫 $f(x^*)$는 $f(x)$로 수렴한다. 즉, $\int_a^x f(x)dx$를 x에 대하여 미분하면 $f(x)$가 되는 것이다. 그러므로 $G(x)=\int_a^x f(x)dx$는 $f(x)$의 원함수 중 하나이다.

다른 원함수를 $F(x)$라 했으므로 $F(x)=G(x)+C$의 관계가 있다. 그리고 정적분의 성질 ***b)***에 의하여 $G(a)=\int_a^a f(x)dx=0$이다. 그러므로

$$\int_a^b f(x)dx=G(b)=G(b)-G(a)=F(b)+C-[F(a)+C]=F(b)-F(a)$$

를 얻는다. ■

미적분학의 근본정리를 증명하는 데 정적분의 성질 ***b)***와 ***c)***를 사용하였다. 따라서 그 두 성질을 제외하고 나머지 성질은 미적분학의 근본정리를 사용하여 증명하면 된다. 독자 여러분들이 직접 증명해 보기를 권한다.

그림 9-4

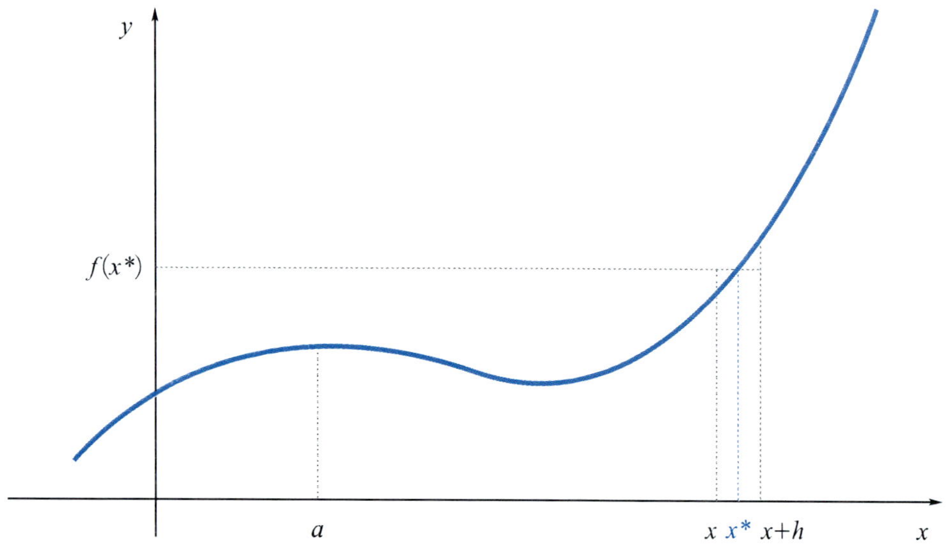

그림 9-5

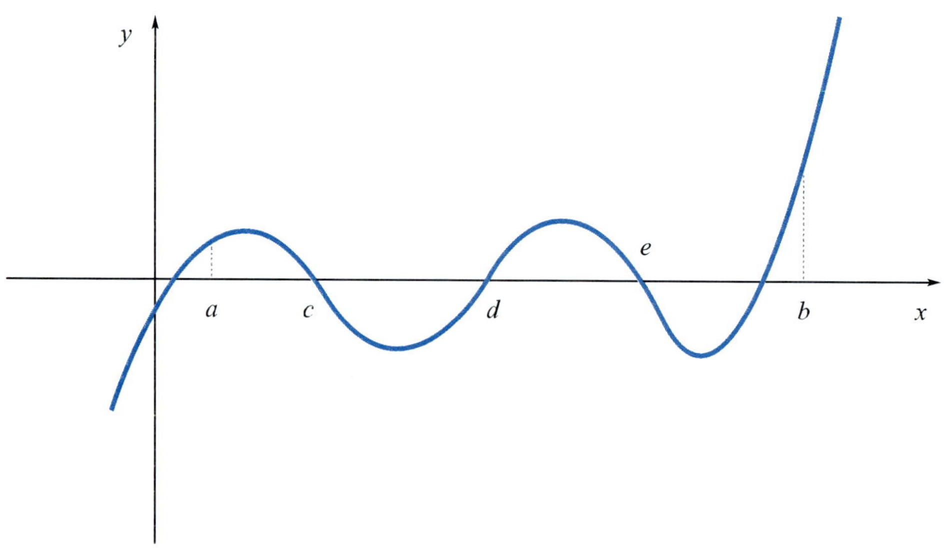

그리고 한 가지 첨언할 것은 함수의 그래프가 **그림 9–5**와 같아 구간 $[a, b]$에 함수값이 양수인 소구간도 있고 음수인 소구간도 있을 경우, $\int_a^b f(x)dx$는 함수값이 양수인 구간에서 얻어지는 면적 빼기 함수값이 곧 음수인 구간의 면적이란 사실이다.

D. 여러 가지 정적분의 기법

정적분의 부분적분법 integration by parts of definite integral

함수들 $f(x)$와 $g(x)$의 원함수가 각각 $F(x)$ 그리고 $G(x)$라 하자. 그러면

$$\int_a^b f(x)G(x)dx = F(x)G(x)\Big|_a^b - \int_a^b F(x)g(x)dx$$

이다. 상한과 하한을 무시하면 기호가 부정적분의 기호와 같다. 이 부정적분법이 말해 주는 것은 정적분 $\int_a^b f(x)G(x)dx$의 계산은 원함수의 곱을 가지고 계산한

$$F(x)G(x)\Big|_a^b = F(b)G(b) - F(a)G(a)$$

에서 $\int_a^b F(x)g(x)dx$을 계산하여 빼 주면 된다는 것이다. 이 증명은 간단하다.

$F(x)G(x)$를 미분하면 $f(x)G(x)+F(x)g(x)$가 되므로

$$\int_a^b (f(x)G(x)+F(x)g(x))dx = F(x)G(x)\Big|_a^b$$

이다. 그런데 정적분의 성질 ***f***)에 의하여

$$\int_a^b (f(x)G(x)+F(x)g(x))dx = \int_a^b f(x)G(x)dx + \int_a^b F(x)g(x)dx$$

이므로 결국

$$\int_a^b f(x)G(x)dx + \int_a^b F(x)g(x)dx = F(x)G(x)\Big|_a^b$$

을 얻고 좌변의 두 번째 항을 우변으로 이항하면 부분적분법 결과가 나온다.

연습문제

1. 다음의 정적분을 계산하라.

a. $\int_1^6 4dx$

b. $\int_0^2 3xdx$

c. $\int_2^5 \left(u + \frac{1}{u^2}\right)du$

d. $\int_1^4 \frac{1}{\sqrt{s}}ds$

e. $\int_{-7}^7 16(x^2+1)^{15}2xdx$

f. $\int_0^1 \left(\frac{x}{2\sqrt{x+1}} + \sqrt{x+1}\right)dx$

g. $\int_0^1 \left(\frac{x^2}{\sqrt{x^2+1}} + \sqrt{x^2+1}\right)dx$

2. 다음의 정적분을 계산하라.

a. $\int_0^1 xe^{-x}dx$ b. $\int_0^1 x^3e^{x^2}dx$ c. $\int_1^e x^2\ln xdx$ d. $\int_1^e x(\ln x)^2dx$

정적분의 치환적분

부정적분과 마찬가지로 정적분도 치환에 의한 적분법이 가능하다. 그런데 주의할 점은 상한과 하한을 조절해 줘야 한다는 것이다. 즉,

$$\int_a^b f(g(x))g'(x)dx = \int_{g(a)}^{g(b)} f(u)du$$

이다. x가 a부터 b까지의 값을 가지는 구간이라면 이때 $u=g(x)$이므로 u는 $g(a)$부터 $g(b)$까지의 값을 가지기 때문이다.

example 9.11 $\int_2^5 (\sqrt{x^2+1})2xdx$를 구해 보자.

우리는 앞의 부정적분의 예에서 치환에 의한 적분으로 $(\sqrt{x^2+1})2x$의 원함수로 $\left(\frac{2}{3}\right)(x^2+1)^{(3/2)}+C$를 얻었다. 따라서

$$\int_2^5 (\sqrt{x^2+1})2x\,dx = \left(\frac{2}{3}\right)(x^2+1)^{(3/2)}\Big|_2^5 = \frac{2}{3}(26\sqrt{26}-5\sqrt{5})$$

를 얻게 된다. 이제 정적분을 치환에 의한 적분으로 해 보면, $u=x^2+1$이므로

$$\int_2^5 (\sqrt{x^2+1})2x\,dx = \int_5^{26} \sqrt{u}\,du = \left(\frac{2}{3}\right)u^{(3/2)}\Big|_5^{26} = \frac{2}{3}(26\sqrt{26}-5\sqrt{5})$$

를 얻는다. •••

E. 특이적분 Improper Integral

무한이 정적분의 피적분함수나 상한 또는 하한에 결부되어 있을 경우 **특이적분**(Improper Integral, **이상적분이라 번역하기도 함**)이라 한다.

example 9.12 $\int_0^5 \frac{1}{\sqrt{x}}dx$를 계산하려면 x의 범위가 0에서 5까지인데 0은 정의역에 포함되지 않는다. 그러므로 $\int_0^5 \frac{1}{\sqrt{x}}dx$를 계산하기 위하여 $\int_a^5 \frac{1}{\sqrt{x}}dx\,(a>0)$를 계산한 후, a를 0으로 수렴시켜 그 값을 알아보고 이 값을 $\int_0^5 \frac{1}{\sqrt{x}}dx$의 값으로 삼는다. $\int_a^5 \frac{1}{\sqrt{x}}dx$를 계산해 보면

$$\int_a^5 \frac{1}{\sqrt{x}}dx = \int_a^5 x^{(-1/2)}dx = 2x^{(1/2)}\Big|_a^5 = 2\sqrt{5}-2\sqrt{a}$$

이다. 이제 a를 0으로 수렴시키면 $\int_0^5 \frac{1}{\sqrt{x}}dx = 2\sqrt{5}$의 값을 얻는다. •••

example 9.13 $\int_1^\infty \frac{1}{x^2}dx$을 계산하기 위하여 먼저 $\int_1^b \frac{1}{x^2}dx$를 계산하면

$$\int_1^b \frac{1}{x^2}dx = -x^{-1}\Big|_1^b = -\frac{1}{b} - (-1)$$

을 얻는다. 이제 b를 무한대에 접근시키면 $\lim_{b\to\infty}\left(-\frac{1}{b}-(-1)\right)=1$을 얻는다. 즉, $\int_1^\infty \frac{1}{x^2}dx=1$로 계산한다. •••

example 9.14 $\int_1^\infty \frac{1}{x}dx$를 계산하기 위하여 먼저 $\int_1^b \frac{1}{x}dx$를 계산하면 $\ln x\Big|_1^b=\ln b$를 얻는다. 그러면 $\lim_{b\to\infty}\int_1^b \frac{1}{x}dx=\lim_{b\to\infty}\ln b=\infty$을 얻는데, 이 경우 $\int_1^\infty \frac{1}{x}dx=\infty$라 하지 않고(왜냐하면 사실 ∞은 어떤 숫자가 아니기 때문이다), $\int_1^\infty \frac{1}{x}dx$은 "$\infty$로 발산한다"고 표현한다. •••

example 9.15 $\int_0^1 \frac{1}{x}dx$을 계산하기 위하여 $\int_a^1 \frac{1}{x}dx$를 계산하면 $-\ln a$를 얻는다. 그리고 a를 0으로 수렴시키면 $-\ln a$는 $-\infty$를 향해가므로 $\int_0^1 \frac{1}{x}dx$도 $-\infty$로 발산한다. •••

F. 지니계수 Gini coefficients

한 경제 내의 소득불평등이 어느 정도 심한가를 나타내 주는 지표로서 **지니계수**(Gini coefficient, Gini index, Gini ratio)라는 개념이 있다. 이 계수는 0과 1 사이의 값을 가지는데, 0에 가까울수록 소득불평등이 약하고 1에 가까울수록 소득불평등이 아주 심함을 나타낸다. 우선 지니계수의 정의부터 서술하고 설명하자:

$$\text{지니계수} = 1 - 2\int_0^1 L(x)dx$$

이 정의에서 알 수 있듯이 지니계수는 함수 $L(x)$를 적분하여 계산하고, 그 때문에 적분의 응용으로 여기서 소개하는 것이다. 함수 $L(x)$를 **로렌츠 함수**(Lorenz function)라 하고, 그 함수의 그래프를 **로렌츠 곡선**(Lorenz curve)이라 한다.

그림 9-6

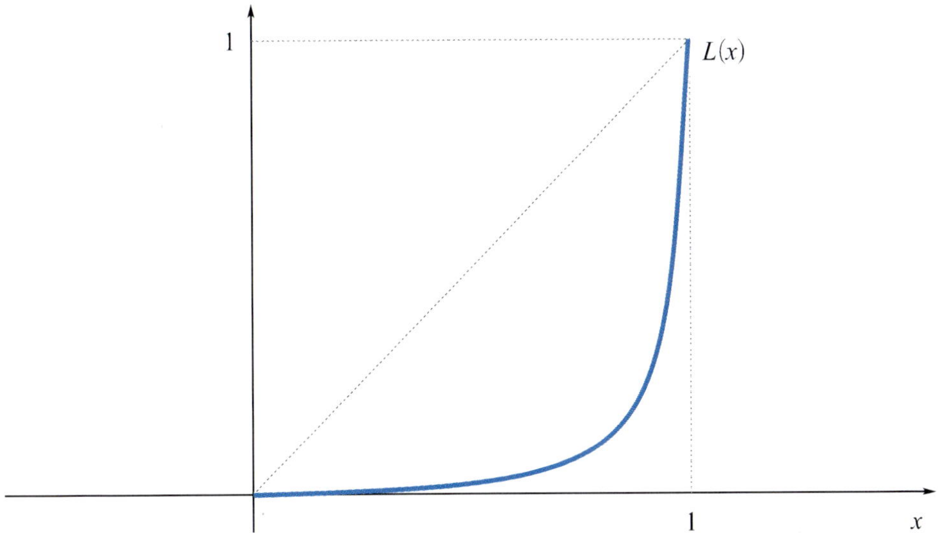

로렌츠 함수는 다음의 성질을 가지고 있다:

i) $L(x)$의 정의역은 $[0,\ 1]$이다.

ii) $L(0)=0,\ L(1)=1$이다.

iii) $L(x)$는 증가함수이다.

그림 9-6은 로렌츠 곡선의 한 예이다. 로렌츠 곡선은 경제 내의 모든 사람을 소득이 적은 사람으로부터 많은 사람으로 순서에 따라 줄을 세운 후, 소득이 적은 사람들의 소득을 순차적으로 더하면 그 더한 값이 전체 소득의 몇 %에 해당하는지를 보여 주는 곡선이다.

예를 들어 어느 경제에 100명의 사람이 살고 있다고 가정하고, 그들의 소득을 작은 값부터 순서대로 적으면 1, 2, 3, …, 100이라고 해 보자. 그러면 이들의 소득을 모두 더한 값 5,050이 나오므로, 첫 번째 사람의 소득은 백분율로 1/5,050이다. 그 다음 첫 번째 사람과 두 번째 사람의 소득을 더하면 3이고, 이는 전체 소득의 백분율로 3/5,050이다. 세 번째 사람의 소득까지 더하여 백분율로 표시하면 6/5,050이 된다.

이제 가로축에 0.01씩 눈금을 긋고 각 눈금위에 앞에서 계산한 값을 점으로 찍어 연결하면 로렌츠 곡선이 얻어진다. 즉, 첫 번째 눈금에 1/5,050 높이의 점, 두 번째 눈금에 3/5,050 높이의 점, 세 번째 눈금에 6/5,0505 높이의 점, … 등을 찍어서 연결하면 로렌츠 곡선이 나온다.

로렌츠 곡선 $L(x)$는, 인구의 하위 $x \times 100\%$에 있는 사람들의 소득을 다 합하면 전체 소득의 $L(x) \times 100\%$가 된다는 것을 보여 준다. 예를 들어 $L(0.1)=0.02$라면, 하위 10% 사람들의 소득을 다 합하면 그것은 전체 소득의 2%가 된다는 의미이다. %로 말하기 위하여 100을 곱한 것을 무시하고 소수점으로 환산하여 말하면, 하위 x에 있는 사람들의 소득을 다 합하면 그 소득의 합은 전체 소득의 $L(x)$만큼 된다는 것을 보여 주는 것이다.

만약 모든 사람의 소득이 동등하다면, 즉 소득불평등도가 0이라면 로렌츠 곡선은 45도 직선이 될 것이다. 위 인구 100명의 예에서 모든 사람들의 소득이 1이라고 가정해 보라(소득의 절대값은 상관이 없다). 인구 100명이 모두 소득을 10씩 가진다 해도 45도 직선이 얻어진다. 소득의 불평등도가 심할수록 로렌츠 곡선은 x축과 가까워지다가 x값이 1에 가까워질 때 수직으로 치솟을 것이다. **그림 9–7** 패널 (a)는 상대적으로 소득불평등이 심하지 않을 경우의 로렌츠 곡선이고 패널 (b)는 불평등이 심할 때의 로렌츠 곡선이다.

그림 9–7의 패널 (a)든 (b)든 지니계수는 45도 직선이 만들어 주는 삼각형의 면적 $\frac{1}{2}$에서 로렌츠 곡선의 윗부분이 차지하는 면적으로 계산된다. 즉, 지니계수 G는 다음과 같다.

$$G=\frac{(1/2)-\int_0^1 L(x)dx}{(1/2)}=1-2\int_0^1 L(x)dx$$

이제 여러분은 로렌츠 곡선과 지니계수의 의미를 알았으므로 왜 지니계수가 0에 가까울수록 소득이 평등하고(불평등도가 적고), 지니계수가 1에 가까울수록 소득이 불평등한지 이해할 수 있을 것이다.

그림 9-7

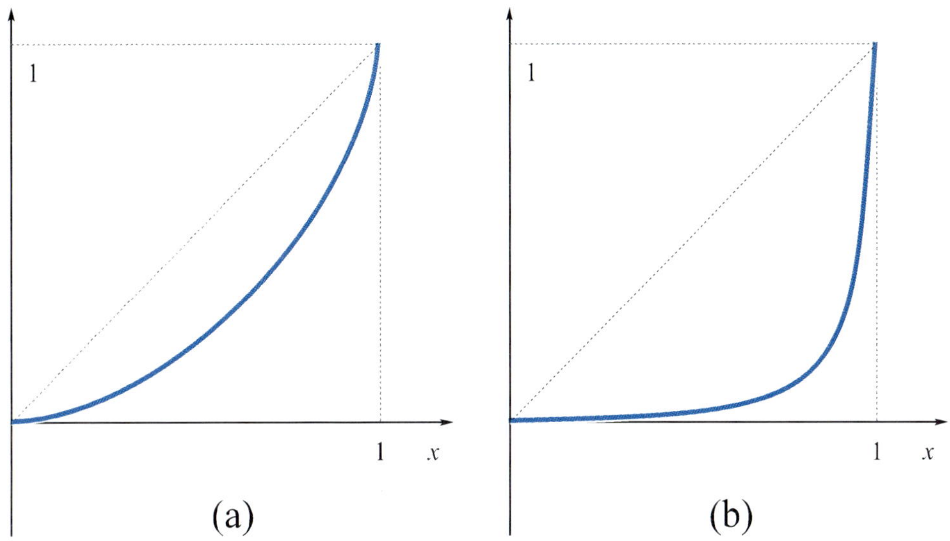

example 9.16 $L(x)=0.25x4^x=\frac{1}{4}xe^{x\ln 4}$라 하자. 그러면 지니계수 G는

$$1-2\int_0^1 \frac{1}{4}xe^{x\ln 4}dx=1-\frac{1}{2}\int_0^1 xe^{x\ln 4}dx$$

이다. $\int_0^1 xe^{x\ln 4}dx$를 부분적분법으로 계산하면

$$\begin{aligned} x\frac{1}{\ln 4}e^{x\ln 4}\Big|_0^1-\int_0^1\frac{1}{\ln 4}e^{x\ln 4}dx &= x\frac{1}{\ln 4}e^{x\ln 4}\Big|_0^1-\frac{1}{(\ln 4)^2}e^{x\ln 4}\Big|_0^1 \\ &= \frac{4}{\ln 4}-\frac{4}{(\ln 4)^2}+\frac{1}{(\ln 4)^2} \\ &= \frac{4}{\ln 4}-\frac{3}{(\ln 4)^2} \\ &\approx 1.324 \end{aligned}$$

이다. 그러므로 $G\approx 0.338$이다.

연습문제

1. 로렌츠 곡선이 $L(x) = x - 0.375(1-x)\sqrt{x}$ 로 주어진 경우 지니계수를 계산하라.

10 미분방정식

미분방정식(differential equations)은 매우 광범위한 수학의 한 분야이고 응용되는 학문 분야도 아주 많아 수학에서 매우 중요하게 다루어지는 토픽이다. 이 책에서는 경제학을 비롯한 인문사회계에서 주로 다루어지는 간단한 미분 방정식만 살펴보기로 한다. 참고로 미분 방정식은 종류가 아주 많고, 각 종류에 이름이 붙어 있다.

우선 크게는 미분방정식을 **상미분방정식**(ordinary differential equations, ODE)과 **편미분방정식**(partial differential equations, PDE)으로 구분한다. 그리고 1계 미분방정식(first order differential equations)과 2계, 3계 등의 고계 미분방정식(higher order differential equations)으로 구분하고, 또 선형 미분방정식(linear differential equations)과 비선형 미분방정식(non-linear differential equations), 동차 미분방정식(homogeneous differential equations)과 비동차 미분방정식(non-homogeneous differential equations)으로 구분하기도 한다. 이러한 구분들은 미분방정식의 다양한 이론을 접하다 보면 저절로 이해하게 되므로 지금 당장 모두 정리할 필요는 없다. 이 책에서는 **1계 선형 상미분방정식**(first order linear ODE)만 다루기로 한다.

A. 미분방정식의 대략적 의미

$\mathbb{R}$에서 $\mathbb{R}$로 가는 함수가 하나 있다고 하자. 그 함수를 f라고 쓰면 $y=f(x)$라 쓸 수 있다. 그런데 지금 이 함수의 형태가 어떤 함수인지 알려져 있지 않고, 단지 이 함수의 도함수와 원함수 사이에 일정한 관계가 있음이 알려져 있다고 가정하자.

example 10.1 $3f'(x)-f(x)=6$이라는 관계를 어떤 관찰이나 이론을 통하여 얻었다고 하자. 이 경우 이 관계를 나타내는 식을 미분방정식이라 하고, 함수 f를 찾아내는 것을 미분방정식을 푼다고 말한다. 즉, 찾아낸 함수 f가 미분방정식의 해(solution)이다.

이 **예 10.1**에 관하여 하나의 해를 소개하면 $f(x)=e^{(1/3)x}-6$이다. 즉, 이 함수는 $3f'(x)-f(x)=6$이라는 관계를 만족한다. 어떻게 이러한 함수를 찾아내느냐에 관한 일반적 이론이 방대한데, 그중 간단하고 경제학에 많이 사용되는 이론만을 이 책에서 소개하기로 한다.

보통 미분방정식은 시간의 흐름에 따른 변수의 변화를 보는 데 많이 사용되므로 x 대신에 시간을 나타내는 t를 독립변수의 기호로 많이 사용한다. 그러나 이 표기법이 절대적인 것은 아니다. 그리고 모르는 함수를 f라고 쓰지 않고 약간의 기호 남용을 하여 $y(t)$라는 기호를 사용한다. 즉, $y=f(t)$라고 써야하나, y의 의미를 중복적으로 사용하여(남용하여) $y=y(t)$로 사용하는 것이다. 그리고 시간에 대하여 미분했다는 기호로 프라임 대신 점을 많이 사용하여 $\dfrac{dy}{dt}=\dot{y}$라는 기호를 사용하기로 한다.

example 10.2 **예 10.1**의 미분방정식을 $3y'(t)-y(t)=6$으로 많이 표기하고 더 나아가 $3\dot{y}(t)-y(t)=6$으로도 많이 표기한다. (t)를 숨기고 다시 표기해 보면 $3\dot{y}-y=6$이 된다.

앞으로 우리도 y가 시간 t의 함수라 가정하고 그것을 t에 대하여 미분한 것을 $\dot{y}$로 표기하기로 한다.

example 10.3 $-4\ddot{y}(t)+2\dot{y}(t)+y(t)=10$. 이는 2계 미분방정식의 예이다(앞의 예는 1계 미분방정식의 예이다).

2계 도함수와 1계 도함수 그리고 원함수 사이에 일정한 관계가 있음을 보여주는 식을 2계 미분방정식이라 한다. 이 책에서는 주로 1계 미분방정식을 다루기로 한다. 그리고 미지의 함수가 $\mathbb{R}$에서 $\mathbb{R}$로 가는 함수일 경우 그 미분방정식을 **동차 미분방정식**(homogeneous differential equations)과 **비동차 미분방정식**(non-homogeneous differential equations)으로 구분한다.

B. 동차 미분방정식과 비동차 미분방정식

homogeneous differential equations and non–homogeneous differential equations

우선 1계 미분방정식을 가지고 동차 미분방정식과 비동차 미분방정식을 구분해 보자. 일반적으로 $a(t)\dot{y}(t)+b(t)y(t)=0$의 형태로 주어진 미분방정식을 동차 미분방정식 그리고 $a(t)\dot{y}(t)+b(t)y(t)=w(t)$의 형태로 주어진 방정식을 비동차 미분방정식이라 한다. 즉, $w(t)$처럼 도함수나 원함수와는 별도로 존재하는 항이 없으면 동차, 있으면 비동차 미분방정식이라 한다. 선형이란 말은 도함수의 제곱이나 원함수의 제곱 등 복잡한 형태가 없다는 뜻이다.

여기서 함수들 $a(t)$, $b(t)$, $w(t)$들은 알려진 함수들이고 지금 모르는 것은 함수 $y(t)$임을 명심하자. 비동차 미분방정식을 푸는 데 동차방정식의 해가 사용되므로 우선 동차 미분방정식(더 정확히는 1계 동차 선형 상미분방정식, first order homogeneous linear ordinary differential equations)의 해를 보기로 한다.

$a(t)$와 $b(t)$가 상수인 동차 미분방정식

$a(t)=a$ 그리고 $b(t)=b$로서 상수라 하자. 즉, $a\dot{y}(t)+by(t)=0$라는 형태의 미분방정식을 어떻게 푸는지 알아보기로 하자.

example 10.4 동차 미분방정식의 간단한 예로 $3\dot{y}(t)-y(t)=0$을 들 수 있다.

$a\dot{y}(t)+by(t)=0$를 다른 기호로 쓰면 $a\frac{dy}{dt}+by=0$이다. 그리고 미분(differential)으로 다시 쓰면 $ady+bydt=0$ 혹은 $a\frac{dy}{y}+bdt=0$ 혹은 $a\frac{dy}{y}=-bdt$를 얻는다. 마지막 식의 좌변은 y만의 함수를 미분한 것이고, 우변은 t만의 함수를 미분한 것으로 보아 좌변의 원함수를 찾으면 $a\ln y$이고 우변의 원함수를 찾으면 $-bt+C'$이다. 즉, $d(a\ln y)=\frac{a}{y}dy$이고 $d(-bt+C')=-bdt$이다. 양자를 같이 놓고 부정적분을 하면 결국 $a\ln y=-bt+C'$를 얻게 된다. 이 식을 y에 대하여 풀면

$$y=e^{\frac{C'}{a}}e^{-\frac{b}{a}t}$$

를 얻고 $e^{\frac{C'}{a}}$를 C라고 쓰면 $y=Ce^{-(b/a)t}$를 얻고 이것이 $a\dot{y}(t)+by(t)=0$의 일반적인 해이다. 독자 여러분은 $y=Ce^{-(b/a)t}$를 t에 대하여 미분한 후 a를 곱한 것이

$$-bCe^{-\frac{b}{a}t}=-by$$

가 되어 $a\dot{y}(t)+by(t)=0$이 만족됨을 확인해 보길 권한다.

즉, $a\dot{y}(t)+by(t)=0$의 해는 $y=Ce^{-(b/a)t}$이다. 여기서 상수 C는 어떤 상수여도 상관없다. 그런데 좀 더 해를 확정하기 위해서는 다른 정보가 필요하다. 주로 많이 사용되는 정보는 $t=0$일 때 y값이다. 즉, $y(0)$가 얼마라고 주어지면 $C=y(0)$를 대입하면 된다. $t=0$일 때의 y값을 초기조건 혹은 초기값이라고 말한다.

example 10.5 $3\dot{y}(t)-y(t)=0$이고 초기조건이 $y(0)=5$인 경우 이 미분방정식의 해를 구하면 $y=5e^{(1/3)t}$이다. •••

$a(t)$와 $b(t)$가 일반 함수인 동차 미분방정식

우선 $a(t)\dot{y}(t)+b(t)y(t)=0$의 양변을 $a(t)$로 나누어 주면 $\dot{y}(t)+\frac{b(t)}{a(t)}y(t)=0$이 되고, $\frac{b(t)}{a(t)}$를 새로운 $b(t)$로 볼 수 있으므로 $a(t)\dot{y}(t)+b(t)y(t)=0$에 관한 해는 $\dot{y}(t)+b(t)y(t)=0$를 논의함으로 족하다.

이제 이를 다른 기호로 쓰면 $\frac{dy}{dt}+b(t)y=0$이 되고 이는 $\frac{1}{y}\frac{dy}{dt}=-b(t)$로 변형이 되는데, t에 대하여 부정적분을 하면

$$\int\frac{1}{y}\frac{dy}{dt}dt=\int-b(t)dt$$

를 얻는다. 좌변 $\int\frac{1}{y}\frac{dy}{dt}dt$는 치환적분의 공식이므로 $\int\frac{1}{y}\frac{dy}{dt}dt=\int\frac{1}{y}dy$가 되어 $\ln y+C'$가 된다(여기서 적분 상수를 C'으로 표기하였다).

그러므로 $\frac{1}{y}\frac{dy}{dt}=-b(t)$는 $\ln y+C'=\int-b(t)dt=-B(t)+C''$이 되고 결국

$$y=e^{C''-C'}e^{-\int b(t)dt}=Ce^{-B(t)}$$

를 얻는다. 즉, $\dot{y}(t)+b(t)y(t)=0$의 해는 $y=Ce^{-B(t)}$를 얻는다. 이를 기호로

$$y=Ce^{-\int b(t)dt}$$

로 써도 무방하다. 상수 C는 초기조건 $y(0)$에 의하여 얻는다.

example 10.6 $\dot{y}+(\ln t)y=0$를 구하라. $b(t)=\ln t$이고 따라서

$$\int\ln t\,dt=t\ln t-\int t\frac{1}{t}dt=t\ln t-t+C'$$

이다. 그러므로 $y=Ce^{-t\ln t+t}$이다. $b(t)=\ln t$의 부정적분 중 하나가 $t\ln t-t$이고

적분상수 C'은 $y=Ce^{-t\ln t+t}$의 C에 녹아들어가 있다.

C. 비동차 미분방정식

$a(t)\dot{y}(t)+b(t)y(t)=w(t)$라는 미분방정식이 있고 여기서 $w(t)$가 0이 아닌 경우가 비동차 미분방정식이다. 이 미분방정식을 다시 $a(t)$로 나누어 $\frac{b(t)}{a(t)}$와 $\frac{w(t)}{a(t)}$를 각각 새로운 $b(t)$와 $w(t)$로 보면 되므로 $\dot{y}(t)+b(t)y(t)=w(t)$를 비동차 미분방정식의 일반적 형태로 보아도 무방하다. 이의 해는 동차 미분방정식의 해와 매우 밀접한 연관이 있는데, 이를 보기 위하여 $y_1(t)$와 $y_2(t)$를 $\dot{y}(t)+b(t)y(t)=w(t)$를 만족하는 두 가지 해라고 하자. 즉,

$$\dot{y}_1(t)+b(t)y_1(t)=w(t) \quad \cdots (1)$$

$$\dot{y}_2(t)+b(t)y_2(t)=w(t) \quad \cdots (2)$$

라 하자. 이때 식 (1)에서 (2)를 빼면

$$\{\dot{y}_1(t)-\dot{y}_2(t)\}+b(t)\{y_1(t)-y_2(t)\}=0$$

를 얻는데, 이것이 말해 주는 것은 비동차 미분방정식의 한 해(y_1)에서 다른 해(y_2)를 뺀 것(y_1-y_2)은 동차 미분방정식 $\dot{y}(t)+b(t)y(t)=0$의 해라는 점이다. 그런데 우리는 동차 미분방정식의 해를 일반적으로 $y=Ce^{-\int b(t)dt}$라고 알고 있다. 따라서

$$y_1(t)-y_2(t)=Ce^{-\int b(t)dt}$$

이 되고 이는

$$y_1(t)=y_2(t)+Ce^{-\int b(t)dt}$$

가 된다는 말이다. 우리가 특별히 찾은 비동차 미분방정식의 해를 $y_2(t)$라고 하면 다른 모든 해는 $y_2(t)+Ce^{-\int b(t)dt}$라는 말이다.

example 10.7 우선 간단히 $b(t)$와 $w(t)$가 상수함수인 경우를 보도록 하자.

$\dot{y}+3y=6$에 해당하는 동차 미분방정식은 $\dot{y}+3y=0$이고 이의 해는 $y=Ce^{-3t}$이다. 그리고 $\dot{y}+3y=6$을 만족하는 상수함수는 $y=2$이다. 따라서 $\dot{y}+3y=6$의 일반해(general solution)는 $y=Ce^{-3t}+2$이다.

다른 어떠한 해를 y_1으로 놓고 $y_2=2$로 놓으면 위의 논의에 의해 $y_1(t)-y_2(t)$가 동차 미분방정식의 해가 되므로 $y_1-2=Ce^{-3t}$가 되어 결국 $\dot{y}+3y=6$의 일반해 y_1은 $Ce^{-3t}+2$라는 말이다. y_1에서 아래 첨자를 없애고 일반해를 그냥 y라고 쓰면 $y=Ce^{-3t}+2$가 되고, 여기서 상수 C는 초기값이 주어지면 정해진다.

예로 $y(0)=7$이면 $C+2=7$이 되어 $C=5$를 얻는다. 즉 $\dot{y}+3y=6$이고 $y(0)=7$이라면 $y=5e^{-3t}+2$라는 해를 얻는다.

example 10.8 다음으로 $b(t)$와 $w(t)$가 상수가 아닌 경우를 보도록 하자.

$\dot{y}+3t^2y=3t^3+3t^2+1$의 해를 구해 보자. 우선 $\dot{y}+3t^2y=0$이라는 동차 미분방정식의 해를 찾아보면 이는 쉽게 $y=Ce^{-t^3}$임을 알 수 있다.

다음으로 $\dot{y}+3t^2y=3t^3+3t^2+1$를 만족하는 별개의 해 하나를 찾아야 하는데, $b(t)=3t^2$이고 $w(t)=3t^3+3t^2+1$이므로 t에 관한 다항식이 해라는 추측을 해 보자. 즉, $y=at+b$라고 가정해 본다. 1차 다항식이라고 가정하는 이유는 $w(t)$가 3차 다항식인데, $3t^2$이 y 앞에 곱해져 있으므로 $y=at+b$이면 3차 다항식이 나오기 때문이다.

그러면 $\dot{y}=a$이므로 이제 이것과 $y=at+b$를 $\dot{y}+3t^2y=3t^3+3t^2+1$에 대입하면 $a+3t^2(at+b)=3t^3+3t^2+1$을 얻는다. $y=at+b$가 해라면 모든 t에 관하여 이 식이 성립하여야 하므로 각 항의 계수가 맞아야 한다. 그러므로 $a=1$, $b=1$을 얻게 된다. 즉, $y=t+1$이 별개의 해이다. 그러므로 $\dot{y}+3t^2y=3t^3+3t^2+1$의 일반해는 $y=Ce^{-t^3}+t+1$이다. 여기서 다시 C는 초기조건이 주어지면 그 값이 확정된다.

위의 두 가지 예에서 우리는 $\dot{y}(t)+b(t)y(t)=w(t)$의 일반해를 찾는 방법을 알아보았다. 다시 정리하면 우선 $\dot{y}(t)+b(t)y(t)=0$이라는 동차 미분방정식의 해를 찾고(이를 y_h라는 기호로 표기하자), 다음으로 $\dot{y}(t)+b(t)y(t)=w(t)$를 만족하는 별개의 해 하나를 찾는다(이를 y_p라고 표기하자). 그러면 $\dot{y}(t)+b(t)y(t)=w(t)$의 일반해(general solution)는 y_h+y_p가 된다. 참고로 y_p를 특정해(particular solution)라고 한다. 첨자 p는 영어의 particular에서 따온 것이다. 다른 예를 하나 더 보기로 하자.

example 10.9 다음의 미분방정식을 풀어라.

$$\dot{y}+(3t^2+1)y=e^{-t}(6t^4+3t^3+3t^2+4t+1), \qquad y(0)=3$$

우선 y_h를 구하면 $y_h=Ce^{-t^3-t}$이다. 특정해 y_p를 구하기 위하여 $b(t)$와 $w(t)$를 잘 살펴보면 $y=e^{-t}(at^2+bt+c)$의 형태가 될 것이라는 것을 알 수 있다. 그러면 $\dot{y}=-e^{-t}(at^2+bt+c)+e^{-t}(2at+b)$가 된다. 이와 $y=e^{-t}(at^2+bt+c)$를 미분방정식에 대입하고 양 변에서 e^{-t}를 소거하면

$$(-at^2-bt-c)+(2at+b)+(3t^2+1)(at^2+bt+c)=(6t^4+3t^3+3t^2+4t+1)$$

를 얻는다. 이를 정리하면 $3at^4+3bt^3+3ct^2+2at+b=(6t^4+3t^3+3t^2+4t+1)$가 된다. 모든 t에 대하여 성립하여야 하므로 계수를 맞추면 $a=2$, $b=1$, $c=1$을 얻는다. 즉, $y_p=e^{-t}(2t^2+t+1)$이다. 그러므로 일반해는

$$y=y_h+y_p=Ce^{-t^3-t}+e^{-t}(2t^2+t+1)$$

이다. 이제 $y(0)=3$이라는 초기조건을 쓰면 $C=2$가 얻어지므로 결국 **확정해**(definite solution)는 $y=2e^{-t^3-t}+e^{-t}(2t^2+t+1)$가 된다. •••

D. 적분인자Integrating Factor에 의한 일반해

$\dot{y}(t)+b(t)y(t)=w(t)$의 일반해는 $y=y_h+y_p$이고, 여기서 y_p는 미분 방정식의

형태를 잘 살펴 대략의 형태를 추측한 뒤 풀 수 있다고 위 **예 10.9**에서 소개하였다. 이제 더 일반적으로 $\dot{y}(t)+b(t)y(t)=w(t)$의 일반해를 찾는 방법을 알아보자.

그러기 위해서는 다시 동차 미분방정식의 해가 사용된다. $\dot{y}(t)+b(t)y(t)=w(t)$의 양변에 동차미분방정식의 해의 역, 즉 $y=e^{B(t)}$을 곱해 보자. 그러면

$$e^{B(t)}\dot{y}(t)+e^{B(t)}b(t)y(t)=e^{B(t)}w(t)$$

이 되고 $z(t)=e^{B(t)}y(t)$로 놓으면 $e^{B(t)}\dot{y}(t)+e^{B(t)}b(t)y(t)=e^{B(t)}w(t)$의 좌변은 곧 $\dot{z}=\frac{dz}{dt}$이므로 $e^{B(t)}\dot{y}(t)+e^{B(t)}b(t)y(t)=e^{B(t)}w(t)$은 간단히 $\dot{z}=e^{B(t)}w(t)$가 된다.

이의 해는 $z=\int e^{B(t)}w(t)dt$로 표기할 수 있다. z가 $e^{B(t)}y(t)$이므로

$$e^{B(t)}y(t)=\int e^{B(t)}w(t)dt$$

이 되어 $y(t)=e^{-B(t)}\int e^{B(t)}w(t)dt$이 해가 됨을 알 수 있다. 주어진 미분방정식에 곱해 주는 $y=e^{B(t)}$를 적분인자(integrating factor)라 하는데, 이는 동차 미분방정식의 해($y=Ce^{-B(t)}$) 중 하나($y=e^{-B(t)}$)의 역이다. 결론은 적분인자를 미분방정식에 곱하여 $y(t)$를 $z(t)$ 등으로 변수치환을 하면 미분방정식의 일반해를 구할 수 있다는 말이다. 여기서 주의할 점은 $e^{-B(t)}\int e^{B(t)}w(t)dt$에서 앞의 $e^{-B(t)}$가 부정적분 기호($\int$) 안에 들어가 $e^{B(t)}$와 곱해져서 $e^{-B(t)}\int e^{B(t)}w(t)dt=\int w(t)dt$가 되지 않는다는 점이다. 예를 하나 보고 논의를 이어 가기로 하자.

example 10.10 $w(t)=2t$ 그리고 $B(t)=t^2$이라 하자. 그러면

$$\int e^{B(t)}w(t)dt=\int e^{t^2}2tdt=e^{t^2}+C$$

이고, 그러므로 $e^{-B(t)}\int e^{B(t)}w(t)dt=e^{-t^2}(e^{t^2}+C)=1+Ce^{-t^2}$이다.

만약 $e^{-B(t)}\int e^{B(t)}w(t)dt$에서 $e^{B(t)}$를 적분기호 안으로 넣어 $e^{-B(t)}$와 곱하여 1이 된다고 생각하면

$$e^{-B(t)}\int e^{B(t)}w(t)dt=\int w(t)dt=\int 2tdt=t^2+C$$

라는 결과가 나와서 $1+Ce^{-t^2}$와 전혀 다른 결과를 얻는데 이 결과는 틀린 결과이다.

$e^{-B(t)}\int e^{B(t)}w(t)dt$의 뜻은 $e^{B(t)}w(t)$의 원함수를 구하여 여기다 $e^{-B(t)}$를 곱하라는 뜻으로 이렇게 하면 $w(t)$의 원함수 $\int w(t)dt$와 다른 결과가 얻어진다. 따라서 다시 한 번 강조하거니와 $e^{-B(t)}\int e^{B(t)}w(t)dt \neq \int w(t)dt$이다. 그리고 또 하나 강조할 것은 $\dot{y}(t)+b(t)y(t)=w(t)$의 일반해가 $e^{-B(t)}\int e^{B(t)}w(t)dt$라고 했는데, 여기서 부정적분에는 적분상수 C가 꼭 따라붙는다는 사실이다. 즉, $\int e^{B(t)}w(t)dt$를 계산하여 어느 원함수 하나 $W(t)$를 구했다면, $\int e^{B(t)}w(t)dt = W(t)+C$라는 점이다. 그러므로 $\dot{y}(t)+b(t)y(t)=w(t)$의 일반해는

$$e^{-B(t)}\int e^{B(t)}w(t)dt = e^{-B(t)}(W(t)+C)$$

이다. 이 일반해를 $Ce^{-B(t)}+e^{-B(t)}W(t)$로 쓸 수 있고, 여기서 $Ce^{-B(t)}$는 동차 미분방정식의 해로 y_h에 해당하고 $e^{-B(t)}W(t)$는 y_p에 해당한다.

한 가지 문제는 $\int e^{B(t)}w(t)dt$의 계산이 쉽지 않다는 점이다. 그래서 어느 정도 추측이 가능하다면 y_p를 앞에서 논의한 추측에 의하여 푸는 방법을 사용하는 것이 더 쉬울 수 있다.

example 10.11 $\dot{y}+(3t^2+1)y=e^{-t}(6t^4+3t^3+3t^2+4t+1)$를 앞에서 풀었는데, 적분인자 e^{t^3+t}를 사용하여 풀어 보기로 하자. 그러면

$$y=e^{-t^3-t}\int e^{t^3+t}\{e^{-t}(6t^4+3t^3+3t^2+4t+1)\}dt$$

이므로 $y=\int e^{t^3}(6t^4+3t^3+3t^2+4t+1)dt$를 계산하여야 하는데 이 부정적분의 계산이 쉽지 않다.

다시 말해서 $y=e^{-t^3-t}\int e^{t^3+t}\{e^{-t}(6t^4+3t^3+3t^2+4t+1)\}dt$는 위 미분방정식의 완전한 해가 아니다. 이를 확장하여 일반적으로 말하면 $\dot{y}(t)+b(t)y(t)=w(t)$의 해를 $e^{-B(t)}\int e^{B(t)}w(t)dt$로 쓴 것은 푸는 방법을 기호로 나타낸 것이지 완전한 해가 아니라는 뜻이다.

E. 베르누이 방정식 Bernoulli Equations

다음과 같은 미분방정식을 **베르누이 방정식**(Bernoulli Equations)이라 부른다.

$$\dot{y}+b(t)y=w(t)y^n \qquad (n\neq 0 \text{ 혹은 } n\neq 1)$$

n이 0이나 1이면 앞에서 다룬 선형 미분방정식이 되므로 $n\neq 0$, 혹은 $n\neq 1$을 가정한다. 이 미분방정식은 선형 미분방정식이 아니지만 변수의 치환을 하면 선형 미분방정식으로 바뀐다. 즉, $z=y^{1-n}$으로 하면 $\dot{z}=(1-n)y^{-n}\dot{y}$가 되며 $\dot{y}=\frac{1}{1-n}y^n\dot{z}$이므로 이를 원래 방정식에 대입하면 $\frac{1}{1-n}y^n\dot{z}+b(t)y=w(t)y^n$이 되고, 양변을 y^n으로 나누면 $\frac{1}{1-n}\dot{z}+b(t)z=w(t)$를 얻는다. 이는 z에 관하여 앞에서 논의한 미분방정식의 범주에 들어가므로 우리는 그 해를 구할 수 있다. 그러면 $y=z^{\frac{1}{1-n}}$로 y에 대한 해가 얻어진다.

example 10.12 $\dot{y}+\frac{1}{t}y=\frac{1}{t}\left(\frac{1}{y^2}\right)$의 일반해를 구하라. 단 $t>0$이다. 이 방정식에서 $n=-2$가 된다. 즉, $z=y^{1-n}=y^3$으로 두고 변수치환을 해 보자. $\dot{z}=3y^2\dot{y}$이므로 $\dot{y}=\frac{1}{3}y^{-2}\dot{z}$이고 이를 본래의 미분방정식에 대입하면 $\frac{1}{3}y^{-2}\dot{z}+\frac{1}{t}y=\frac{1}{t}\left(\frac{1}{y^2}\right)$가 되며 $3y^2$을 곱해 주면 $\dot{z}+\frac{3}{t}z=\frac{3}{t}$을 얻는다. 이의 해는

$$z=e^{-3\ln t}\int e^{3\ln t}\frac{3}{t}dt=t^{-3}\int 3t^2dt=t^{-3}(t^3+C)=1+\frac{C}{t^3}$$

이다. 즉, $y^3=1+\frac{C}{t^3}$이므로 $y=\left(1+\frac{C}{t^3}\right)^{(1/3)}$이 해이다. •••

example 10.13 경제학에서 다루는 주요 분야 중 경제 성장 분야가 있다. 그 분야는 미분 방정식을 아주 많이 사용한다. (학부에서는 미분 방정식을 사용하지는 않고 미분 방정식의 결론과 같은 결론이 나오는 차분 방정식을 사용한다.) 그 많은 경제 성장 모형 중 학부에서 가르치며 또 전문가들 사이에서 중요하게 다루어지는 모형이 솔로우 경제 성장 모형이다. 이를 미분방정식으로 나타내면 다음이다.

$$\dot{k} = sAk^{\alpha} - (n+\delta+g)k. \text{ (}y\text{ 대신 }k\text{가 사용되었다.)}$$

이를 다시 쓰면 $\dot{k} + (n+\delta+g)k = sk^{\alpha}$이고 이는 베르누이 방정식에 해당한다. 이를 풀기 위하여 $z = k^{1-\alpha}$로 두면 $\dot{z} = (1-\alpha)k^{-\alpha}\dot{k}$이 되어 위 방정식은 $\frac{1}{1-\alpha}\dot{z}k^{\alpha} + (n+\delta+g)k = sAk^{\alpha}$로 되고 양 변을 k^{α}로 나누고 정리하면 $\dot{z} + (1-\alpha)(n+\delta+g)z = sA(1-\alpha)$가 되고 이는 여러분이 쉽게 풀 수 있을 것이다. 그 해는 $z = \frac{sA}{n+\delta+g} + Ce^{-(1-\alpha)(n+\delta+g)t}$이다. 그러므로 k에 대한 해는 $k = \left[\frac{sA}{n+\delta+g} + Ce^{-(1-\alpha)(n+\delta+g)t}\right]^{\frac{1}{1-\alpha}}$가 된다. 여기서 미지의 상수 C는 $k_0 = \left[\frac{sA}{n+\delta+g} + C\right]^{\frac{1}{1-\alpha}}$에서 C에 대하여 풀어 위 해에다 대입하면 된다. 참고로 균제상태(steady state)의 값은 위 해에서 t를 무한대로 보내면(오랜 시간이 흘러 도달하기 때문에) 얻을 수 있다. 그 값은 $k^* = \left[\frac{sA}{n+\delta+g}\right]^{\frac{1}{1-\alpha}}$이고 이는 많은 학부 거시 경제학에 등장하는 값이다. •••

F. 미분방정식 체계 System of Differential Equations

t의 함수가 여럿이고 이들에 관한 미분방정식이 여럿이어서 하나의 미분방정식 체계가 이루어지는 경우가 있다.

example 10.14 $\dot{x} = 2x + 3y,\ \dot{y} = 2x + y$

이 미분방정식이 말해 주는 것은 시간의 함수로 $x = f(t)$가 있고 $y = g(t)$가 있는데 이 두 함수와 그 미분 사이에 $\frac{df(t)}{dt} = 2f(t) + 3g(t)$와 $\frac{dg(t)}{dt} = 2f(t) + g(t)$의 관계가 있다는 말이다. 이것이 미분방정식 체계의 한 예이고, 이 관계를 만족하는 두 함수를 찾는 것이 이 체계의 해를 구하는 것이다. •••

여기에서는 선형 미분방정식 체계 중 간단한 몇 가지를 살펴보고, 다음의 꼭

지에서 위상도(phase diagram)란 것에 대하여 알아보기로 하자. 일반적으로 변수 n개가 t의 함수라고, 즉 $x_1=x_1(t)$, $x_2=x_2(t)$, $\cdots$, $x_n=x_n(t)$라고 가정하자. 그리고 미분방정식 체계가 다음과 같이 주어졌다고 가정하자.

$$\dot{x}_1(t)=a_{11}x_1+a_{11}x_1+\cdots a_{1n}x_n$$
$$\dot{x}_2(t)=a_{21}x_1+a_{22}x_2+\cdots a_{2n}x_n$$
$$\vdots$$
$$\dot{x}_n(t)=a_{n1}x_1+a_{n1}x_1+\cdots a_{nn}x_n$$

이를 행열로 나타내어 간단히 $\dot{x}=\frac{d}{dt}x=Ax$로 쓰기도 한다. 이 경우 행열 A를 대각화할 수 있다면, 즉 $A=T\Lambda T^{-1}$가 된다면(대각화에 대하여는 제2장 행열을 참조하라), 이 선형 미분방정식 체계는 $\dot{x}=Ax=T\Lambda T^{-1}x$가 되어 좌변에 T^{-1}을 곱해 주면 $(T^{-1})\dot{x}=\Lambda T^{-1}x$가 되며, 다시 $y=T^{-1}x$로 놓으면 $\dot{y}=\Lambda y$라는 미분방정식을 얻는다. 그리고 $\dot{y}=\Lambda y$의 해는 아주 간단하다. 왜냐하면 Λ가 대각행렬이므로 $\dot{y}_i=\lambda_i y_i$를 얻어 이의 해는 $y_i=C_i e^{\lambda_i t}$이기 때문이다. 그러면 x는 $x=Ty$로 그 해를 구할 수 있다. 예를 통하여 보기로 하자.

example 10.15 $\dot{x}=\begin{bmatrix}2 & 2\\ 3 & 1\end{bmatrix}x$, 즉 $\dot{x}_1(t)=2x_1+2x_2$ 그리고 $\dot{x}_2(t)=3x_1+x_2$이다. 이 경우 행렬 A를 대각화하면

$$\begin{bmatrix}2 & 2\\ 3 & 1\end{bmatrix}=\begin{bmatrix}1 & 2\\ 1 & -3\end{bmatrix}\begin{bmatrix}4 & 0\\ 0 & -1\end{bmatrix}\begin{bmatrix}(3/5) & (2/5)\\ (1/5) & -(1/5)\end{bmatrix}$$

임을 제2장 행렬의 대각화 부분의 한 예에서 얻었다. 그러므로

$$y=\begin{bmatrix}y_1\\ y_2\end{bmatrix}=\begin{bmatrix}\frac{3}{5} & \frac{2}{5}\\ \frac{1}{5} & -\frac{1}{5}\end{bmatrix}\begin{bmatrix}x_1\\ x_2\end{bmatrix}$$

로 두면 $\dot{y}=\begin{bmatrix}\dot{y}_1\\ \dot{y}_2\end{bmatrix}=\begin{bmatrix}4 & 0\\ 0 & -1\end{bmatrix}\begin{bmatrix}y_1\\ y_2\end{bmatrix}$, 즉 $\dot{y}_1=4y_1$ 그리고 $\dot{y}_2=(-1)y_2$을 얻고 그 해로

$$y_1=C_1e^{4t},$$

$$y_2 = C_2 e^{-t}$$

를 얻는다. 따라서 $x = Ty$, 즉 $\begin{bmatrix} x_1 \\ x_2 \end{bmatrix} = \begin{bmatrix} 1 & 2 \\ 1 & -3 \end{bmatrix} \begin{bmatrix} y_1 \\ y_2 \end{bmatrix}$이므로

$$x_1 = y_1 + 2y_2 = C_1 e^{4t} + 2C_2 e^{-t},$$
$$x_2 = y_1 - 3y_2 = C_1 e^{4t} - 3C_2 e^{-t}$$

를 얻는다. •••

G. 위상도 phase diagram

미분방정식 체계가 있을 경우 이 미분방정식의 해가 어떠한 모습을 가지는지 위상도라는 것을 그려서 알아볼 때가 많다. 두 변수 미분방정식 체계에서 위상도가 많이 쓰이므로 이 책에서는 다음과 같은 미분방정식이 있다고 가정한다.

$$\dot{x}_1 = f(x_1,\ x_2) \quad \cdots (3)$$
$$\dot{x}_2 = g(x_1,\ x_2) \quad \cdots (4)$$

만약에 함수 f와 g가 선형이면 우리가 앞에서 본 것과 같은 $\dot{x} = \begin{bmatrix} \dot{x}_1 \\ \dot{x}_2 \end{bmatrix} = A \begin{bmatrix} x_1 \\ x_2 \end{bmatrix}$라는 미분방정식을 얻는다.

함수 f와 g가 선형이든 아니든 위 식 **(3)**과 **(4)**처럼 단지 x_1과 x_2만의 함수로 되어 있으면 x_1과 x_2의 값에 따라 x_1과 x_2가 어떻게 움직이느냐를 위 미분방정식이 말해 주는 것으로 볼 수 있고, 이는 $(x_1,\ x_2)$ 평면의 각 점 $(x_1,\ x_2)$에서 x_1 방향과 x_2 방향으로의 화살로 표시한다.

example 10.16 $\dot{x}_1(t) = 2x_1 + 2x_2$ 그리고 $\dot{x}_2(t) = 3x_1 + x_2$가 있다고 하자. (1, 1)에서 $\dot{x}_1(t) = 4$이고 $\dot{x}_2(t) = 4$를 얻게 되고 따라서 **그림 10-1**처럼 (1, 1)에서 우측으로 길

이가 4 그리고 수직 위로 길이가 4인 화살표를 그려서 (1, 1)에서 x_1과 x_2가 어떻게 움직이느냐를 나타낸다. 마찬가지로 (−2, 1)에서는 $\dot{x}_1(t)=-2$이고 $\dot{x}_2(t)=-5$이므로 좌측으로 길이가 2 그리고 수직 아래로 길이가 5인 화살이 그려지는 것으로 생각할 수 있다.

일반적으로 (1)과 (2)의 미분방정식 체계가 있으면, $(x_1,\ x_2)$ 평면의 각 점에 수평과 수직으로의 화살이 부여되어 있어 그 점에서 x_1과 x_2가 어떻게 움직이느냐를 볼 수 있고 그 부여된 화살은 $f(x_1,\ x_2)$과 $g(x_1,\ x_2)$에 의하여 얻어지는 것으로 생각할 수 있다. 이렇게 $(x_1,\ x_2)$ 평면에 x_1과 x_2의 움직임을 나타낸 것을 **위상도**(phase diagram)라 한다. 이 $(x_1,\ x_2)$ 평면을 이제 함수 $f(x_1,\ x_2)$과 $g(x_1,\ x_2)$를 분석하여 여러 구간으로 나누는데 예를 가지고 보기로 하자.

example 10.17 $\dot{x}_1(t)=f(x_1,\ x_2)=2x_1+2x_2$ 그리고 $\dot{x}_2(t)=g(x_1,\ x_2)=3x_1+x_2$라는

그림 10-1

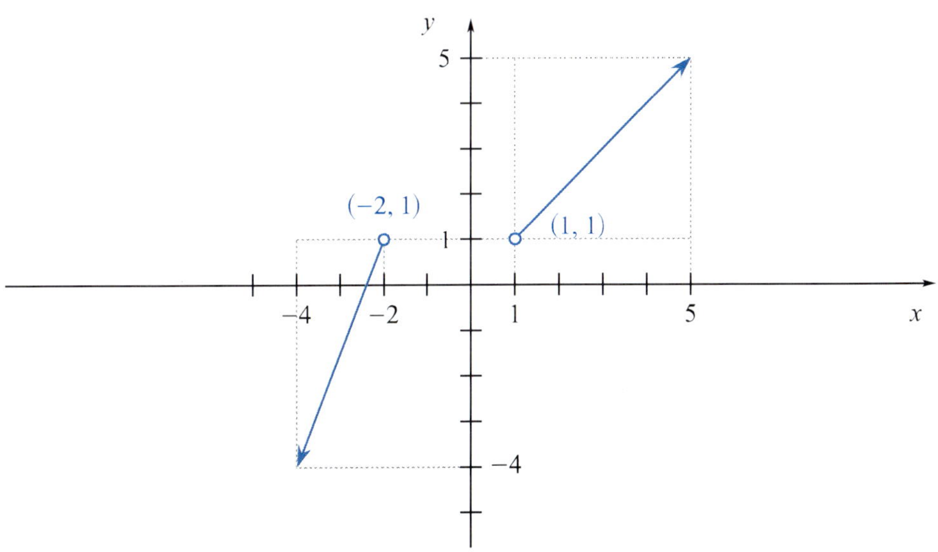

미분방정식 체계가 있다 하자. $f(x_1,\ x_2)=2x_1+2x_2=0$이 되는 $(x_1,\ x_2)$의 점들을 모으면 그것은 $x_2=-x_1$을 만족하는 점들, 즉 **그림 10-2**에서 -1의 기울기를 가지는 직선 위의 점들이다. 이 직선 위의 점에서는 $\dot{x}_1(t)$가 0이 되어 x_1 방향으로의 움직임은 없다. 마찬가지로 $g(x_1,\ x_2)=3x_1+x_2=0$이 되는 점들은 $x_2=-3x_1$을 만족하는 점들, 즉 **그림 10-2**에서 -3의 기울기를 가지는 직선 위의 점들로 이 위에서는 $\dot{x}_2(t)$가 0이 되어 x_2 방향으로의 움직임이 없다.

$x_2=-x_1$이 나타내는 선보다 위에 위치한 점에서는 어떻게 되는가? 이 경우 $x_2>-x_1$이고 따라서 $f(x_1,\ x_2)=2x_1+2x_2>0$이 되어 x_1은 양의 방향, 즉 우측으로 움직이고, 화살표가 우측 방향으로 그려진다. 반면에 $x_2=-x_1$이 나타내는 선보다 아래에 위치한 점에서는 화살표가 좌측 방향으로 그려진다.

비슷하게, $x_2=-3x_1$이 나타내는 선보다 위에 위치한 점에서는 x_2가 위로 움직여서 위로 향하는 화살표가 그려지고, $x_2=-3x_1$이 나타내는 선보다 아래에 위치한 점에서는 x_2가 아래로 움직여서 아래로 향하는 화살표가 그려진다. 그러므로

그림 10-2

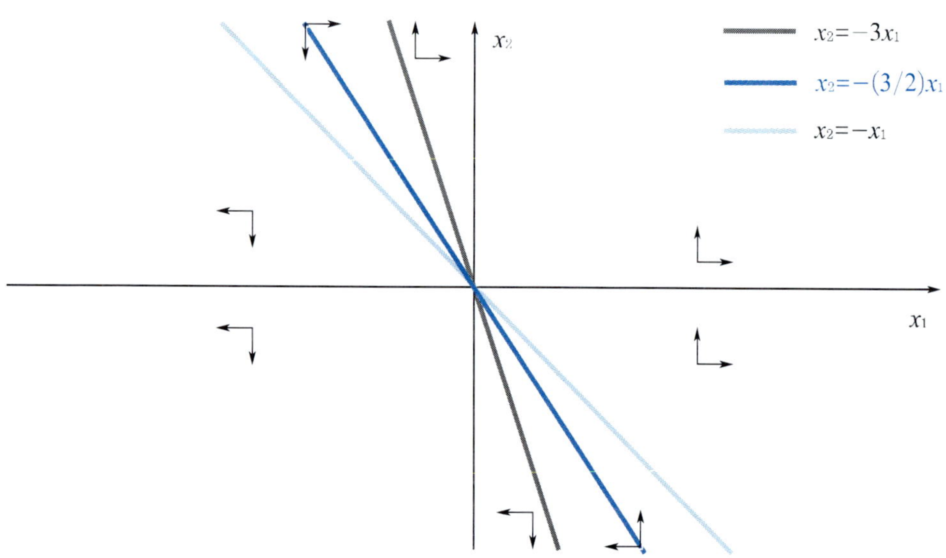

위상도는 **그림 10-2**와 같이 그려진다.

이 위상도를 보면 각 점에서 x_1과 x_2가 어떻게 움직이는지 알 수 있다.

여기서 특별한 점 (0, 0)을 우리가 주목하는데 이 점에서는 x_1과 x_2의 움직임이 없다. 즉, (0, 0)에서는 $\dot{x}_1$도 0이고 $\dot{x}_2$도 0이어서 x_1과 x_2가 (0, 0)에 있게 되면 이 점에 계속 머무른다. 이 점을 **균제상태**(steady state)라고 부르는데, 이를 향해 가는 길이 어떠한 길이 있는지 알아보는 것이 많은 응용의 경우에 관건이 된다.

example 10.18 $\dot{x}_1(t)=f(x_1,\ x_2)=2x_1+2x_2$ 그리고 $\dot{x}_2(t)=g(x_1,\ x_2)=3x_1+x_2$의 미분방정식 체계를 살펴보자. 이의 해가

$$x_1=y_1+2y_2=C_1e^{4t}+2C_2e^{-t},$$
$$x_2=y_1-3y_2=C_1e^{4t}-3C_2e^{-t}$$

임을 앞에서 알아보았다. 그런데 x_1과 x_2가 (0, 0)을 향해서 가려면 C_1의 값이 0이 되어야 함을 알 수 있다. 만약 초기 조건이 주어져서 C_1과 C_2 두 값 모두 정해진 것이라면 우리의 해가 (0, 0)을 향해서 가라는 보장이 없지만, 초기조건의 일부만 주어져서 C_1과 C_2를 우리가 임의로 선택을 할 수 있다면, C_1을 0으로 놓을 수 있고 그러면 $x_1=2C_2e^{-t}$ 그리고 $x_2=-3C_2e^{-t}$가 되어 x_1과 x_2가 (0, 0)을 향해서 간다.

이 경우 $x_2=-\frac{3}{2}x_1$이 되고 사실 이 식이 나타내는 직선이 위상도 **그림 10-2**에서 $x_2=-x_1$이 나타내는 직선과 $x_2=-3x_1$이 나타내는 직선 사이에 (0, 0)을 향해가는 유일한 직선이 된다. 이 길, 즉 직선 $x_2=-\frac{3}{2}x_1$을 **말안장 길**(saddle path)이라 한다. 구슬이 말안장의 정상 길에 있으면 말안장 위에 있지만 조금만 벗어나면 돌아올 수 없듯이 이 길에서 벗어나면 (0, 0)으로부터 영영 멀어지기 때문에 비유적으로 그런 말이 붙은 것이다.

사실 말안장 길은 $\dot{x}_1(t)=2x_1+2x_2$와 $\dot{x}_2(t)=3x_1+x_2$를 분석해도 얻을 수 있다. 첫 번째 미분방정식 양변에 3을 곱하고 두 번째 식 양변에 2를 곱하여 더하

면 $\frac{d}{dt}(3x_1+2x_2)=12x_1+8x_2=4(3x_1+2x_2)$가 되는데 $3x_1+2x_2$를 z라고 하면 $\dot{z}=4z$라는 하나의 미분방정식이 되고 이의 해는 $z=Ce^{4t}$가 된다. x_1과 x_2가 (0, 0)을 향해서 가면 $z=0$인 방법, 즉 $C=0$밖에 없다. 그러면 $3x_1+2x_2=0$을 얻게 되고 따라서 $x_2=-\frac{3}{2}x_1$이 말안장 길임을 알 수 있다.

연습문제

1. $\dot{x}_1(t)=x_1+2x_2$ 그리고 $\dot{x}_2(t)=3x_1+2x_2$의 미분방정식 체계를 생각하자. 이 체계의 해를 구하고, 말안장 길을 나타내는 식을 찾아보라.

확 률

11

A. 확률의 정의와 의미

여러분이 중·고등학교에서 배운 확률은 대부분 경우의 수를 세는 개념으로 배웠을 것이다. 즉 어떤 사건 A가 일어날 확률은 전체의 경우의 수 n(가능한 모든 경우의 수)에서 A가 일어날 경우의 수 m이 차지하는 비율 즉 $\frac{m}{n}$을 확률로 배웠을 것이다. 그리하여 경우의 수를 세는 방법으로 팩토리얼(factorial)과 순열(permutation) $_nP_m$과 조합(combination) $_nC_m$ 등의 개념과 계산 방법을 배웠을 것이다. 기억을 되살리기 위하여 다시 정리하면

$$n! = n \times (n-1) \times (n-2) \times \cdots \times 3 \times 2 \times 1,$$

$$_nP_m = \frac{n!}{(n-m)!} \text{ , 그리고 } {}_nC_m = \frac{n!}{m!(n-m)!}$$

이다.

이 장에서는 위의 개념을 포함하지만 더 넓고 수학적으로 엄밀한 확률의 정의와 의미를 설명하고자 한다. 그러기 위하여는 집합의 개념이 필요하다. 우선 S를 일어날 수 있는 모든 결과들(outcomes)을 모은 집합이라 하자. 즉 S의 원소 중 하나가 일어나는 결과이다. 그런데 우리의 관심은 그 결과에 있을 수도 있지만 그 결과가 아니라 그 결과가 포함된 S의 부분집합에 관심이 있을 때가 많다.

이 부분집합을 사건(event)라 하고, A, B, C 등의 기호로 나타낸다. 전체 집합인 집합 S는 표본공간(sample space)라 부른다.

example 11.1 주사위 1개를 던진다고 하자. 그러면 $S=\{1,2,3,4,5,6\}$이고 여기서 1,2,3,4,5,6들은 결과들이다. 그런데 우리의 관심은 주사위를 던져서 짝수가 나올 사건 즉 $A=\{2,4,6\}$에 관심이 있을 수가 있다.

우리는 이 사건에 확률을 부여하는 것이다. 즉 S의 한 부분집합에 확률이 부여되는 것이다. 위의 예에서 사건 A가 일어날 확률 즉 주사위를 던져서 짝수가 나올 확률은 $S=\{1,2,3,4,5,6\}$의 부분 집합 $A=\{2,4,6\}$에 부여되는 확률로 이는 1/2인 것이다. 주의할 것은 결과(outcome)와 사건(event)을 구분해야 한다는 점이다. 위 예에서 주사위를 던져서 5라는 하나의 결과가 나오는 것에 관심이 있다면 개념적으로 5라는 결과에 직접 확률을 부여하는 것이 아니고, 5만 들어있는 부분집합 즉 $\{5\}$에 확률이 부여된다고 생각해야 한다. 여러분이 중·고등학교에서 배울 때는 이 구별이 별로 중요하지 않았을 수 있으나 사실은 매우 중요한 구별이다. 다음의 예를 보기로 하자.

example 11.2 반지름이 1인 원판을 저 멀리 놓고 어느 물리학자가 전자총을 쏜다고 가정하자. 그리고 이 전자총에서 나온 한 전자 입자는 여러 가지 요인에 의하여 랜덤으로(무작위로) 원판의 한 점에 꽂힌다고 가정하자. 그러면 그 전자가 꽂힌 위치는 (x,y)의 좌표로 나타낼 수 있을 것이다. 즉 하나의 좌표 (x,y)가 결과(outcome)가 되는 것이다. 그러므로 표본공간 S는 다음의 집합이다.

$$S=\{(x,y)|\ x^2+y^2\le 1\}$$

다시 말하면 원판 위의 모든 점들을 모은 것이 표본공간(sample space)이고 각각의 한 점, 한 점이 결과(outcome)인 것이다. 그런데 이 경우 각각의 결과에 확률을 부여할 수 없다. 이를 설명하기 위하여는 약간의 수학 지식이 필요하나 간단히 말하면, 각각의 결과에 0이 아닌 어떤 수의 확률을 부여하면 원판 위의 점

들은 무한한데 그 무한 중에서도 아주 큰 무한(무한에도 큰 무한과 작은 무한이 있다!)이어서 각 점의 확률을 더하면 1을 넘기 때문에[1] 확률의 의미를 부여할 수 없게 된다. 이 경우 우리는 각각의 점에 확률을 부여하는 것이 아니라, 원판의 부분집합을 상정하고 그 부분집합에 확률을 부여하는 것이다. 예로 원판의 1사분면에 전자가 꽂힐 확률은 $A = \{(x,y)|\ x^2 + y^2 \le 1, x \ge 0, y \ge 0\}$라는 부분집합에 부여하는 확률로 1/4이 되는 것이다. 이 예의 경우, 하나의 결과가 달랑 있는 부분집합, 예로 $B = \{(0.5,0.5)\}$와 같은 부분집합은 어느 양수를 확률을 부여할 수 있는 부분집합이 아니다.

위의 예와 같이 표본공간(sample space)이 무한 중 큰 무한(영어로 uncountably infinite라 한다)의 경우를 제외하고 여러분이 주로 다룬 많은 경우는 결과(outcome)에도 확률이 부여된다. 즉 표본공간(sample space)이 유한이거나 (원소의 개수가 유한, 즉 일어날 수 있는 결과의 수가 유한이거나) 혹은 무한이라도 작은 무한(영어로 countably infinite)인 경우는 결과 하나하나에도 확률을 부여할 수 있으나 이도 개념적으로는 결과(outcome)에 직접 확률을 부여한다고 생각하지 말고 그 결과 하나만 달랑 있는 부분집합에 확률을 부여한다고 생각하길 바란다.

결론적으로 말하면 일어날 수 있는 결과들(outcomes)을 모은 집합인 표본공간 S를 상정하고 표본 공간 S의 부분집합을 사건(event)이라 부르고 이 부분집합, 즉 사건에 확률이 부여된다. 그리고 확률을 느슨하게 표현하면 그것은 결국 어느 사건이 표본공간에서 차지하는 비율을 말한다. 표본공간이 유한이거나 countably infinite이면 결과 하나만 있는 부분집합을 만들어 그 부분집합에 확률을 부여하고 이를 그 결과가 일어날 확률이라 말할 수 있겠으나, 일반적으로 확률은 결과(outcome)에 부여하는 것이 아니라 S의 부분집합인 사건(event)에 부여한다는 점을 명심하길 바란다. 다시 한 번 강조하거니와 여러분은 결과(outcome)와 사건(event)을 확실하게 구별해야 한다.

1 1을 넘을 뿐만 아니라 무한의 값이 되어 버린다.

지금까지의 논의를 수학적 용어를 써서 다시 정리해 보자. 이제까지 확률의 의미를 수학적으로 정의하기 위하여 표본공간과 그 표본공간의 부분집합인 사건에 대하여 서술하였다. 여기서 확률을 부여할 수 있는 표본공간의 부분집합들을 모두 모은 집합을 하나 상정하자. 이를 영어로 시그마 필드(sigma field, σ-field)라 한다. 즉 집합 S의 부분집합 중 일부를 모아서 하나의 집합을 형성하고[2] 이를 시그마 필드라 부르는 것이다. 표본공간이 유한이거나 countably infinite이면 S의 모든 부분집합이 시그마 필드가 된다. 시그마 필드를 나타내는 기호로 $\mathcal{E}$, $\mathcal{F}$ 등과 같이 영어 대문자의 필기체를 사용한다.

example 11.3 주사위를 던진다고 가정하면 $S = \{1, 2, 3, 4, 5, 6\}$이고 $\mathcal{F} = \{\varnothing, \{1\}, \{2\}, \{3\}, \cdots, \{1,2\}, \{1,3\}, \cdots, \{1,2,3\}, \cdots, \{1,2,3,4,5,6\}\}$이다. 여기서 $\mathcal{F}$의 원소 개수는 $2^6 = 64$이다.

위 예에서 $\mathcal{F}$의 한 원소로 공집합 $\varnothing$와 S도 포함됨에 유의하길 바란다.

이제 표본공간과 시그마 필드가 정해졌으면 확률은 시그마 필드의 각 원소 즉 사건에 부여하는 0과 1 사이의 수이므로, 확률은 시그마 필드를 정의역으로 하고 0과 1 사이의 실수를 공역으로 하는 하나의 함수이다. 즉 사건에 확률을 부여한다는 것은 결국 확률함수를 하나 상정한다는 말이다. 이 함수를 P라는 기호로 사용하면 이 상황을 간단히 다음과 같이 쓸 수 있다:

$$P : F \rightarrow [0, 1] \text{ (여기서 } F = \mathcal{F}\text{이다.)}$$

그런데 $\mathcal{F}$를 정의역으로 하고 $[0, 1]$을 공역으로 하는 모든 함수가 확률을 부여하는 함수, 즉 확률함수가 되는 것은 아니고 다음의 조건들을 만족해야 한다.
그것은 다음의 세 조건이다.

i) $P(\varnothing) = 0$

---

2 이 집합은 집합을 원소로 하는 집합, 즉 집합의 집합이라 할 수 있다.

ii) $P(S) = 1$

iii) $P(\overset{\infty}{\cup} A_i) = \sum_{i=1}^{\infty} P(A_i)$, 만약 A_i들이 상호배타적(mutually exclusive)이면.

i)은 매우 직관적이다. 아무런 결과가 없는 사건이 바로 공집합이고 따라서 아무런 결과가 없을 확률은 0이어야 된다는 것을 말한 것이다. S는 생기는 결과들을 모은 것이어서 그 중 하나는 분명히 생기므로 아무런 결과가 없는 경우는 없다는 뜻에서 확률은 0이 부여되어야 한다. 0이 아니면 아무런 결과도 생기지 않는 사건이 일어날 수도 있다는 뜻이어서 모순이 발생한다.

ii)도 직관적이다. S라는 집합은 생기는 결과들을 모두 모은 집합이므로 어떤 결과가 생기든 그것을 포함하는 사건 S는 분명히 일어나므로 확률은 1이 부여된다.[3]

iii)은 설명이 좀 필요하다. 사건들 A_1, A_2, A_3, …등이 있는데(무한이어도 좋다), 어느 두 집합을 뽑아도 그 둘의 교집합이 공집합($\varnothing$)이 되면 A_i들이 상호배타적(mutually exclusive)이라 말한다. 이러면 어느 결과가 생기든 A_i 중 한 사건만 일어나고 다른 사건은 일어나지 않는다. 이 경우 A_i들의 합집합으로 사건을 구성하면 그 구성된 사건이 일어날 확률은 개별 사건들이 일어날 확률을 더하면 된다는 것이 이 세 번째 조건이다.[4]

$\mathcal{F}$에서 $[0, 1]$로 가는 함수 하나가 위 세 조건을 만족하면 우리는 이 함수를 확률함수라 하고, $\mathcal{F}$의 각 원소에 부여된 숫자가 바로 그 원소, 즉 그 사건이 일어날 확률이 되는 것이다.

3 사건 A가 일어날 확률이란 것은 달리 표현하면 랜덤으로 생기는 한 결과가 A에 속할 확률을 말한다.

4 사실 첫 번째 조건 i)은 불필요하다. 왜냐하면 ii)와 iii)에서 도출이 되기 때문이다. $A_1 = S$라 하고 $A_2 = A_3 = \cdots = \varnothing$라 두면 $S = A_1 \cup A_2 \cup \cdots$이고 따라서 $P(S) = P(A_1) + P(A_2) + \cdots$인데 $A_1 = S$이므로 결국 $P(S) = P(S) + P(\varnothing)$을 얻게 되고 ii)에 의하여 $P(S) = 1$이므로 $P(\varnothing) = 0$을 얻게 된다. 그러나 이는 사소한 포인트이므로 독자 여러분은 그냥 본문의 세 조건을 만족해야 확률함수가 된다고 받아들여도 무방하다.

만약 표본공간이 유한하거나 countably infinite이면, 개개의 결과(outcome)를 원소로 하는 부분집합, 즉 $\{a_j\}$에 확률을 부여하면 위 iii)의 성질에 의하여 모든 사건에 확률을 부여하게 된다. 왜냐하면 임의의 어느 사건 A의 확률은 $\sum P(\{a_j\})$으로 계산할 수 있기 때문이다. 여기서 a_j는 A의 원소들이고 $A = \cup\{a_j\}$이며, 집합 $\{a_j\}$들은 상호배타적이기 때문이다. 사실 이런 식으로 확률 계산하는 것을 여러분은 중·고등학교에서 많이 공부했을 것이다. 즉 표본공간이 유한하여 n개의 결과가 있고 각 각 하나의 결과만을 원소로 하는 집합에 $\frac{1}{n}$의 확률이 부여되어 있는 경우를 여러분은 중·고등학교에서 많이 다루었을 것이다.

B. 확률함수의 성질

그러면 이제 이 위 세 가지 조건에서 여러 확률 함수의 성질이 도출되는데 이에 대하여 알아보도록 하자.

i) $P(A^c) = 1 - P(A)$.

여기서 $A^c = S - A$이다. 그러면 A와 A^c는 상호배타적이고 $S = A \cup A^c$이므로 $1 = P(S) = P(A) + P(A^c)$가 되어 이 성질을 얻게 된다. 이것이 말해주는 것은 사건 A가 일어나지 않을 확률은 1 빼기 사건 A가 일어날 확률이라는 것이다.

ii) 만약 $B \subset A$이면 $P(B) \leq P(A)$이다.

이것이 말해주는 것은 사건 B가 사건 A에 포함되면, 즉 사건 B가 일어나면 사건 A는 무조건 일어나는 관계이면 사건 B가 일어날 확률은 사건 A가 일어날 확률보다 작거나 최대 같다는 말이다. 이의 증명은 간단하다. $A = B \cup (B^c \cap A)$이고 B와 $B^c \cap A$는 상호배타적이기 때문에 $P(A) = P(B) + P(B^c \cap A)$이 되므로 $P(B) \leq P(A)$이다.

iii) $P(A \cup B) = P(A) + P(B) - P(A \cap B)$.

이 증명도 간단하다. $A \cup B = A \cup (A^c \cap B)$이고 A와 $A^c \cap B$는 상호배타적이므로 $P(A \cup B) = P(A) + P(A^c \cap B)$이다. 그런데 $B = (A \cap B) \cup (A^c \cap B)$도 되므로 $P(B) = P(A \cap B) + P(A^c \cap B)$이 되고 여기서 $P(A^c \cap B) = P(B) - P(A \cap B)$를 얻어 첫 번째 식에다 대입하면 이 성질을 얻는다.

C. 조건부 확률

먼저 예를 하나 보기로 하자.

example 11.4 주사위 2개를 테이블에 던진 후 천으로 가렸다고 가정하자. 주사위 2개를 구분하기 위하여 하나는 파란색 주사위 다른 하나는 노란색 주사위라고 하면 표본공간은 다음으로 쓸 수 있다. $S = \{(1,1),(1,2),\cdots,(6,5),(6,6)\}$. 여기서 각 순서쌍의 앞 숫자는 파란색 주사위의 숫자이고 뒤 숫자는 노란색 주사위의 숫자이다. 던진 사람이 혼자 천을 살짝 열어보고 노란색 주사위의 숫자가 짝수라고 말해줬다면 이를 바탕으로 (조건으로) 두 주사위 숫자의 합이 5가 될 확률은 얼마일까? 이 경우 S의 원소들인 순서쌍 중에서 뒤의 숫자가 홀수인 순서쌍들은 표본공간에서 제외한 새로운 표본공간을 만들고 (이를 S'이라 하자) 이제 그 새 표본공간에서 두 주사위 숫자의 합이 5가 되는 결과(outcome)들만 모아서 사건을 형성하고 그 사건이 S'에서 차지하는 비율을 구하면 될 것이다. 그러면 S'에는 18개의 결과가 있고 이 S' 중 합이 5가 되는 결과들을 모은 부분집합은 $\{(1,4),(3,2)\}$이므로 그 확률은 1/9이 된다. 이를 집합으로 표현하면 노란 주사위의 숫자가 짝수인 부분집합(사건)을 B라 하고 주사위의 합이 5가 되는 부분집합(사건)을 A라 하면 B가 일어난 사건을 조건으로 A가 일어날 확률을 구한다는 뜻이고 이를 조건부 확률이라 한다. 여기서 B가 결국 새로운 표본 공간 S'이 되

는 것이다. •••

이제 일반적으로, 사건 B가 일어난 것을 조건으로 A가 일어날 확률은, 위 예에서 보듯이 B를 새로운 표본공간으로 하여 이 속에서 A에 속한 결과들을 모으고 이 모은 집합이 B에서 차지하는 비율을 다시 구하면 된다. B를 새로운 표본공간으로 하여 이 속에서 A에 속한 결과들을 모으면 이 집합은 다름 아닌 $A\cap B$이 된다. 그러면 사건 B가 일어난 것을 조건으로 A가 일어날 확률을 x라 하면 이 x는 다음의 비례식을 만족한다:

$$P(B):1 = P(A\cap B):x.$$

이는 B가 새로운 표본공간이므로 $P(B)$를 1로 볼 경우 그에 비례해서 $P(A\cap B)$는 얼마에 해당하겠는가를 나타내는 비례식이다. x에 대하여 풀면 $x = \frac{P(A\cap B)}{P(B)}$이 나오고 이 x를 사건 B가 일어난 것을 조건으로 사건 A가 일어날 조건부 확률이라 부른다. 그런데 기호로 그냥 x로 쓰지 않고 $P(A|B)$로 표시한다. 즉 사건 B가 일어난 것을 조건으로 사건 A가 일어날 조건부 확률을 기호로 $P(A|B)$로 쓰고 이는 $\frac{P(A\cap B)}{P(B)}$이 된다는 말이다.

example 11.5 항아리에 12개의 노란 구슬, 7개의 빨간 구슬과 10개의 파란 구슬이 있다고 하자. 내가 구슬을 하나 집고는 말해주기를 파란 구슬은 아니라고 했다면 이를 바탕으로 그 구슬이 빨간 구슬일 확률은 얼마일까? 우선 직관적으로는 파란 구슬이 아니라고 했으니 10개의 파란 구슬을 제외하면 항아리에 19개의 구슬이 있을 것이고 여기서 노란 구슬이 차지하는 비중은 7/19이므로 이것이 파란 구슬이 아닌 것을 조건으로 빨간 구슬일 확률이 될 것이다. 이를 좀 더 formal하게 풀어보자. 빨간 구슬일 사건을 R, 파란 구슬일 사건을 B라 하면 지금 묻는 것은 $P(R|B^c)$를 구하라는 말이다. 이는 $\frac{P(R\cap B^c)}{P(B^c)}$이고, $P(B^c)$ = 19/29이고 $R\cap B^c = R$이므로 분자는 $P(R)$로서 7/29가 되어 7/19이 얻어진다. •••

example 11.6 항아리에 7개의 파란 구슬과 9개의 빨간 구슬이 있다하자. 여기서 순차적으로 2개의 구슬을 꺼낼 때 모두 파란 구슬을 꺼낼 확률을 구해보자. 처음에 파란 구슬을 꺼내는 사건을 B_1, 두 번째 파란 구슬을 꺼내는 사건을 B_2라 하면 $P(B_1 \cap B_2)$를 구하는 것이다. 그런데 $P(B_1 \cap B_2) = P(B_1)P(B_2 | B_1)$이고, $P(B_1)$ = 7/16, $P(B_2 | B_1)$ = 6/15이므로 이 둘을 곱하면 7/40이 나온다. 물론 이 확률은 ${}_7C_2 \ / {}_{16}C_2$으로 계산해도 나온다. •••

조건부 확률은 새로운 정보가 도달했을 시 확률이 변경되는 것으로 생각할 수 있다. 즉 사건 B가 일어난 것을 조건으로 A가 일어날 확률을 구한다는 것은 B가 일어났다는 새로운 정보를 취득한 뒤 A가 일어날 확률을 다시 계산하는 것이다.

베이즈 공식

조건부 확률과 관련하여 베이즈 공식(Bayes' Formula)이란 것이 있다. 이 공식은 여러 상황에서 확률을 구하는 데 유용하게 사용된다. 두 가지 버전(version)이 있는데 우선 간단한 버전부터 보기로 하자.

$$\text{i)} \ P(A | B) = \frac{P(B | A)P(A)}{P(B | A)P(A) + P(B | A^c)P(A^c)}$$

이 공식은 여러 상황에서 확률을 계산하는 데 유용하게 쓰인다. 이 공식이 성립하는 이유는 아주 간단하다. $P(A | B) = \dfrac{P(B \cap A)}{P(B)}$인데, 집합 B는 $(B \cap A) \cup (B \cap A^c)$로 쓸 수 있고 집합들 $(B \cap A)$와 $(B \cap A^c)$는 상호배타적이므로 $P(A | B) = \dfrac{P(B \cap A)}{P(B \cap A) + P(B \cap A^c)} = \dfrac{P(B | A)P(A)}{P(B | A)P(A) + P(B | A^c)P(A^c)}$이 되는 것이다.

이제 베이즈 공식을 사용하여 확률을 계산하는 예를 몇 가지 보도록 하자.

example 11.7 m개의 선택 중 하나를 정답으로 하는 시험 문제 하나를 한 학생이 풀고 있다 하자. 교수는 이 학생이 정답을 알 확률이 p이고 찍을 확률이 $1-p$라 생각한다. 만약 찍으면 (찍었을 경우를 조건으로) 정답을 맞힐 확률은 물론 $\frac{1}{m}$이다. 교수가 채점을 해보니 이 학생이 정답을 맞혔다. 그러면 학생이 답을 알고 맞혔을 확률은 얼마인가를 풀어 보도록 하자. A를 학생이 답을 아는 사건이고 B를 학생이 정답을 맞힌 사건이라고 하면 지금 구하고자 하는 것은 $P(A|B)$이다. 그러므로 베이즈 공식을 사용하면

$$P(A|B) = \frac{P(B|A)P(A)}{P(B|A)P(A) + P(B|A^c)P(A^c)}$$

이고 여기서 $P(B|A) = 1$, $P(B|A^c) = \frac{1}{m}$이므로 주어진 정보를 위 공식에 넣고 계산하면 $\frac{p}{p + (1-p)\frac{1}{m}}$이 된다.

예를 들어 $p = 0.3$, $m = 5$라면 이 값은 $15/22 \approx 0.682$이다. 즉 아무런 조건이 없을 시에는 이 학생이 답을 알고 있을 확률이 30%라고 교수가 생각했는데 정답을 적어 낸 것을 보고 교수는 이 학생이 답을 알고 시험에 임했을 확률을 68.2%로 수정하는 것이다.

example 11.8 경찰이 어느 범죄의 용의자를 잡았다고 하자. 경찰은 이 사람이 범인일 가능성(확률)이 60%라고 생각한다. 심문을 하는 중 국과수에서 새로운 정보가 들어왔는데 범죄자는 왼손잡이라는 정보이다. 그리고 이 용의자는 왼손잡이이다. 이 새로운 정보에 의하면 이 용의자가 범인일 가능성(확률)은 얼마로 증가하는가? 단 전체 인구 중 20%가 왼손잡이이다. 이를 풀기 위하여 B를 이 용의자가 범인인 사건이라 하자. 그리고 L을 어느 사람이 왼손잡이일 사건이라 하자. 그러면 문제는 $P(B) = 0.6$인데 $P(B|L)$은 얼마인가를 묻는 것이다. 이것은 베이즈 공식에 따라 $\frac{P(L|B)P(B)}{P(L|B)P(B) + P(L|B^c)P(B^c)}$을 계산하면 된다.

그 값은 $\frac{1 \times 0.6}{1 \times 0.6 + 0.2 \times 0.4} \approx 0.882$. 즉 범인은 왼손잡이라는 정보가 새로

오고 용의자도 왼손잡이여서 이제 이 용의자가 범인일 확률은 80.2%로 증가한 것이다.

example 11.9 어떤 사건 E가 일어났다 하자. 이 사건이 일어날 확률은 물론 $P(E)$이다. 그런데 이와 관련하여 두 가지 주장이 있다 하자. 첫 번째 주장은 이 사건은 어느 하나의 가설을 뒷받침하는 사건이라고 한다. 즉 그 사건이 일어났다는 것은 어느 한 가설이 참임을 증명한다고 주장한다. 두 번째 주장은 그렇지 않다고 한다. 즉 이 사건은 가설이 참이 아니더라도 일어날 수 있고 그럴 가능성이 더 높다고 주장한다. 이 두 주장을 살펴보기 위하여 H를 그 어느 가설이 참일 사건이라 하자. 그러면 $P(H)$와 $P(H|E)$를 비교하여 만약 후자가 전자보다 크다면 우리는 사건 E가 어느 정도 가설이 참임을 뒷받침하는 증거라고 생각할 수 있다. 즉 $P(H|E)=\dfrac{P(E|H)P(H)}{P(E|H)P(H)+P(E|H^c)P(H^c)}>P(H)$를 만족해야 한다. 이는 $P(E|H)>P(E|H)P(H)+P(E|H^c)P(H^c)$으로 간단히 쓸 수 있고, 더 간단히 하면 $P(E|H)>P(E|H^c)$이 된다.[5] 결국 사건 E가 어느 가설이 참이라는 것을 뒷받침하는 증거가 되느냐는 그 가설이 참이라는 조건 하에서 일어날 확률과 그 가설이 참이 아니라는 조건 하에서 일어날 확률을 비교하여 전자가 후자보다 더 크면 사건 E는 그 가설이 참이라는 것을 뒷받침하는 증거의 가능성이 높다고 할 수 있다.

$$\text{ii)}\ P(A_i|B)=\frac{P(B|A_i)P(A_i)}{\sum_{i=1}^{n}P(B|A_i)P(A_i)}$$

이것이 베이즈 공식 두 번째 버전이다. 이는 위 **i)**을 연장한 것으로 표본공간 S를 상호배타적인 집합들 A_i들로 커버할 수 있다면, 즉 $S=\cup A_i$이고 A_i들이 상호배타적이면 $B=\cup(B\cap A_i)$이 되므로

5 부등호의 우변에 있는 $P(E|H)P(H)$를 좌변으로 넘겨 생각해 보라.

$$P(A_i|B)=\frac{P(B\cap A_i)}{P(B)}=\frac{P(B\cap A_i)}{P(\cup(B\cap A_i))}=\frac{P(B\cap A_i)}{\sum_{i=1}^{n}P(B\cap A_i)}=\frac{P(B|A_i)P(A_i)}{\sum_{i=1}^{n}P(B|A_i)P(A_i)}$$

이 되는 것이다. 사실 이 두 번째 버전은 첫 번째 버전을 포함하고 있다. 왜냐하면 S를 $A_1=A$, $A_2=A^c$ 이렇게 둘로 나눈 것이 첫 번째 버전이기 때문이다.

example 11.10 비행기가 3개의 섬(섬 1, 섬 2, 섬 3)이 나란히 있는 지역에 추락했다. 그래서 각 섬에 비행기가 있을 확률은 1/3이다. 어느 섬 i를 수색해서 그 섬에 비행기가 있을 시 발견할 확률을 $1-\gamma_i$라 하자. (γ_i는 발견하지 못할 확률이다.) 이제 1의 섬을 수색해서 발견하지 못한 경우 이 비행기가 섬 1, 섬 2, 섬 3에 있을 확률을 구해보자. E_i를 비행기가 섬 i에 있을 사건이라 하고, N을 섬 1을 수색해서 비행기를 발견하지 못하는 사건이라 하면, $P(E_i|N)$를 구하는 것이 된다. 이것은 베이즈 법칙에 의하여 $\frac{P(N|E_i)P(E_i)}{\sum_{i=1}^{3}P(N|E_i)P(E_i)}$이 된다. 우선

$$P(E_1|N)=\frac{P(N|E_1)P(E_1)}{\sum_{i=1}^{3}P(N|E_j)P(E_j)}=\frac{\gamma_1(1/3)}{\gamma_1(1/3)+1(1/3)+1(1/3)}=\frac{\gamma_1}{\gamma_1+2}$$

이 얻어진다. 다음으로 $i=2,\ 3$에 대하여는

$$P(E_i|N)=\frac{P(N|E_i)P(E_i)}{\sum_{i=1}^{3}P(N|E_i)P(E_i)}=\frac{1(1/3)}{\gamma_1(1/3)+1(1/3)+1(1/3)}=\frac{1}{\gamma_1+2}$$

이 얻어진다. 여기서 주목할 사실은 섬 1에서 비행기를 발견하지 못할 확률이 높아지면, 섬 1을 수색해서 못 찾더라도 비행기가 섬 1에 있을 확률이 높아진다는 점이다. 즉 $\frac{\gamma_1}{\gamma_1+2}$은 γ_1이 증가함에 따라 감소한다. 이는 우리의 직관과 부합한다. 왜냐하면 γ_1이 증가한다는 것은 비행기가 거기 있음에도 못 찾을 확률이 증가하는 것이므로 따라서 수색해도 못 찾았지만 거기 있을 확률이 증가한다는 것이기 때문이다.

D. 독립적 사건

사건 A와 B가 다음을 만족하면 우리는 두 사건이 독립적(independent)이라 한다:

$$P(A \cap B) = P(A)P(B).$$

독립적이라 하는 이유는 B를 조건으로 A가 일어날 조건부 확률이나 반대로 A를 조건으로 B가 일어날 조건부 확률을 구하면 원래의 확률과 같기 때문이다. 즉 $P(A|B) = \dfrac{P(A \cap B)}{P(B)} = \dfrac{P(A)P(B)}{P(B)} = P(A)$이기 때문이다. 서로 다른 사건이 일어날 확률을 변화시키지 않는 것이다.

사소하지만 독자들이 놓치기 쉬운 한 가지 포인트는, 양의 확률을 가진 상호배제적 두 사건이 독립적이 될 수 없다는 사실이다. 왜냐하면 두 사건 A와 B가 상호배제적이면 $A \cap B = \varnothing$이므로 $P(A \cap B) = 0$이 되기 때문이다. 사실 상호배제적이면 그 중 한 사건이 일어났다면 다른 사건은 일어나지 않게 되어 그 다른 사건이 일어날 확률이 0으로 변하기 때문에 독립적이지 않다. 그런데 독립성과 관련하여 다음과 같은 재미있는 예가 있다.

example 11.11 한 개의 주사위를 두 번 던진다 하자. A를 두 주사위의 합이 6이 되는 사건, B를 두 주사위의 합이 7이 되는 사건, 그리고 C를 첫 번째 던진 주사위에서 4가 나올 사건이라 하자. 그러면 $P(A \cap C) = P(\{(4,2)\}) = 1/36$이다. 그런데 $P(A)P(C) = (5/36)(1/6) = 5/216$이어서 사건 A와 사건 C는 독립적이지 않다. 그러나 $P(B \cap C) = P(\{(4,3)\}) = 1/36$이고, $P(B)P(C) = (1/6)(1/6)$이어서 독립적이다. 직관적으로 왜 그럴까? 합이 6이 나왔다는 정보가 있으면 이제 앞의 주사위가 나올 숫자는 1, 2, 3, 4, 5로 (즉 6이 제외되어) 합이 6이 나왔다는 조건 하에서 4가 나올 확률은 1/5로 변경되는 것이다. 그러나 합이 6이 나왔다는 조건 하에서는 앞의 주사위가 나올 숫자는 1, 2, 3, 4, 5, 6으로 모든 경우가 포함되어 4가 나올 확률은 여전히 1/6인 것이다.

두 사건의 독립성과 관련하여 다음의 정리가 성립한다.

정 리 두 사건 A와 B가 독립적이면, A와 B^c도 독립적이다.

증 명 $A = (A \cap B) \cup (A \cap B^c)$이므로 $P(A) = P(A \cap B) + P(A \cap B^c)$이고 따라서 $P(A \cap B^c) = P(A) - P(A \cap B) = P(A) - P(A)P(B) = P(A)(1 - P(B)) = P(A)P(B^c)$이기 때문이다. ■

다음으로 조건부 독립이란 것이 있다. 이는 A와 B 두 사건이 사건 C가 일어났음을 전제로 독립적이라는 개념인데 식으로 다음을 만족하면 된다.

$$P(A \cap B | C) = P(A | C)P(B | C)$$

이는 결국 다음의 식과 마찬가지이다. $P(A | B \cap C) = P(A | C)$

연습문제

1. 만약 $i = 1, 2, \cdots, i-1$에서 $P(A_i | A_1 \cap \cdots \cap A_{i-1}) > 0$이면 ($i = 1$인 경우는 $P(A_1) > 0$으로 읽는다)
$P(A_1 \cap \cdots \cap A_n) = P(A_1)P(A_2|A_1)P(A_3|A_1 \cap A_2) \cdots P(A_n|A_1 \cap \cdots \cap A_n$
임을 증명하라. (Hint: 수학적 귀납법을 사용하라.)
2. 다음의 각 주장이 참임을 보이거나(증명하거나), 틀렸음을 반증(counterexample)을 들어서 보여라.
   a. 만약 A와 B가 독립적이고 또한 B와 C가 독립적이라면 A와 C가 독립적이다.
   b. 만약 A가 B에 독립적이고 또한 A가 C에 독립적이라면, A는

$B \cup C$에 독립적이다.

c. 만약 A가 B에 독립적이고, A가 C에 독립적이고, 또한 $B \cap C = \varnothing$이라면, A는 $B \cup C$에 독립적이다.

3. 만약 A와 B가 독립적이라면 $P(A \cup B) = 1 - P(A^c)P(B^c)$.

E. 확률변수 random variables

직관적으로 말하여 확률변수란 변수가 취할 수 있는 각각의 값에 확률이 붙어있는 경우를 말한다.

example 11.12 주사위 2개를 던져서 나오는 윗면의 수를 합한 것을 X라 하자. 즉 X는 변수이고,[6] 변수 X가 취할 수 있는 값은 2부터 12까지의 자연수이다. 그런데 각각의 수에는 나올 수 있는 확률이 붙어 있다. 2에는 1/36의 확률, 3에는 2/36의 확률 등 등. 그러므로 변수 X는 확률변수가 된다.

위 예에서처럼 느슨하게 직관적으로 말하면 변수가 취할 수 있는 각 값에 확률이 부여된 변수를 확률변수라 할 수 있으나 이렇게 정의하는 것은 불분명하고 또 많은 경우를 커버할 수 없다. 그래서 확률변수는 수학적으로 다음과 같이 정의된다. 그리고 확률변수는 영문의 소문자 대신 대문자를 많이 사용한다.

• 정 의 • 표본공간 S를 정의역으로 하고 실수 전체의 집합을 공역으로 하는 함수를 확률변수라 한다. 이를 기호로 다음과 같이 표현한다.

$$X : S \rightarrow \mathbb{R}$$

---

6 보통 변수라 하면 소문자 즉 x를 사용하나 여기서는 대문자를 사용하였다.

example 11.13 위 **예 11.12**에서 $S = \{(1,1),(1,2),\cdots,(6,5),(6,6)\}$이고 확률변수 X는 각각의 결과(outcome, 여기서는 순서쌍)에 숫자를 대응시키는 함수이다. 즉 두 주사위의 윗면이 1인 결과 (1,1)에는 2가 대응되고, (2,4)에는 6이 대응되고 하는 식으로 말이다.

확률변수에는 분포함수(distribution function)이 있다. 이는 다음과 같이 정의 된다.

$$F(x) = P(\{s : X(s) \leq x\}) = P(X \leq x)$$

$P(\{s : X(s) \leq x\})$를 간단하게 줄여서 $P(X \leq x)$로 쓰기도 한다. 이제 이 함수 그리고 여기에 나와 있는 기호들에 대하여 좀 살펴보자. 우선 소문자 x는 보통 여러분들이 일반적으로 알고 있는 변수이다. 즉 이는 확률변수가 아니다. 그냥 하나의 실수를 가리키는 변수이다. 이 소문자 x의 의미는 확률변수 X가 취할 수 있는 값을 나타낸다. 조금 혼동될 수 있는데 X는 확률이 붙어 있는 변수, x는 확률이 붙어있지 않은 보통의 변수로 이해해도 무방하겠다. 그래서 $F(x) = P(X \leq x)$란 X가 x보다 작거나 같을 확률을 의미한다. 확률변수란 표본공간 S를 정의역으로, 그리고 실수 전체 집합을 치역으로 한다 했으므로 $\{s : X(s) \leq x\}$라는 집합은 함수값 $X(s)$가 어느 실수 x보다 작거나 같게 대응되는 S의 원소 s들의 집합이다. 이는 S의 부분집합으로 여기에 확률함수 P가 적용되어 0과 1 사이의 어느 숫자 즉 확률이 부여되는 것이다.

예를 하나 들어 살펴보기로 하자.

example 11.14 100원짜리 동전과 500원짜리 동전을 던져서 나올 수 있는 결과들을 모아 표본공간을 만들면 $S = \{HH, HT, TH, TT\}$가 된다. 여기서 H는 앞면(head)을 T는 뒷면(tail)을 나타낸다. 앞의 H와 T는 100원짜리 동전이 하늘을 바라보고 있는 면, 뒤의 H와 T는 500원짜리 동전이 하늘을 바라보고 있는 면을 말한다 하자. 그런데 두 동전은 공평하지가 않아서 100원짜리 동전은 앞면이 나올 확률이 1/4이고 500원짜리 동전은 앞면이 나올 확률이 0.8이라 하자. 그러면 HH가 나올 확률은 0.2, HT가 나올 확률은 0.05, TH가 나올 확률은 0.6, TT가 나올 확률은 0.15이다. 이제 HH에는 1을 대응시키고 HT에는 2를 TH에는 3을 TT에는 4를 대응시키는 확률변수 하나를 상정하고 이를 X라 하면 $X(HH) = 1$, $X(HT) = 2$, $X(TH) = 3$, $X(TT) = 4$가 된다. 그러면

$$F(x) = \begin{cases} 0 & x < 1 \\ 0.2 & 1 \le x < 2 \\ 0.25 & 2 \le x < 3 \\ 0.85 & 3 \le x < 4 \\ 1 & 4 \le x \end{cases}$$

이 얻어지고 이것이 위 확률변수의 분포함수가 된다. 이를 그래프로 그리면 다음과 같다.

왼쪽의 파란 점이 $F(x)$의 함수값이고 오른쪽의 공란으로 되어있는 부분은 함수값이 아니라는 뜻이다. 수학적 용어를 쓰면 분포함수(확률분포함수라 하기도 한다)는 우연속(right-continuous)이다.

그림 11-1

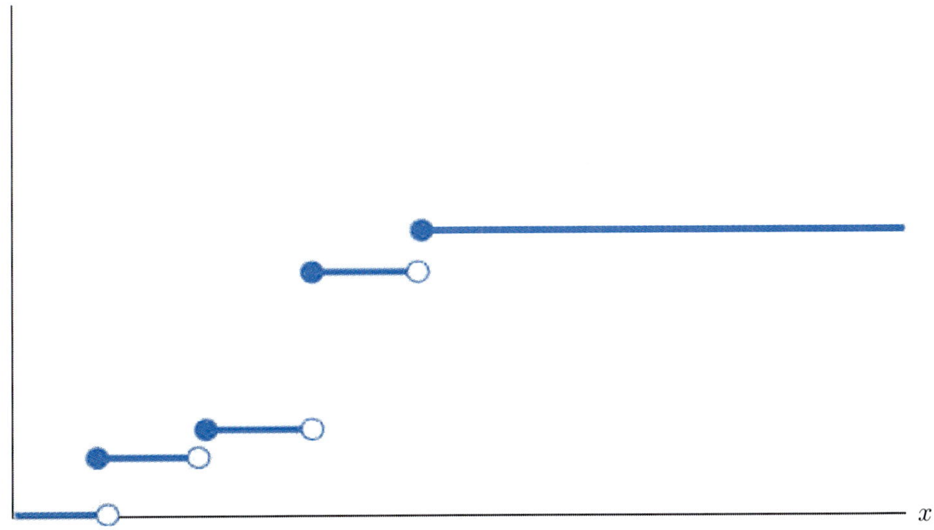

분포함수의 수학적 성질에 따라 확률변수는 이산적 확률변수(discrete random variables)와 연속적 확률변수(continuous random variables) 이 두 가지 종류로 대별된다. 물론 양자가 혼합된 형태도 있다. 우선 이산적 확률변수부터 보기로 하자.

이산적 확률변수 discrete random variables

확률변수 X의 사상(image)이 유한하거나 무한하더라도 작은 무한 즉 countably infinite하면 이 확률변수를 이산적 확률변수(discrete random variables)라 부른다. 위 **예 11.14**는 이산적 확률변수를 소개한 것이다. 이산적 확률변수의 분포함수는 그 그래프를 그리면 위의 예처럼 계단 함수(step function)의 모양을 가진다. 즉 연속적이지 않다. 이 경우 한 계단에서 다음 계단으로 점프하는 그 값에 양(positive)의 확률이 부여되어 있다. 점프하는 곳의 실수 값들을 $x_1, x_2, \ldots$등으로 나타내면 확률변수가 $x_1, x_2, \ldots$의 값들을 가질 확률이 양의 값으로 부여되어 있다는 말이다. 그 확률을 $p(x_i)$로 표기할 수 있다. 즉 $p(x_i) = P(\{X = x_i\})$이다. 여기서 $\{X = x_i\}$는 $\{s \mid X(s) = x_i\}$를 간단히 쓴 것이다. 이 $p(x_i)$를 확률 질량함수(probability mass function)이라고 부른다. 이제 몇몇 통계학에서 중요하게 사용되는 이산적 확률변수를 소개하고자 한다.

베르누이 확률변수 Bernouille Random Variables

이는 $X: S \to \mathbb{R}$에서 이미지가 2개의 실수 집합인 경우를 말한다. 보통 0과 1을 많이 사용하나 어느 실수값을 사용해도 무방하다. 여기서는 0과 1을 사용하기로 한다. 확률 질량함수는 다음과 같다.

$$P(X = 1) = p$$
$$P(X = 0) = 1 - p$$

여기서 $X = 1$인 나오는 사건을 '성공(success)'이라 많이 표현하나 이는 절대적인 것은 아니다. 동전을 한 번 던져서 앞면(H)이 나오면 1의 값을 부여하고 뒷면(T)이 나오면 0의 값을 부여하는 경우가 여기에 해당된다. 확률 p는 앞면이 나올 확률이다.

이항 확률변수 Binomial Random Variable

이는 $X : S \to \mathbb{R}$에서 이미지가 $n+1$개의 실수 집합으로 $\{0, 1, 2, \cdots, n\}$이고 확률 질량함수가

$$P(X = k) = \binom{n}{k} p^k (1-p)^{n-k}, \qquad k = 0, 1, \ldots, n$$

로 주어지는 확률변수를 이항 확률변수(binomial random variable)라 한다. 여기서 $\binom{n}{k}$는 앞에서 말한 ${}_nC_k$를 다른 기호로 쓴 것이다. 여기서 확률변수 X는 동전을 n번 던져서 앞면(성공, success)이 나오는 횟수를 나타내고 이에 대한 확률은 위의 식으로 주어진다. k는 성공의 횟수이다. 이 장은 확률 전반에 대하여 소개하는 장이므로 이항 확률변수에 대한 자세한 내용은 확률 교과서를 참고하기 바란다.

포아송 확률변수 Poisson Random Variable

이는 $X : S \to \mathbb{R}$에서 이미지가 countably infinite한 실수 집합으로 $\{0, 1, 2, 3, \cdots\}$이고 확률 질량함수가

$$P(X = k) = e^{-\lambda} \frac{\lambda^k}{k!}, \qquad k = 0, 1, 2, \ldots$$

로 되는 확률변수를 포아송 확률변수(Poisson random variable)라 한다. 이 확률변수는 여러 가지 상황을 나타내는 데 많이 사용되는데 주로 주어진 시간 안에 어떤 일이 몇 번 일어날 확률이 얼마이냐를 알아보는 데 이 확률변수가 사용된다. 몇 가지 예를 들면 다음과 같은 것들이 있다.

i) 콜센터의 어느 한 전화기에 하루 동안 걸려오는 전화의 횟수

ii) 어느 한 해 어느 한 마을에 거주하는 90세 이상의 노인의 수

iii) 어느 커피점에서 하루에 파는 커피잔의 수

iv) 일 년 동안 한반도를 통과하는 태풍의 수

연속적 확률변수 continuous random variables

확률변수 X의 분포함수 $F(x)$가 연속일 때, 즉 분포함수 $F(x)$의 그래프에 점프가 일어나지 않고 연속적으로 그려질 때 우리는 이 확률변수를 연속적 확률변수라 한다. 가장 대표적인 것이 정규분포(normal distribution)를 가지는 확률변수, 즉 정규 확률변수(normal random variables)이다. 연속적 확률변수의 치역은 실수 전체의 집합이거나, 실수를 수직선으로 보았을 때 일정구간을 치역으로 하는 경우가 대부분이다. 이산적 확률변수에는 분포함수와 더불어 확률 밀도함수(probability density function)가 있다. 이는 이산적 확률변수의 확률 질량함수에 상응하는 함수로 볼 수 있으나, 그 의미가 조금 다른 측면이 있다. $F(a)=\int_{-\infty}^{a} f(x)dx$의 관계가 있으면 함수 $f(x)$를 확률 밀도함수라고 말한다. 만약 분포함수 $F(x)$가 미분가능하면 $\frac{dF(x)}{dx}=f(x)$의 관계가 성립한다. 즉 미분가능할 시 분포함수의 도함수가 밀도함수이다. 참고로 확률변수가 이산적이면 $F(a)=\sum_{x_i \le a} p(x_i)$의 관계가 있다. 다시 말해 $P(X \le a)$의 계산을 이산 확률변수이면 질량함수를 더하면 되고, 연속 확률변수이면 밀도함수를 적분하면 된다. 적분이 사실 잘게 쪼개서 더하는 것이므로 양자는 비슷하다 할 것이다. 그러나 아주 중요한 차이가 하나 있는데 그것은 질량함수 $p(x)$[7]는 확률변수 X가 x라는 숫자를 가지 확률을 나타내지만 밀도함수 $f(x)$는 확률변수 X가 x라는 숫자를 가지 확률을 나타내지 않는다.[8] x를 품는 아주 조그만 구간 (a,b)에 확률변수 X가 들어갈 확률은, 이산적이면 그냥 $p(x)$이지만 연속적이면 $F(a)=\int_{a}^{b} f(x)dx$이 된다.

이제 대표적인 몇 가지 확률변수를 보기로 하자.

---

7 x_i 대신에 아래 첨자를 없애고 그냥 x로 표기하였다. 표기의 방식이 달라졌다 해서 혼동하지 않기를 바란다. 다시 한번 말하지만 기호에 무슨 절대성이란 것이 있는 것이 아니다.

8 사실 연속 확률변수 X가 어느 특정 값 x를 가질 확률은 0이 되어야 한다.

균등 확률변수 uniform random variable

확률변수 X의 치역이 실수의 한 구간 $a < x < b$이고 확률 밀도함수가

$$f(x) = \begin{cases} \dfrac{1}{b-a} & a < x < b \\ 0 & \text{그외 } x \end{cases}$$

로 주어진 확률변수를 균등 확률변수라 한다.

example 11.15 버스가 어느 정류장에 7시 정각에 도착하고 그 후 정확히 15분 간격으로 도착한다 하자. 즉 7시 15분, 7시 30분 이렇게 도착한다. 이 정류장에서 버스를 타는 한 승객은 7시부터 7시 30분 사이에 도착하는데 그 도착 하는 시각은 확률변수로 균등분포를 가진다 하자. 즉 승객이 정류장에 도착하는 시각 X는 균등 확률변수이다. 이제 이 승객이 (1) 버스를 기다린 지 5분 안에 탈 확률과 (2) 10분보다 많이 기다려야 할 확률을 구해보자. X의 밀도함수는 다음과 같다.

$$f(x) = \begin{cases} \dfrac{1}{30} & 0 < x < 30 \\ 0 & \text{그외 } x \end{cases}$$

그러면 (1) 기다린 지 5분 안에 버스를 타기 위해서는 $10 < X < 15$ 혹은 $25 < X < 30$이어야 한다. 그러므로 그 확률은 $P(10 < X < 15) + P(25 < X < 30)$으로 $\int_{10}^{15} \frac{1}{30} dx + \int_{25}^{30} \frac{1}{30} dx = 1/3$이다. (2) 10분 이상 기다리려면 $0 < X < 5$ 혹은 $15 < X < 20$이어야 하고 이도 계산하면 1/3의 확률이 나온다. •••

지수 확률변수 exponential random variables

확률변수 X의 치역이 양의 실수이고 확률 밀도함수가 다음과 같이 주어지면 우리는 확률변수 X를 지수 확률변수라 한다:

$$f(x) = \begin{cases} \lambda e^{-\lambda x} & x \geq 0 \\ 0 & x < 0 \end{cases}$$

확률변수 X가 지수분포를 가지면 여러 가지 재미있는 결과를 얻게 되는데

그 중 2가지만 소개하기로 한다. 첫째는 이 확률변수는 기억이 없는(memoryless) 확률변수이다. 모든 양의 s와 t에 대하여

$$P(X > s + t | X > t) = P(X > s)$$

이 성립하면 기억이 없다고 말한다. X가 전구의 수명이라고 생각해 보자. 그러면 $\{X > s + t\}$이란 사건은 전구의 수명이 $s+t$보다 클 사건이고 그 확률은 $P(X > s + t)$이다. 그러면 $P(X > s + t | X > t)$은 전구의 수명이 t보다 큼을 조건으로 전구의 수명이 $s+t$보다 클 확률인데 위 식은 이 조건부 확률이 그냥 전구의 수명이 s보다 클 확률과 같음을 의미한다. 즉 t라는 시간이 흘러가는 동안 전구가 안 꺼졌음을 전제로 s시간 이상 더 수명이 연장될 확률은 그냥 처음부터 수명이 s시간 이상이 될 확률 $P(X > s)$와 같다는 뜻으로, 시간이 t만큼 흐른 것에 대한 기억은 무시하고 확률을 구하면 되는 것이 되기 때문에 그렇게 명명되어졌다. 그러면 X가 지수 확률변수이면 왜 기억이 없는 것이 되는지 계산하여 보기로 하자.

$$P(X > s + t | X > t) = \frac{P(\{X > s+t\} \cap \{X > t\})}{P(\{X > t\})} = \frac{P(\{X > s+t\})}{P(\{X > t\})}$$

이므로 $P(X > s + t | X > t) = P(X > s)$의 조건은

$$\frac{P(\{X > s+t\})}{P(\{X > t\})} = P(X > s),$$

즉 $P(\{X > s+t\}) = P(X > s)P(X > t)$를 만족하면 되는데 확률밀도함수 $\lambda e^{-\lambda x}$를 가지고 계산하면 이것이 확인이 된다. 적분을 사용하여 직접 해보길 권한다.

example 11.16 자동차 배터리의 수명이 지수 확률변수라 하자. 배터리의 평균 수명은 10이라 하자. 1은 1만 km를 나타낸다. 그러면 밀도함수는 다음과 같다.

$$f(x) = \begin{cases} 0.1e^{-0.1x} & x \geq 0 \\ 0 & x < 0 \end{cases}$$

0.1은 평균 수명 10의 역수이다. 이제 이 배터리가 지금부터 5,000km 이상을 달릴 확률을 계산해 보자. 그것은 $P(X>5)$를 계산해야 하고 이는 $\int_5^\infty 0.1e^{-0.1x}dx$를 계산하는 것이고 이는 $e^{-0.5}$의 값을 얻게 되어 약 0.604이다. 즉 60.4%의 확률로 5,000km 이상 간다.

지수 확률변수의 두 번째 재미있는 결과는 포아송 확률변수와의 관계이다. 주어진 시간 간격(interval) 사이에 어떤 일이 몇 번 일어나는가는 포아송 확률변수로 알아볼 수 있다 하였는데, 뒤집어서 어떤 일이 한 번 일어나는 데 걸리는 시간은 지수 확률변수가 된다는 점이다.

정규 확률변수 normal random variables

이 확률변수는 매우 중요한 확률변수이다. 왜냐하면 일정한 조건을 만족하면 어느 확률변수이든 그 확률변수가 여러 번 반복되는 경우, 평균을 내면 그 평균의 분포는 정규 확률변수에 수렴하기 때문이다. 이 사실을 중심 극한 정리(central limit theorem)라 말하는데 통계학적으로 아주 중요한 정리이다. 좀 더 느슨하게 말하면 대부분의 통계값들은 정규분포로 근사(어림잡아 계산)할 수 있다는 말이다. 더 자세한 것은 통계학 서적을 통하여 알아보기를 권한다. 아무튼 확률변수 X의 치역은 실수 전체이고 그 확률 밀도함수가 다음으로 주어진 확률변수를 정규 확률변수라 한다.

$$f(x)=\frac{1}{\sqrt{2\pi}\,\sigma}e^{-(x-\mu)^2/2\sigma^2}$$

이 밀도함수의 그래프를 그리면 다음과 같다.

그림 11-2

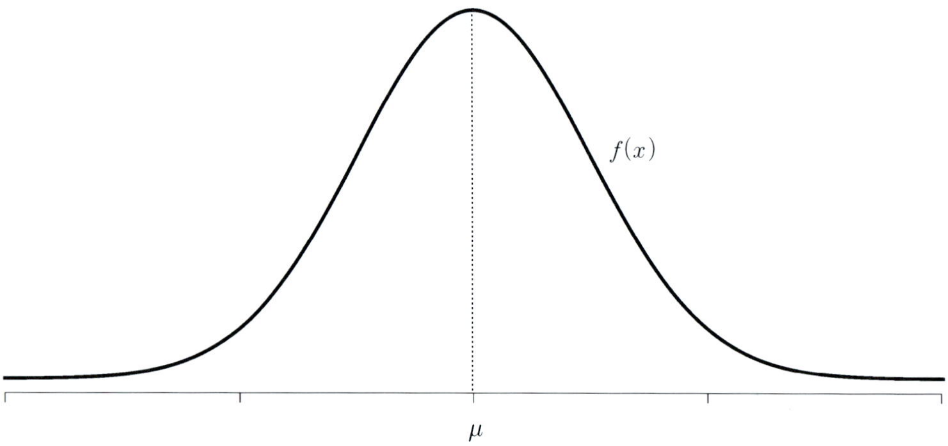

F. 기댓값 Expectation

이제 확률변수의 기댓값에 대하여 간단히 언급하고 이 장을 마칠까 한다. 느슨하게 얘기하여 확률변수 X란 나올 수 있는 여러 수를 나타내는 변수인데 각 수에 확률이 부여되어 있는 변수라고 앞에서 말하였다. 그러면 확률변수 X의 값 중 하나가 나오는 실험이 반복된다고 생각하면 그 X의 나온 값들의 평균을 얻을 수 있을 것인데 각 확률변수 X의 나오는 값 x들의 빈도가 다를 것이므로 평균은 결국 각 x에 그 x에 붙어 있는 확률을 곱하여 더하면 평균이 얻어진다. 이 평균을 기댓값(expectation)이라 말하고 기호로 EX라 쓴다. 그러므로 만약 X가 이산 확률변수라면 $EX = \sum x_i p(x_i)$로 얻어지고 연속 확률변수라면 더하기에 해당하는 것이 적분이므로 $EX = \int x f(x) dx$로 얻어진다. 이제 앞에서 언급한 여러 확률변수들의 기댓값을 알아보도록 하자.

i) 베르누이 확률변수

X가 가지는 값이 0과 1이므로 $EX = 0(1-p)+1p = p$가 된다.

ii) 이항 확률변수

$$
\begin{aligned}
EX &= \sum_{k=0}^{n} k\binom{n}{k}p^k(1-p)^{n-k} \\
&= \sum_{k=0}^{n} k\left(\frac{n!}{k!(n-k)!}\right)p^k(1-p)^{n-k} \\
&= np\sum_{k=1}^{n}\left(\frac{(n-1)!}{(k-1)!(n-k)!}\right)p^{k-1}(1-p)^{n-k} \\
&= np\sum_{l=0}^{n-1}\binom{n-1}{l}p^l(1-p)^{n-1-l} \quad (l=k-1\text{로 치환}) \\
&= np
\end{aligned}
$$

여기서 $(a+b)^{n-1} = \sum_{l=0}^{n-1}\binom{n-1}{l}a^l b^{n-1-l}$의 공식을 사용하였다. 물론 $a=p$이고 $b=(1-p)$이다.

iii) 포아송 확률변수

$$
\begin{aligned}
EX &= \sum_{k=0}^{\infty} ke^{-\lambda}\left(\frac{\lambda^k}{k!}\right) \\
&= \sum_{k=1}^{\infty} ke^{-\lambda}\left(\frac{\lambda^k}{k!}\right) \\
&= \lambda e^{-\lambda}\sum_{k=1}^{\infty}\left(\frac{\lambda^{k-1}}{(k-1)!}\right) \\
&= \lambda e^{-\lambda}\sum_{l=0}^{\infty}\left(\frac{\lambda^l}{l!}\right) \quad (l=k-1\text{로 치환}) \\
&= \lambda e^{-\lambda}e^{\lambda} \\
&= \lambda.
\end{aligned}
$$

여기서 $\sum_{l=0}^{\infty}\left(\frac{\lambda^l}{l!}\right) = e^{\lambda}$라는 공식을 사용하였다.

iv) 균등 확률변수

$$EX = \int_a^b x\left(\frac{1}{b-a}\right)dx = \frac{1}{b-a}\left(\frac{1}{2}b^2 - \frac{1}{2}a^2\right) = \frac{a+b}{2}.$$

즉 균등 확률변수의 평균은 중간값이다.

v) 지수 확률변수

$$EX = \int_0^{\infty} x\lambda e^{-\lambda x}dx = \lim_{b\to\infty}\int_0^b x\lambda e^{-\lambda x}dx$$

인데 부분적분법을 사용하여 계산하면 $\int_0^b x\lambda e^{-\lambda x}dx = -xe^{-\lambda x}\Big|_0^b + \int_0^b e^{-\lambda x}dx$ $-be^{-\lambda b} + -\frac{1}{\lambda}e^{-\lambda b} + \frac{1}{\lambda}$이 되고 여기서 b를 무한대로 보내면 $be^{-\lambda b}$나 $e^{-\lambda b}$는 0으로 수렴하여[9] 결국 위 특이 적분의 값은 $\frac{1}{\lambda}$가 된다. 즉 $EX = \frac{1}{\lambda}$이다.[10]

여기서 포아송 확률변수의 평균값과 비교를 해보는 것이 유용하다. 포아송 확률변수는 주어진 시간 안에 어떤 일이 몇 번 일어날 것인가를 말해주는 확률변수이라 했는데 그 평균이 λ라고 계산되었다. 즉 주어진 시간 내에 일어날 사건의 수가 평균 λ번이란 말이다. 만약 주어진 시간에 λ번 일어나면 그 사건이 한 번 일어나는데 걸리는 시간은 $\frac{1}{\lambda}$일 것이다. 이 직관은 우리의 계산과 일치한다. 지수 확률변수는 어떤 사건이 한 번 일어나는데 걸리는 시간을 말해주는 확률변수라 하였는데 평균 시간은 $\frac{1}{\lambda}$로 계산되었기 때문이다.

---

9 $be^{-\lambda b} = \frac{b}{e^{\lambda b}}$이고 여기에 로피탈의 법칙을 사용하면 이 값이 0으로 수렴함을 확인할 수 있다. 분자를 b 대하여 미분하면 1이고 분모를 미분하면 $\lambda e^{\lambda b}$이기 때문이다.

10 위 적분의 계산에 대한 자세한 사항은 제9장을 참조하기 바란다.

vi) 정규 확률변수

$$EX = \int_{-\infty}^{\infty} x\left(\frac{1}{\sqrt{2\pi}\,\sigma}e^{-(x-\mu)^2/2\sigma^2}\right)dx = \mu.$$

이 계산은 극좌표(polar coordinates)를 사용한 적분 계산을 하여야 하는데 이는 이 책의 범위를 넘어서므로 그냥 결과만 서술하고 마치도록 하겠다. 한 가지 첨언하면, 정규 확률변수의 밀도함수 $f(x) = \frac{1}{\sqrt{2\pi}\,\sigma}e^{-(x-\mu)^2/2\sigma^2}$에 나오는 μ가 바로 정규 확률변수의 기댓값 즉 평균이 된다.

찾아보기

저자 약력

서울대학교 법과대학 졸업(법학사)

시카고 대학교 수학과 졸업(수학석사)

시카고 대학교 경제학과 졸업(경제학박사)

버지니아 주립 공대(Virginia Tech) 경제학과 조교수

현) 동국대학교 경제학과 교수

제2판 **경제수학**

2016년 4월 15일 제1판 발행
2021년 2월 25일 제2판 발행

저 자 송 병 호
발행인 임 권 규
발행처 弘 文 社

저자와 협의 하에 인지를 생략함

05855 서울시 송파구 송파대로 167 테라타워 B동 802호
등록 1993. 6. 24. 제1-1543호
TEL 712-5311(대) FAX 716-5311
e-mail hongmoonsa@hanmail.net
홈페이지 http://www.hongmoonsa.co.kr

값 29,000원

ISBN 978-89-7770-466-4 93320